사회주의 도시와 북한

도시사연구방법

이 도서는 2011년 정부(교육과학기술부)의 재원으로 한국연구재단의 지원을 받아 수행된 연구임.
(NRF-322-2011-1-B00016)

이 도서의 국립중앙도서관 출판시도서목록(CIP)은 서지정보유통지원시스템 홈페이지(http://seoji.nl.go.kr)
와 국가자료공동목록시스템(http://www.nl.go.kr/kolisnet)에서 이용하실 수 있습니다.
(CIP제어번호: 2013014691)

1

동국대학교 북한학연구소
토대기초연구과제 연구서

사회주의 도시와 북한

도시사연구방법

An Introduction to the research of
North Korean cities

북한도시사연구팀 엮음

—

고유환·홍민·민유기·안재섭·
기계형·남영호·데이비드 크롤리·
차문석·조정아·박희진 지음

한울
아카데미

차 례

제2부 사회주의 도시사 연구 방법

제3부 북한 도시사 연구 방법

프롤로그

연구 소개와 출간 의의

동국대학교 북한도시사연구팀은 한국연구재단(NRF)의 지원을 받아 2012
년 11월부터 2014년 10월까지 3년 동안 "북한의 도시사 아카이브 구축과 연
구방법론 개발: 함흥·평성의 비교도시사 연구토대 구축"이라는 주제로 토대
기초연구를 진행하고 있다. 이 연구 과제는 유럽, 미국, 사회주의 국가 등의
도시사 연구 성과를 북한연구에 도입하여, 북한 도시공간과 북한 주민들의
생애사를 결합한 북한연구의 지평을 넓히는 새로운 연구 시도이다.

본 연구팀이 수행하는 도시사(Urban History) 연구란 도시와 인간 사이의
상호작용의 역사, 그로부터 발현되는 도시성의 역사적 특징을 설명하고자
하는 연구 접근이다. 도시사 연구는 유럽 및 미국 등지에서 이미 오래 전부
터 도입되어 역사학의 하위 분과 또는 방법론적 분석틀로 활용되어왔다. 국
내 역사학계에서는 1990년대 후반부터 가시적 성과를 보이기 시작해 2000
년대 이후 더욱더 활발해지고 있다. 도시사 연구의 핵심 쟁점은 '공간성'에
있으며, 도시공간은 수많은 연구 소재와 주제를 제공하는 창의적 연구 영역
이자, 국가와 사회, 중앙과 지방, 도시와 도시, 개인과 도시, 개인과 개인 등
분석 층위를 달리하는 방법론적 다양성이 적용되는 연구 대상이다. 이처럼

도시사 연구는 이론과 방법론의 부재에 시달리는 북한연구에 과학적 상상력과 공간적 상상력을 불어넣음으로써 새로운 인식과 방법론적 동기를 제공하고 있다.

지금까지의 북한연구는 대체로 국가 중심의 역사, 최고지도자나 당의 역사에 편중된 경향이 강했다. 특히 기존 북한연구의 공통적 특징은 체제 중심, 최고지도자 내지 중앙 정치에만 주목하여 다양한 도시 및 지방 공간이 가지는 고유성과 역동성, 사회에 미치는 영향 등 공간에 대한 구체성이 부족했다. 또한 북한 도시에 공간 개념을 투영하여 연구한 성과물도 매우 드문 실정이다. 따라서 '북한 도시사 연구'는 기존 북한연구의 위로부터의 시각, 거시담론에 입각한 체제와 이데올로기 중심의 연구, 평양 등 제한된 특별도시 중심의 협애하고 평면적인 연구에 대한 반성으로부터 제기된 새로운 모색의 결과이다. '북한 도시사 연구'는 그간 주목하지 않았던 북한 도시를 다양한 사회문화적 실천과 정치적 과정이 펼쳐지는 역사적 장소로 주목하고, 북한체제 성립 이후 도시가 가졌던 관계의 역사와 도시적 특성을 규명하기 위한 새로운 연구 영역이기도 하다.

그러나 북한연구에서 도시사적 연구 접근은 아직 그 자체가 생소하고 낯설며, 도시사 연구가 지향하는 공간과 사회적 행위에 관한 '두텁고 깊이 있는 해석'을 북한연구에 바로 도입하기에는 많은 제약이 따른다. 그 때문에 북한 도시사 연구는 다양한 자료를 효율적이고 적절하게 활용할 수 있는 자체의 연구방법론과 자료 분석 기법이 필요하다. 이 연구서는 북한도시사연구팀의 이 같은 노력의 결실이다.

지난 1년 동안 북한도시사연구팀은 '북한도시사세미나'를 정기적으로 진행했다. 각각의 연구자들이 가지고 있는 연구 성과물을 내어 놓고 서로 다른 연구관점과 방법론들을 상호 교류했으며 '북한 적용'에 관한 논의를 만들어왔다. 미약한 부분은 외부 전문가들을 초청하여 이론적·방법론적 토의를 전개했다.

1차 도시사세미나에 초빙되어 '해외 도시사 연구의 계보와 주요 연구 경향'을 발표한 경희대 민유기 교수는 북한 도시사 연구에서 등대와 같은 역할을 해주었다. 도시사 연구란 무엇인가에서부터 북한 도시사 연구에 대한 제언에 이르기까지, 북한 도시사 연구의 첫 포문을 여는 중요한 맥락을 짚어주었다.

2차 도시사세미나에는 국사편찬위원회의 염복규 박사가 '근대(일제시기) 도시의 형성과 발전'이라는 주제로 구한말 이후 근대 도시의 형성 과정을 서울(당시 경성)을 무대로 하여 발표해주었다. 한국 역사학계에서 진행되고 있는 도시사 연구의 흐름을 구체적 사료와 함께 펼쳐보여 줌으로써 북한 도시사 연구의 방법론적 활용에 반짝이는 혜안을 갖게 해주었다.

이후 3차부터는 북한도시사연구팀의 자체 세미나로 진행되었다. 동국대 안재섭 교수는 지리학적 관점에서 도시공간을 이해하고 접근하는 방법을 소개했고, 한양대 기계형 HK연구교수는 사회주의 도시사, 즉 자본주의 도시와 다른 특징을 지니고 있는 사회주의 도시사 연구에 대한 기존 연구 성과들을 소개했다. 이 과정을 통해 북한학과 지리학, 사회주의 도시와 자본주의 도시 등 학문분과별·영역별 연계 토론을 전개하면서 북한 도시사 연구의 기본 개념과 방법론적 활용에 관한 논의를 모아나갔다.

북한연구자인 동국대 홍민 연구교수, 통일교육원의 차문석 교수, 통일연구원의 조정아 연구위원 그리고 북한도시사연구팀의 전임연구원인 박희진 연구교수는 앞선 도시사 연구의 이론 및 방법론적 활용을 모색한 북한 도시사 연구를 진행했다. 홍민 연구교수는 총론에 해당하는 북한 도시사 연구의 의의와 활용 방안을 소개했고, 차문석 교수는 문헌자료의 활용 방법, 조정아 연구위원은 구술자료의 활용 방법, 박희진 연구교수는 시각영상자료의 활용 방법을 연구함으로써 북한 도시사 연구의 방법론적 토대를 마련하고자 했다.

북한도시사연구팀의 모든 연구자들은 각자의 소속과 위치에서 바쁜 연구 일정을 보내고 있음에도 불구하고, 도시사세미나 준비와 참석에 게으름 없이 학제 간 연구, 공동 연구의 모범을 보여주었다. 모든 이들이 노력한 결과, 연구자들의 시론적 연구는 2012년 10월 동국대에서 개최된 북한 도시사 학술회의 발표를 통해 전문가들의 토의 과정을 거치고, 이번에 다시 다듬으면서 연구 단행본으로 세상에 나오게 되었다.

　이 연구서에는 도시사 연구의 개념, 인식과 방법론, 사회주의 도시사 연구의 성과 및 북한 도시사 연구의 가능성과 한계 등 기존 도시사 연구방법론을 북한 도시에 적용하기 위한 논의들이 담겨 있다. '북한 도시사 연구'라는 학문적 지위를 획득하기에는 아직 부족하고 미비한 점들이 많이 있지만, 북한도시사연구팀의 노력이 시발점이 되어 북한학의 연구 지평을 풍부히 하는 데 기여하길 희망한다.

　향후 북한도시사연구팀은 본 연구 과제가 진행되는 연차에 따라 총 3권의 연구서를 출간할 계획이다. 이 연구서는 1권에 해당하며, 2권은 연구 대상 도시(함흥·평성)의 도시 내 주제 및 소재 분석을 다룬 연구서로, 3권은 연구 대상 도시(함흥·평성)들끼리의 비교도시사적 연구 분석을 다룬 글을 묶어 출간할 계획이다. 앞으로도 북한연구 영역에서 도시를 대상으로 한 내실 있는 도시사 연구가 될 수 있도록 연구자 및 독자들의 많은 관심을 기대한다.

책의 구성

　이 책은 총 3부로 구성되어 있으며, 도시사 연구, 사회주의 도시사 연구, 북한 도시사 연구의 순으로 짜여 있다. 제1부는 도시사 연구의 총론에 해당하는 글들로 구성했다. 사회주의 도시사, 서양 도시사, 도시지리학적 접근,

북한 도시사적 의미로 영역 구분을 하고 각 부문에 총론에 해당하는 연구사적 계보와 주요 연구를 소개했다. 외부 필자인 민유기 교수의 글을 서양 도시사 부문에 수록했고, 책의 기획 의도에 충실하고자 연구팀의 홍민 연구교수가 사회주의 도시사 부문의 글을 새롭게 집필해주었다.

제2부에서는 사회주의 도시사와 관련한 사례 연구 글로 구성했다. 소비에트 러시아의 주택정책과 건축 실험에 대한 연구, 사회주의 계획도시공간에서의 사적 영역을 살펴보는 글과 함께 폴란드 바르샤바 건축 양식의 변화를 살펴보는 번역 논문을 실었다. 영국 로열 칼리지 오브 아트(Royal College of Art)의 데이비드 크롤리(D. Crowley) 교수의 글은 미국 조지타운대학(University of Georgetown)에서 발행하는 학술지 *Kritika: Explorations in Russian and Eurasian History*에 실린 논문을 저자와 학술지 편집장의 동의 아래 싣게 되었다. 사회주의 도시사 부문의 다양한 사례 연구들은 향후 북한 도시사 연구가 깊이를 더해 나가며 도전해야 할 연구 영역들이다.

끝으로 제3부에서는 본격적으로 북한 도시사 연구 방법을 다루고 있으며 문헌, 구술, 시각영상자료 등 각각의 북한 도시사 관련 텍스트들에 대한 도시사적 분석 방법의 실제를 다룬 세 편의 글을 실었다. 시론적 연구와 방법론적 적용의 실험적 성격을 강하게 띠고 있지만, 북한 도시사 연구에서 자료 활용의 중요성을 부각시킴과 동시에 다양한 자료들을 통해 제한점이 많은 북한 도시사 연구의 한계를 보완하고자 시도되었다.

먼저 제1부의 첫 글인 「역사적 다양체로서 사회주의 도시의 이해」에서 홍민은 현존했던 사회주의 국가 도시에 대해 기존 연구들이 제기한 주요 연구 쟁점 중 하나인 '사회주의 도시의 특수성'에 대한 연구사적 검토를 통해 향후 북한연구에 주는 시사점을 발견하고자 한다. 필자는 우선 기존 연구들이 사회주의 도시의 특수성 여부를 파악하는 기준으로 제시했던 '평등'의 공간적 구현이 적절한 평가 잣대인지에 대해 검토한다. 이 글은 '사회주의적인 도시'라는 원형을 이념형적 '평등' 구현에 두고 자본주의 도시와 비교하는 방식은 역사로서의 사회주의 도시가 가지는 다양성을 간과하게 되는 우를 범할 수 있음을 지적한다. 실제의 역사적 경험을 살펴보면, 사회주의 국가들이 표방했던 이념 지향적 도시 담론과 실제 계획을 통한 공간의 물리적 조직, 그 속에 담겨진 통치와 생산의 내적 논리와 그 변화 사이에는 괴리가 존재했다는 것이다. 또한 여기에 도시에 퇴적되어 있던 역사적 관성과 지정학적 차원을 고려한다면, 사회주의 국가의 도시들로부터 온전한 '사회주의적 원형'이나 특수성을 '평등'이라는 기준으로 발견하는 것은 매우 힘들다는 결론에 도달하게 된다. 필자의 시각으로는 오히려 각각의 사회주의 국가들이 도시공간을 다양한 방식으로 내적 논리에 의해 전유해내는 역동성의 발견이 중요하다고 본다.

두 번째 글에서 민유기는 도시사 연구의 정의와 주요 연구 주제, 그리고 구체적인 연구방법론상의 변화 흐름을 시대별로 알기 쉽고 풍부하게 소개하고 있다. 필자에 따르면, 도시사 연구는 도시라는 공간에서 전개된 삶의 구체적 양상을 시간의 변화 속에서 탐구하며 주요 연구주제 영역을 열 개의 범주로 구분해볼 수 있다. ① 도시사 기초연구, ② 인구문제, ③ 도시의 물리적 틀, ④ 도시사회, ⑤ 도시경제, ⑥ 교통과 통신, ⑦ 정치적 삶과 행정, ⑧ 도시정비와 환경, ⑨ 도시문화, ⑩ 도시의 표상이 그것이다. 그리고 도시사 연구는 독자적인 방법론을 갖고 있다기보다 역사인구학과 역사지리학, 법제사와 정치사, 경제사, 사회사, 문화사의 주요 방법론들을 연구 주제에 따라 유기적으로 융합시킨다. 다만 전통적인 역사 연구가 활용했던 문헌 사료뿐 아니라 다양한 시각적 사료 분석을 필수적으로 요청하며, 각종 설문조사나 인터뷰 구술자료 역시 중요한 사료로 취급하여 다룬다는 점이 도시사 연구 방법의 중요 특징이다. 서양에서는 1960년대에 도시사 연구가 본격적으로 시작되어 1970년대부터 사회사적 도시사, 1980년대부터 문화사적 도시사 연구가 활성화되었으며 이는 향후 사회적 필요성에 부응하여 더욱 확대될 것으로 필자는 전망하고 있다. 필자는 마지막으로 북한 도시사 연구가 과거와 현재의 북한사회 구조와 북한 주민의 삶의 방식성에 대한 새로운 지식 축적을 가능하게 해주며, 궁극적으로 미래 북한사회의 변화를 전망하게 해줄 수 있을 것으로 기대하고 있다.

세 번째 글인 「도시지리학의 주요 연구 방법과 북한 도시」에서 안재섭은 도시지리학이 도시의 역사적 전개 과정은 물론 공간적 틀 속에서 도시의 실체와 하부구조, 도시의 사회경제적 현상과 공간 문제, 도시 개발과 도시 정책 등을 다루고 있기 때문에 다학문적 지식과 종합적 연구 방법이 적용되고 있다고 지적한다. 이러한 점에 주목해 필자는 현재까지 이루어진 도시지리학적 접근 방법과 연구 영역을 북한 도시 및 도시사 연구에 어떻게 적용할 수 있을지 검토하고 있으며, 구체적인 연구 영역을 도시체계적 측면, 도시구조적 측면, 사회활동의 일상생활사 측면으로 구분하여 살펴보고 있다. 필자는 첫째, 북한 도시에 대한 도시체계적 접근에서 볼 때, 북한 도시의 인구 규모와 공간적 분포 등을 시계열적으로 파악할 수 있다면 도시체계의 특성과 변화 과정에 대한 분석이 이루어질 것으로 판단한다. 다만, 북한 사회의 정치적인 요인에 따라 도시체계상의 왜곡이 발생할 수 있다는 점은 염두에 두어야 할 것을 주문한다. 둘째, 사회주의 국가인 북한의 도시 구조는 자본주의 도시와 다른 모습을 지니고 있다. 즉, 사회주의 이념이 도시공간구조에 반영되어 있기 때문에 비효율적인 토지 이용과 획일적인 도시구조가 나타날 수 있다는 것이다. 이 때문에 북한 도시의 특수한 상황에 적합한 도시구조의 조성 요소의 추출, 조직과 구조 메커니즘에 대한 분석과 해석이 필요하다고 지적한다. 셋째, 생활공간과 관련된 미시적 수준의 도시 연구에서는 도시 거주자들의 구술자료를 활용할 수 있는데, 이는 개인적 도시 경험을 일상적인 생활의 지도화를 통해 파악할 수 있다는 점에서 의의가 있으며, 특히 접근이 불가능하고 문헌자료를 확보하기 어려운 북한 도시를 연구하는 데 북한에서 생활했던 탈북이주민들의 구술자료가 중요한 연구 자료로 활용될 수 있다는 점에 의미가 크다고 평가하고 있다.

네 번째 글인 홍민의 「북한연구에서 '공간' 이해와 도시사의 가능성」은 기존의 북한연구들에서 나타나는 '공간' 이해의 방식을 비판적으로 검토하고 향후 북한 도시사 연구의 가능성을 함흥과 평성의 사례를 통해 제안하는 글이다. 이 글에서 필자는 지금까지 북한연구에서 다양한 주제를 다루면서도 공간적 구체성이 매우 미약했다고 진단한다. 다양한 사회현상이 공간적으로 드러나는 양태는 물론이고, 공간이 권력의 운영 방식 및 사회적 관계에 미치는 영향, 공간을 전유하는 행위자들의 실천이나 적응 방식, 권력이 공간적으로 구현되는 방식, 주민들이 일상을 통해 공간을 전유하는 방식 등에 대해서는 충분한 관심을 갖지 않았다는 것이다. 다시 말해, 사회와 공간의 상호작용 과정에 대한 이론적·경험적 연구가 매우 미약했다는 것이다. 따라서 필자는 그간 북한연구에서 주목하지 않았던 북한의 도시를 다양한 사회문화적 실천과 정치적 과정이 펼쳐지는 역사적 장소들로서 주목할 것을 제안한다.

제2부의 첫 글인 기계형의 「사회주의 도시 연구: 1917~1941년 소비에트 러시아의 주택정책과 건축실험에 대한 논의」는 사회주의 도시의 '실패와 성공'을 가르는 것은 아직 이르다는 입장에 서서, 그간의 연구가 어떻게 진행되어왔는지에 대해 소개하는 것을 목적으로 한다. 필자는 소련의 해체와 '역사의 페레스트로이카' 이후 연구자들이 보여준 사회주의 도시공간이 지닌 고유한 특성에 대한 성찰과 소련 및 동구권 '사회주의' 도시들이 현실에서 구현하고자 했던 가치에 주목했다. 필자는 특히 이 시기에 미간행자료에 대한 접근이 가능해졌다는 점과 마르크스레닌주의라는 도그마에서 벗어나 '사회주의 도시'의 총체적 내용들에 대한 구체적 연구가 진행되기 시작한 연구 환경 변화에 기초하고 있다. 이 글은 이러한 성찰을 담고 있는 '사회주의 도시사' 연

구에 대한 소개이자 비평논문의 성격을 지닌다. 필자는 우선 사회주의 도시사를 이해하는 기초적인 작업으로서 '사회주의 도시'의 근간이 마련된 1917~1941년에 집중하여 주택정책 논의를 살펴본다. 이 과정에서 특히, 1920~1930년대 초의 다양한 사회주의적 이상의 실험들이 이후 스탈린체제 유지를 위해 변용되었던 과정에 대한 추적 작업이 중요함을 역설한다. 결론적으로 그녀는 사회주의 도시 건설의 이상과 현실, 주택정책의 시기별 내용과 강조점, 건축가들의 대대적인 실험 등에 대해 그동안 축적된 연구들은 사회주의 도시의 역사가 다시 기록되어야 한다는 것을 보여준다고 지적한다.

다음으로 데이비드 크롤리의 글은 폴란드 건축 양식의 변화를 다루고 있다. 지리적으로 서유럽에 가깝게 위치하고 있는 폴란드의 수도 바르샤바는 예로부터 프랑스의 영향이 뚜렷하게 나타난 지역이었다. 건축가들을 비롯한 많은 폴란드 지식인들이 지속적으로 파리를 찾곤 했는데, 이를 통해 새로운 예술 사조 및 미학적 관점을 받아들였다. 그러나 공산화 이후 이러한 전통은 러시아를 중심으로 한 사회주의 리얼리즘으로 대체되었고, 폴란드 전역에 걸쳐 새로운 형태의 건축 양식이 등장하게 되었다. 파리를 방문했던 건축가들은 이제 모스크바를 찾아 '혁명적' 건축물들을 견학하는 한편, 바르샤바 재건을 위한 아이디어를 얻는다. 하지만 스탈린 사후 나타난 이념적 해빙기를 맞아 기존의 경직된 사회주의 건축 행태에 대한 광범위한 비판이 등장하는가 하면, 모스크바에서는 폴란드풍의 건축물과 인테리어가 유행하는, 다소 혼란스런 상황이 펼쳐지게 된다. 파리와 모스크바로 대표되는 두 가지 커다란 건축사적 흐름을 오롯이 받아들여야만 했던 폴란드 건축가들은 자신들만의 개성적 방식으로 이를 해석, 절충, 그리고 적용했으며, 바르샤바의 모습을 통해 이 사실을 여실히 확인할 수 있다.

세 번째 글에서 남영호는 한나 아렌트와 제프 웨인트라우브의 논의에 기초해, 소련에서 사적 영역이 어떻게 구성되고 변화해갔는가를 살펴보고 있다. 필자는 공적 영역과 사적 영역은 다양한 의미를 가지고 있지만, 여기서는 보여지는 것과 집단성을 공적 영역의 두 가지 다른 성격으로, 그 반대를 사적 영역으로 전제하고 이렇게 보았을 때 사회주의 도시에서 사적 영역은 공식적으로는 공적 영역의 연장선상에 존재했으며, 국가가 제도적·폭력적으로 개입할 수 있는 공간이었지만, 실제로는 스탈린 시대 이후 국가와의 관계에서 점차적으로 그 특징 가운데 하나인 개별성을 인정받는 곳이었다고 해석한다. 그러나 사적 영역의 성격 가운데 하나인 감추어짐은 소련 해체에 이르기까지, 국가와의 관계에서건 대중과의 관계에서건, 제대로 보호받지 못한 상태에 있었다고 본다. 필자는 이처럼 개별성이 암묵적으로 인정받는 반면, 감추어짐은 그렇지 못했다는 사적 영역의 특성이 소련이 서유럽에서의 공적·사적 영역의 관계와는 다른 모습을 가졌던 배경이 되었다고 해석했다.

마지막 제3부의 첫 글에서 차문석은 다양하게 존재하고 있는 북한의 도시들과 그 역사에 관한 문헌자료들을 (재)발견하고 정리하고 있다. 이 글은 일종의 '도시생애사'라는 문제의식에 기초해서 북한 도시들의 생애를 해방 이전 시기, 해방공간과 한국전쟁 시기, 전후 복구와 산업화 시기, 그리고 본격적인 사회주의 도시화 시기로 나누어서 다루고 있다. 이 글은 연구 목적 그 자체가 북한 문헌의 발굴과 정리에 한정되어 있기 때문에 북한 도시에 대한 새로운 테제를 발견하거나 새로운 주장을 생산하지는 않았다. 오히려 북한의 도시들이 거쳐 왔던 역사적 시대들을 문헌자료로 정리하면서 북한 도시들에서 발생했던 질적 변화와 그것의 의미들을 정리하는 데 집중했다. 그러한 점에서 이 연구는 북한 도시사 연구 작업의 기초를 다지는 작업에 해당한다고 볼 수 있다.

두 번째 글에서 조정아는 특정한 도시의 정체성을 그 도시에서의 삶을 경험한 다양한 행위자들의 관점에서 탐구하는 접근법이 주는 의의를 고찰한다. 이를 위해 필자는 공간의 성격과 지역정체성의 개념, 북한 도시의 정체성 탐구에 시사점을 줄 수 있는 이론적 자원으로서 사회학 분야 도시 연구 이론들을 살펴보고 이에 기초하여 북한 도시 연구에서 생애사 자료 활용의 의미와 가능성을 타진해보고 있다. 필자는 도시에 관한 구체적 정보의 확인보다는 도시공간 속에서 행위자의 반응과 경험에 초점을 맞춘 질적인 자료의 확보를 목적으로 한다면 구조화된 면접보다 생애사 이야기 방식의 자료를 수집하는 것이 적절할 것으로 본다. 또한 생애사 내러티브에 드러나는 시간성과 더불어 구체적인 장소, 장소성과의 관련성을 회복할 때 도시와 관련된 인간의 경험을 총체적·입체적으로 분석할 수 있다고 제안한다. 특히 생애사 자료가 도시 정체성 탐구 자료로 유용한 것은 구술자들이 행하는 회고와 이야기 자체가 구술자 자신의 정체성을 재구성해나가는 과정의 일환이라는 구술 작업 자체의 특성에 있음을 역설한다. 생애사 자료의 도시사적 유용성에 대한 이러한 고찰에 기초하여 필자는 각 구술생애별 사례의 이론적 재구성이라는 과제를 도출한다. 더불어 생애사 자료를 활용한 다양한 북한 도시사 연구 테마들을 제안하면서 글을 맺고 있다.

세 번째 글에서 박희진은 도시사 연구에서 활용되는 다양한 사료들 중 시각매체자료의 방법론적 활용을 고찰하고 있다. 도시사 연구는 계보학적으로 1960년대 이후 제도사, 정치사, 경제사, 사회사, 계량사, 문화사 등등 역사학의 다양한 방법론들을 유기적으로 결합하며 발전해왔다. 또한 도시 관련 사료이용법의 발전도 병행하는 성과를 보여준다. 필자는 이러한 도시사 연구의 성과에 주목하여 도시사 연구에서 활용되고 있는 시각매체자료의 범주와 유형을 구별하고, 각각의 자료들이 어떻게 도시사 연구에 활용되고 있는지를 검토했다. '보는 매체' 자체를 도구적으로 인식하는 매체학, 해석학, 도상학으로부터 '보는 매체'를 의미작용으로 해석하는 인식론, 현상학, 기호학 등 시각매체자료를 '보고 읽는' 다양한 방법론을 간략하게 소개하고 있다. 나아가 서구 도시사 연구에서 활용된 기법을 북한 도시사 연구에 적용하여, 시각·영상자료는 북한 도시사 연구의 어느 단면을 인식하고 해석할 수 있으며, 어떤 주제에 녹아들어 도시공간의 암묵적 권력 관계와 주민생활의 상호작용을 맥락화할 수 있는지 그 활용 방법도 시론적으로 검토하고 있다.

감사의 글

북한 도시사 연구의 첫 결과물이 나오기까지 많은 참여자들의 노고와 협조가 있었다. 먼저 공동연구원과 전임연구원으로 참여해주신 연구진과 연구에 도움을 주신 외부 기고자 여러분들께 감사드린다. 당초 이 연구는 북한연구에 일상생활 연구방법론과 행위자네트워크이론(ANT)을 적용하면서 연구 지평을 넓혀온 홍민 연구교수의 연구 기획으로 시작한 연구이다. 연구계획서를 작성하고 연구진을 꾸리는 데 홍 박사의 수고가 많았다. 한국연구재단으로부터 연구 과제를 수주하고 연구에 본격적으로 착수하면서부터는 유일한 전임연구원인 박희진 연구교수가 연구를 총괄하면서 공동연구원과 연구보조원의 가교 역할을 하며 차질 없이 잘 진행해주었다. 현장조사가 불가능한 북한 도시를 연구하는 데는 많은 어려움이 따를 수밖에 없다. 공동연구원들과 전임연구원이 연구를 원활히 수행할 수 있도록 지원한 연구보조원 한재헌, 권태상, 김수영, 문선영과 자료정리를 도와준 김중헌, 전정현, 박효진, 김윤경에게 고마움을 전하고자 한다. 끝으로 어려운 출판 환경에도 불구하고 기꺼이 출판을 맡아준 도서출판 한울의 사장님과 편집진에게 감사드린다.

2013년 8월

고유환(연구책임자)

제1부

도시사 연구 총론

제1장

역사적 다양체로서 사회주의 도시의 이해

홍민(동국대)

1. '사회주의 도시'란 무엇인가?

사회주의 도시 연구의 오래된 쟁점을 중 하나는 이른바 '사회주의 도시
(socialist city)'라고 명명되는 연구 대상의 개념과 실재(reality)에 관한 것이
다. 그것은 이미 냉전시기부터 제기되었던 '사회주의 도시는 과연 존재하는
가'(Fisher, 1962: 251~265; French and Hamilton, 1979)[1]라는 오래된 질문으로
거슬러 올라간다. 즉, 자본주의 도시와 변별되는 사회주의 도시가 실재하는
가에 대한 질문이다. 이 질문은 탈냉전 이후에도 제기되어왔다. 그것은 과

---

1   피서(Jack Fisher)는 사회주의 도시가 과연 존재하는가 하는 질문을 던지며, 동유럽
    에 현존하는 실재 도시의 관점에서 사회주의 도시가 마르크스-레닌주의에 기초하고
    있으며 구조적 균일성, 표준화, 도시 성장의 제한 등을 원칙으로 삼는 도시 계획가에
    의해 수행되고 있지만 동유럽 도시에 사회주의 계획 목표가 반영되고 있지 않다고
    본다. 프렌치와 해밀턴은 자본주의와 근본적으로 구별되는 사회주의 도시는 존재하
    는가 하는 질문을 통해 사회주의 목표를 실현하기 위한 계획경제에서 그 차이가 존
    재한다고 주장한 바 있다.

거 사회주의권 국가들이 탈냉전 이후 겪고 있는 도시 문제를 이해하기 위한 차원에서 '과연 사회주의 도시는 존재했는가'라는 질문으로 변형되었다 (Smith, 1996: 70).[2] 이러한 질문들과 응답의 공통점은 사회주의 도시의 특수성은 무엇인가, 그런 특수성이 과연 존재하는가, 다시 말해 사회주의 도시의 존재 여부로 모아진다. 만약 존재 유무의 차원에서 진정한 사회주의 도시가 존재하지 않았다고 본다면, 도시 문제를 풀기 위한 주제와 문제의식과 접근 방식도 바뀌어야만 하는 것이다. 만약 진정한 사회주의 도시가 존재하지 않았다면, 역사적으로 사회주의를 표방했던 국가들에 존재한 도시들은 과연 어떤 이름으로 명명되고 개념화되어야 하는가. 사회주의 도시의 실재론은 성립할 수 없는 것인가.

사회주의 도시에 대한 개념과 실재를 정의하기 위해서는 '사회주의'와 '도시' 사이에 존재하는 개념적 거리부터 고민할 필요가 있다. 우리가 일반적으로 사용하는 '사회주의 도시'라는 말에는 명확성만큼이나 모호성이 많은 부분 자리하고 있다. 이런 모호성들은 자주 우리를 정체불명의 도시 속에서 배회하게 만든다. 개념과 실재 사이에 일치하기 힘든 차이와 긴장, 언어적·존재론적 아포리아가 항상 존재하듯, '사회주의'와 '도시'란 개념 사이에도 광대한 개념들의 바다가 놓여 있다. 사회주의란 개념만 해도 이념과 역사라는 큰 폭의 스펙트럼과 긴장이 존재한다. 도시 역시도 역사적 관성, 구상과 계획, 물리적 실현을 위한 정책과 실천, 법과 제도, 과학과 기술, 문화와 일상 등 수많은 복합적 과정의 산물로서 존재한다. 사회주의와 도시 사이를 연구 대상으로서 '실재'의 차원에서 매개하기 위해서는 주의 깊은 엄밀함과

---

2 여기에 참여한 필자들은 프렌치와 해밀턴이 주장했던 자본주의 도시와 구별되는 사회주의 도시의 특징들이 사실 사회주의 도시만의 특징이 아니라 지구적 차원에서 진행된 도시 발전과 궤를 같이하고 있으며 사회주의 도시만의 고유한 현상이 아님을 주장하고 있다.

더욱 많은 상상력이 필요한 것이다.

우선 사회주의 도시라고 할 때 '사회주의'는 무엇을 말하는지를 명확히 할 필요가 있다. 즉, 무엇을 '사회주의적인 것(the socialist)', '사회주의적인 도시'로 볼 것인가가 중요하다. 과연 '사회주의적인 것'으로서 하나의 도시적 '실재'는 존재하는가? 사회주의 도시라는 원형(prototype)은 존재하는가? 그것은 '실재'에 관한 오래된 철학적 질문들과 맞닿아 있을 뿐만 아니라, 사회주의 논쟁사적 측면에서는 '진정한 사회주의론'과 '역사적 사회주의' 논쟁과도 밀접하게 연계되어 있다. 다시 말해 현존했던 사회주의 체제를 규범적·이념형적 원형을 기준으로 볼 것인가, 아니면 역사적으로 실재했던 사회주의 체제의 경험을 기준으로 볼 것인가의 문제이다.

기존의 진정한 사회주의론 차원에서 본다면, 지금까지 현존했던 사회주의 체제는 진정한 사회주의가 아니다. 이들이 표면적으로는 프롤레타리아 독재, 마르크스-레닌주의 이데올로기, 집단적 소유 등을 주장했지만, 이런 선언적 원칙과 달리 사실상 공산당의 권력 독점, 폭력적인 테러 체제, 생산 및 분배 과정에서의 비민주성, 노동 착취, 관료와 행정기구의 지배 등으로 인해 진정한 사회주의가 아니었다고 보는 것이다. 따라서 이들 진정한 사회주의론자들은 현존했던 사회주의 체제들을 '국가자본주의', '관료적 국가자본주의', '타락한 노동자 국가' 등으로 규정한다(클리프, 2011; Bettleheim, 1975; Sweezy, 1992; Mandel, 1992). 이런 관점은 그 실현 과정의 변질과 왜곡, 변형을 결과론적으로 평가하고 존재 자체를 부정하는 관점이다. 반면 '진정한' 실현 여부에 따라 사회주의 체제 존재 유무를 판단하는 데 중점을 두지 않고, 그 실현은 변질되거나 왜곡되었을 수도 있지만 사회주의 이념의 실현을 표방했던 역사적 실체로서 사회주의 체제를 인정하고 이들 체제의 역사적 경험에 초점을 맞추는 관점이 있다(와다 하루키, 1994 참조).

이러한 두 관점을 사회주의 도시 차원에서 본다면, 전자의 관점은 사회주의의 이념의 적용과 구현의 여부를 통해 사회주의 도시의 존재 유무를 따질 것을 요구하고, 후자의 관점은 역사 속에 현존했던 사회주의 국가들을 사회주의 체제로 보고 역사적 경험으로서 사회주의 도시가 가지는 특징에 주목한다고 할 수 있다. 전자의 입장에서 본다면, 진정한 사회주의 체제가 없었기 때문에 진정한 사회주의 도시도 존재하지 않았던 것이 된다. 반면 후자의 입장에서 본다면, 진정성 여부와 상관없이 현존했던 사회주의 체제의 도시들은 역사적 실체로서 사회주의 도시인 것이다. 따라서 어느 관점에 입각하느냐에 따라 사회주의 도시의 존재 유무와 그 실재에 대한 분석의 관점이 달라질 수밖에 없다. 다시 말해, 진정한 사회주의론의 입장에서 본다면 '사회주의 도시'는 현실에서 실현된 바 없는 이념형의 차원에서 존재할 뿐이고, 역사적 사회주의론의 입장에서 본다면 그것은 역사적 과정이자 물리적 실재로서 존재하는(했던) 것이 된다.

그러나 '진정한' 사회주의론에 입각하여 사회주의 도시의 존재 여부를 묻는다면, 과연 진정한 사회주의 도시의 기준은 무엇인가를 묻지 않을 수 없게 된다. 결국 마르크스·엥겔스의 사회주의 도시에 관한 구체적 구상이나 주장이 존재하는가를 따져 묻지 않을 수 없다. 그러나 사실 이들의 언급은 자본주의 도시에 대한 비판의 맥락에 있을 뿐, 이들의 언급은 '진정한' 사회주의 도시를 판별하는 기준으로 삼기엔 구체성이 매우 떨어지고 모호할 뿐만 아니라 이들 '말' 속에서 특정한 사회주의 도시의 원형을 발견하기는 힘들다.[3]

---

3 마르크스(K. Marx)는 「공산당선언」과 『자본론』에서 토지 소유의 폐지, 교통운송 수단의 국유화, 공장의 국유화, 농업과 공업의 결합을 제안하거나 도시 재개발에 대한 비판은 하고 있지만 구체적인 도시관을 제시하고 있지 않다. 엥겔스(F. Engels) 역시 당시 영국 노동자의 주택 문제와 대도시에 대한 비판은 하고 있으나 구체적인 도시관이나 계획론을 제시하고 있지 않다. 물론 이들의 당대 유럽 도시들에 대한 비판이 이후 소련을 비롯한 사회주의 체제에서 주요한 도시계획의 원칙을 수립하는 데 영향

사실 어떻게 보면 마르크스와 엥겔스의 도시 비판과 구상조차 당시의 산업 수준, 도시 실태, 사회기술적 능력, 정치공학이라는 현실 지평 속에서 언급된 것이고, 이후 소련을 비롯한 사회주의 체제의 도시계획 원칙 역시 그 당대의 지구사적 흐름 속에서 구상되고 역사적으로 많은 시행착오를 통해 매우 불안정하게 정립된 것이며 그것의 현실화도 일관된 것으로 보기 힘든 부분이 있다.[4] 따라서 원래 독자적인 사회주의 도시계획 구상과 원칙이 존재하는 것도, 진정한 원형이 존재했던 것도 아닌 것이다.

그렇다면 자본주의와 구별되는 사회주의 이념의 핵심을 '평등'으로 보고, 이것이 도시에 실현되었는가에 초점을 두는 접근 역시 타당한 것인지 묻지 않을 수 없다.[5] 사실 평등의 구현 여부를 구체적인 물리적 공간을 통해 판단하는 것은 매우 추상적이고 모호할 수밖에 없다. 또한 그 실현을 위한 계획, 정책, 제도의 표면적 목적과 이면에 존재했던 통치상의 목적, 정치경제적 상

을 미쳤다고 볼 수 있다. 하지만 그런 원칙의 수립과 실현 과정이 전 지구적 차원의 산업과 과학기술의 발전, 시대 감성과 역사적 관성을 벗어나서 이루어진 것이 아니란 점이다. 결국 원래 따로 독자적인 도시계획 원칙이 존재했다기보다는 당대의 사회-기술적 맥락 속에서 구성되었다고 보는 것이 적절하다. 마르크스와 엥겔스의 도시와 관련한 언급에 대해서는 김원(2004: 22~32) 참조.

4 이와 관련 김흥순은 사회주의 이념과 이의 실현으로서의 현실 사회주의 도시 간의 관계는 상관성이 약하다고 주장한다. 당초 제안될 당시의 이념적 측면이 탈색되고 형태와 기능적인 측면만이 남아 철학적 이념과 무관하게 현실에 적용되었기 때문이다. 이러한 결과는 소련에서 사회주의 도시가 무엇인지에 대해 분명한 의미부여를 하지 못한 채 절충주의로 흐른 1929~1931년 초기 논쟁의 결말에서 이미 예고된 것이었다고 본다(김흥순, 2007: 45).

5 사회주의 도시 연구의 대표적 연구들인 프렌치·해밀턴(French and Hamilton, 1979) 과 스미스(Smith, 1996)는 자본주의 도시와 근본적으로 구별되는 사회주의 도시는 존재하는가 하는 질문에 서로 다른 결론을 내고 있음에도 불구하고, 이들의 공통점은 '평등'의 도시적 실현 여부에 초점을 두고 있다는 점에서 공통적이다.

황, 실제 구현 과정에서의 제기되는 변수, 왜곡, 굴절, 그리고 의도하지 않은 결과 등을 고려한다면 평등의 구현 여부를 평가하는 것은 힘들고 가변적일 수밖에 없다. 결국 진정한 사회주의론을 통해 사회주의 도시의 존재 유무를 묻는 것은 하나의 가치 평가 또는 도덕적 평가에서는 유의미할 수 있으나, 역사적 실체로서 사회주의 체제의 도시들을 분석하는 데서는 적절한 방법론적 관점이 아닌 것이다.

또한 이런 이념형을 통한 가치 평가적 접근은 위로부터의 이념적 구현 시도가 아래로부터는 어떻게 경험되고 전유되었는가에 대한 경험의 문제에서 다소 무력해질 수밖에 없다. 우리는 어떤 기준으로 그런 경험들을 사회주의 '진정성' 여부와 연결시켜 해석할 수 있을까. 가령 카페, 바, 레스토랑, 길모퉁이와 공원, 호텔 입구 같은 도시 공간을 일과 후 배회하고, '아지트'에서 미국의 가요를 듣고 춤을 추며, 거리의 벽에 낙서를 하는 행위 등을 사회주의의 '진정성'과 '평등'의 차원에서 어떻게 해석할 수 있을까.[6] 도시 속에 존재하던 공식 가치와 하위문화 사이의 긴장, 그리고 공존과 이중성을 경험 이상의 가치로 평가할 수 있을까. 도시 문화는 그런 '진정성'의 가치 평가로 환원되기 힘든 그 자체의 경험 영역인 것이다.

또한 진정한 사회주의론과 역사적 사회주의론의 대별을 통해 사회주의 도시에 접근하는 방식은 문제의 본질과 연구대상을 왜곡하는 결과를 가져올 수 있다. 우선 두 관점은 추상 수준이 다를 뿐만 아니라 사실 대립하는 관점이 아니라는 점이다. 하나가 사회주의 도시는 어떠해야 한다는 당위론과 실현 정도에 입각해 평가하는 관점이라면, 다른 하나는 사회주의 체제를 표방했던 국가를 그 당위성과 실현 수준이 아닌 역사적 실체와 과정으로 보는

---

6 이런 도시에서 행해졌던 러시아 민중문화에 존재하는 긴장과 이중성에 대해서는 스타이츠(2008: 252~300) 참조.

관점이라는 점이다. 다시 말해 '진정한' 사회주의 여부는 하나의 가치 판단의 영역이라면, '역사적' 사회주의는 가치 판단의 문제가 아니라 경험적 차원의 영역인 것이다. 어떤 실재에 대해 가치 평가로서 '진정성'을 따지는 것과 경험의 차원에서 '역사성'을 따지는 것은 구분할 필요가 있는 것이다. 역사 속에서 사회주의를 표방했던 국가들이 진정하지 않았고, 또 진정한 사회주의 도시가 아니라면 그들 실체를 정의하고 연구 대상화할 수 있는 개념이 필요하지만, 그렇다고 그것의 역사적 실체 자체를 부정할 수는 없는 것이다. 따라서 진정한 사회주의 이념의 구현이 이루어지지 않고 왜곡되었더라도 역사적으로 사회주의 체제를 표방했던 국가들을 경험적으로 하나의 실체로서 볼 필요가 있는 것이다. 결국 '사회주의 도시'에서 '사회주의'는 가치 평가와 경험의 역사성 모두의 대상이 되는 바로 그 역사적 실체로서의 사회주의가 되어야만 한다.

2. 역사적 다양체로서의 사회주의 도시

도시란 역사적 형성물이다. 또한 도시라는 공간은 당대의 권력과 지식이 수행되고 권력의 관계가 변용하는 장소이기도 하다. 도시가 가지는 역사적 관성과 권력의 수행성(performativity)은 상호작용을 통해 도시라는 물리적 공간에 퇴적한다. 그 퇴적의 역사적 지층들 속에는 시간과 질료를 서로 달리하는 이질적 구조물들, 다양한 형태미와 물질성(materiality)을 가지는 조형물들, 세대를 달리하며 살아가는 인간들, 그리고 그들을 연결하는 사회-기술적 시스템(socio-technology)들이 상호 배열되고 조립(assemblage)되면서 바로 도시의 특성으로 나타나게 되는 것이다. 따라서 도시를 물리적 차원의 형태적 다이어그램[7]으로 표현하고 단순화할 수도 있지만 그것이 가지는 역사성과 수행성, 다중성은 결코 형태적으로 표현하기 힘든 측면이 있다.

사회주의 도시의 특성을 파악하고자 하는 시도에서 주의해야 할 것은 우선 선험적으로 구별되는 어떤 '무엇'으로 환원하여 비교하고 구분하여 일반화를 행하는 것이다. 그런 측면에서 자본주의 도시와 근본적으로 구별되는 '사회주의 도시의 특수성이 있는가'라는 질문 역시 재고되어야만 한다. 이런 질문은 사회주의 도시가 마치 자본주의 도시와 근본적으로 다른 어떤 특수성을 가지고 있어야만 사회주의 도시가 될 수 있음을 전제하거나 암시하고 있다. 그러나 사회주의 도시가 반드시 자본주의 도시와 구분되는 특수성을 가지고 있어야만 성립하는 것은 아니다. 역사적 실체로서 사회주의 체제를 경험의 차원에서 바라본다는 것은 그 자체로 경험이 가지는 특징을 기술하고 분석하는 것이지 자본주의와 다른 특수성을 발견하기 위한 것이 목표는 아니다. 대부분의 연구자들이 빠지는 함정은 바로 사회주의 도시의 특성을 마치 자본주의 도시와의 유비 또는 구별을 통해 설명하려는 유혹에 있다.

주지하고 있듯이 역사적으로 존재해왔던 자본주의 도시들과 사회주의 도시들은 서로 차이도 있지만 많은 부분에서 공통점을 공유하고 있다. 양 체제의 형성 자체가 근대 산업주의라는 동질적 뿌리[8]를 갖고 있을 뿐만 아니라 때로 냉전의 동학(dynamics) 속에서 시차를 두고 서로 모방과 반발로서의 도시정책을 전개해온 측면이 있다. 소련에서 시행되었던 도시계획은 많은 부분 자본주의 시장경제와 근대 산업주의의 경험과 유산을 공유하고 있는 경우가 많다. 자본주의 진영 역시 사회주의적 요소들을 도시계획 속에 정책적으로 구현해온 바 있다. 또한 현재의 세계의 도시들이 가지는 여러 일반적 특성 중에는 과거 사회주의 도시가 가졌던 특성들이 구체화된 경우

---

7 도시 형태의 역사적 변천과 패턴, 다이어그램과 관련해서는 코스토프(2009, 2011) 참조.
8 자본주의와 사회주의 진영이 갖는 동근성과 관련해서는 차문석(2001: 15~23) 참조.

가 많다. 따라서 사회주의 도시는 냉전이라는 지구사(global history) 또는 횡단적 냉전사(transnational Cold war) 차원에서 살펴보아야 할 필요가 있다.[9] 오히려 자본주의와 구별되는 특성으로서 사회주의 도시를 보는 방식에서 벗어나 이 두 진영 관계, 상호 대립과 모방의 동학이 새롭게 사회주의 도시 연구의 시야로 들어와야 하는 것이다. 다시 말해 소비에트화(Sovietization)와 미국화(Americanization)라는 진영 사이의 역학, 진영 내부의 역학,[10] 그리고 개별 국가의 역사적 다양성 역시도 중요하게 고려해야만 한다.[11]

그런 측면에서 역사적 실재로서 사회주의 도시 연구는 역사적으로 현존했던 사회주의 체제의 도시를 그 대상으로 하되 진영 내부의 동질성에 함몰되어 그 특성을 단순화해서는 안 된다. 하나의 사회주의 도시는 사회주의 진영 내부의 논리, 위계, 관계 동학뿐만 아니라 동서 양 진영 사이의 동학과 상호작용, 개별 국가들과의 사이의 관계, 지정학적 위치, 역사적으로 퇴적되어온 도시의 물리적·문화적 관성, 도시정치, 역사적 사건들 등이 복합적으

---

9 냉전사 연구를 두 체제의 상호 동학 차원에서 주목할 것을 주장하는 연구로는 노경덕(2012: 313~336) 참조.

10 동독에서 소비에트화는 위로부터 주입된 것들이었고 일상에서 소비에트 모델은 근대적이지 않고, 가난하고, '아시아적'인 것으로 취급되었다. 이런 소비에트화와 미국화, 반소비에트화, 반미국화 등이 어떻게 동독 사회에서 교차했는지에 대해서는 렘케(2006: 89~124) 참조.

11 사실 냉전은 미국과 소련이 자신의 외부 세계를 진영으로 포섭하기 위해 벌인 경쟁의 체계를 뜻하기도 한다. 그러나 이들은 일방적으로 다른 국가들에게 영향을 미쳤다고만 볼 수 없다. 양 진영 내 국가들과 제3세계 국가들은 오히려 이들 두 강대국을 경쟁을 이용하고 그들에게 유리하게 상황과 물질적 지원을 전유하는 전략을 수행하기도 했다. 일방적인 소비에트화(Sovietization)나 미국화(Americanization)만 진영 내부에서 존재했던 것은 아니다. 오히려 그 역으로 동유럽의 문화가 소련에 유입되기도 했고 동독의 경우 내적으로 미국화가 동시적으로 진행되기도 했다(Gorsuch and Koenker, 2006 참조).

로 결합되면서 변화해가는 역동적 실재인 것이다.

각 사회주의 국가의 도시들도 공식적인 이념의 표방, 실제 계획 실행, 물리적 조직, 그 속에 담겨진 생산 및 통치 등이 내적 논리, 계획에 내재된 통치 의도, 과거 역사적 관성 등이 상호 결합 및 갈등하면서 다양하게 전개되어 왔다. 따라서 사회주의 국가였다는 것만으로, 그 속에서 사회주의 도시의 일반적 특성을 도출하고 단순화하기 힘든 것이다.[12] 결국 고유한 특수성을 지닌 진정한 사회주의 도시(socialist cities)가 존재한다기보다는 오히려 다양

---

12 그런 측면에서 임동우가 주장하는 사회주의 도시의 정의는 이런 혼돈의 단면을 보여 준다. 그는 "사회주의 국가에 있는 도시라는 이유만으로 사회주의 도시라고 명명하는 것은 무리가 있어 보인다. 결국 사회주의 도시란 사회주의 국가에 속한 도시가 아니라 어떠한 특정한 성격을 가지는 도시를 의미하며, 이러한 특징이 실현된 도시가 있다면 그 도시는 소속에 상관없이 사회주의 도시라 명명할 수 있을 것이다. 따라서 질문은 '사회주의 도시는 어떠한 특징을 가지는가'로 이어진다"고 주장한다(임동우, 2011: 38). 그리고 사회주의 도시가 가지는 '어떤 특정한 성격'을 프렌치와 해밀턴을 인용하여 ① 토지 소유권에 대한 시스템의 차이, ② 정부 주도형 도시 개발, ③ 국토 개발의 체계적인 계획 등으로 제시하고 있다. 그러나 사실 이들 기준은 프렌치와 해밀턴이 현존했던 사회주의 국가 도시의 경험에서 추출한 것이지만, 전체적으로든 부분적으로든 일반적인 도시에서 발견되는 요소들이다. 따라서 사회주의 국가 여부는 중요치 않고 이들 기준만으로 사회주의 도시를 정의할 수 있다는 것은 모순에 가깝다. 만약 이렇게 되면 현존했던 사회주의 국가의 도시를 보는 것이 아니라 이런 특성을 가진 모든 도시들이 사회주의 도시에 포함되게 된다. 그러나 우리가 역사적으로 실재했던 사회주의 도시라고 했을 때는 국가를 떼어 놓고 하나의 도시를 사회주의 도시로 정의하기 힘들다. 사회주의 이념에 입각하여 그것을 체제의 정치경제적 운영 논리로 채택하고 국가와 도시의 관계가 그런 상호작용 속에 있을 때 사회주의 도시라고 얘기할 수 있다. 또한 '사회주의 도시는 어떠한 특징을 가지는가'는 마르크스-엥겔스, 그리고 레닌과 소비에트 경험의 확산과 개별 사회주의 국가에서의 수용과 변형이라는 역사적 경험에서 도출될 수밖에 없는데, 임동우는 정작 사회주의 도시를 사회주의 국가 소속 여부와 상관없는 특성처럼 얘기하고 있어 모순적이다.

한 역사적 경험 속에서 사회화된 도시들(socialized cities)이 존재했다고 할 수 있다(French and Hamilton, 1979: 6).

사실 우리가 연구 대상으로서 '사회주의 도시'를 명명할 때, 그것은 추상과 담론으로 상상되고 설계된 이념형적 사회주의 도시, 동서 냉전의 동학 속에서 각기 자신의 역사성과 체제 논리, 외교적 생존 사이에서 진동했던 사회주의 도시, 그리고 물리적 공간과 시간 속에 살아가는 일상으로서 실재했던(하고 있는) 역사로서의 사회주의 도시, 이들 사이의 관계가 필연적으로 중첩되면서 긴장의 모습으로 등장할 수밖에 없다.[13] 지금까지 사회주의 도시 연구를 표방하는 연구들은 대체로 이 둘 사이의 긴장에 주목하지 않음으로써 오히려 사회주의 도시 이해에서 개념적 혼돈을 가져온 측면이 있다.

나는 이들 냉전과 탈냉전을 경유하며 사회주의 도시 존재 유무를 묻는 동일한 질문이 반복적으로 제기되고 그 존재 유무에 연구 쟁점이 병목하고 있는 현상이 잘못된 질문의 형식과 인식의 문제에서 비롯되었다고 본다. 앞서 강조했듯, 사회주의 도시의 존재 유무를 판별하기 위해 선행되어야 할 질문은 '사회주의 도시란 무엇인가'이다. 그것은 당연히 역사적이고 경험적인 차원의 접근을 요구하는 것이다. 가령 긴 역사적 과정을 통해 형성·변화되어 온 자본주의 도시가 하나의 이념형이나 특성으로 환원되어 일관되게 정의되기 힘들 듯이, 사회주의 도시 역시 사회주의 이념의 태동과 도시라는 공간으로의 물리적 적용, 수행 그리고 그것의 성공과 굴절 및 좌절의 과정이 다양한 궤적과 형식으로 아로새겨진 역사적 실재들이기 때문이다.

따라서 우리는 '사회주의 도시는 존재하는가(했는가)'라는 존재 유무의 질문 형식에서 '사회주의 도시는 무엇인가'라는 인식의 문제, 역사적 경험의 문제로 질문 형식을 바꿔야 한다. 원래 고정된 어떤 사회주의 원칙, 이념형

---

13 이런 측면에서 도시 정체성의 변화를 보여주는 연구로는 송준서(2010: 129~160) 참조.

에 환원하여 평가하거나, 소비에트 경험의 일반화를 통해 지정학적·역사적인 과정을 생략하거나, 냉전의 동학을 간과한 채 그 특성과 존재 유무를 판별하는 방식에서 벗어날 필요가 있다. 그보다는 역사적으로 사회주의를 표방했던 국가들의 도시들이 경험했던 다양한 경험의 내용과 과정을 기술(description)하고 드러내는 것을 통해 하나의 일반화된 속성으로 환원하지 않고 다양한 역사적 실재들로 사회주의 도시를 볼 필요가 있다고 본다.

이는 사회주의 도시를 역사적 '다양체(multiplicity)'로서 이해하는 것이라고 할 수 있다. 사회주의의 '순수한', '고정된' 이념형이나 소련 모델의 일반화, 자본주의 도시와 구분되는 특수성으로 환원하는 방식에서 벗어날 필요가 있다. 그보다는 사회주의 도시들 사이의 지향적 공통성은 물론 역사적 과정과 실재에서 드러나는 다양성의 측면에서 사회주의 도시를 다중적 실재들(multiple realities)로서 이해할 필요가 있다. 그런 측면에서 우리는 더 근원적 질문으로 돌아가 도시라는 실재를 어떻게 이해할지에 대해 다시 고민할 필요가 있다. 그것은 사회주의적 특성이나 정치경제적 결정력으로 환원되는 수동적 설명 대상, 공간적으로 조직된 물리적 구현체, 인간 행위에 의해 일방적으로 조형되는 객체로 도시를 보는 관점이 적절한 것인지 대한 문제이다. 그보다 거시적인 체제 특성이나 정치경제적 결정으로 환원될 수 없는 국지성과 우연성을 가지는 사회-기술적 네트워크(socio-technical network)와 장치(*dispositif*: device, apparatus)[14]를 통해 구성되는 다양한 행위능

---

14 '장치(*dispositif*)'란 푸코가 1970년대부터 '통치성'을 사유하며 제시한 개념으로, 여러 이질적인 요소들 — 제도, 기구, 법, 치안, 행정조치, 과학적 언표, 철학적 명제 등 담론적이거나 담론적이지 않은 거의 모든 것 — 사이에서 세워지는 네트워크이며 이들의 느슨한 집합이며 지식의 여러 유형을 지탱하는 힘 관계를 뜻한다(들뢰즈, 1991: 235~236). 푸코의 장치 개념에 대한 들뢰즈의 해석은 들뢰즈(2007: 470~485) 참조. 행위자-네트워크이론(ANT)에서는 푸코의 장치 개념을 사회-기술적 장치(socio-technical device), 기구

력을 만들어내는 행위체로서 도시를 인식할 필요가 있다. 그것은 도시를 끊임없이 수행되고(performed) 있는 실재로서 볼 것을 요구한다. 사회주의 도시를 존재했던(being) 고정된 무엇으로서 '되거나 있는(is)' 것이 아니라 '행해지고(doing) 있는 것' 또는 '행해졌던' 어떤 과정으로 보는 것이다.

도시의 역사적 층위는 시공간적으로 층층이 겹쳐지는데, 이들 레이어(layer)는 특정한 역사적 국면과 시기의 구체적인 물리적, 사회-기술적 특징을 담게 될 수밖에 없다. 그러나 특정 국면에 하나의 도시가 가지는 경관과 도시구조는 특정 시기의 형성물만을 통해 구성되는 것이 아니라 과거의 역사 시기들이 남긴 이질적인 물리적 흔적과 사회-기술적 시스템들과 공존하고 상호작용하면서 하나의 현재적 경관으로 조립되고 도시적 행위성을 구성하게 된다.[15] 다시 말해 도시라는 역사적 레이어는 수많은 사회-기술적 연결망을 통해 구성되는데(assemblage), 즉 인간, 이념, 제도, 정책, 기술, 과학, 지정학, 지리, 기후, 식생, 전쟁, 표준, 도면, 법, 계획가, 건축가 등등 무수하게 많은 행위자들의 힘겨루기와 연결을 통해서이다. 도시의 행위성이라는 것은 바로 이런 사회-기술적 연결망들의 결합을 통해 생성되는 것이다. 따라서 우리가 사회주의 도시를 본다는 것은 특정 사회주의 시기의 평면적 단층만을 대상으로 하기보다는 이런 이질적인 것들의 결합과 배열, 조립으로

(apparatus), 아장스망(*agencement*), 아상블라주(*assemblage*) 등의 용어를 통해 계승하면서, 일종의 이질적인 것들(인간/비인간)의 배열, 배치, 결합을 통해 만들어지는 행위성, 행위성의 분배 등을 설명하고 있다.

15 벤야민의 모스크바 '인상학'에서 묘사되는 초기(1927~1928년) 소비에트 러시아는 과거와 현재의 이질적인 공존과 결합이 만들어낸 우울한 거리 풍경과 사회적 초상으로 나타난다(벤야민, 2005: 273~320). 한편 시기는 다르지만 1949년의 소비에트 러시아는 백남운에게 '일생을 통해 가장 감명 깊은 인상'을 주는 도시 성취의 모습으로 나타난다(백남운, 2005: 11).

서 역사적인 다양체를 보는 것이다.

3. 도시의 다중성: 도시의 정치적 리얼리티와 사회-기술적 네트워크

역사적 다양체로서 사회주의 도시라는 관점은 기존에 도시를 바라보던 우리의 관점에 하나의 성찰을 요구한다. 우선 '사회주의적인 것'의 일반화와 환원주의적 설명체계에 대한 성찰이다. '사회주의적인 것'으로 간주되는 소위 거시적인 체제 특징으로 설명되는 것에 도시의 국지적 현상들을 환원하여 설명하는 것이다. 그것은 '정치체제', '사회구조', '계획경제' 등의 일반화된 특징에 도시 현상을 환원하여 설명하는 방식으로, 가령 도시에서 발견되는 획일성을 계획경제의 산물로 설명하는 방식이다. 이것은 도시 현상을 위계화된 질서의 산물로서 공공연하게 간주하고 도시 현상의 국지성과 우연성을 거시적 체제 현상을 통해 설명하는 방식이기도 하다.

그러나 사회란 본래 거시나 미시, 구조나 행위와 같이 어떤 위계 속에서 실재하는 것이 아니다. 사회란 오직 다양한 행위자들의 연결과 결합, 관계를 통해 국지성을 만들어가며 그것은 전적으로 어떤 구조나 체계로 환원되어 설명되기 힘든 그 자체의 국지성과 우연성을 갖는다. 구조나 체계라는 일반화된 특징은 오히려 최종적으로 설명되어야 하는 것이지 무엇을 설명하기 위해 환원되는 어떤 정상 지점이 될 수 없다. 도시 역시 마찬가지로 마치 어떤 상위의 구조나 체제와 같은 것이 존재하고 그것에 의해 일방적으로 규정되는 공간이나 장소가 아니다. 도시는 그 자체로 다양한 행위자들(인간-비인간)의 네트워크를 통해 행위성을 갖는 역동적인 실체이다. 따라서 우리는 도시라는 현상이 구성되는 궤적과 과정을 추적하고 그것으로부터 다양한 국지성과 우연성을 발견하는 것을 통해 소위 체제의 일반적 특징을 오히려 역으로 검증해보아야 하는 것이다.

　이런 차원에서 본다면, 사회주의 도시는 인간에 의해 대상화된 수동적인 객체이기보다 자신이 품고 있는 물리적 구성물, 형태와 관성, 인간 행위 등을 통해 역사를 만들어내는 역동적인 역사적 주체의 위상을 갖는다. 그것은 도시가 다양한 인간, 비인간 행위자들의 네트워킹과 결합을 통해 구성되며 도시 자체도 하나의 행위자로서 은유될 수 있음을 뜻한다. 이런 차원에서 도시를 좀 더 살아 있는 역사적 행위체로서 주목할 필요가 있다. 이를 위해 사회주의 도시를 다중성(multiplicity), 가독성(legibility), 수행성(performativity), 물질성(materiality) 등의 차원에서 볼 필요가 있다. 어떻게 도시가 행위성(agency)을 구성하고 행위하며 변화하는지를 이들 개념을 통해 볼 필요가 있다.

　우선 도시를 수동적 객체, 물리적 대상으로 바라보는 관점에 대한 검토가 필요하다. 사회주의 도시에 대한 대부분의 연구들은 도시를 주로 지도자, 지배엘리트, 국가기구 등에 의해 대상화되는 도시계획, 도시정책의 구현 대상물로만 공공연하게 간주하는 경향이 강하다. 도시에 대해 어떤 내용이 구상·설계되고 무엇이 어떻게 실제 물리적으로 구현되었는가에 초점을 맞춘다. 마치 체스판에 놓인 말을 옮기듯 언제든 의지적으로 조정 가능한 대상으로 취급하는 것이다. 그것은 도시를 지도자나 권력엘리트, 국가기구의 정책 대상과 결과물, 성취로서 취급하는 태도와도 맞닿아 있다.

　그러나 우리가 더욱 주의 깊은 관심을 가져야 하는 부분은 도시가 그 자신이 갖는 내적 다이내믹을 통해 어떻게 위로부터의 계획이나 정책을 좌절시키고 수정토록 하는지, 또는 원래의 계획과 의도를 어떻게 다른 방식으로 활용하거나 전유하는지, 그런 내적 다이내믹이 어떻게 만들어졌는지 등에 대한 것이다. 다시 말해 도시가 위로부터 또는 외부의 정책이나 요구를 어떻게 자신의 이해들로 치환해내는지에 대해 주목하는 것이다. 그것은 도시가 그 자신의 존재와 이해를 어떻게 번역(translation)해내는가를 보는 것이다. 도시가 갖는 전략의 구성과 행위성이 어떻게 만들어지는가이다. 도시를 구성하는 수많은 네트워킹(networking)의 과정을 추적할 필요가 있는 것이다.

도시를 수동적 정책 대상으로만 볼 때, 도시가 갖는 정치적 리얼리티, 사회-기술적 네트워킹의 다이내믹은 그만큼 묘사하지 못할 가능성이 높다(Carroll, 2006: 19~20). 그것은 정책과 그것의 최종 물리적 구현물에 도시를 환원하여 설명하는 것이기도 하다. 도시의 정치적 리얼리티는 중앙의 의도를 벗어나고 수정하고 이용하고 타협하는 그 도시의 내적 힘들을 의미한다. 그런 힘들은 단순히 인간들의 관계들로만 이루어진 정치적 흥정의 과정만을 뜻하지 않는다. 그것은 수많은 우회(detour)와 가능성을 만들어내는 과정이다. 도시는 내외부로부터 많은 문제와 장애에 직면하면서 이를 해결하기 위해 수많은 우회(네트워킹)를 통해 가능성을 구성해간다. 도시의 수많은 물리적 요소들, 역사적 흔적들과 경관, 지리와 기후와 식생, 기술과 과학, 법과 제도 등이 인간과 결합되고 도시의 정치적 리얼리티를 구성하는 것이다.

그런 측면에서 도시의 정치적 리얼리티와 행위성을 만들어내는 것은 인간만을 통해서는 불가능한 것이다. 물리적 요소들, 과학과 기술, 법과 제도, 지리와 식생, 역사적 흔적 등 수많은 비인간적 요소들이 인간의 행위와 결합될 때 도시의 정치적 리얼리티와 행위성이 구성되는 것이다. 따라서 도시는 인간 행위, 법과 제도와 같은 '사회적인 것'으로만 구성되는 것이 아니라, '물리적인 것', '기술적인 것', '역사적인 것', '생물학적인 것' 등이 결합해 구성되는 것이라고 볼 수 있다. 따라서 도시는 바로 이런 끊임없이 이루어지는 인간-비인간 행위자들의 힘겨루기와 네트워킹의 결과이자 사회-기술적 연결망으로 구성되어 있는 실재들(realities)인 것이다. 도시는 공식적 이념과 그것의 재현, 수많은 관료적 행위자들, 그리고 영토성과 인민, 당대의 과학과 기술, 일상의 사물들, 역사적 흔적들이 주는 관성 등 상호 이질적인 사회-기술적 수행의 매우 복잡한 매트릭스(matrix) 속에서 구성된다(Carroll, 2000: 15; Mayer, 1999: 123~143).

한편 도시의 정치적 리얼리티도 기존의 권력 이해로부터 벗어나 이해할 필요가 있다. 도시를 통치(government)의 차원에서 본다면, 도시는 권력을 잡은 어떤 사람의 '능력'이나 권력을 가진 어떤 사람의 '소유' 둘 다 아닐 뿐만 아니라 그것에 의해 온전히 결정되는 것도 아니다. 사실 국가는 개인 또는 정치기구에 의해 결정되는 대상물이 아니라 '영향력의 네트워크'로서 대상화된 주체들을 훈육하는 기구와 메커니즘이며, 권력은 도처에 존재하는 '밀접하게 연계된 힘들의 네트워크'이다. 이는 인구 또는 집합체들(collectives)이라는 주체의 무리를 감시하고 훈육하는 실천들의 배열들(the sets of practices), '통치의 기술(art of government)'(Jessop, 2001: 149~153)로 다중적으로 구성되는 것이다. 도시 역시 이런 통치 차원의 배열과 기술을 통해 다중적으로 구성되는 실재들이다. 우리가 사회주의 도시를 이해하기 위해서는 도시에 가해지는 물리적 조형술이 사회주의 이념에 부합하느냐 그렇지 않느냐가 아니라 그것이 통치의 차원에서 갖는 의미와 구체적 효과가 무엇인가에 주목해야 한다.

따라서 필요한 질문은 '사회주의 도시는 무엇인가'가 아니라 '어떻게 사회주의 도시라는 이름으로 행해지는가'이다. 따라서 도시는 이념과 정책, 물리적 힘이 가해지는 수동적 공간도, 지도자와 국가기구의 도시계획 및 정책과 동일시될 수 있는 것도 아니다. 도시는 '사회적'으로 펼쳐진 사회-기술적 네트워크로서 우리가 방문해야 하는 구체적인 장소들 또는 국지성들(localities)인 것이다. 이들 구체적인 장소들과 국지성들이 위로부터의 정책과 통치의 기술을 전유하고 여과하고 변형시키는 힘들이 만들어지는 곳이다. 도시의 실재(realities)는 이렇게 구체적인 장소와 국지성들이 갖는 사회-기술적 연결망들에 의해 다중적인 모습으로 나타나는 것이다. 따라서 사회주의 도시연구에서 중요한 것은 이런 다중체로서 도시를 어떻게 묘사하고 개념화할 것인가이다.

결론적으로 도시는 국가의 계획과 정책, 집행 등이 갖는 몇몇 특징적이고 물리적인 조형술로 환원될 수 없는 다양한 행위자들의 결합과 네트워크를 통해 이해되어야 하는 이질적인 것들의 네트워킹의 과정을 동반하는 매우 가변적이고 유동적인 하나의 질서인 것이다. 그것은 사회주의 도시 연구에서 자주 발견되는 이념, 계획, 정책, 물리적 결과물, 수동적인 도시민의 생활 등으로 환원될 수 있는 것이 아니라 그것이 어떤 이질적 행위자들의 결합과 네트워크를 통해 구성되거나 변화되어 왔는지를 설명하는 것이다. 결국 도시의 행위성은 다양한 이질적 행위자들의 결합이 가져온 '효과'로서 볼 수 있다.

4. 사회주의 도시의 수행성: 수행적 도시에 대하여

기존 사회주의 체제 설명 모델들은 사회주의 정치체제에서 발견되는 지도자, 이데올로기, 관료제 운영 방식, 통제 방식 등 몇몇 특징을 '사회주의적인 것'으로 산출하여 사회주의 사회를 이들 일정한 정치체제 모형의 틀에 환원하고 속박함으로써 다양한 예외적 의사 분출의 가능성과 출구를 봉쇄하는 단점을 지녀왔다. 이들 모델들은 정치체제 일반의 논의 차원에서도 정치체제의 속성이나 메커니즘에 대한 함축을 담기보다는 '위로부터'의 통치나 공식 담론의 관점에서 정태적으로 통치 행위의 현상적 이미지를 묘사하는 개념화의 성격이 강하다. 가령 전체주의 모델의 도식을 따른다면 사회주의 체제의 변화 가능성은 원천적으로 봉쇄된다. 전체주의 모델을 비롯한 다른 설명 모델 모두 사실상 공통적으로 국가 또는 체제에서 내적으로 발견되는 특

징적 현상을 포착하고 열거하여 그것을 설명 모델로 제시하는 방식이다.[16]

그러나 정작 강력하게 제시되는 '위로부터의 통치' 행위가 어떠한 행위자들의 결합을 통해 가능한지 그것이 형성되고 변화되는 과정, 그것이 사회 구성원들에게 가 닿고 수용되는 방식에 대한 설명은 매우 단편적으로 다루거나 누락되기 일쑤이다. 또한 전체 사회를 최고지도자를 정점으로 하는 위계의 사다리 속에 구조화해놓고 지도자 또는 권력 엘리트, 이데올로기, 국가기구, 정책 담론 등에 대한 것은 거시적인 것으로, 그렇지 않은 일반 주민에 대한 것은 주변적이며 미시적인 것으로 간주하는 등 거시와 미시의 그릇된 위계를 공공연하게 설정하고 체제 작동의 설명 근거로 제시하기도 한다. 이를 통해 국가가 운영되고 작동하는 메커니즘을 거시적 차원의 인물, 기구, 제도, 담론의 존재와 군림이라는 한 축과 미시적 차원의 일반 주민의 동의와 순응이라는 이분법 속에 일방향적으로 보아왔다.

그러나 국가는 고정된 인물, 기구, 제도, 담론으로 존재하는 것이 아니라 다양한 행위자들을 통해 끊임없이 수행되어지는 것이다. 그래서 칼롱(Michel Callon)과 라투르(Bruno Latour)가 문제 제기하듯, 어떻게 '미시-행위자들이 성공적으로 거시-규모로 성장하는가?' 또는 '거시적 행위자로 보이게 되는가?', 그들은 어떻게 개인들이 하나의 거대한 상식적 목소리와 현수막 ─ 국가라는 이름과 상식 ─ 아래 모여 있게 되는가를 묻는다(Callon and Latour, 1981: 277). 본질적이고 고유하고 고정된 것처럼 보이는 거시-행위자들 ─ 국가 또는 지도자, 기구, 제도, 담론 ─ 은 본래부터 그렇게 존재하는 것이 아니라 다양하게 결합되어진 미시-행위자의 실천으로 구성되어진 것인데, 미시와 거시 행위자들 사이의 사이즈 차이는 선험적으로 실제 존재하는 것이 아니

---

16 기존 사회주의 국가성격 및 설명 모델에 대한 정리와 비판적 검토는 최완규(2001: 11
~42) 참조.

라, 그렇게 보이는 것이다. 행위자의 규모는 단지 길고 강한 행위자-네트워크를 만드는 '번역들'의 결과일 뿐인 것이다.

다시 말해 단수의 이름으로 말하는 것, 하나로 통합된 것처럼 보이는 국가는 네트워크가 깨어지지 않게 점차 차단함으로써 네트워크를 길게 하고 강해지게 하는 과정, 즉 네트워크의 연결을 통한 번역의 행위이다(Callon, 1995: 59). 그것은 다른 행위자 또는 세력을 대신하여 말하거나 행하는 권위가 주어지게 하는 사회-기술적 '번역'의 과정이며 이것을 가능하게 하는 다양한 인간-비인간 행위자를 통해 수행되어지는 것이다. 따라서 국가는 추상적이거나 초월적인 것, 또는 주어지는 것이 아니라 일상적인 정치적 실천들과 절차들, 담론, 제도, 기구, 기술, 과학 등과 같은 무수히 많은 사회-기술적 연결망의 단순화, 압축, 접힘(folding)을 통해 세상을 국가라는 이름으로 번역하는 수행의 결과로 드러나는 것이다(홍민, 2013: 147~148).

도시도 마찬가지로 볼 수 있다. 우리는 사회주의 도시를 특정 인물, 기구, 제도, 담론의 존재와 군림으로 환원하여 설명할 것이 아니라 그것이 어떻게 수행되는가, 즉 그것을 수많은 행위자들이 결합된 사회-기술적 연결망의 차원에서 파악하고 그것이 도시라는 하나의 이름과 은유를 통해 어떻게 단순화되어 세상에 '사회주의'를, '국가'를, '체제'를, '일상'을 번역해내는가 하는 '수행성'[17]의 차원에서 볼 필요가 있다. 수행성은 개인이 또는 도시가 자신에

---

17 '수행성(performativity)' 개념은 오스틴(J. L. Austin)이 『말과 행동(How to do things with words』(1955)에서 발화행위 이론의 차원에서 개념화한 바 있으며, 데리다(Jacques Derrida)가 「기호, 사건, 맥락(Signature Event Context)」에서 오스틴의 수행성 개념을 해체적으로 재구성한 바 있다. 본격적으로 수행성 개념을 재개념화하여 젠더 연구에 사용한 것은 버틀러(Judith Butler)의 『젠더 트러블(Gender Trouble)』에서이다. 버틀러는 젠더 연구를 통해 젠더는 무대 위에서 배우가 행하는 퍼포먼스처럼 언제나 행위로 나타난다고 주장한다. 수행성은 행동을 유발하는 언어를 뜻하는 수행

대해 말하는 것을 통해 자신의 정체성을 구성하는 것을 뜻한다. 즉, 발화(speech act) 자체가 갖는 수행적 차원에 주목하는 것이다. 이런 발화는 담론, 사물, 기호, 제도, 법, 기술, 과학, 상징 등 다양한 방식으로 이루어지는데, 이것들 모두 사회-기술적 네트워크를 통해 이루어진다. 각종 숫자 역시 하나의 정치적 힘으로서 발화 그 자체로 도시를 수행하도록 한다.[18] 결국 도시는 수많은 사회-기술적 네트워크를 통해 자신에 대해 말하는 것을 통해 수행되는 실재인 것이다.

이런 차원에서 도시를 수행성의 차원에서 개념화할 필요가 있는데, 필자는 '수행적 도시(performative urban)'[19]를 제안하고 싶다. '수행적 도시'라는 개념은 도시가 '어떤 것이 된 것(is)'이 아니라 '행하는(do) 것', 일련의 행위들이며, 명사가 아니라 동사, '존재(being)'가 아니라 '행하기(doing)'라고 보는 것이다(실리, 2007: 113). 도시는 고정된 실재로서 또는 고정된 정체성으로 존재하는 것이 아니라 끊임없는 수행의 연속 속에 있는 다중적인 실재들인 것이다. 따라서 사회주의 도시는 도시라는 존재의 상식적 요소 및 외양을 생산하기 위해 반복되는 행위들이며, 다양한 힘들의 관계가 만들어낸 강제적인 틀, 일종의 사회-기술적 연결망 또는 장치들을 통해 만들어지는 실재인 것이다. 그러나 도시의 수행성은 드 세르토(Michel de Certeau)의 지적처럼

문과 같은 것이다. Austin(1962); Derrida(1991); 버틀러(2008) 참조.

18 남영호에 따르면 숫자는 엄청난 정치적 힘을 지니는데 도시를 각종 양적 지표로 보여줌으로써 도시를 계산 가능하고 실행 가능한 장소로 만들어주며, 숫자화 과정 속에 있는 정치를 비정화시켜준다. 그는 소비에트 도시계획에서 가장 중요한 지표는 도시의 규모(인구와 면적)와 도시의 숫자였다고 본다. 그런 주장에 따른다면 숫자는 기호 이상의 의미를 생산하고 도시를 수행하도록 하는 것이다(남영호, 2011/2012: 219).

19 '수행적 도시(performative urban)' 개념은 필자가 버틀러의 수행성 개념을 원용하고 재구성하여 도시이론 차원에서 새롭게 만든 개념이다.

단순히 '공간의 장악'(남영호, 2006: 65)이라는 전략적 장치를 통해서만 이루어지는 것이 아니라 그것을 재-전유(re-appropriation)해가는 일상의 정치 또는 전술 역시도 포함하는 것이다(Certeau, 1984: xiv~xv; 홍민, 2006: 48~50). 즉, 세르토는 '기강 잡힌 기하학적 개념도시'의 변형과 착취에 저항하는 '인류학적 사실도시'로의 지향을 말하고 있지만(장세룡, 2012: 147), 그것은 한편으로 이 둘의 공존과 상호작용이 갖는 도시의 '수행성'을 말하고 있는 것이기도 하다. 이 둘 모두가 수행적 도시 속에 있는 것이다. 또한 유르착(Alexei Yurchak)이 소비에트 일상에 대한 연구에서 지적한 것처럼 이데올로기적 진술이 갖는 '의미'와 '행위' 차원의 이중성과 상호 구성적 관계가 수행적 전환(performative shift)을 갖듯(Yurchak, 2005: 29) 사회주의 도시는 의미와 행위의 불가분의 관계 속에서 구성되고 수행되는 것이다. 이런 고정된 실체로 보이는 도시를 구성적인 행위들로 해체해볼 필요가 있는 것이다.

5. 사회주의 도시의 물질성: 도시성의 발현

지금까지 사회주의 도시에 대한 논의에서 지도자, 관료, 이념, 기구, 제도, 계획, 정책, 인민 등 많은 주인공으로 등장해왔다. 지도자의 위대성 또는 독재성이 어떻게 도시 건설로 나타났는지, 사회주의 이념 — 가령 '평등' — 이 도시에 어떻게 구현되었는지, 도시를 건설하는 데 어떤 국가기구와 제도, 그리고 관료가 주도하고 영향력을 발휘했는지, 어떤 계획과 정책이 구사되었는지, 인민들은 어떻게 그런 도시 속에서 살았는지 등이 그런 주인공들의 중요성을 알려왔다.[20] 그러나 과연 도시의 주인공들은 이들뿐인가? 상대적으

---

20 이념의 물리적 구현, 사회의 조직화로서 소비에트 건축에 대한 논의로는 콥(1993)

로 도시의 물리적 또는 사회적 구현에 참여하는 비인간 또는 물질들이 갖는 행위성, 이들이 인간과 결합해서 만들어내는 행위성에 대해서는 주목해오지 않았다. 다만 이들 물질들은 인간에 의해 대상화되는 객체로서, 도시를 구성하는 생명력 없는 물리적 객체로만 간주되어왔다.

그러나 도시는 기본적으로 물질성(materiality)을 갖는다. 도시가 갖는 물질성은 단순히 인간을 위해 존재하는 물리적 질료만으로 존재했던 것일까? 과연 사회가 물질성을 갖지 않는다면 사회로 존재할 수 있을까? 가령 현대의 우리가 핸드폰과 컴퓨터 없이 사회적 관계가 힘들게 되었듯이 시장, 상점, 간판, 도로, 공원, 관공서, 공장, 식당, 창고, 교통신호등, 도보블록, 이정표, 가로등, 상하수도, 정화시설, 통신망, 광케이블, 전봇대, 가로수, 주민등록증, 콘크리트, 아스팔트, 유리, 철근 등이 없으면 도시도 구성되기 힘들다. '강철' 없는 사회주의 도시를 우리는 상상할 수 있을까. 강철이란 물질과 야금술이 인류는 물론 사회주의 도시를 어떻게 만들어내고 강인함을 상징해왔는가를 보라(다이아몬드, 1998: 20). '도시됨'은 이 거대한 물질적 접합, 연결을 통하지 않으면 불가능한 것이다.[21] 도시의 물질성은 다양한 성격을 갖는 질료들과 인간의 결합을 통해 구성된다. 도시가 갖는 다양한 면모의 경관 창출 역시 물질성을 통해 구성된다. 도시에 사는 인간은 이런 물질성을 전유하거나 또는 영향을 받으며 또는 그것과 속성을 교환하며 살아간다.

이런 측면에서 소위 국가나 도시를 구성하는 인간, 기구, 제도, 정책, 상징, 담론, 치안, 군대 등 모든 것은 물질성을 가지며, 그것은 인간과의 결합

참조.

21 이런 물질적 접합과 연결은 사회주의 국가의 전화번호부를 통해서도 간접적으로 확인할 수 있다. 가령 북한의 전화번호부를 보라. 도시 내외부를 연결하는 수많은 기관, 조직, 인간, 상하수도, 매체, 상업 유통, 상점, 공장, 기술, 지령, 통신, 자재, 화폐, 광물, 생산물 등을 볼 수 있다(『(비밀) 전화번호부』, 2002).

통해 구현된다. 사실 국가나 도시의 외양과 외관은 물론 그것의 내적 동학 역시도 물질적으로 구성된다. 가령 물질성은 도시에 대한 통치술의 핵심이 자 통치를 위한 인구(도시민)와 사회에 대한 가독성(legibility)의 문제와 밀접 하게 관련된다.[22] 지속적이고 효율적인 통치에 대한 욕망을 위해 구축되는 사회-기술적 연결망이자 통치 대상인 인구를 적절히 배치하고 사회에 대한 가독성을 높이기 위한 다양한 사회-기술적 장치 모두가 인간 행위자와 이 비인간의 물질성을 통해 구현된다.

따라서 도시 연구는 인간과 마찬가지로 도시를 구성하는 행위자로 물질 성(materiality)을 주요 탐구대상으로 할 수밖에 없다. 그것은 도시가 다양하 고 이질적인 인간-비인간 행위자들이 배치되고 연결된 사회-기술적 연결망 (Kaghan and Bowker, 2001: 258~259) 또는 장치(dispositif, apparatus, device), 그리고 그것의 배치와 조합이라는 아상블라주(assemblage) 또는 아장스망 (agencement)을 통해 수행되어지는 실재이기 때문이다(Allen and Cochrane, 2010: 1071~1073). 다시 말해 도시를 연결되고 가입되고 결합된 구체적 행위 자들을 통해 존재를 드러내는 사회-기술적 아상블라주(연결·조립)로 봄으로 써 물질이 갖는 행위 능력을 무엇보다 중요하게 여길 필요가 있다.[23] 가령, 도시는 '구축된 환경들, 공간들, 그리고 기술들'을 포함하는 물질성으로 구 성되어 있으며, 그것은 하나의 세력(forces)으로서 행위성을 갖고 있는 것이 다(Carroll, 2000: 14~15). 더 나아가 도시가 갖는 물질성은 담론 ── 즉, 상징적

22 인구와 사회에 대한 가독성을 통치술의 핵심문제로 바라보는 논의로는 스콧(2010) 참조.

23 ANT는 푸코의 장치(dispositif) 또는 들뢰즈의 아장스망(agencement)과 유사하게 네트워크들에 연결되고 등록된 다양한 기호학적이고 물질적인 요소들의 이질적인 결합과 갈등에 주목한다. 그런 측면에서 ANT는 어떤 과정의 기저를 이루는 리좀적 구조를 드러내는 데 관심을 갖는다.

의미, 재현, 그리고 인지구조 ― 과 실천 ― 즉, 다양하게 조직된 사회적 활동 ―
의 행위를 구체화하는 행위자들인 것이다.

　사회주의 도시의 이해에 있어 주목해야 하는 것은 바로 이런 무수한 배치
와 연결의 사회-기술적 네트워크 또는 장치가 갖는 물질성, 그리고 행위능력
을 좀 더 미세하게 드러내고 이해하는 것이다. 가령 지도자의 영광을 반영하
고 태양왕처럼 그를 고취하고 중심이 되게 하는 인공물이 분포된 영토처럼
어떻게 국가 통치를 다양한 물질적 요소들을 통해 도시 공간 속에서 드러내
보이는지 주목할 필요가 있다.[24] 가령 사회주의 도시들이 보여주는 '권력에
대한 도상학적 기호들'과 '고정되고 위계적이며 기념비적인 질서'들을 보라.
권위적인 대칭구도와 두꺼운 벽, 장식이 없는 규칙적인 배열 등은 고전주의
적 도시 건축물과 유사하고(김영나, 2004: 172) 그것들이 전하려 했던 지도자
들의 영원불멸성에 대한 욕망은 사회주의 도시들을 거대한 기념비의 제국으
로 만들었다. 그것은 "1930년대 모스크바 도시 건축이 정치신학에 가까운 유
사종교적 사회주의 이념을 구현하는 기호의 구축"에 몰두하던 때부터 사회
주의 도시에서 일반화된 하나의 경향으로 나타난다(이지연, 2010: 272~285).

　이런 측면에서 사회주의 도시는 물질화된 기호들의 세계이자 공간이다.
도시 공간을 조직화하는 데는 군대와 같은 정확한 건설동원 절차와 매뉴얼,
혁명 전통과 승리, 건설과 같은 국가 성취의 기호화, 통치를 물질적으로 구
현하는 도시계획 설계도면, 지도제작법, 수력학의 엔지니어링, 이국적인 식
물학, 회계와 재정 등이 동원된다. 바로 이 제의적인 국가 및 도시 디스플레
이를 위해 다양한 행위자들이 동원, 배열, 조립된다. 도시는 국가의 성취를

24　가령 정치 지도자의 조각상은 인민들을 아래로 내려다보면서 도처에 도사리고 있는
　　정부권력과 감시의 손길을 상기시키는 장치로서 물질화되었고, 사회주의 영웅주의
　　의 상징물, 레닌이 주도한 전력화 캠페인이 갖는 중앙권력의 통합 상징 등에 대해서
　　는 클락(2000: 75~102) 참조.

디스플레이하는 하나의 장소, 사회-기술적 네트워크가 물질적으로 구현되는 공간인 것이다.[25] 결국 사회주의 도시는 이런 물질, 과학, 기술, 상징을 통해 접합되고 응고되어 하나의 도시성(urbanity)을 구성하게 된다는 것이다. 도시는 인간의 행위만이 이루어지는 컨테이너 박스가 아니라 통치를 위한 사회-기술적인 물질성이 구성되는 장소인 것이다.

25 이와 관련된 연구로는 Nordlinger(1981) 참조.

제2장

서양 도시사 연구 흐름과
북한 도시사 연구를 위한 제언

민유기(경희대)

1. 들어가며

도시사 연구가 한국사회는 물론 세계 곳곳에서 역사학자들뿐 아니라 인문학과 사회과학, 공학과 예술학 여러 학문 연구자들에게 점점 더 많은 관심의 대상이 되고 있다. 인구 통계에 의하면 2007년 5월 23일 자로 지구촌 거주자의 절반 이상이 도시에 거주하게 되었는데, 세계화의 진전과 더불어 지구도시화(glurbanization) 현상은 더욱 가속화될 전망이다.[1] 따라서 현재와 미래 삶의 조건은 도시와 관련된 다양한 문제들에 대한 바람직한 해결 여부에 달려 있다고 해도 과언이 아니다.

현재와 미래의 모습은 과거와 연결된다. 인간의 삶은 시간의 연속성 속에서 이전 세대에서 다음 세대로 이어지기 때문이다. 20세기 과학기술만능주의는 도시설계, 토목건설, 건축 같은 공학 분야가 도시에 대한 연구를 주도

---

1   지구도시화에 대한 이론적 분석에 대해서는 Matusitza(2010: 1~14) 참조.

하게 만들었다. 하지만 인간의 삶이 일상적으로 펼쳐지는 장소인 도시에 대한 연구는 공학뿐 아니라 인간의 본성을 탐구하는 인문학의 시각에서 접근할 때 더욱 풍성한 성과를 거둘 수 있으며, 특히 역사적 접근이 중요하다. 이탈리아의 건축가 알도 로시(Aldo Rossi)는 "역사 문제를 회피하고서는 도시의 현상을 진지하게 연구할 수 있기를 기대할 수 없으며, 도시는 역사적 요소가 뚜렷한 주요 도시적 형성물을 통해 나타나기 때문에 아마도 역사적 방법론만이 도시를 실증적으로 증명할 수 있는 유일한 방법론이라 말할 수 있을 것이다"라고 언급하기도 했다(로시, 2003: 256).

인문학은 본시 문학적 상상력, 철학적 성찰력, 역사적 비판력을 아우르며 종합적으로 인간다움의 본질을 찾아가는 학문이다. 특히 역사학은 인간의 삶을 시간과 공간 속에서 종합적으로 탐색하는 일을 가능하게 해준다. 역사학 개론의 교과서적 얘기이긴 하지만 역사란 '과거에 일어났던 일' 자체와 '과거에 일어났던 일에 대한 설명 및 기록'을 의미한다. 따라서 많은 이들이 역사를 '시간의 학문'이라 말하곤 한다. 하지만 과거라는 시간은 구체적인 장소나 공간과 분리되지 않기에 역사란 '시간과 공간의 학문'이다. 또한 역사학은 과거의 정치·경제·사회·문화를 포괄하는 종합 학문이다.

도시사 연구는 시공간을 아우르며 인간 삶의 모든 양상을 종합하는 역사학의 본질에 가장 충실한 연구이다. 도시라는 구체적 장소에서 펼쳐진 다양한 경험을 시간의 계열성 속에서 종합적으로 분석하려 하기 때문이다. 2008년 한국도시사학회(The Korean Society for Urban History) 창립을 준비하면서 도시사 연구자들이 2007년에 출간한 책은 세계 주요 국가의 도시사 연구 현황을 분석하고 있다(도시사연구회 엮음, 2007). 이 책의 제목을 '공간 속의 시간'이라 한 것은 도시라는 인류 문명의 공간에서 전개된 과거의 다양한 삶의 양상이 시간의 흐름 속에 변화해가는 것을 탐구하는 것이 도시사이기 때문이다.

역사학은 본래 실용적 속성을 지닌다. 널리 알려진 것처럼 20세기 영국의 역사학자 카(E. H. Carr)는 역사란 역사가와 사실 사이 상호작용의 끝없는 과정이며, '현재와 과거 사이의 끊임없는 대화'라고 설명했다. 과거에 있었던 무수한 사실들은 현재 제기되는 여러 질문들에 답을 찾아가기 위해서, 즉 현재의 문제의식 속에서 역사 연구자들에게 파헤쳐진다. 현재를 설명하고 미래를 전망하며 각종 현안에 기여하기 위해, 정책의 입안 또는 문제 해결 방안을 위한 이론적·경험적 근거와 참고자료를 제공하기 위해, 과거의 거울에 오늘을 비쳐보고 내일을 설계하기 위해 역사 연구가 필요한 것이다.

도시사 연구는 역사학의 모든 연구가 그러하듯 실용적이다. 도시의 탄생과 성장 과정, 정체나 쇠퇴, 이를 극복한 다양한 시도들, 도시환경의 변모, 도시행정과 정치, 도시에서의 경제활동, 도시사회의 갈등, 도시문화 등을 시간의 흐름 속에서 파악하여 오늘의 도시 상태를 정확하게 진단하게 해주고 이를 기초로 더 나은 미래의 도시, 미래의 삶의 방식을 상상하게 해주고 준비하게 해주기 때문이다.

도시사는 구체적으로 어떤 테마들을 연구 대상으로 삼는가? 어떠한 연구 방법론과 도구가 사용되는가? 바로 아래에서는 우선 이 두 질문에 대한 답을 구할 것이다. 이어서 20세기 후반 서양 각국에서 도시사 연구가 어떤 경향과 흐름을 보여 왔는지를 살펴보고자 한다. 이는 궁극적으로 최근 들어서야 본격적으로 시작된 북한 도시사 연구가 어떤 테마들을 어떤 방법론으로 다루어나가야 할지에 대한 논의들에 생산적 도움을 주기 위함이다.

2. 도시사의 연구 테마

도시사 연구는 기본적으로 도시라는 공간에서 전개된 삶의 구체적 양상을 시간의 변화 속에서 고찰하는 것이다. 따라서 광범위한 테마들을 다룰 수밖에 없기에, 우선 편의를 위해 공간·인구, 정치·경제, 사회·문화라는 커다란 세 개의 분석 틀로 구분할 수 있다. 이 세 개의 분석 틀은 서로 연관되지만 강조되는 지점에 따라 분석적으로 구분이 가능하다.

도시란 기본적으로 인구가 집중된 곳이다. 특정 공간에 다양한 이유로 인해 인간이 모여들면서 자연발생적으로 혹은 의도적이고 계획적으로 도시가 탄생한다. 비도시 지역, 흔히 범주적으로 도시와 비교되는 농촌 각지에서의 도시로의 인구 이동이 도시를 만든다. 도시의 성장 역시 이촌향도로 표상되는 비도시 지역으로부터의 인구 유입을 통해 이루어지며, 인구 증가의 압박은 도시 공간 규모를 팽창시킨다. 따라서 도시는 일차적으로 인구와 공간의 함수관계로서 정의되며, 도시문제는 본질적으로 규모와 밀도의 문제, 즉 과대화와 과밀화 현상의 결과로 발생한다. 주요한 도시문제나 도시에서의 사회 갈등들인 환경오염, 주거란, 교통난, 빈곤 등이 인구와 공간의 함수 관계에서 비롯된다. 그렇기에 도시사 연구는 흔히 공간·인구라는 틀에서부터 시작된다. 도시의 탄생과 성정 과정에서 어떤 계급·계층의 인구가 집중되고 공간을 점유하는지, 도시 공간이 어떤 방식으로 확대되어가는지, 도시 내부에서 공간 사용의 위계적 구분과 인구 집단의 상관성 등에 천착하는 것은 도시사 연구의 기초적 작업이다.

1920~1930년대 도시사회학을 탄생시킨 이른바 시카고학파의 도시 연구자들은 자신들의 연구를 '인간생태학(Human Ecology)'이라 지칭했다(Park and Burgess eds., 1921: 161~216). 이는 도시사회의 공간 조직과 성장의 논리를 설명하면서 공간을 둘러싼 생태적 환경적 요소를 중시했기 때문이다. 시카고학파를 주도한 로버트 에즈라 파크(Robert Ezra Park)는 1915년 「도시: 도시환경에 있어 인간 행위 연구를 위한 제언」이란 논문에서 도시계획과 지역조직, 산업조직과 도덕적 질서, 이차적 사회관계와 사회통제, 기질과 도시

환경 등을 차례대로 다루면서 도시 공간, 장소와 입지, 물리적 구조와 인간 행위 유형의 관계 및 상호 영향력을 분석했다(Park, 1915).

두 번째 틀은 도시의 정치·경제라는 틀이다. 도시에서의 삶이, 각종 도시 문제가 모두 공간 규모와 인구밀도의 관계로 환원될 수는 없기 때문이다. 특정 도시의 탄생과 성장 과정, 흥망성쇠는 정치적·경제적 변수들과 연관된다. 인간의 삶의 방식은 개인 그리고 개인들을 묶어주는 공동체 조직의 정치적·경제적 동기에 의해 좌우된다. 서양 고대 도시인 그리스의 폴리스 도시국가들은 노예에 경제활동을 맡긴 자유로운 시민들의 정치적 공동체였기에 이런 정치경제적 특성을 반영한 공간구조를 등장시켰다. 11세기 십자군 원정 이후 재등장한 중세 도시들은 상공업 활동과 화폐경제의 주인공들에 의해 성장했고 이들은 봉건 영주들에 맞서서 혹은 타협과 양보를 통해 도시 자치권을 획득해나갔다. 중세 도시의 전형적 공간 구조나 삶의 방식은 이러한 정치경제적 특성을 잘 보여준다.

도시의 정치적·경제적 측면에 대한 연구는 크게 위로부터의 접근과 아래로부터의 접근 두 방식으로 구분될 수 있다. 위로부터의 접근은 도시의 흥망성쇠를 좌우한 거시적 혹은 미시적 행위 주체의 결정이다. 국가 권력이나 상인 집단, 오늘날의 초국적 자본과 같은 강력한 도시 외적 행위자의 선택에 따라 도시의 운명은 크게 변화된다. 서양에서 중세에 자치권을 획득한 도시들은 근대 초의 종교전쟁과 절대왕정의 등장 과정에서 권력에 의해 도시공동체가 지닌 고유한 특성과 활력을 많은 부분 상실했다. 또한 도시 엘리트들이었던 상인, 은행가, 수공업 장인 집단의 선택이나 거시적 경제체제의 변화가 도시의 운명에 커다란 영향을 주었다. 아래로부터의 접근은 도시민들의 도시정치 과정을 중시하는 것이다. 사실 도시정치는 위로부터 그리고 아래로부터, 즉 권력과 시민의 힘겨루기와 갈등과 투쟁, 대화와 타협의 과정 자체이기도 하다. 베버의 입장을 수용해 도시정치나 도시행정 차원에서 도시사회의 갈등을 어떻게 관리할 것인지 천착했던 1960년대 영국의 도시사회학자들은 도시의 정치적·경제적 측면을 도시 연구의 핵심으로 삼았다. 이들에게는 중앙정부와 시정부, 도시의 시민사회, 노동조합 등 다양한 정치경제적 행위주체들의 활동 양상들이 주요 분석 대상이 된다(Pahl, 1977 참조).

세 번째 틀은 도시의 사회·문화라는 틀이다. 인구 변동과 공간 환경의 변화, 거시적·미시적 도시 정치경제를 더욱 심층적으로 파악하기 위해서는 사회적 계급 계층의 구조와 역학에 대한 이론적 분석이나 도시민들의 의식과 경험의 세계를 포함한 도시문화에 대한 더 심층적인 질적 탐구가 요구된다. 공간·인구라는 틀이 도시의 기본 요소와 조건의 척도를 분석한다면, 정치·경제 연구라는 틀은 도시 성장의 동학을 분석하는 것이고, 사회·문화 틀은 시민의 사회적·문화적 일상생활을 분석하는 작업이라고 할 수 있다.

앞서 언급한 것처럼 세 개의 틀은 상호영향을 발휘하며 중첩된다. 도시 환경을 중시했던 시카고학파에 속하는 루이 워스(Louis Wirth) 역시 도시의 문화적 차원을 강조했다. 그가 1938년에 발표한 「생활양식으로의 도시성」이란 논문은 인간의 환경 적응 과정에 대한 생태학적 시각, 생태적 과정에 수반되는 사회관계의 조직화에 대한 사회학적 시각, 도시화가 변화시킨 개인의 심리와 생활양식에 대한 사회심리적·문화적 시각을 모두 보여준다. 워스는 이 논문에서 규모, 밀도, 이질성 같은 생태학적 변수를 가지고 도시를 파악하면서 농촌과 도시에서 나타나는 사회적 분업과 연대감의 차이를 탐구하고, 궁극적으로 생활양식으로 도시적 특성이 무엇인가를 분석한다 (Wirth, 1938: 1~24).

1970년대 마르크스주의를 도시 연구에 끌어들인 도시 연구자들은 자본주의적 근대 도시가 수행하는 이데올로기와 자본 축적 기능에 주목하면서 도시에서의 계급 갈등이나 사회적·경제적 불평등이 공간의 형태와 배치에 어떤 변화를 야기했는지, 그리고 이런 변화가 다시금 자본주의 체제의 계급 모순과 불평등의 문제를 어떻게 가시적으로 혹은 비가시적으로 강화했는지 고찰하려 했다. 대표적인 학자로는 공간의 자본주의적 생산 문제에 천착한 앙리 르페브르(Henri Lefebvre), 도시를 집합적 소비(consommation collective) 공간으로 파악한 마뉴엘 카스텔(Manuel Castells)이 있다. 데이비드 하비(David Harvey)는 르페브르의 영향을 받아 도시에 투자되는 잉여 자본의 축적과 자본 순환 과정을 밝혀낸 건조 환경(built environment) 이론을 정립했다(Lefebvre, 1974; Castells, 1972; 하비, 1982). 이들은 일견 정치·경제 틀로 도시를 분석하는 것처럼 보이지만 사회적 불평등, 도시민의 소비와 일상성 등 사회·문화의 틀 역시 중요시했고 이를 공간구조와 연결시키고 있다.

도시사 연구자들은 도시를 정치·경제·사회·문화 변화의 구조이자 주체로 인식한다. 도시 공간 자체가 역사적 행위를 유발한 동인이 되기도 하고, 역으로 인간의 정치적·경제적 선택과 활동, 사회적·문화적 저항과 참여가 도시 공간의 구조를 변화시켜왔기 때문이다.

도시 연구의 세 가지 중심 틀은 다양한 테마들에 대한 구체적 연구를 가능하게 한다. 영국에서 발간하는 국제적인 학술지 ≪도시사(Urban History)≫는 매년 도시사 연구 성과를 10개의 범주로 분류하여 소개하고 있다.

첫째 범주는 '도시사 일반'이다. 새로운 도시사 연구방법론, 새로운 사료, 도시사 연구사에 대한 비판적 재검토, 장기적이고 거시적인 도시화 과정, 개별 도시들의 성장사 등을 이 범주 내에 배치한다.

둘째 범주는 '인구문제'이다. 도시에서의 출생, 혼인, 사망, 질병, 이민 등의 문제를 다룬다. 역사인구학 방법론에 기초하여 도시공간으로의 인구 밀집 과정에 대한 연구가 많은 편이다. 도시 내 구역별 인구 분포의 특성 등도 고찰한다.

세 번째는 '도시의 물리적 구조'이다. 도시 공간의 물리적·환경적 특성 연구, 주거 조건 연구, 주요 건축물 연구 등의 연구 성과를 이 범주에서 다루고 있다. 건축사와 도시계획사 관련 연구들을 포함한다.

네 번째는 '도시의 사회구조'이다. 도시나 지역의 사회적 특성과 구조, 계급 계층 구조, 사회조직, 도시사회 문제, 도시사회의 다양한 개혁, 소수자 집단, 가족생활 등의 연구 성과를 이 범주로 묶고 있다. 주로 사회사 방법론에 따른 도시사 연구 성과들인데 도시공간의 형태나 기능, 삶의 방식이 사회조직, 사회적 긴장 관계와 맺고 있는 상관성에 대해 천착하는 연구들이다.

다섯 번째는 '도시의 경제활동'이란 범주로 특정 도시나 도시와 인근 지역에서의 산업과 상업, 소비, 노동 조건, 노동조합 문제 등을 고찰한다. 경제사 연구방법론으로 사용되는 계량적 통계 처리와 이에 대한 분석뿐 아니라 노동운동사 연구자들이 고민한 노동계급의식의 형성 조건, 노사갈등 문제를 도시구조나 경제활동, 도시적 생활 방식과 연계해 파악한다.

여섯 번째는 '교통과 통신'이란 범주이다. 도시 내부 및 도시 간 교통과 통신망을 분석한다. 교통·통신 기술의 발달 과정뿐 아니라 이러한 발달의 원인과 결과인 도시화 현상이나 공간 이동성이 낮은 역사적 행위의 유형까지 고찰한다.

일곱 번째 범주는 '도시정치과 행정'이다. 시정부의 활동, 자치 행정을 둘러싼 다양한 이해집단의 조정, 도시 공공정책 등을 다룬다. 지방행정학이나 도시행정학에서 사용하는 연구방법론을 활용하여 정책 형성 과정과 적용, 정책의 효과와 도시생활에서의 영향력 등을 분석하는 연구들이다.

여덟 번째 범주는 '도시환경'이다. 도시계획, 환경문제, 지역발전, 이상도시론, 주거 조건 개선 등을 연구한다. 도시환경에 대한 인식, 도시 인프라 구축 과정, 도시환경의 변화가 시민의 일상에 미치는 영향 등에 대한 연구를 망라한다. 기술 측면에 집중된 도시공학 연구를 역사적 배경과 인과론, 의미와 영향력 분석으로 확대하는 연구들이다.

아홉 번째는 '도시문화'라는 범주이다. 시민의 여가활동, 교육, 종교, 정보

교환, 도시의 일상생활, 도시문화의 특성, 도시 경계를 넘어서는 특정 도시 문화의 영향력 확대 등을 분석한다. 문화사의 방법론을 적극 활용하여 도시 문화의 제 양상들을 역사적으로 탐구한다.

마지막으로 열 번째는 '도시에 대한 인식과 태도'라는 범주이다. 도시 정체성 인식과 형성 변화, 도시민의 자부심, 문학, 미술, 영화 등에서 다루어진 도시 이미지 등을 분석한다. 예술 분야의 도시 연구를 포함한다.

프랑스에서는 1965~1996년까지 축적된 도시사 성과물 3,167개를 소개한 『프랑스 도시사, 중세부터 20세기까지: 참고문헌 안내 1965~1996』가 1998년에 출판되었는데 이 책 역시 10개의 범주로 도시사 연구 성과를 구분하고 있다. 10개의 범주는 표현만 일부 다를 뿐 영국의 ≪도시사≫ 잡지가 구분하는 것과 동일하다. 이는 다음과 같다. ① 도시사 기초연구, ② 인구문제, ③ 도시의 물리적 틀, ④ 도시사회, ⑤ 도시경제, ⑥ 교통과 통신, ⑦ 정치적 삶과 행정, ⑧ 도시정비와 환경, ⑨ 도시문화, ⑩ 도시의 표상(Backouche ed., 1998).

10개의 범주들을 위에서 말한 세 가지 틀로 재배치해보면, 도시사 일반을 제외하고 공간·인구 틀에 인구문제, 도시의 물리적 틀, 교통과 통신, 도시정비와 환경이, 정치·경제의 틀에 도시경제, 정치적 삶과 행정이, 사회·문화의 틀에 도시사회, 도시문화, 도시의 표상이 묶여진다.

3. 도시사 연구의 융합학적 방법론

1) 전통적 도시사 연구방법론

유럽에서 근대적 학문으로서 역사학이 등장한 19세기에 시작된 도시에 대한 역사적 탐구는 개별 도시들의 기원부터 당대까지 성장 과정을 고찰한 연대기적 성격이 강했다. 19세기의 산업화와 도시화 및 근대화 흐름 속에서 근대사의 주역들인 부르주아를 탄생시킨 중세 도시에 대한 연구가 대부분이었다. 프랑스의 경우 19세기는 '지방사의 황금기'라 불릴 정도로 많은 지방사 연구가 이루어졌고 그 성과가 개별 도시의 역사로 출간되었다(Goubert, 1971: 113~132). 19세기 국민국가의 확대 성장 과정에서 지방과 중소도시에서 여전히 정치경제적·사회문화적 영향력을 행사하던 지방과 중소도시 엘리트층이 이들 연구를 후원하기도 했다. 근대화 과정에서 구체적 삶의 공간이었던 도시들의 역사에 대한 연구는 지방과 도시의 역사적·문화적 전통과 유산에 대한 관심 못지않게 근대의 기원과 본질 및 특성을 파악하려던 학문적·사회적 필요성에 부응하는 것이었다.

19세기 후반과 20세기 전반 중세 도시 연구는 근대 자본주의 사회를 잉태하고 발전시킨 장소였던 중세 도시, 벨기에의 역사가 앙리 피렌(Henri Pirenne)이 '봉건사회의 섬들'이라 부른 중세 도시의 정치적·경제적 특성을 파악하기 위해 노력했다(피렌, 1997). 1929년에 '사회경제사연보'란 제호로 창간되어 20세기 중후반 세계 역사학계의 연구 흐름을 좌우할 정도로 주목받은 프랑스의 학술지 ≪아날(Annales)≫은 1930년대 중반부터 중세사가 에스피나(Georges Espinas)의 주도하에 중세 도시들의 기원과 성장 과정에 대한 다양한 논문을 게재했다. 이와 같은 중세 도시에 대한 역사 연구는 도시사 영역의 선구적인 연구였지만, 중세 도시의 정치적 자율권이나 경제활동에 대한 법제사적·경제사적 연구에 집중되었다.

하지만 19세기의 도시화와 산업화 과정에서, 특히 19세기 중반 파리의 대규모 근대적 도시 정비의 영향을 받은 유럽 주요 도시들의 근대적 정비가 진행되면서 근현대 도시에 대한 관심이 크게 대두되었으며 도시학(Urbanism)이란 개념이 등장했다. 도시학이란 용어는 에스파냐 카탈로니아의 도시계획가로 19세기 후반에 바로셀로나의 근대적 도시 정비를 담당한 일데퐁스 세르다(Ildefons Cerdà)의 1867년 저서에서 처음 사용되었다(Merlin, 1988: 911). 빠른 도시화는 도시 인구의 증가와 공간의 확대 정비뿐 아니라 삶의 방식에도 커다란 변화를 낳았다. 협소한 의미의 도시화는 "산업혁명 이후 급속한 이촌향도 현상에 따른 비약적인 도시의 팽창"을 뜻한다면, 광의적 의미의 도시화는 "인류 문명의 장기 지속적인 역사 과정 자체"로 "도시가 탄생하고 성장해가는 과정, 그리고 이에 따라 인간의 정치적·경제적·사회적·문화적 삶의 방식이 도시적인 특성으로 변해가는 과정"을 뜻한다(도시사학회 기획, 2011: 4).

19세기 후반과 20세기 전반 당대 진행 중이던 도시화와 이로 인한 삶의 변화는 학제적 도시 연구를 자극했다. 프랑스에서는 최초의 도시학 연구소가 1916년에 '파리 도시 역사·지리·경제 연구소(Institut d'Histoire, de Geographie, et d'Economie urbaines de la Ville de Paris)'란 이름으로 설립되었다. 명칭에서 알 수 있듯이 도시 연구를 위해 인문학적 전통과 사회과학의 결합을 강조했으며, 당대의 도시 변화를 이해하기 위해 과거에 천착하는 역사학이 중요한 구심점이었다(민유기, 2010: 7~45).

도시의 역사 연구가 특정 도시의 성장발달사를 다루는 개괄적 연대기적 접근이라면 도시사는 앞서 설명한 것처럼 도시라는 공간에서 전개된 삶의 구체적 양상들인 도시의 정치·경제·사회·문화를 더욱 세밀하게 분석한다. 도시사는 1950~1960년대 미국과 서유럽 여러 나라 도시사 연구자들 사이에서 펼쳐진 연구 영역, 방법론, 사료 등에 대한 집단적 토론의 결과로 그 기초가 확립되었다. 도시사 연구는 법제사, 정치사, 경제사, 사회사, 사상사, 문화사, 여성사, 구술사 등 전통적인 역사 연구방법론을 차용하고 융합시키며 공간 특성을 가미하는 융합적·학제적 방법론을 만들어냈다. 도시 공간에서는 계급계층, 인종, 젠더, 세대 등이 지닌 상이한 사회적·문화적 가치 등이 경계를 넘나들고 '충돌' 혹은 '공존'하면서 변화를 추동하기 때문이다. 20세기의 대표적 역사가인 프랑스의 페르낭 브로델은 "도시는 변압기와 같다. 그것은 긴장을 증대시키고 교환을 가속화시켜주며 사람들의 삶을 끊임없이 섞는다"고 언급한 바 있다(브로델, 1995: 695).

역사 연구에서 사용되는 다양한 방법론이 도시사 연구에서 무분별하게 뒤엉켜 체증을 일으키는 교차로처럼 혼란을 주는 것은 아니다. 도시 공간에 대한 기본 인식이 소통을 원활하게 해주는 신호등의 역할을 수행하고 있기 때문이다. 모든 방법론이 교차로로 막무가내로 몰려들 듯이 혼합되는 것도 아니다. 도시의 공간·인구 분석적 틀에 기반을 둔 연구에는 역사인구학의 방법론인 인구 변동 추이와 그 원인, 공간 환경에 집중하는 역사지리학이나 인문지리학의 방법론이 주로 융합된다. 도시의 정치·경제 분석적 틀에 기반을 둔 연구에는 전통적인 법제사, 정치사에서 분석하는 법률, 제도, 정책 내용과 이의 형성 과정, 영향력 등에 집중하는 방법론과 경제사에서 다루는 거시적·미시적 통계를 활용한 경제 상황, 경제활동을 돕는 다양한 사회적 제도, 경제활동 주체들의 선택에 천착하는 방법론들이 뒤섞인다. 마찬가지로 도시의 사회·문화 분석적 틀에 기반을 둔 연구에는 사회사의 방법론들인 사회적 행위자와 구조의 관계, 집단행동, 사회적 관계망 등을 분석하는 방법론과 문화사의 방법론인 담론 분석, 이미지 분석, 문화적 심성 분석 방법론들이 융합된다.

도시사 연구자들은 "도시라는 실체가 지닌 다양한 측면들의 상호작용과 교류 지점을 발견"(Baudoui et al., 1990: 101)하는 데 몰두하면서, 도시사 연구가 "무분별하게 뒤범벅된 교차로가 아니라, 일반적인 것에서 특수한 것을 구분해내기 위해 고민하는 종합(synthèse) 분과로서의 교차로가 되어야 한다"고 강조한다(Pinol, 1995: 230).

도시사 연구에 융합적·학제적 방법론이 사용되기에 전통적 역사 연구가 활용했던 문헌사료뿐 아니라 다양한 시각적 사료 분석이 필수적이다. 주요 건축물 및 도시계획 설계도면, 도시의 경관과 일상적 삶의 다양성을 담은 사진들, 지적도, 지도, 삽화, 축제나 행사 안내서, 도시 문화를 보여주는 다양한 예술 작품 등이 주요 사료로 활용된다. 도시민의 도시 생활에 대한 인식이나 만족도, 욕망을 보여주는 각종 설문조사나 인터뷰 구술자료 역시 중요한 사료로 취급된다.

도시사는 역사학의 경계를 확장시킨다. 기존의 건축사, 인문지리학, 도시설계와 계획학, 지방행정학, 지역개발학의 연구 테마들 일부를 역사적인 시각에서 새롭게 조명한다. 이들 학문 분야에서 과거의 사례들을 고찰하는 연구는 대체로 시간의 흐름에 따른 건축 기술과 사상의 변화, 지리적 양상의 변화 과정, 도시 설계와 계획의 이론과 실제 적용 사례 자체에 초점을 맞추고 있다. 하지만 도시사 연구는 도시공간과 관련된 변화를 야기하는 원인과 변화의 결과들을 정치, 경제, 사회, 문화의 복합적 층위를 통해 분석하며, 이를 통해 종합적인 도시의 역사상을 도출하려 한다.

도시사 방법론으로 역사학의 전통적이며 주된 방법론들인 법제사, 정치사, 경제사, 사회사 연구방법론과 분석 도구들을 이 글에서 반복적으로 자세히 설명할 필요는 없을 것 같다. 아래에서는 역사학 외에 다른 인접 학문들이 도시사 연구방법론으로 어떻게 활용되는지를 살펴보기 위해 역사인류학, 역사민속학이나 민족학(ethnology) 혹은 민족지학(ethnography), 문화지리학 방법론을 차용한 도시사 연구들을 소개하고자 한다.[2] 이들 연구방법론은 20세기 말에 부각되어 가장 최근의 도시사 연구에 흔히 사용되는 방법론들

---

2 'Ethnology'를 '민족학'으로 'Ethnography'를 '민족지학'으로 번역하는 것은 민족이란 단어가 함축하는 다의미성 때문에 정확한 번역이 아니라고 판단하지만, 이를 대체할 더 나은 번역어를 찾기가 어렵기에 학계 관례대로 그대로 사용한다.

이다.

2) 최근의 융합학적 도시사 연구방법론

역사인류학은 인간 삶의 양식, 사유 체계, 일상적 행동 양상들을 문화적 관점에서 이해하려고 하는데, 여기에서 말하는 문화는 지식, 믿음, 예술, 도덕, 법률, 관습과 인간의 습성(habitudes)들을 묶어내는 포괄적·종합적 개념이다. 역사인류학은 인간이 사적인 그리고 사회적인 삶을 조직해가는 방식을 탐구하면서 역사적 행위의 다양한 의미들을 밝히고자 한다. 역사인류학은 주체와 구조의 자율성을 인정하는 동시에 이 둘의 상호연관성을 중시하는데, 인간의 삶과 역사적 행위를 결정하는 것이 구조 자체도, 행위 주체의 의지만도 아니기 때문이다. 인간의 삶은 구조와 주체의 의지, 욕망, 감정 등이 복잡한 사회문화적 맥락 속에서 맺고 있는 관계들을 통해서만 올바르게 이해될 수 있다. 역사인류학은 주체의 역사적 행위가 지닌 다의미성(multi-signification)과 사회문화적 역사적 변화 과정이 지닌 다의미성을 파헤치고자 한다(Burguière, 1986: 52~60).

역사인류학적 도시사 연구는 1970년대 이후 세계적으로 다양한 학문 분야에서 강한 영향력을 발휘한 미셸 푸코(Michel Foucault)의 성, 육체, 규율에 대한 연구 및 담론 분석 방법을 적극 수용했다. 프랑스의 도시사 연구자 리옹 뮈라르(Lion Murard)와 파트릭 질베르망(Patrick Zylberman)은 1976년에 19세기 탄광촌 주거지에 대한 공동 연구에서 푸코를 수용한 역사인류학적 도시사 연구의 모습을 잘 보여주었다. 이들은 훈육의 의도를 지닌 공간 관련 규범과 담론 분석을 통해 광산 노동자의 주거 조건 개선이 노동자들의 도덕화를 추구했다고 강조한다(Murard and Zylberman, 1976).

역사인류학적 도시사 연구는 건축을 다루는 방식에서도 변화를 추동했다. 건축물의 기술적 발전이나 건축을 둘러싼 사회적 환경에 집중했던 전통적 건축사 연구와는 달리 프랑스의 모니크 엘브(Monique Eleb)와 안 드바레(Anne Debarre)가 1980년대 말에 펴낸 연구서는 17~19세기 주택의 공간 구성이 삶의 양식과 거주자들의 집단 심성을 어떻게 변화시켰는가에 초점을 맞추었다. 이들은 19세기 말 파리의 근대 건축물을 연구하면서도 주거 공간에 도입된 근대적 각종 생활 설비와 공간 조직이 거주자들에게 비가시적으로 부여하는 가족, 친밀성, 개인주의 등의 가치 체계에 대한 사회문화적 표상을 분석했다(Eleb and Debarre, 1989; 1995).

역사민속학이나 민족학은 오랫동안 농촌 지역에서 구비 전승된 유·무형의 전통문화와 민속을 주요 연구 대상으로 삼았다.[3] 하지만 20세기 후반에 현대와 도시지역의 다양한 문화와 민속 연구로 연구 대상을 확장시켰다. 프랑스에서 1971년부터 1995년까지 25년 동안의 민족학 관련 학술지에서 다루어진 연구 테마들을 분석한 한 논문은 이 기간 동안 프랑스 민족학이 현대사회에 접근했으며, 이 같은 변화를 선도한 것이 도시민족학 연구들이었다고 강조한다(Bromberger, 1997: 295).

도시민족학은 오랫동안 민족학 연구의 중심이었던 이국적인 식민 공간에 관련된 연구를 벗어나는 것이고, 민족학의 전형적 연구 대상이었던 과거의 농촌을 오늘날의 도시와 도시민의 삶으로 확장하는 것이었다. 이는 시대 변화에 따른 사회적 요청에 부응하는 것이었다. 제2차 세계대전 이후 복구 사업을 통해 도시화가 이전보다 빠르게 진행되면서 각종 도시문제와 사회문제가 등장했고, 식민지들이 민족해방 투쟁을 거쳐 독립한 후 많은 노동 이민이 프랑스 사회로 몰려들었다. 도시는 다양한 이민자들로 인해 자아와 타자, 고유한 전통적 문화 체계와 이국적이며 익숙하지 않았던 문화체계가 긴장

---

3 프랑스의 민속학, 민족학 연구 흐름에 대해서는 민유기(2011: 75~106) 참조.

과 갈등, 수용과 변용을 거치며 새로운 현대적 정체성을 창출해가는 곳이었고, 이는 민족학자들에게 흥미로운 관찰 대상이 되었다.

20세기 말 프랑스 도시민족학 연구자들은 현장조사를 통해 도시의 다양한 공간 속에서 발전해가는 사회적 관계, 노동, 가족 문제 등을 분석했고, 개인의 자율성을 보장하면서도 공동체를 유지하게 해주는 도시의 사회성에 대해 탐구했으며, 공간 구조와 주체의 행위가 관계를 맺는 방식 등에 천착했다(Althabe, 1984: 4). 역사민속학과 민족학의 도시 연구들은 구시가지의 상징적 활용, 노동과 거주 사이의 관계, 비행 청소년, 도시 빈민, 이주민 등 사회적·문화적 소수자들에 대한 연구에 유용했다. 도시에서는 개인, 사회, 문화의 복잡한 관계망이 형성되며 다양한 교환과 의례가 공존한다. 개인은 가족, 도시의 작은 구역, 도시, 광역도시권, 국가, 세계라는 복합적 층위와 형성하는 관계망에서 다양한 사회적·문화적 상징적 의미를 창출한다. 이것들에 대한 조사, 분석과 해석, 새로운 의미부여는 현장조사, 자아와 타자의 이해, 사회적 문화적 상징의 해석 틀을 활용한 도시사 연구를 통해 가능하다.

도시 곳곳에 산재한 공공기념물에 대한 도시사 연구는 공공기념물에 대한 미술사적·도상학적 연구를 뛰어넘어 공공기념물 건립 과정에서 표출된 담론적·실천적 긴장 관계와 그 안에 숨겨진 상징 권력의 효과 분석에 집중되고 있다. 독일 역사가 아델하이트 폰 잘데른(Adelheid von Saldern)은 2005년에 출판한 『연출된 긍지(Inszenierter Stolz)』에서 라이프치히, 하노버, 게라, 로슈토크 등등에서 벌어진 도시 축제, 조성된 각종 기념비와 시립 박물관 등을 통한 도시의 표상에 주목했다(Adelheid von Saldern ed., 2005). 그는 도시의 문화적 표상들이 도시의 구조와 도시민의 행동 방식 및 그 의미를 재구성하는 데 이바지한다고 주장한다. 도시의 자기 연출의 결정체인 도시의 문화적 표상들이 도시의 자기 이미지를 문화적으로 드러냄으로써 도시민들의 정체성과 결속을 한층 강화시켜주기 때문이다.

도시 이미지와 정체성에 관련된 도시사 연구는 문화지리학의 문화경관 연구 방법과 결합하면서 더욱 풍성해지고 있다. 시각에 포착된 경관의 형태를 중시하는 전통적 문화지리학의 경관 연구는 20세기 말에 의미(meaning)와 표상(representation)을 중요시하는 방향으로 발전해갔다. 즉, 어떤 장소가 보여주는 외적인 형태와 질서의 이면에 존재하는 복잡한 의미를 읽어내려는 노력이 경관 연구의 초점이 되어갔다. 문화경관 연구자들은 경관을 외적 형태인 동시에 의미의 체계이자 재현의 과정으로 이해하고자 한다(이무용, 2005: 54).

1980년대에 영미권의 신문화지리학자들(new cultural geographers)에 의해 제기된 문화경관(cultural landscape) 이론은 1990년대부터 도시사 연구에 유용하게 활용되어왔다. 이 이론은 도시경관을 복합적 의미 체계의 결과물로 파악하며, 경관의 이면에 존재하는 정치적·사회적·문화적 권력 관계와 긴장 관계를 파헤칠 것을 요구한다. 경관은 주체들의 전유 방식에 따라 다양한 의미 체계를 형성하게 되고, 그러한 의미 체계 간에 권력 관계가 형성된다. 따라서 도시경관에 대한 연구는 경관의 물질적 구성과 그 이면에 존재하는 사회적·정치적 과정과 권력 관계에 관심을 가진다. 코스그로브(D. Cosgrove)와 다니엘(S. Daniels)은 경관이 사회적으로 형성된 상징적 문화적 이미지이며, 주변 환경을 재현하고 구조화하고 상징하는 회화적 방식이라고 주장한다(Cosgrove and Daniels eds., 1988). 미첼(D. Mitchell)은 경관을 권력의 재현으로 파악하면서 경관에 내재된 다양한 권력의 상징적 의미를 분석해야 한다고 강조한다(Mitchell, 1994: 7~30). 이런 시각들은 도시 공간, 상징물, 이미지를 구성하는 다양한 도시경관의 요소들을 상이한 사회 집단이 어떻게 구상하고, 평가하고, 전유하는가를 이해하는 데 도움이 된다.

경관의 상징적·사회문화적 의미 분석은 장소의 정체성 파악과 연결된다. 다양한 역사적 행위 주체들은 특정 공간에 명칭과 의미를 부여함으로써 공간을 장소로 전환시키며, 장소는 집단심성적 차원에서 정체성 형성에 일정한 영향을 끼친다. 아치볼드(Robert R. Archibald)는 공동체의 정체성을 구축하기 위해 기억의 장소와 공통의 역사적 경험이 활용된다는 점을 강조한다(Archibald, 1999). 도시의 공공기념물은 주요 역사적 행위나 인물을 공적으로 기념하고자 하는 권력과 시민의 공통의 이해관계가 낳은 결과물이다. 하지만 기념물은 가시적으로 혹은 비가시적으로 기호화될 수밖에 없는데, 권력과 시민이 기억하고 전승하고자 하는 의미가 상이한 경우가 많기 때문이다. 따라서 도시 공공기념물에 대한 탐구는 이 매개물을 둘러싼 의미들의 생성과 전유 형태에 집중되고 있다.

4. 서양 도시사 연구의 흐름

이제 서양 도시사 연구의 주요 흐름을 살펴볼 차례이다.[4] 이미 언급한 것처럼 도시에 대한 역사 연구는 19세기 근대 학문으로서 역사학이 태동한 시기부터 서유럽 각국에서 지방사, 향토사의 차원에서 시작되었다. 물론 15~16세기 르네상스와 종교개혁의 시기에 이탈리아나 독일 지역 주요 도시들의 역사에 대한 서술이 존재했고, 이는 17~18세기 절대왕정 시기에도 마찬가지였으나 19세기 역사학처럼 엄밀한 학문적 방법론이 사용된 것은 아니었다. 19세기와 20세기 전반기 도시의 역사 연구는 산업화, 도시화, 근대화, 중앙집권적 국민국가의 성장이라는 거시적 흐름 속에서 고대와 중세에 기

---

4 프랑스와 미국의 도시사 연구의 발달 과정은 다음의 논문들과 이를 수정·보완하여 출간된 아래 책의 내용을 참고했다. 민유기(2007: 59~98); 박진빈(2007: 163~188); 도시사연구회 엮음(2007: 111~154, 207~229).

원을 둔 여러 도시들의 기원부터 19세기까지 도시의 흥망성쇠를 연대기적으로 고찰하거나, 특정 시기 도시에서 일어난 주요 역사 현상을 탐구했다.

도시사 연구는 19세기와 20세기 전반기 도시의 역사, 즉 특정 도시의 개괄적 발달사와 구분된다. 도시사는 1950~1960년대 연구 영역과 방법론에 대한 역사가들의 집단적 고민의 결과로 기초가 형성되었고, 도시 공간에서 전개된 다양한 역사 양상을 위에서 설명한 세 가지 기본 틀이나 10개의 연구 테마 범주들처럼 더 구체적으로 탐구한다. 엄격하게 말하자면, 도시사는 대개 특정 도시의 일대기 서술인 도시의 역사, 도시계획의 현실적 적용을 평가하면서 도시 성장에 크게 이바지한 주요 정비 과정과 계획을 시간의 흐름과 더불어 분석하는 도시계획사와 구분된다(Baudoui et al., 1990: 99~100). 하지만 이 둘 역시 도시사 연구로 포함되는데 이 경우 도시의 역사 연구는 여러 도시들의 비교분석을 시도하거나, 도시의 발달 과정 자체가 아니라 이 과정을 추동한 정치적·경제적·사회적·문화적 요인이나 도시 사회문화의 구조와 행위 주체의 변증법적 관계에 집중한다. 또한 서양 각국의 도시사 학술지에 게재되는 도시계획 관련 연구는 도시계획의 내적인 논리보다 사회문화적 환경이라는 외부적 요인을 강조하거나, 내적 논리와 외부 환경적 요인을 결합시킨다.[5]

서양의 도시사 연구는 순수한 학문적 요구뿐 아니라 사회적 요구에 적극적으로 부응하면서 발전해왔다. 미국에서는 1940년에 슐레징거(A. Schlesinger)의 「미국 역사 속의 도시」란 논문이 나온 이후 도시사 연구가 본격적으로 시작되었다(Schlesinger, 1940). 1950년대까지는 도시의 성장 조건, 인구

---

5 도시계획의 내적 논리를 강조하는 연구자들은 도시사가 체계화되는 시기인 1970년대부터 자체 연구 집단과 영역을 마련했다. 1974년 영국에서 결성된 '도시계획사연구회(Planning History Group)'는 1993년에 '국제도시계획사학회(International Planning History Society)'로 확대되어 활동하고 있다.

유입 등의 문제가 주로 연구되었고, 1960년대는 교외화와 인구 분산, 공간구조와 계급계층의 사회적 유동성 등 도시의 사회경제적 조건과 주거 문제가 연구의 중심 대상이었다(Warner Jr., 1962; Thernstrom, 1964). 제2차 세계대전 이후 교외 도시화는 유럽 각국에서도 등장했지만 특히 미국에서 두드러졌다. 이런 상황에서 미국의 도시사 연구자들은 교외 도시화의 전제 조건인 이전 시기 미국 도시들의 공간과 인구 팽창, 주거 문제 등을 집중 연구하여 당대 사회의 주요 변화에 대한 학문적 사회적 이해를 증진시켰다.

미국에서는 1960년대 중반부터 사회경제사 연구에 자극을 받아 계량적 통계 처리를 통해 도시의 사회경제적 구조를 다루는 신도시사(New Urban History)가 등장했다. 이는 도시의 발달사를 벗어나 도시의 경제와 사회 여러 테마들을 사회사적 방법론을 적용해 탐구하는 것이었다. 1970년대에 들어서 도시사의 연구 주제가 더욱 다양해졌고 도시화, 시행정, 이민, 주택문제, 도시 내부의 사회 갈등 등을 분석하는 개별 도시의 사례 연구가 증가했다. 1974년에는 ≪도시사 학술지(Journal of Urban History)≫가 창간되었다. 1980년대부터는 소비문화와 대중문화의 중심지로서 도시의 역할과 기능을 분석하는 연구, 도시경관을 특정 시기의 사회적·경제적·정치적 상황의 반영물로 파악하는 도시경관 연구, 도시 내의 인종 갈등, 여가 문화, 소수자 공동체 문화[6] 등 문화사적 시각의 도시사 연구가 크게 진척되었다.

유럽에서도 전후부터 시작된 본격적인 도시사 연구들이 1960년대 들어와 크게 확산되었다. 전후 복구 과정과 경제 호황 국면에서 도시를 중심으로 한 소비문화가 빠르게 확대되면서 도시의 일상생활과 소비 문제에 대한 고민, 도시에서의 삶의 질에 대한 욕구가 증가했으며, 사회경제사가 주도권을 장악한 1950년대 역사 연구의 범위가 넓어지면서 사회경제사 연구들에서

---

6   예를 들어 Gay(1994) 참조.

부분적인 대상에 불과했던 도시가 독자적인 연구 주제로 부각되었기 때문이다.

1963년부터 ≪도시사 소식지(Urban History Newsletter)≫를 발행하여 정보를 교환하던 영국의 도시사가들은 디오스(H. J. Dyos)의 주도 아래 1970년대에 레스터(Leicester) 대학에 설립된 '도시사 센터(Centre for Urban History)'를 중심으로 체계적인 도시사 연구를 진행했다.[7] ≪도시사 소식지≫는 1974년부터 ≪도시사연감(Urban History Yearbook)≫으로, 1992년부터는 ≪도시사(Urban History)≫로 확대되었다. 1970~1980년대는 프랑스 연구자들의 마르크스를 수용한 사회사적 도시사 흐름이 영국 도시사에 주요 이론적 기반을 제시했다. 카스텔이 1972년에 출간한 마르크스주의적 도시 이론서는 1977년에 영어로 번역 출간되었다(Castells, 1977). 마르크스주의에 기초한 사회사적 도시사 연구는 도시 내부의 소요, 슬럼가의 형성, 도시 폭력, 도시 공간의 계층적 분화, 도시 폭동 등에 집중되었다(Fraser and Sutcliffe eds., 1983).

1980년대 말부터는 영국 도시사 연구자들이 거대 이론에서 탈피하며 문화사적 시각을 수용한 연구에 집중했다. 도시는 '문화적'으로 구성된 공간으로 인식하기 시작했고, 푸코적인 담론 분석, 일상적 미시 권력의 문제가 분석되었으며, 도시문화의 다양한 양상과 도시민 간의 상호작용 모델을 발견하려고 시도했다. 또한 이전까지의 연구들에서 주를 이루었던 경제적 동인에 대한 설명에 심리적 요소에 대한 관심이 덧붙여지며, 언어학적 분석이나 이미지 분석을 시도하는 연구들이 발표되었다. 이런 현상은 1990년대에도 지속적으로 이어졌다. 1960~1970년대 도시사 연구에서 '주변적인 것'으로

---

7 디오스와 1960년대 이후 영국 도시사의 발전에 대해서는 Mandelbaum(1985: 437~447) 참조.

간주되었던 여러 사회적·문화적·계급적·젠더적·심리학적·문학적 접근 방식이 미시적 연구의 증가와 함께 활발하게 수용되었다. 2001년에 나온 전 3권의『케임브리지 영국 도시사』는 20세기 후반 도시사 연구의 주요 흐름을 망라하며 정치사, 사회사, 문화사 등 여러 방법론을 종합적으로 활용하여 서술되었다(Palliser, Clark and Daunton, 2000~2001).

1955년 로마에서 개최된 '제10회 세계 역사학대회'에서는 처음으로 국제적인 도시사 연구자 집단이 형성되었다. 이 집단에 참여했던 프랑스 역사가들은 1967년에 755쪽에 달하는 기념비적 도시의 역사 참고문헌집을 출판했다(Dollinger and Wolff, 1967). 이 참고문헌집은 1962년에 인구 1만 5,000명 이상이 거주하고, 1801년에 인구 5,000명 이상이 거주했던 311개 도시에 대한 19세기와 20세기 전반기의 지방사 및 도시의 역사 연구 결과물 1만여 개를 정리했다. 이 참고문헌집은 1960년대까지 프랑스에서의 도시에 대한 역사적 탐구는 도시의 기원 및 성장에 대한 연구가 주류였다는 것을 보여준다. 하지만 1960년대 말과 1970년대 초 사회사적 도시사 연구가 크게 진척되었다. 1968년에 ≪아날(Annales ESC)≫에 실린 장-클로드 페로(Jean-Claude Perrot)의 논문「18세기 도시들과 사회적 관계들」은 도시사 연구가 공간과 관련된 사회적 관계들을 탐구하는 것이 되어야 한다고 강조했다(Perrot, 1968: 241~268). ≪아날≫은 1970년에 '역사와 도시화' 특집호를 발행하면서 도시를 사회관계에 영향을 미치는 환경으로 제시했다.

프랑스 도시사 연구는 1960년대 말부터 본격적으로 활성화된다. 역사학계에서 제2차 세계대전 종전부터 강한 영향력을 발휘했던 것은 소르본 대학 사회경제사 교수였던 라부르스(Ernest Labrousse) 중심의 경제를 중시한 사회사였다. 마르크스주의적 관점에서 역사의 경제적 측면을 중시했던 그는 사회 계급들을 매개로 한 정치의 사회사, 그리고 궁극적으로 사회의 경제사를 통해 '전체사(histoire totale)' 연구를 강조했다. 라브루스적 사회사 연구는

1968년 5월을 지나며 위기에 빠진다. 1968년의 거대한 사회문화 운동이 계급 중심적이거나 경제적 요구에서 비롯된 것이 아니라 문화와 가치체계, 일상생활의 차원에서 촉발된 것이 경제결정론적 사관에 회의를 품게 만들었다. 이에 1970년대의 사회사가들은 경제적 측면을 중시한 라브루스적 관점을 완전히 포기하지는 않으면서도 사회적 맥락, 정치적 과정, 문화적 현상 등에 새롭게 눈을 돌리게 되었다. 장-클로드 페로는 "사회사 서술의 막다른 골목에서 벗어나기 위한 방법으로 도시사"를 구상했다(Lepetit and Pinol, 1993: 84). 도시라는 삶의 공간과 환경 속에서만이 사회적 관계들이 만들어가는 사회문화적 실천과 정치적 과정을 더욱 구체적으로 고찰할 수 있기 때문이다.

1970~1980년대 모리스 아귈롱(Maurice Agulhon), 이브 르캥(Yves Lequin) 등 대표적인 사회사가들이 도시 공간 구조에 관심을 기울이면서 산업화 시기 도시 공간과 사회적 갈등의 상관성 연구를 강조했다. 이런 연구는 노동운동사의 영향력을 강하게 받았다(Agulhon, 1970; Lequin, 1977). 따라서 좌파 정당이 시정을 장악한 산업도시나 대도시 교외 도시들인 '붉은 도시(ville rouge)'에 대한 연구, 이민 노동자 문제, 노동자 구역에서의 일상생활과 계급의식, 도시의 공간 구조와 사회운동의 상관성 등에 연구가 집중되었다. 1980년대 이후로는 문화사적 연구 방법과 테마가 크게 강조되었다. 문화사적 도시사 연구에서는 도시를 문화적으로 구성된 공간으로 인식하며 축제, 상징물, 도시와 도시민의 정체성과 이미지 등에 주목했다. 도시사 관련 프랑스의 학술지로는 1978년에 창간된 ≪도시연구연보(Annales de la recherche urbaine)≫와 2000년에 창간된 ≪도시사(Histoire Urbaine)≫가 있다.

1980년대에 사회사적 도시사에서 문화사적 도시사로 주도적 연구 방법은 변화해갔지만 도시사 연구에는 여러 방법론이 융합되어 활용되었다. 1980~1983년 조르주 뒤비(Georges Duby)의 책임 아래 전 5권으로 『프랑스 도시사』가 출판되었다(Duby dir., 1980~1983: t.1. La ville antique, t.2. La ville mé diévale, t.3. La ville classique, t.4. La ville de l'âge industriel, t.5. La ville aujourd'hui). 이 책은 도시의 인구 변동과 경제성장, 도시계획과 재개발, 도시에 대한 미학적·건축적·예술적 담론, 도시민의 일상생활, 도시문화, 도시계급과 사회갈등, 도시 속의 정치 변화 등을 다루었다. 이 책에서는 기존 역사 연구방법론들이 종합적으로 사용되었고, 역사학자들이 주도하여 지리학자, 도시계획학자 등을 포괄하는 학제 간 연구를 통해 탄생했다. 또한 아니 푸르코(Annie Fourcaut)가 1996년에 출판한『분리된 도시: 18~20세기 프랑스의 도시 분화 문제』는 도시 공간의 사회적 분화라는 사회사적 도시사의 중요 테마를 다루지만 구역, 거리, 주택이라는 다양한 공간, 담론·이념·표상, 공공정책과 기업가, 도시민의 실천이라는 네 가지 커다란 범주 아래 공간 분화에 대한 정치·경제·사회·문화 제반 양상들을 종합적으로 파악했다(Fourcaut dir., 1996).

독일에서도 도시의 역사 연구는 19세기 내내 중세 도시의 법제사적 연구 위주로 활발하게 이루어졌으며 영국, 프랑스와 마찬가지로 도시사 연구는 1960년대 말과 1970년대에 본격화되었다. 1950년대 구조사적 연구에서 도시는 구조사를 이해하게 해주는 주요 요인으로 간주되었고, 경세사가들은 산업화 과정의 지방적인 특수성들과 지역의 특징들을 연구하며 지방 도시들에 관심을 두었다. 독일에서 도시사 연구가 결정적인 전환점을 맞이한 것은 프랑스와 마찬가지로 1960년대 말의 정치적·사회적 변화 때문이었다. 1970년에 쾰른에서 개최된 '독일역사가 대회'에서는 처음으로 도시사 분과와 19세기의 지방자치단체 문제들에 대한 분과가 만들어졌다. 같은 해 학술지 ≪근대 도시사 정보(Informationen zur modernen Stadtgeschichte)≫, 1974년에는 ≪구도시(Die alte Stadt)≫가 창간되었다.

1970~1980년대 독일 도시사의 연구 주제 및 영역들은 크게 세 영역으로

구분될 수 있다. 첫째, 전통적인 도시 자치행정 문제에 대한 새로운 관심 전환이 이루어져 도시 사회보장정책에 대한 연구가 활성화되었다. 둘째, 도시의 경제적·인구학적 관계 분석을 통해 도시화와 인구 변동의 전반적인 과정을 조명했다. 셋째, 프랑스의 영향을 받은 사회사적인 접근 방식과 문화사적 접근 방식에 따른 연구가 증가했다. '아래로부터의 사회사'로 일컬어진 '일상사' 연구는 도시사 영역에서 유용한 대상을 발견했고, 특히 도시화 과정에서 사회적 저항 및 사회적 갈등 중재, 공간의 사회적 분리, 도시 사회 집단의 심성, 주거, 가족생활, 여가활동에 관심을 기울이기 시작했다. 1990년대 앞서 언급한 독일의 도시사 관련 두 개의 학술지에 게재된 논문들에는 도시사 연구를 환경사, 전쟁사, 여성사 등과 결합한 새로운 연구 흐름을 반영한 것들이 포함되었다.

현재 서양 각국에서 진행되고 있는 도시사 연구의 두드러진 특징으로 연구 주제의 다양화, 학제 간 연구의 확대, 비교사 연구의 강조 등 세 가지를 들 수 있다. 특히 유럽 통합이 진척되고 유럽인들의 정체성 형성과 도시의 역할에 대한 관심이 커지면서 유럽의 도시 간 비교연구가 증가하고 있고 유럽 외 지역 도시와의 비교연구도 확대되고 있다. 1990년대 중반에 '유럽 도시들의 문화, 예술, 사회'를 연구하기 위한 도시사학자, 건축학자, 미술사학자들의 학제 간 도시사 연구 모임을 구성해 프랑스국립과학연구소의 지원을 받은 장-뤽 피놀은 연구 모임의 성과로 1,860쪽 분량의 고대부터 현대까지의 『유럽 도시사』를 2003년에 출간했다. 이 책은 유럽 도시들이 역사적으로 오늘날 유럽연합이 지향하는 '사회적이며 문화적인 유럽'의 정체성을 형성해왔음을 강조한다(Pinol dir., 2003: t. I, De l'Antiquité au XVIIIe siècle, t. II, De l'Ancien Régime à nos jours).

향후 도시사 연구는 기존 성과를 바탕으로 사회적 필요성에 부응하면서 더욱 확대될 전망이다. 도시의 인구 변동, 인프라 망 확충, 도시행정과 정책을 둘러싼 정치적·사회적 긴장 관계, 도시와 주변 지역 혹은 도시와 농촌의 긴장 관계에 대한 연구, 도시화와 경제발전 과정 자체와 이에 영향을 미친 정치권력과 문제에 대한 연구, 도시의 다양한 계급 계층의 주거지, 사회운동에 대한 연구, 전통적 가치관이 도시화 과정에서 변동되는 과정 등 전통적인 도시사 연구 테마들에 대한 연구가 더 확대될 것이다. 또한 비교적 최근의 주요 연구 테마들인 도시문화의 여러 양상, 도시 이미지와 정체성, 도시경관 등에 대한 연구, 비교도시사 연구도 동시에 확대될 전망이다.

5. 북한 도시사 연구를 위한 제언

한국에서 도시사 연구의 본격적인 시작은 1970~1980년대의 한국 근대 사회경제사의 연구 성과들이 축적된 이후에나 가능했다. 한국 도시사 연구는 1990년대 중반부터 산발적으로, 2000년대 들어와서는 더욱 집중적으로 성과물을 내놓고 있다. 이는 역사학 연구자의 양적·질적 팽창과 더불어 역사 연구의 다양한 이론과 방법론이 한국 사학계에 어느 정도 수용되었기 때문이다. 또한 지구지역성(glocalism) 시대 도시사와 지방/지역사 연구의 필요성에 대한 인식이 확대되고 있다는 점도 도시사 연구를 자극한 요소이다. 1990년대 중반 지방자치제의 본격화 이후 전통적 향토사 연구는 전문 역사학자들의 지방/지역사 연구를 촉진시켰다. 사실 지방/지역사는 도시사와 밀접한 관련을 맺고 있다. 주로 대도시 연구에서 시작된 서양의 도시사 연구도 중소도시들과 지역으로 연구 대상을 확대해갔다. 그러나 최근의 여러 주요 성과들에도 불구하고 한국의 도시사 연구는 연구 도시의 차원에서 아직 제한적이며, 시기적으로 개항기와 식민시기에 집중되어 있다(민유기, 2007: 131~161).

이런 상황에서 현대 북한의 도시사 연구는 매우 중요한 의미를 지니고 있다. 북한 도시사 연구의 활성화를 바라며 몇 가지 제언을 하고자 하는데, 도시사 연구라는 보편성에서 출발할 여러 제언들이 북한학 연구자들이 오랫동안 축적해온 북한학의 특수성을 잘 보여주는 여러 성과들과 유기적으로 결합되면서 국제적으로 유용할 학문성과가 도출되기를 희망해본다.

북한 도시사 연구를 위해서는 먼저 도시사 연구의 기본적인 자료 수집과 축적이 중요하다. 물론 수집한 기초 자료들을 정리하는 작업이 각 도시의 시사편찬위원회나 행정기관이 발행한 시사처럼 특정 도시의 연대기적 나열에 머물러서는 안 된다. 도시사가 도시공간의 물리적 형성과 성장만을 다루는 도시 발달사가 아니라 도시적인 모든 현상, 도시 공간 구조가 영향을 미친 역사적 행위까지를 다루기 때문이다.

둘째, 도시와 북한이라는 보편성과 특수성의 긴장 관계에 대한 깊이 있는 성찰이 필요하다. 북한 도시사 연구는 도시에서 전개된 인류 문명사의 보편성과 북한이라는 특수한 사회구성체의 특수성이 조화롭게 잘 드러나는 것이어야 한다. 함흥의 경우 해방 이전의 도시와 이후의 도시가 지닌 연속성과 단절, 평성의 경우 수도 주변의 신도시 건설이 지닌 세계적 보편 상황과 북한의 특수 상황의 교집합이 잘 드러나야 하며, 전체적으로 20세기 사회주의 국가들에서의 도시와 북한의 도시, 한국과 북한의 도시처럼 다양한 비교 층위들의 경계와 사이 지점에서 북한 도시사를 고민해야 한다.

셋째, 특정 공간의 선택과 정비 논리에 대한 분석이 필요하다. 여기에서는 특정 도시 내부 문제뿐 아니라 도시와 주변과의 관계, 도시-향촌 관계에 대한 분석도 포함한다. 도시-향촌 관계는 주로 도시와 향촌 사이에 광범위하게 존재하는 상호작용, 상호영향, 상호제약 등의 보편적인 연계와 관계를 가리키는데, 일정한 사회 조건하의 정치, 경제, 계급 관계 등 다양한 요소들이 도시와 향촌 양자 간의 관계에 반영된다. 비록 경제적 토대와 자연 환경의 차이, 도시와 향촌의 뚜렷한 구분이 나타날지라도, 양자는 상호관계, 상호영향 안에서 공존하며, 대립하면서도 통일적인 관계를 이룩한다. 분화와 통일, 대립과 협조를 종합할 때만이, 그리고 총체적인 각도에서 살펴볼 때라야 비로소 도시-향촌 관계를 올바로 파악할 수 있으며, 삶이 전개되는 장소에 대한 이해가 심화될 수 있을 것이다.

넷째, 도시정치사나 도시사회사적 측면에서 도시의 일상적 규율과 통제에 대한 분석, 규율과 통제에 대한 도시민의 순응과 동시에 일상에 내재화된 저항의 요소들이 분석되면 좋을 것 같다. 마찬가지로 도시문화사적 측면에서 도시경관이 주는 다의미성, 구상과 계획 당시의 권력이 의도했던 정치적·사회적·문화적 의도, 구체화된 도시경관에 대한 일반 시민의 활용과 반응 등에 대한 위로부터 동시에 아래로부터의 인식과 경험에 대한 연구가 필요할 것 같다.

"도시는 인간의 본성과 사회적 과정을 효과적으로 연구할 수 있는 사회의 도서관 혹은 임상실험실이다"(Park, 1915: 612). 시카고학파의 파크가 1915년에 발표한 논문의 결론에 포함된 이 표현처럼 북한 도시사 연구는 과거와 현재 북한사회를 효과적으로 이해하는 데 커다란 도움을 줄 수 있고, 북한 주민의 삶의 방식과 다양성에 대한 새로운 지식 축적을 가능하게 해주며, 궁극적으로 미래 북한사회의 변화를 전망하게 해줄 수 있을 것이다.

제3장

도시지리학의 주요 연구 방법과 북한 도시

안재섭(동국대)

1. 서론

　도시지리학은 도시를 연구 대상으로 한다는 점에서 도시를 다루는 다른 학문 영역과 다를 바가 없지만, 다양한 도시 현상을 지리적·공간적으로 접근한다는 점에서 특징이 있다. 즉, 도시지리학의 고유한 특성은 지리적 공간 차원에서 다양한 도시 현상을 파악하고, 설명하려고 한다는 점이다. 구체적으로 보면 도시지리학은 도시의 역사적 전개 과정은 물론 공간적 틀 속에서 도시의 실체와 하부구조, 도시의 사회경제적 현상과 공간 문제, 도시 개발과 도시 정책 등을 다루고 있기 때문에 다학문적 지식과 종합적 연구 방법이 적용되고 있다.[1]

　사실 오늘날 더욱 복잡화·다양화·거대화하는 도시의 본질을 논하는 것은

1　도시지리학은 지리학의 학문적 분류에서 계통지리학에 속하지만, 도시라는 공간적 틀 속에서 일어나는 각종 정치, 경제, 사회, 문화, 정책, 계획 등을 다루는 점에서 다른 계통지리학 분야와 차이가 있다.

간단한 일이 아니며 용이하지도 않다.[2] 그러나 도시의 본질을 지리학적으로 설명하는 데 다음 세 가지 요소에 대한 인식과 종합적 해석이 중요하다. 첫째, 도시는 한정된 장소에 조밀한 인구를 가진 정주 단위로서 지역성의 개념을 배제할 수 없는 지리적 실체라는 점이다. 도시의 기원과 발달에 대해서는 여러 이설이 존재하지만, 물리적·지리적 실체로서 도시가 인류의 거대한 정주 공간이라는 점에는 이견이 있을 수 없다. 둘째, 도시는 조직의 구성체로서, 단순한 정주 단위에 불과한 집합된 장소가 아니라 인구의 사회적 관계 및 공간적 활동 관계로 조직된 현상인 것이다.[3] 이러한 관계의 조직은 도시의 끊임없는 변화와 이에 적응해 살아가는 인간의 도시적 생활양식으로 표현되며, 도시성으로 풀이되는 복잡성·다양성·이질성을 특성으로 한다.[4] 셋째, 도시는 조직적 유형을 초월한 역사적 유산, 유사한 가치와 이념 및 목적 등을 고려할 때, 도시 속성의 기능적 요소 외에도 문화적 차원의 요소를 배제할 수 없다. 문화적 차원에서 도시 속성 중에 하나는 자본주의적 상품의 생산과 소비를 둘러싼 관련 주체들 간의 복잡한 사회관계로 구성되어 있다는 점이다. 도시의 복잡한 사회 구성은 사회체제의 역학 관계나 계층적 질서가 내부화되어 있음을 의미한다.

도시지리학의 제일 우선시되는 관심 주제는 도시의 입지와 도시적 하부

---

2 사회학자 메도우(Meadow)는 도시의 본질을 이질적 집단의 상호연관, 비교적 고도로 진전된 분업, 비농업종사자의 주거, 시장경제, 사회적 전통의 유지와 혁신 또는 변화 간의 상호작용, 학문과 예술의 발전, 중앙집권기구에의 종속 등 일곱 가지로 열거하고 있다. 도시지리학자 남영우는 도시가 지닌 본질 가운데 정태적 측면으로 집단성, 결절성, 비농업성을 들고 있다(남영우, 2007: 18).

3 도시사회지리학적 접근에서는 도시를 단순한 물리적·지리적 실체로만 보지 않고 도시에 내재되어 있는 사회적 과정과 속성을 중요하게 고려한다.

4 루이스 워스는 1938년 「생활방식으로서 도시성」이라는 글을 통해 도시인의 삶의 방식에 대해 생태학적 접근을 시도했다.

구조의 분포 패턴과 공간 배열 현상이다. 이는 도시가 인구와 공간으로 구성되는 정주 단위로서 지표상의 어딘가에 존재하는 실체로 인식할 수 있는 대상이기 때문이다. 두 번째 관심 주제는 도시에서 나타나는 현상이 무질서한 분포 패턴이 아니라 구조화되고 조직된 공간 현상이라는 점에 근거하여 도시 현상의 공간 조직에 관한 형성 과정과 그 패턴을 이해하고 설명하는 데 있다. 세 번째 관심 주제는 도시가 지니는 역사성과 관련된다. 도시는 지표의 특정 장소에 위치하는 만큼 그 지역의 문화유산과 결합되어 나타나는 역사적 산물로서 독특한 지역성을 가진다. 따라서 시간적으로 누적된 도시의 지역적 성격과 인류 문화의 관계를 규명하고자 한다(김인, 1991: 19).[5]

도시에서는 모든 현상이 서로 연결되어 있기 때문에 원인과 결과를 엄밀하게 구별하기 어려울 때가 많다. 그리고 도시를 정확하게 이해하기 위해서는 매우 넓은 접근 방법이 필요하다. 도시지리학에는 도시 연구에 대한 여러 접근 방법이 있다. 이러한 접근 방법은 도시의 변화와 함께 계속 변화되어오고 있다. 이 글에서는 접근 방법에 대해 전통주의 방법으로부터 포스트구조주의에 이르기까지 크게 네 시기로 나누어 간략하게 정리했다.

도시지리학의 연구 영역은 도시가 지니고 있는 속성만큼이나 다양하다. 이 때문에 연구 영역을 구분하여 설명하기란 쉽지 않다. 이 글에서는 도시

---

5 도시지리학의 연구의 세부 주제로는 ① 도시가 지니고 있는 속성은 무엇인가? ② 도시는 어떻게 발전해왔는가? ③ 도시 간의 상호의존성과 관계가 어떻게 이루어져 있는가? ④ 도시와 배후 지역의 분포와 상호작용에서 어떤 원리가 작용하고 있는가? ⑤ 도시 내부의 토지 이용에는 어떠한 공간 조직의 원리를 찾아볼 수 있는가? ⑥ 도시 경관의 형성과 변화에 영향을 미치는 요인들은 무엇이고, 도시 경관에 어떻게 영향을 미치고 있는가? ⑦ 도시 계획이 추구하는 목표는 무엇이고, 계획이 수립되고 추진되는 과정에 어떠한 요소들이 작용하는가? ⑧ 도시 개발과 재개발의 논리를 비롯한 도시정책의 변화에 어떠한 패러다임이 작용하는가? ⑨ 도시 문제를 어떻게 인식할 수 있으며, 어떠한 해결 방안이 제시될 수 있는가? 등으로 요약할 수 있다.

지리학의 연구 영역을 세 가지로 구분하여 살펴보았다. 첫 번째는 한 국가 또는 지역에 입지한 다수의 도시를 대상으로 일종의 도시체계에 대한 연구를 수행하는 영역이다. 두 번째는 단일 도시에 대한 지리적 공간 현상인 도시구조에 대해 연구하는 영역이다. 세 번째는 두 연구 영역 외에 더욱 미시적인 도시지리학 연구 차원에서 일상적인 도시 사회 활동의 생활사적 측면이다.

2. 도시지리학의 접근 방법

장구한 시기에 걸쳐 도시가 발달해온 만큼 지리학 내에서 도시에 대한 관심과 연구도 오랜 전통을 지니고 있다. 그리고 도시 연구를 위한 도시지리학적 접근 방법 또한 패러다임에 따라 매우 다양하게 전개되어왔다(Hall, 2006: 19). 도시지리학의 패러다임은 크게 서술적 관심, 해석적 관심, 설명적 관심으로 구분할 수 있다. 서술적 관심은 도시에 관한 인식과 기술에 초점이 맞춰져 있다. 해석적 관심은 도시 지역의 패턴과 과정에서 사람들이 이해하고 대응할 수 있는 조사 방법을 활용하여 인간 활동에 대한 해석을 강조한다. 설명적 관심은 도시의 패턴과 과정을 과학적으로 밝히려는 시도에서 시작한 것이다. 여기에는 특정한 지역 환경에서 일반적인 사회적 과정 및 다른 지역과는 비교를 통한 일반화가 포함된다.

도시지리학의 태동 이후 1950년대 이전까지 이루어졌던 도시 연구의 주된 접근 방법은 전통적인 방법이었다. 이 방법은 기술적인(descriptive) 방법론에 주안점을 두고 있었으며, 주로 특정 도시의 입지를 설명하기 위한 절대적 입지(site)와 상대적 입지(situation) 특성에 관한 연구를 비롯하여 도시경관과 형태적 기술, 도시 유형 분류 등의 연구에 적용되었다.[6] 20세기 초 독일을 중심으로 발전한 도시형태학은 도시 지역 성장 단계에 대한 검토를 통해 도시 개발 과정을 이해하는 서술적 접근이다. 도시형태학 접근은 1950년대 과학적 접근 방법이 대두되면서 많은 비판을 받은 이후 사라졌지만, 최근 도시 형태 및 설계 분야에서 활용되고 있다(Hall, 2006: 22).

전통적 접근 방법에 대한 비판과 함께 새롭게 등장한 접근 방법이 논리실증주의적 접근 방법이다. 이 방법은 1930년대 비엔나학파의 전통을 이어서 경험적이고 과학적이며, 이론과 모델 설정을 통한 일반화와 법칙 추구(환원주의)를 지향하는 연구 방법으로, 모든 지리적 현상은 사실에 기초하여 정량화할 수 있으며 예측이 가능하다는 전제 아래서 공간적인 법칙을 추구했다. 이에 따라 전통적인 방법으로 경관의 형태학을 연구하거나 지역의 차이점을 연구해오던 흐름에서 벗어나 공간 조직을 연구하는 경향이 새롭게 등장하게 되었다.

실증철학은 인간의 행동이 보편적 법칙에 의해 결정되며 기본적인 규칙성을 보인다는 믿음에 기반을 두고 있다. 실증철학의 목표는 이러한 보편적 법칙과 식별할 수 있는 지리적 패턴을 만들어내는 방법 등을 밝혀내는 것이었다. 실증주의적 접근은 생태적 접근과 계량적 접근으로 나눌 수 있다. 생태적 접근은 도시생태학이라 부르기도 하며, 그 핵심은 전체 도시환경을 인간의 생활 유지 체계로 간주하면서, 끊임없이 변화하는 가운데 제한을 가하는 환경에 적응하기 위해 인구 집단이 어떻게 그 자신을 조직하는가를 이해하는 데 있다.[7] 즉, 생태적 접근은 인간의 행동이 생태적 원칙에 의해 결정

---

6   당시 지리학의 전통은 종합적 또는 통합적 학문이라는 성격이 강했다. 지리학이란 특정한 현상 그 자체를 보는 것이 아니라 그 현상이 나타나는 지역 내에서 의미를 지닌 통합된 모든 현상에 대해 연구하는 것으로 보았다. 따라서 현상 그 자체나 그 기원과 변화 과정보다는 다른 지리적인 현상과 어떻게 관련되어 있는가에 더 초점이 맞춰져 있었다.

된다는 믿음과 일반적으로 소득 수준에 의해 규정되어 있는 가장 강력한 집단이 공간에 대한 가장 유리한 입지를 확보할 것이라는 점에 기반하고 있다. 1950년대 이후의 생태적 접근은 더욱 분석적이며 설명적인 차원을 중시하면서 일반 사회 체계에 관한 것으로 확대되었다.[8] 1960년대 동안 생태적 접근은 컴퓨터를 통해 세련되게 수정되면서 발전했다. 이러한 정교화 작업에도 불구하고 생태적 접근은 1970년대까지 서술적 직관 이상의 것을 제시하지 못했으며, 도시에서 발생하는 많은 문제들에 대해 설명하지 못한다는 점, 과도한 사회학적 범주의 설정 때문에 도시 연구의 순수성과 독자성을 상실하게 되었다는 측면에서 비판을 받았다.

계량적 접근은 인간의 행동이 주로 한 가지에 의해 동기부여가 되며 따라서 예측 가능하다는 믿음에 기반을 두고 있다. 이 접근은 통계 자료를 지도, 그래프, 표, 수학 방정식 등의 형태로 재현하여 도시의 공간 조직을 설명하는 데 중점을 둔다. 계량적 접근은 대체로 신고전주의 경제학과 기능주의 사회학에 뿌리를 둔다. 따라서 이들의 주장은 개인의 결정이 이성에 기반을 두어 시간과 돈 등의 비용을 최소화하고 이익을 극대화한다는 것이다. 그리고 과학적임을 추구하면서 관찰자의 가치와 태도는 분석에 영향을 미치지

---

7 도시생태학은 개인이나 집단 간의 생물학적 경쟁관계를 통해 도시 환경에 적응하는 과정에서 도시공간이 분화된다는 것을 설명하는 이론이다(조명래, 2002: 73).

8 생태적 접근은 1950년대를 기준으로 이전의 고전생태학과 이후의 신고전생태학으로 구분된다. 초기의 고전생태학은 체계 구조의 발달 과정과 그 형태에 주로 관심을 가졌지만, 신고전생태학에서는 도시의 경제적·문화적·공간적 차원에서의 접근도 함께 고려되어야 한다는 점을 강조한다. 또한 고전생태학의 모형이 경쟁의 측면을 지나치게 강조한 측면이 있는 반면, 신고전생태학은 공생과 협동이란 측면에서 생태적 구성 요소들 간의 상호의존성에 초점을 두고 있다. 신고전생태학의 또 다른 특징은 사회를 이루는 구성 요소들 간의 끊임없는 상호작용을 통해 사회 체계는 평형의 상태를 이루는 방향으로 나간다는 점을 기반으로 한다.

않는다는 전제하에 도시를 객관적으로 분석하고자 했다.

　두 가지 실증적 모형으로 제시된 도시들은 정형화된 틀 속에서 규칙적이며 동질적인 가정을 전제로 연구되었다. 실증적 모형이 지나치게 단순한 가정에 기반하고 있어서 현실과 거리가 있다는 점, 중요한 요인이나 동기부여 등을 간과했다는 점 등에서 비판을 받고 있다. 결국 실증주의 접근 방법은 과학적 연구에서 객관적 중립성이 가능한지에 대한 의문과 실증적 모형들이 다양한 인간의 행동에 영향을 미치는 동기부여나 특색 있고 주관적인 가치 등을 인식하지도 못하고 설명하지도 못함으로써 1970~1980년대 출현한 행태주의와 인간주의 접근에 의해 비판을 받게 되었다(Hall, 2006: 24).

　행태주의와 인간주의 접근 방법은 주로 인간 행위에 동기를 부여하는 복잡한 요인들을 연구하는 데 주안점을 둔다. 이 두 접근 방법은 실증주의 접근에 대한 비판으로 시작되었고, 주변의 환경을 이해하는 방식에 있어 인간 행동의 중심은 인간이어야 한다는 믿음으로 결합되었다. 행태주의는 인간 행태의 복잡성을 인식하고 인간의 행동은 인지적 과정에 의해서 계획되고 있다는 가정을 전제로 한다. 이런 관점에서 볼 때 행태주의는 인간 행태의 공간적 패턴을 설명하는 데 있어 그 행태에 깔려 있는 인지적 과정을 고찰하는 것이라고 볼 수 있다. 1960년대 나타나게 된 행태적 접근은 도시 공간을 이해하는 데 있어 그러한 공간을 창출해내는 인간의 의사결정 과정과 이러한 의사결정 과정의 다양한 단계에서 고려되어야 하는 요인들에 대해 고찰하는 것이다. 즉 행태적 접근에서는 인간의 행태적 변수를 포함시키지 않고는 공간적 형태, 공간상의 활동이나 구조를 충분히 설명할 수 없다는 점을 강조한다. 설명에 투입되는 과정 변수들에 관한 자료는 개개인의 의사결정자로부터 수집하지만, 고유한 개개인으로서 분석하는 것이 아니라 개개인의 자료를 집계하여 일반화하려고 한다.

　행태주의는 환경적 지각과 의사결정 과정에 대한 더욱 심층적인 이해를 통해 연역적 체계 속에서 수립된 공간 이론에 내재되어 있는 행태적 가정을 수정함으로써 이론의 설명력과 예측력을 개선시키려는 접근 방법이다. 따라서 인간의 행동에 대한 실증주의의 개념을 바탕으로 인간 행동의 기저에 있는 가치, 목적, 동기부여 등을 더욱 분명하게 설명하고자 했다.

인간주의 접근은 실증주의적 방법론과 달리 독립적 경험 세계를 부정하고 주체와 객체 사이의 통합을 강조하는 철학적 배경에서 시작되었다. 이 접근은 지리적 환경 안에서 인간의 다양한 의식 작용과 그에 따른 의미의 해석 및 상호주관적 세계를 이해하고 지리적 세계에 대한 경험의 의미를 밝히려고 노력했다.

인간주의 지리학의 연구 목적은 인간과 그의 주변 상황을 더욱 심층적으로 이해함으로써 인간 세계의 본질을 정확하게 표출시키려는 것이다. 즉, 인간의 지리적 행태와 공간과 장소에 대한 감정이나 사고를 연구함으로써 인간 세계를 이해하려는 것이다. 인간주의 접근 방법에 영향을 받은 도시지리학은 개인, 집단, 장소, 경관 사이의 심오하고 객관적이며 매우 복잡한 관계를 이해하려고 시도했다. 이러한 연구에는 그림, 사진, 영화, 시, 소설, 일기, 자서전 등 기술적·서사적 자료가 많이 이용되었으며, 일부 연구는 현대 도시의 단조롭고 삭막한 경관 등에 대해 비판적인 경향으로 발전하기도 했다.[9]

행태주의적 접근과 인간주의적 접근이 서로 다른 철학적 배경에서 시작되었지만, 두 접근 모두 도시 형태에 대한 서술적 연구에 그치지 않고 인간과 주변 환경 간의 관계에 대해 해석적 통찰을 했다는 점에 큰 의의가 있다. 이 두 접근 방법은 주로 도시 내 이동, 투자, 소비 행태 등에 대한 연구나 도시의 이미지 연구, 심상지도 등에서 적용되었다. 이러한 연구에서는 인간의

---

9 가장 대표적인 저술은 에드워드 렐프의 『장소와 장소상실』이다(Relph, 1976).

문화, 제도, 의식 등에 초점을 두고 현상에 대한 해설과 해석을 강조하고 있다. 그러나 두 접근에 내재된 한계와 구조주의자들로부터의 비판, 인간의 의사 결정과 행동에 영향을 미치는 제약 요인들을 고려하지 못함으로써 오랜 시간 그 영향력을 지속시키지는 못했다는 한계가 있다.

실증주의 접근이나 행태주의, 인간주의 접근과는 달리, 구조주의적 접근에서는 일상적인 겉모습과 세계에 대한 사람들의 주관적인 해석 및 반응에 대해 회의를 가진다. 도시지리학에서 구조주의적 접근 방법은 사회적 관계와 공간적 관계가 자본주의적 생산 방식에 의해 결정되거나 영향을 받는다는 신념을 통해 이해할 수 있다. 구조주의적 입장에서는 사회를 이해하기 위해서는 명백한 외적 세계의 기저를 탐구함으로써 실제 작동하는 근본적 메커니즘을 밝혀야 한다고 주장한다. 이러한 메커니즘은 직접적으로 관찰될 수 없기 때문에 이론적 추상의 과정을 통해 탐구될 수 있다는 입장이다.

구조주의 도시지리학은 구조적 차원과 인간적 차원을 통합하기 위한 시도를 통해 많은 발전을 이루었으며, 그 과정에서 환원주의라는 비판을 극복하게 되었다. 도시지리학에서 구조적 분석은 주로 카를 마르크스의 이론과 결합시켜왔다. 구조주의 지리학자들은 19세기 카를 마르크스의 사상을 고전 마르크스주의라고 부르고, 20세기의 맥락에서 새롭게 접근한 마르크스 이론을 신마르크스주의라고 한다.

구조주의적 접근은 전체로서의 사회 구성체와 권력화된 집단의 활동 및 제도가 개인의 행태를 어떻게 구속하는가를 강조한다. 그렇지만 구조주의적 접근에 대해 사람들의 인식의 문제를 간과한 채 사회 내에서 계급에 지나치게 집중하고 있다고 비판하고 있다. 즉, 오늘날의 도시는 계급 외에도 젠더, 민족성, 연령, 섹슈얼리티, 종교, 장애, 국적, 정치적 성향, 거주지 입지 등에 따른 많은 다른 갈등이 존재하고 있는 곳으로 다양한 이해관계와 다양한 시각뿐만 아니라 이러한 각각의 이해를 대변하는 다양한 이론이 있다.

또한 구조주의적 접근은 인간의 행위 주체성, 즉 인간이 특정한 선택과 행위를 취하여 자신의 운명에 영향을 끼칠 수 있는 능력에 대한 이해를 결여하고 있다는 점에서 비판받는다. 그렇지만 구조주의적 접근의 근본 원리는 현대 도시의 변화를 이해하는 데 여전히 강력한 도구로 활용되고 있다.

포스트구조주의 접근은 세계가 계급적 갈등과 같은 단일하고 근본적인 구조에 의해 설명될 수 있다는 관념을 강하게 거부한다. 그 대신 사회적 불평등은 불안정하고 가변적인 차원으로 구성되어 있음을 주장한다. 나아가 이러한 불평등은 언어, 이론, 광고, 대중음악, 도시경관과 같은 다양한 재현 양식에 반영되어 있다고 주장한다. 이러한 재현 양식은 이른바 담론이라는 공유된 의미들의 집합체와 관련되어 있다. 따라서 포스트구조주의는 순수하고 단순한 경험이란 존재하지 않으며, 우리의 경험은 독특한 문화적 가치들의 집합체를 통해 이루어진다고 주장한다. 나아가 우리가 현실을 재현하는 방식에 대해 현실 그 자체만큼이나 중요한 의미를 지니고 있다고 본다.

포스트구조주의 접근에서 도시는 변화의 수용자가 아니다. 도시화의 일반적 과정이 도시경관에 흔적을 남기려고 하지만 그러한 과정은 저항에 직면하게 되고 기존 도시경관의 유산과 결합하게 된다. 도시는 쉽게 유연해질 수 없으며 무한정 유연하지도 않기 때문에 일반적인 도시화 과정의 진행에 상당한 영향을 미친다. 또한 도시 계층과 개발 도시들은 내부적으로 이질적이다. 도시화의 일반적 과정은 이러한 내적 차이의 유형을 통해 나타난다. 이러한 변화의 원인으로 인식되는 도시화의 새로운 과정을 포스트구조주의 입장에서는 실제로 도시 간, 도시 내에서 지역적으로 다양하게 변화의 지리적인 불균형 패턴을 나타내는 것으로 설명하고 있다.

최근 도시지리학에서는 어떤 특정 접근 방법에 국한된 패러다임이 우세하다기보다는 정형화된 틀을 거부하고 상황과 특성에 적합한 다양한 방법을 사용하여 문제 해결에 관심을 두는 다주제적 접근 방법이 널리 받아들여지고 있다.[10] 예를 들어, 좌파적 시각에서 여성문제와 사회정의의 문제를 해결하기 위한 노력과 우파적 관점에서 문제 해결을 위한 정부와 제도적 역할을 강조하는 노력은 새롭게 시도되는 접근 방법이라고 할 수 있다.

3. 도시지리학의 주요 연구 영역

1) 도시체계적 연구

도시체계란 일반적으로 한 국가나 지역 내에 존재하는 도시 군을 체계로 간주하여 도시의 수, 도시 간의 규모 분포, 도시 기능 간의 유기적 관계와 입지적 패턴을 규명함으로써 전체의 도시 구성과 도시 상호 간의 상관적 관계를 파악하기 위한 집합적 개념이다. 특히 도시체계 내에서 한 도시의 성장 행태는 다른 도시들의 규모, 성격, 위치와 밀접한 관계를 가지므로 전체 도시의 구조적 성격과 결부시켜 개별 도시들을 상대적으로 이해하는 것은 매우 중요하다.[11] 아울러 도시지리학에서 도시체계 연구는 추상적 개념과 이론 수립에 있어 표현의 정확성을 기할 수 있고, 학제적 접근을 하여 폭넓은

---

10 이러한 입장은 기존의 도시 이론들이 도시에 대한 부분적 설명 외에 어떠한 것도 제공하지 못했다는 비판과 함께 거대이론에 대한 절충주의와 냉소주의에서 비롯된 것으로 볼 수 있다.

11 도시체계란 유기체와 같은 자연체계가 아닌 인위적인 체계로서, 시스템의 일반적인 정의인 '대상과 그 속성 간에 관계를 가지는 일련의 대상물의 조합'에서 크게 벗어나지 않으며 속성을 강조하는 측면과 관계를 강조하는 측면으로 대별된다. 즉, 시스템으로 도시를 파악할 때 대상을 도시로 보고 그 속성으로 인구규모, 인구구성, 경제적 특성 등으로 파악하며, 관계로서 도시 간의 인구, 물류, 정보, 서비스의 흐름 등으로 이해하여 구성 요소와 연계로 환원시키는 것이다(Hall and Fagen, 1975; 최재헌, 1987: 99).

연구를 할 수 있다는 점에 있어서 의의가 있다.

도시체계의 연구 목적은 일반적으로 도시 간의 관계를 상호작용, 상호의존, 종속 등의 개념을 통해 이해하고 공간적 연계 내의 의존 체계를 확인하고자 하는 것이다. 즉, 도시체계를 둘러싼 국가 발전 내지 지역 성장과의 관계를 밝히는 것을 강조하여 주어진 정치, 사회, 경제, 기술 단계에서 최적의 공간적 체계를 확인하려고 노력하는 것이다. 또한 도시체계에서 공통적인 설명 요소를 찾으려고 시도하거나 계층성 규명 등을 통해 도시에 대해 구체적인 이해를 돕는 것을 목적으로 한다.

도시체계 연구는 크게 도시의 구성 요소를 강조하는 분야와 연계를 강조하는 분야로 구분할 수 있다. 도시의 구성 요소를 강조하는 입장의 연구에서는 첫째, 하나 또는 몇 개의 속성을 지표로 도시의 입지나 분석을 설명할 수 있는 일반 원칙을 계층성 규명 등을 통해 밝히려는 연구, 둘째, 도시체계를 설명할 수 있는 공통적인 설명 요소를 요인 분석을 통해 산출하려는 연구, 셋째, 도시 간 비교연구를 통해 개별 도시의 도시체계상 기능적 역할을 밝히려는 연구가 있다. 이러한 연구는 중심지 이론에서 다루고 있는 개념을 중심으로 도시의 분포, 계층, 네트워크 등을 밝히려고 한다.

연계를 강조하는 입장의 도시체계 연구는 도시 간 다양한 요소들의 흐름과 방향에서 볼 수 있는 상호작용을 밝히려는 데 초점이 맞춰져 있다. 이때 도시체계는 인구, 상품, 정보, 서비스 등의 흐름에 의해 묶여진 도시들의 배열로 이해할 수 있다. 이런 연계를 강조한 연구는 도시체계상 각종 흐름의 계층성 규명과 함께, 흐름의 출발지와 목적지 등의 일반적인 입지 특성을 강조한다.

한편, 도시체계의 성장이나 발달을 다루는 연구도 중요한 의미를 지닌다. 시간에 따른 도시체계의 변화를 파악함으로써 정적인 상황에 대한 기술로부터 동적인 상황에 대한 설명에 도달할 수 있다. 특히 이들 도시에 대한 연구 결과는 간단하고 포괄적인 특징을 가지고 있어 한 국가의 도시체계를 거시적으로 조망하는 데 있어 다른 측면의 연구에 비해 이점이 있다. 체계적 입장에서 도시체계의 변화는 도시체계를 둘러싼 환경과의 상호작용에서 일어나는 시스템의 자기 조절 과정으로 본다. 일반적으로 도시체계의 성장이나 발달과 관련된 연구는 지역 경제성장의 반영으로 도시체계의 성장과 변화를 다루거나, 개별 도시의 경제적 기반산업의 발달을 고려한 것, 경제발전과 연관시켜 도시순위규모분포를 다룬 연구로 세분해볼 수 있다. 이 밖에도 도시의 규모에 따라 국가 도시체계, 지역 도시체계, 통근권에 적용되는 일상 도시체계 등으로 구분하여 고려한 연구가 있으며, 중심지 이론, 인구 잠재력 모형 등의 구체적인 도시체계 연구도 있다.

도시지리학에서 도시체계 연구는 1970년대와 1980년대 활발하게 이루어졌다. 이 시기에는 중심지 이론에 따른 엄격한 도시체계의 계층 구조와 도시체계의 발달에 따른 특색 등 도시체계 자체의 특징을 규명하기 위한 연구가 주류를 이루었다. 1990년대 이후부터는 엄격한 계층 구조보다는 비계층 구조에 관심을 둔 연구가 행해지기도 했고, 도시체계 자체의 특성보다는 이와 연관된 시장 구조, 자본주의 조직 구조, 제도적 측면 등 응용적 측면에서의 연구가 이루어졌다(최재헌, 2002: 35).

도시체계의 연구 경향은 자본주의 사회에서는 도시화와 함께 대기업이 성장하거나 다국적 기업화되어 기업 조직이 변화되는 것과 함께, 도시체계상 새로운 변화까지 포함하고 있다. 즉, 정보나 의사결정 중심지로서 대도시의 비중이 증대되었으며, 대도시의 제조업 비중이 감소한 반면 서비스 부문의 비중이 더 증가했고, 대도시 주변부나 소도시 등에 입지가 자유로운 새로운 기업이 입지하면서 도시체계의 변화가 이루어졌다는 것이다. 더욱이 전 세계가 자본주의 세계경제체제로 통합되는 현재의 상황에서 도시체계에 관한 논의는 세계도시체계로 확장되고 있다. 세계도시체계는 도시가 규모와 기능 및 영향력에 따라 계층적인 구조를 지니고 있으며, 이러한 도시계층은 세계적 차원과 국가적 차원, 지역적 차원으로 구분할 수 있다는 근거에 기반을 두고 있다.

더 나아가 도시체계 연구에서 한 국가의 도시체계 특성을 경제발전 수준과 관련지어 설명하는 경향도 있었다. 베리와 윌리엄슨은 경험적 연구를 근거로 한 국가의 국가발전 수준과 지역 격차, 국가발전 수준과 도시규모분포와의 관계, 도시체계와 지역 간 격차의 관계에서 상호 연관관계가 있음을 밝히고 있다(Berry, 1964: 147~163; Berry, 1971: 111~156; Berry, 1961: 573~587; Williamson, 1965: 3~45). 즉, 국가의 경제발전과 지역 소득 격차와의 상관관계에 대해 설명했는데, 근대화의 경제발전이 극히 낮은 초기 단계에서는 지역 간 격차가 작지만, 경제발전이 급성장하는 중간 단계에서 지역 간 격차가 커지고 국가의 경제발전이 성숙 단계에 이르면 그 효과가 국토 공간의 전 지역으로 확산되어 지역 간 격차가 다시 줄어들게 된다는 것이다. 이는 한 국가의 도시공간 조직이 경제 수준이 높아지면서 점차 개방 사회 체계로서 균형을 갖추게 되고, 지역 간 균형 발전을 유도하여 정상적인 도시체계 성격을 띠게 될 것으로 예측한 것이다.

현재까지 이루어진 우리나라의 도시체계와 관련된 연구는 크게 세 부분으로 나뉜다. 첫째, 도시의 속성에 초점을 두는 연구로 이에는 산업별 고용구조, 인구 규모 등에 기초하여 도시의 기능 분류 및 도시의 중심성을 파악한 것이다. 둘째, 도시의 여러 지표를 통해 도시 간의 연계 구조를 밝히고자한 연구이다. 연구에 활용된 지표로는 도시 간의 전화 통화량, 교통량, 온라인망 등을 통한 자금 이동, 인터넷 망을 통한 정보의 유동 등이 사용되었다. 셋째, 도시체계의 시대별 변화와 성장에 관한 연구 경향으로 주로 계층구조에 관심을 둔 연구이다. 이 연구에는 도시의 속성과 연계 자료를 통해 도시계층 구조의 변화를 파악한 것을 들 수 있다(최재헌, 2002: 35).

2) 도시구조적 연구

일반적으로 도시구조라고 하면 그것은 도시의 내부 구조를 뜻하며, 그 구조는 도시의 공간적 구조 또는 지역적 구조를 가리킨다. 도시에 집중되어 있는 각종 도시기능은 일정한 위치와 면적을 차지하여 입지하며, 이 기능들의 입지가 어떻게 배치되어 있는가 하는 것이 곧 도시의 내부 구조를 파악하는 연구의 시작이다. 도시의 다양한 기능들의 입지는 도시가 점점 커지면서 유사한 기능들끼리는 모이고 상이한 기능들끼리는 밀어내면서 전문화된 집적 지구를 형성하게 된다. 이렇게 도시 내 상이한 장소에 특정 경제활동이 집적함으로써 도시 내부에는 각기 성격을 달리하는 여러 종류의 기능 지역들이 존재하게 된다. 여러 종류의 기능 지역은 도시 전체를 구성하는 부분 공간으로 등질적 구조와 기능적 구조로 관계를 맺고 있다. 부분 공간의 등질적 구조는 토지 이용의 공간적 분화에 따른 구성 요소의 배열 상태가 동일한 속성을 지니는 것으로 파악할 수 있고, 기능적 구조는 각 부분 공간 상호 간에 어떤 기능적 연계를 고려하여 설명할 수 있다.

도시공간의 구성은 조성, 조직, 구조 메커니즘을 기반으로 나뉜다. 조성 메커니즘이라 함은 성격과 양상을 달리하는 공간들로 구성되어 있는 도시 공간에서 파악하려고 하는 대상이 어떤 것으로 이루어져 있는가를 뜻하는 것이다. 조직 메커니즘은 조성 자체의 특성과 상호작용으로 결정되는데, 주로 조성 요소 간의 상호관계와 관련된 사항을 의미하는 것이다. 구조 메커니즘은 조성과 조직이 기능하도록 매개해주는 역할로서 여러 조성 요소의 존재와 상호관계가 무엇에 의해 유지되는가 등에 관한 사항을 말한다. 도시 공간을 형성하는 세 가지 메커니즘은 서로 유기적 관계를 맺고 있다. 다양한 종류의 조성 요소는 각기 다른 형태를 취하면서도 동질적 요소 간은 물론 이질적 요소 간에 관계를 맺으면서 조직을 이룬다. 또한 조성 요소의 종류에 따라서도 조직 상태가 달라진다. 여기에 구조 메커니즘은 조성 요소의 존재를 가능케 하고 그들 간의 상호관계에 의해 조직이 만들어지도록 해주는 큰 틀을 담당한다(남영우, 2007: 37).

도시구조에 관한 기술적 연구는 도시형태학과 도시 발달 과정을 들 수 있다. 앞서 도시지리학의 접근 방법에서도 살펴보았듯이 도시형태학은 특히 20세기 초 독일의 대학을 중심으로 발전했다. 이 방법은 도시 성장 단계에 대한 조사와 검토를 통해 도시 발전을 이해하기 위한 서술적 접근으로 이루어졌다. 연구의 주요 목적은 건물과 건물 대지의 크기를 증거로 이용하여 성장 단계에 따른 도시지역을 분류하는 것이었다. 도시형태학적 접근은 1950년대 이후 과학적 접근 방법이 대두하면서 많은 비판을 받게 되었지만, 1980년대에 제한적으로나마 다시 활용되기도 했다. 최근 도시형태학적 연구는 도시의 형태 및 설계에 있어 다양한 에이전트의 역할과 영향에 초점을 맞추고 있다(Hall, 2006: 21; Whitehand and Larkham, 1992).

도시 발달 과정에 초점을 둔 연구는 고대 도시에서부터 오늘날 현대 도시와 포스트모던 도시에 이르기까지 각 역사적 시기에 따른 도시의 사회적·경제적·공간적·경관적 특성을 설명하고 있다(Mumford, 1990; Hartshorne, 1991). 이러한 도시발달사적 접근의 주요 내용으로는 도시 형태의 기원, 정주 패턴의 변천, 민족 집단의 역할, 도시 형성과 기능 분화의 요인 등을 다루고 있다.

도시구조에 관한 실증철학의 영향은 일반적 법칙과 도시 내부 구조의 공간적 패턴의 모형화와 일반적 법칙을 모형화한 연구에서 찾아볼 수 있다. 이러한 연구의 대표적인 사례로는 생태학적 관점에서 사회경제 집단에 따라 토지 이용이 동심원적으로 이루어진다고 논한 버제스의 이론과 공간적 시각에서 주거지 패턴이 부채꼴로 발달하고 있다고 주장한 호이트의 선형 이론, 기능적 군집에 따라 도시 내에 다핵이 존재한다고 본 울만과 해리스의 다핵심 이론 등을 들 수 있다.

버제스는 '도시의 성장'이라는 연구에서 도시 발달 과정에서 나타나는 공간구조는 동심원 형태로 파악할 수 있다고 주장했다. 이 동심원지대 이론은 미국 시카고 시의 실태 조사로부터 입수된 자료에 근거하여 도출된 것으로 대도시의 성장은 반드시 도시의 외연적 확대를 수반하며, 그 확대 과정은 5개 지대로 구성된 동심원상의 형태로 설명할 수 있다고 했다(Burgess, 1925a; 1925b). 이후 버제스의 동심원 모형이 영국 도시에 적용된 사례도 있었으며 (Mann, 1965; Knowles and Wareing, 1976), 버제스의 이론에 수정을 가하여 더욱 상세하고 복잡한 도시구조이론을 제시한 연구도 있다(Kearsley, 1983: 10~13). 그러나 버제스의 이론은 도시생태학적 입장의 한계점이 지적되어 비판을 받기도 했으며(Firey, 1945: 140~148), 동심원지대 패턴의 정형성에 대한 의문이 제기되기도 했다.

호이트는 「미국 도시에 있어서 근린 주택지구의 구조와 성장」이라는 논문에서 미국 142개 도시의 주택 자료를 수집하고 이를 토대로 다양한 주거지구를 상류층 주거지구, 중간층 주거지구, 저소득층 주거지구로 분류하고, 그 분포를 조사한 결과 그 지구들의 분포 패턴이 동심원이 아닌 선형(扇形)이라고 주장했다(Hoyt, 1939). 즉, 도심의 CBD를 중심으로 도로(수로, 철도)가 방사상으로 뻗어가면서 이를 따라 상이한 계층의 주거지가 선형적으로 분포한다. 교통로를 면해서 경공업지대가 형성되고, 그다음 저급주택지역이 나타난다. 반면 고급주택지역은 경공업지대에서 가장 먼 곳에 입지한다. 선형구조는 교통로를 따라 방사상으로 활동이 뻗어가면서 동시에 상이한 집단 기능 간 입찰지대 작용에 의해 도시공간이 선형으로 분화되어 나타난 것으로 설명된다. 호이트의 연구 역시 시카고에 대한 연구를 바탕으로 전개된 만큼 당시 시카고의 도시구조와 형성 요인이 반영되어 있다.

울만과 해리스는 「도시의 본질」이라는 연구 논문에서 도시의 토지 이용 패턴이 단일 중심이 아닌 여러 개의 핵심을 중심으로 형성된다는 다핵심 모형을 제시했다(Harris and Ullman, 1945: 7~17). 이 모형에 제시된 도시공간의 다핵화는 전문적인 편익 지점에 대한 수요, 동종 활동의 집적 필요성, 상이한 활동 간의 분리 메커니즘, 지대의 지불 능력 차이 등 네 가지 요인에 의해 나타나는 것으로 설명했다.

이 밖에도 도시구조 모형과 관련하여 디킨슨은 유럽 도시의 역사적 발전과 오늘날의 지역구조를 결합하여 3지대 모형을 제시했다(Dickinson, 1964). 모형은 도시의 중심에 위치하는 중앙지대와 중앙지대 주변의 중간지대, 그리고 중간지대 바깥의 외부지대로 구성되어 있다. 이는 유럽의 역사적인 도시의 내부 구조 형태를 단순하게 파악할 수 있다는 점에서 의의가 있다. 그러나 형태상 동심원지대 모형과 유사한 점은 한계로 지적된다.

교통의 발달과 도시권의 확대로 인해 변화된 도시구조를 모형화한 이론으로는 도시권역모형(urban realm model)을 들 수 있다(Vance, 1964). 반스(Vance)는 「샌프란시스코 만 지역의 지리와 도시발달」이란 연구에서 여러 도시의 공간적 형태 변화를 분석한 후 도시권역모형을 제시했다. 권역모형의 핵심적인 요소는 기존의 전통적 도심 또는 중심도시와는 독립적인 각각의 권역을 이루고 있는 대규모 자족적인 교외지역의 등장과 성장이다. 이로 인해 대도시권의 공간구조는 전통적인 중심도시와 그 주위에 일련의 독립적인 도시권역으로 이루어진 구조가 형성된다는 점이다.

최근 세계화 시대의 도시구조에 대한 많은 연구는 미국 로스앤젤레스를 중심으로 캘리포니아학파로 불리는 일련의 학자들에 의해 이루어지고 있다. 이들은 탈산업화 현상과 재산업화 현상, 정보통신 기술의 발달을 포함한 새로운 변화에 관심을 두고 있으며, 단지 과거처럼 도시 내부를 살펴보는 것만으로는 도시의 형성과 재형성 과정을 이해할 수 없다는 입장을 지니고 있다. 따라서 훨씬 넓은 시각에서, 즉 세계 경제가 다국적·초국적 기업의 국제적 경영에 의해 상호 연결되는 정도가 증가하고 있다는 것과 같이 도시가 국내적 요인들뿐만 아니라 국경 밖으로부터 야기되는 과정에 의해 형성된다는 것을 수용해야 한다고 주장한다.

캘리포니아학파 연구의 의의는 도시의 경관, 경제, 문화를 형성하는 과정에서 새롭게 나타난 경향을 인식하게 해준 점이다. 즉, 경제 조직이나 생산에서 새로운 유연한 형태의 증가, 상호 연결된 세계 경제의 영향력 증대와 세계 경제 내에서 도시의 역할 증가, 에지시티(edge city)의 출현, 새로운 공간적 경제 패턴으로 표출되는 도시 내 다양한 형태의 경제, 사회, 문화적 불평등의 심화, 보호나 감시 그리고 배타성에 근거한 편집증적이고 방어 중심적인 건축물의 증가 등 후기 산업도시의 모습에 대해 수많은 도시 로컬리티에서 다양하게 확인할 수 있는 과정들을 시사해주고 있다(Hall, 2006: 14).

한편 제3세계 국가의 도시구조는 도시화의 과정이 국가 또는 도시마다 상이하기 때문에 일반적인 모형으로 설명하는 데 한계를 지니고 있다(Pacione, 2005). 우리나라의 도시구조에 관한 일반적 모형이나 기본적 틀은 계속 연구가 이루어지고 있는 실정이다. 다만, 우리나라의 도시들은 전통적인 도시로부터 시작하여 거대도시 내지 대도시로 성장하면서 단핵구조형의 도시가 대부분이며, 급격한 도시성장으로 인해 지역분화가 매우 불규칙적으로 나타나 도시 내부 구조에 반영되어 있다는 점이 많은 연구에서 공통적으로 확인되고 있다.

3) 도시 사회활동의 일상생활사적 연구

일상생활에 대한 지리학적 연구는 생활양식으로 설명하는 방식과 일상생활의 시간과 공간의 결합 관계를 통해 살펴보는 시간지리학을 들 수 있다. 인간은 주어진 사회적 공간 속에서 살아가면서 공간의 자연적·인문적 환경과 부단히 교류하게 되며, 이 과정을 통해 일정한 생활양식이 정립하게 된다. 즉, 생활양식이란 일정한 환경적 조건 속에서 살아가는 사람들이 그 환경에 적응 또는 변화시키는 과정에서 형성된 생활의 일반적 유형이다. 생활양식에 대한 개념은 프랑스 지리학자인 비달(Vidal)이 처음으로 제시한 것으로, 한 지역 주민의 공간적 생존은 그들의 생활양식으로 파악되며, 각 생활양식의 집단들은 그들의 환경을 상황에 따라 전혀 달리 인식하거나 그 가능성을 활용할 수 있는 것으로 이해할 수 있다는 것이다. 이후 독일의 사회지리학자 보벡(Bobeck)은 생활양식을 인간의 존재 기본 기능으로 구분하여 설명했다. 그는 인간 집단의 사회적 활동을 사회의 기능적 조직으로 파악할 수 있다고 보고, 공간적으로 행해지는 인간 활동의 범주에서 공동생활, 거주, 노동, 급양, 교육, 여가활동의 여섯 가지 존재 기본 기능을 제시했다. 이기본 기능은 공간적인 일상생활의 전개에 기초를 제공해주는 자연환경과 밀접한 상호관계를 맺고 있는 복합적인 작용 구조이며, 각기 특유한 공간적 요구와 공간구조를 갖고, 상호 다면적인 의존 관계로 결합되어 있다(Maier, Peasler and Schaffer, 1977).

생활양식으로서의 도시성을 연구한 워스는 인간생태학적 사고를 바탕으로 도시성이 도시생활의 사회적·심리적 결과인 도시화의 영향으로 나타난다고 설명했다(Wirth, 1969). 개인적 측면에서 도시성은 복잡하고 다양한 도시환경의 변화에 대한 경험과 물리적 및 사회적 자극에 직면하여, 이에 대처하기 위한 행동 양식으로 파악했다. 도시의 인구 규모 증가, 인구밀도 증가, 이질성 증대에서 비롯된 사회적 변화는 가족, 친구, 이웃과 같은 1차적 사회집단의 사회적 지원과 통제를 약화시켜 사회적 질서의 약화와 사회적 분열의 증대를 가져오게 된다는 것이다. 그 결과 사회적 무능력, 외로움, 정신질환의 증가가 나타나게 되고, 모든 유형의 탈선적 행동이 증가하게 된다고 워스는 주장했다.

워스의 연구 이후 도시의 사회적 환경에 대한 개념을 재검토하는 과정에서 도시생활에 대한 공적 영역과 사적 영역으로 구분하여 진행한 연구가 있다(Sennett, 1990: 306~316). 개인과 사회집단이 그들과 다른 사람을 어떻게 구분하는지에 대한 질문은 인간 주체가 어떻게 구성되는가에 대한 논의로 이어졌고, 나아가 우리의 공적 및 사적 세계에서 우리를 어떻게 생각하는가에 대한 재고가 필요하게 된 것이다. 이는 지각할 수 있는 주체로서 인간의 의도성과 주체성이 지리적으로 형성되는 사회적 관계와 경험에 의존하기 때문에 도시·사회지리학의 쟁점이 되고 있다.

일상생활 세계의 물질적 토대는 시간과 공간으로 구성되어 있는 생활공간이다. 우리의 일상은 항상 시간과 공간을 소비하는 과정 속에 있다. 개인은 해당 사회의 사회적 관계 속에서 차지하는 위치에 따라 각자의 일상생활을 꾸려가고 있다. 개인은 선택한 또는 선택을 강요당한 시공간적 한계 속에서 생활하며, 그 주어진 틀 속에서 자신과 사회의 재생산을 위해 일하고 자신의 사고방식을 형성하고 정체성을 찾는다. 공간을 중시하는 지리학에서 시간 차원을 처음으로 도입한 것은 1950년대의 해거스트란트이다. 그는 지역과학인 지리학이 인간을 주체로 한 생활의 질을 중시해야 하며, 인간의 사회생활을 구성하고 있는 중요한 요소 가운데 하나는 시민들의 일상생활이라고 주장했다.[12] 그는 시간지리학을 '사회활동이 수행되는 물리적 환경(거리, 건물, 길, 이웃 등)에 주목하면서 어떻게 이것이 개인 및 집단의 시간단

---

12 해거스트란트는 1953년에 「공간과정으로서 혁신확산(Innovation-förloppet ur Korologisk Synpunkt)」이라는 논문으로 스웨덴 룬트대학교에서 박사학위를 받았다. 그의 논문은 1968년에 영문으로 번역("Innovation Diffusion as a Spatial Process") 되어 출간되었다. 그의 주요 관심은 지표 공간에서 인구이동과 혁신확산에 의해 나타나는 지역 변화의 공간적 규칙성을 체계화하는 것으로, 그는 인간 활동의 결과로 나타난 입지 패턴의 시·공간적 변화 과정과 공간구조를 밝히려고 노력했다. 해거스트란트의 연구는 1960년대 지리학자들의 공간 이론 정립에 결정적인 영향을 끼쳤다.

위의 움직임과 이동에 영향을 주거나 받는지 추적해보면서 연구하는 것'으로 정의했다.

시간지리학의 기본적인 전제는 첫째, 인간은 항상 시간과 공간을 동시에 점유하므로 시간과 공간을 분리할 수 없는 하나의 단위로 보고, 인간 행태와 제약에 대한 사회모형을 공간상 입지, 지역적 범위, 지속 시간이라는 물리적 용어로 한정한다. 둘째, 개인은 일상생활에서 일정한 목적을 달성하기 위해 시간과 장소를 옮겨 다니게 되는데, 우리는 바로 시공간상의 이동 경로를 추적하고, 이러한 이동 경로들의 결합 관계를 분석함으로써 개인의 일상생활 공간이 어떻게 형성되고 어떻게 변화하는가를 알 수 있다. 셋째, 시간이라는 1차원과 공간이라는 2차원을 결합하여 3차원상에서 인간의 일상생활을 좌표상에 위치시켜 그 궤적을 분석할 수 있다. 넷째, 구조적 관계들이 결정되면 그 내에서 자유 이동 경로를 추구하는 프로젝트와 열려진 시공간 사이의 경쟁이 분석의 중심적인 문제가 되고, 이 경쟁은 근본적인 시공간 일관성을 유지하려는 구체적 제도들에 의해 조정된다. 즉, 사회의 통합을 위해서 시공간 경쟁의 제도화가 이루어진다. 시간지리학의 분석 방법을 통해 도시인의 일상적인 삶의 모습을 시간과 공간 차원에서 기록할 수 있으며, 일상생활 분석을 위한 주요 개념은 활동 경로, 제약, 프리즘, 커플링과 번들, 마커와 윈도우이다.[13]

개인적 생활세계와 집합적인 구조는 모두 상호주관성에 토대를 두고 있는데, 이는 일상의 실천을 통한 삶의 경험에서 파생되는 공유된 의미를 지칭한다. 상호주관성은 부분적으로 시공간상에 펼쳐지는 개인적·사회적 실천의 일상화에 기반을 둔다. 사회생활의 시간성은 상호 연결되어 있는 세 가

---

13 구체적인 내용은 해거스트란트의 시간지리학의 개념을 원용하여 저술한 荒井良雄 外(2000) 참조.

지 수준으로 나눌 수 있다. 사회생활의 장기 지속은 법과 같은 제도의 역사적 발전과 밀접한 관계를 맺고 있다. 현존 또는 생애에서 사회생활은 개인 및 가족의 생애에서 사회생활은 개인 및 가족의 생애주기의 영향과 특정 세대의 공유된 사회적 조건의 영향을 받는다. 일상생활의 지속에서 개인의 반복적인 일상은 제도적 구조 및 생애주기의 리듬과 상호작용 한다.

사회생활의 공간성도 세 가지 차원으로 나눌 수 있다. 먼저 제도적인 공간적 실천은 가장 큰 규모로 이루어지는데, 이는 집단적인 수준에서의 공간의 사회적 구성을 일컫는다. 그리고 장소는 인간의 의식과 도시 공간에 부여된 사회적 의미와 관련되어 있다. 마지막으로 개인적인 공간적 실천은 개인과 집단의 물리적인 공간적 상호작용을 가리킨다. 이러한 세 가지 수준의 공간성은 사회생활에 있어서 세 가지 수준의 상호작용과의 관계에서 이해될 수 있다. 이러한 다차원적 인식틀을 통해 시공간 일상화가 사람들의 생활세계가 의존하고 있는 상호주관성을 촉진한다는 점을 이해할 수 있다 (Simonsen, 1991: 417).

4. 결론: 북한 도시의 도시지리학적 연구를 위한 제언

사실 지리학적 접근 방법에서 연구 지역에 대한 현지 조사와 자료 수집은 매우 중요한 함의를 지니고 있다. 접근 불능 지역인 북한은 지리학적 연구를 수행하는 데 좋은 조건을 가지고 있다고 볼 수 없다. 이로 인해 지리학 분야에서 북한 지역에 대한 연구가 많이 이루어지지 못하고 있다. 특히 북한 도시에 대한 지리학적 연구는 그 시급성과 중요성에도 불구하고 아직까지 제한적인 도시 또는 특정 영역에 국한되어 진행되고 있는 것이 현실이다.

이 글은 현재까지 이루어진 도시지리학적 접근 방법과 연구 영역을 북한 도시 및 도시사 연구에 어떻게 적용할 수 있을지 검토하기 위한 것이다. 구체적인 연구 영역은 도시체계적 측면, 도시구조적 측면, 사회활동의 일상생활사 측면으로 구분하여 살펴보았다.

첫째, 도시체계적 측면에서는 한 국가 또는 지역에 입지한 다수의 도시를 대상으로 도시 간의 관계를 상호작용, 상호의존, 종속 등의 개념을 통해 이해하고 공간적 연계 내의 의존 체계를 확인하고자 하는 것이다. 또한 도시체계에서 공통적인 설명 요소를 찾으려고 시도하거나 계층성 규명 등을 통해 도시에 대해 구체적인 이해를 돕는 것을 목적으로 한다. 북한 도시에 대한 도시체계적 접근에서 볼 때, 북한 도시의 인구 규모와 공간적 분포 등을 시계열적으로 파악할 수 있다면 도시체계의 특성과 변화 과정에 대한 분석이 이루어질 것으로 판단된다. 다만, 북한 사회의 정치적인 요인에 따라 도시체계상의 왜곡이 발생할 수 있다는 점을 고려해야 할 것이다.

둘째, 도시구조적 측면은 도시 내부의 공간 현상을 설명하는 방법이다. 도시 내부에서 볼 수 있는 여러 종류의 기능지역은 도시 전체를 구성하는 부분 공간으로 등질적 구조와 기능적 구조로 관계를 맺고 있다. 부분 공간의 등질적 구조는 토지 이용의 공간적 분화에 따른 구성 요소의 배열 상태가 동일한 속성을 지니는 것으로 파악할 수 있고, 기능적 구조는 각 부분 공간 상호 간에 무언가의 기능적 연계를 고려하여 설명할 수 있다. 사회주의 국가인 북한의 도시 구조는 자본주의 도시와 다른 모습을 지니고 있다. 사회주의 이념이 도시공간구조에 반영되어 있기 때문에 비효율적인 토지 이용과 획일적인 도시구조가 나타날 수 있다. 이 때문에 북한 도시의 특수한 상황에 적합한 도시구조의 조성 요소의 추출, 조직과 구조 메커니즘에 대한 분석과 해석이 필요하다.

셋째, 사회활동의 일상생활사 측면에서 일상생활 세계의 물질적 토대는 시간과 공간으로 구성되어 있는 생활공간이다. 우리의 일상은 항상 시간과 공간을 소비하는 과정 속에 있다. 개인은 해당 사회의 사회적 관계 속에서 자신이 차지하는 위치에 따라 각자의 일상생활을 꾸려가고 있다. 개인은 선택한 또는 선택을 강요당한 시공간적 한계 속에서 생활하며, 그 주어진 틀속에서 자신과 사회의 재생산을 위해서 일하고 자신의 사고방식을 형성하고 정체성을 찾는다. 생활공간과 관련된 미시적 수준의 도시 연구에서는 도시 거주자들의 구술자료를 활용할 수 있는데, 이는 개인적 도시 경험을 일상적인 생활의 지도화를 통해 파악할 수 있다는 점에서 의의가 있으며, 특히 접근이 불가능하고 문헌자료를 확보하기 어려운 북한 도시를 연구하는 데 북한에서 생활했던 탈북 이주민들의 구술자료가 중요한 연구 자료로 활용될 수 있다는 점에 의미가 크다.

　도시체계적 접근과 도시구조적 접근은 정확한 자료를 기반으로 도시를 설명하기 위한 실증적 방법론이다. 이러한 방법을 북한의 도시에 적용하기 위해서는 기초 통계나 관련 자료가 확보되어야 한다. 그러나 북한은 도시와 관련된 통계 또는 현황 자료를 공개하지 않을 뿐 아니라, 자유로운 왕래가 불가능하기 때문에 자료 수집이 매우 어려운 지역이다. 이러한 어려움을 극복하기 위한 방법으로 원격탐사와 지리정보시스템을 활용할 수 있다. 원격탐사란 직접 접근하여 조사가 불가능한 지역이나 직접 조사를 할 경우 많은 비용과 노력이 필요한 지역을 대상으로 직접 접근하지 않고 원거리에서 각종 탐지기를 이용하여 탐지함으로써, 대상 지역의 각종 지리 정보를 추출하고 해석·조사하는 방법이다. 위성 영상을 이용한 원격탐사 방법과 지리정보시스템을 이용하여 접근이 불가능한 북한 지역을 분석할 수 있는 내용은 해당 지역의 해발고도와 경사도 등 지형 특성, 하계망, 도로·철도 등의 교통망, 토지 이용 현황, 개발 잠재 지역 등이다. 이 밖에도 해당 지역의 통계자료에 대한 수집이 가능하다면 지리정보시스템을 이용하여 도시체계 및 도시구조와 관련된 연구를 더욱 심도 있게 진행할 수 있다.

제4장

북한연구에서 '공간' 이해와 도시사의 가능성

홍민(동국대)

1. 문제제기

1990년대부터 북한사회는 극심한 경제난에 따른 다양한 사회적 변화를 겪고 있다. 의식과 실천 차원에서 나타난 국가 의존도 약화와 시장 의존도 증대, 관료행태의 변화, 공동체성과 정체성의 변화, 경제관념의 변화, 부와 소유 관념의 변화, 시장문화의 형성, 노동·직장에 대한 태도 변화, 세대 간 가치 차이, 여성의 경제적 역할 확대 등과 같은 많은 변화들로 나타나고 있다. 그런데 이들 변화들은 공간적 차원과 밀접하게 연계시킬 때 좀 더 입체적인 이해가 가능한 것들이기도 하다. 다시 말해 기근과 빈곤의 공간적 분포와 확산, 인구의 공간적 유동과 시장 공간의 형성, 공적 공간의 약화와 사적 공간의 확대, 가족구조 및 가족 공간의 변화, 도시의 기능 및 경관의 변화, 빈부격차와 계층화의 공간적 구조화 양상, 사회적 연결망과 정보유통의 공간의 확대, 노동의 공간적 변화, 교육격차의 지역별·계층별 확대, 주거문화의 변화 등과 같은 공간의 변화와 밀접하게 연관된 것들이다.

그러나 기존 북한연구에서는 이런 변화들이 갖는 공간적 양태와 함의, 사회변화와 공간의 상호구성 관계에 대해서는 극히 관심이 미약했으며, 사실상 공간적 상상력과 구체성이 없는 평면적이거나 공간적 진공상태의 북한사회 연구에 머물러 있었다고 할 수 있다.[1] 1990년대 이후 진행되고 있는 북한사회의 변화는 주민들의 일상적 삶이 펼쳐지는 구체적인 공간적 맥락 속에서 더욱 역동적으로 포착될 수 있다. 북한에서 나타나고 있는 사회적 변화를 역사적이고 구체적인 도시사의 공간적 맥락 속에서 분석함으로써 좀 더 입체적인 북한사회의 이해가 필요한 시점이라고 할 수 있다.

사실 기존 북한연구들은 다양한 주제를 다루면서도 공간적 구체성이 매우 미약했다. 다양한 사회현상이 공간적으로 드러나는 양태는 물론이고, 공간이 권력의 운영방식 및 사회적 관계에 미치는 영향, 공간을 전유하는 행위자들의 실천이나 적응 방식, 권력이 공간적으로 구현되는 방식, 주민들이 일상을 통해 공간을 전유하는 방식 등에 대해서는 충분한 관심을 갖지 않았다. 다시 말해 사회와 공간의 상호구성적 과정에 대한 이론적·경험적 연구가 매우 미약했다.

북한연구에서의 공간 부재 현상은 북한연구가 그간 가졌던 특성과도 연관이 되어 있다. 최고지도자 내지 중앙 권력 정치에 주로 주목하는 특성이다. 따라서 구체적인 도시 및 지방 공간이 갖는 고유성과 역동성, 사회에 미치는 영향에 대한 관심이 상대적으로 미약했다. 이는 다양한 역사 및 사회 현상들이 갖는 공간적 맥락을 무시한 채, 포괄적으로 일반화하여 설명함으로써 공간이 사회와 갖는 상호관계의 역동성을 포착하지 못했음을 의미한다. 이런 측면에서 북한연구에 공간의 구체성을 부여하는 일은 입체적인 북

---

1 물론 중요한 성과가 제출되기도 했다. 최완규 엮음(2004, 2006, 2007); 이우영 엮음 (2008) 등 일련의 연구들은 북한의 청진, 신의주, 혜산 등 3개 도시에 대한 도시 연구로서 중요한 성과물이라고 할 수 있다.

한 이해를 위해서 시급하고 중장기적으로 필요한 접근이라고 볼 수 있다.

물론 북한연구에 공간의 구체성을 부여하는 것은 이미 여러 전공 영역 —
도시사회학, 도시지리학, 도시사, 도시인류학 등 — 에서 축적된 연구 경험과 이
론을 통해 이루어질 수 있다. 그중에서도 '도시사(urban history)'에 주목해야
하는 이유는 북한 역사에 대한 이해가 지금까지 많은 불균형 속에 있었기 때
문이다. 기존 북한 역사에 대한 이해는 대체로 국가 중심의 역사, 최고지도
자나 당(黨)의 역사가 주로 주목을 받아왔다. 대다수 민중이나 도시, 농촌,
마을, 주민 등의 역사는 많은 관심을 받아오지 못했다. 그러나 탈북자들과
의 면담을 통한 연구를 수행하게 되면, 중앙의 정치사와 개별 도시의 도시
사, 개인 생애사 사이에는 매우 많은 긴장이 존재함을 알게 된다. 다시 말해
국가의 권력, 기획, 의도, 정책 등이 구체적으로 도시라는 공간에서 주민들
의 사회적 관계 속에 어떻게 투영되고 변형되는지를 살펴보면, 그 속에는 국
가 중심의 역사가 포착하지 못하는 다양성과 역동성이 담겨져 있음을 발견
하게 된다.[2] 더욱이 1990년대 이후 진행되고 있는 북한사회의 변화는 주민
들의 일상적 삶이 펼쳐지는 구체적인 공간적 맥락 속에서 더욱 생생하게 포
착될 수 있다.

도시사는 도시와 인간 사이에 이루어진 상호작용의 역사, 그로부터 발현
되는 도시성(urbanity)의 역사적 특징을 설명하고자 하는 연구 접근이다(민
유기, 2007: 21~22). 이 글은 그간 북한연구에서 주목하지 않아왔던 북한의

---

2 2010년 국사편찬위원회의 구술자료수집사업의 일환으로 홍민에 의해 수행된 『북한
지방 권력의 동학과 관료-주민 관계사: 함경북도 온성군 출신 지방당 간부들과 지역
주민들의 구술』은 온성군 출신 지방당 간부들과 주민들에 대한 생애사 및 주제형 면
접을 통해 지방 정치의 동학, 일상생활, 사회적 관계 등을 구술자료화한 작업이라고
할 수 있다. 이 구술 채록 작업을 통해 국가사, 중앙 정치사와는 다른 성격과 결을 가
진 지방사, 마을사, 생애사를 발견할 수 있다.

도시를 다양한 사회문화적 실천과 정치적 과정이 펼쳐지는 역사적 장소로서 주목하고, 북한체제 성립 이후 이들 인간 행위와 도시가 가졌던 관계의 역사와 도시적 특성을 규명하기 위한 연구 토대를 구축하는 데 있어 도시사적 접근이 갖는 가능성을 시론적으로 모색하고자 한다. 이를 통해 북한체제 및 북한역사 이해에 있어 도시사 접근의 가능성이 무엇인가를 북한연구에 대한 성찰을 통해 묻는 글이라고 할 수 있다.

2. 기존 북한연구에서 '공간' 이해의 방식

1) 통합학문으로서 북한연구와 '공간' 이해의 기반

지금까지의 북한연구는 과연 '공간' 이해의 학문적 기반을 축적해왔는가. 우리는 여기서 이른바 '북한학', '통일학' 등 '학적(學的)' 체계를 표방하는 분과학문부터 좀 더 일반적으로 '북한연구'로 명명되는 연구까지 포괄하여, 과연 이들 연구들이 지금까지 얼마나 공간 이해의 가능성을 모색해왔는가를 탐문해볼 필요가 있다. 기존 북한연구는 자신의 학문적 성격을 '종합학문(또는 통합학문)' 또는 학제 간 연구로 표현해왔다. 이런 종합학문 또는 학제 간 연구로서 북한연구는 '공간'을 적절하게 자신의 연구 사유에 반영해왔는가를 성찰적으로 되짚어볼 필요가 있다.

우선 종합학문이라는 학문적 성격부터 검토해보면 의미는 크게 두 가지 차원에서 설명된다. 하나는 북한의 정치, 외교, 행정, 경제, 사회, 문화 등등을 분야별로 종합적으로 보거나, 통일 관련 정치, 경제, 사회, 문화 등 제반 현상을 종합적으로 본다는 측면이다. 다른 하나는 인문학, 사회과학, 자연과학 등 각 학문계열에서 개별적으로 이루어지는 북한 관련 연구를 북한학 또는 통일학, 북한연구의 범주에 넣는다는 차원에서 종합학문으로 보는 경우이다(강성윤, 1999: 14~15).

그러나 여기서 중요한 것은 '종합'의 개념과 달리 실제적인 구체화 방식이다. 문제는 실제 종합이라는 것이 개별 분과학문의 북한 및 통일 관련 주제의 연구를 취합해서 북한학 및 통일학, 북한연구의 학적 범주에 넣는 '종합'이기 때문이다. 이 경우 사실상 '종합'의 의미는 연구주제가 북한 및 통일이라면 자연스럽게 북한학 및 통일학, 북한연구의 범주에 들 수 있다는 점에서 종합의 절차나 특별한 의미가 없다고 할 수 있다. '종합'의 통합적 거시성, 각 개별 분과학문에 대한 횡단성, 경계성, 복수성, 과정성 등 '횡단'과 '통합'의 인식은 결여되어 있다.[3] 따라서 '종합'이 각 계열 및 분과학문의 이론과 분석틀, 지적 담론을 유기적으로 결합한다는 뜻에서 종합이라고 보기는 힘든 것이다. 결국 북한연구는 질적·양적으로 많은 발전이 있었음에도 불구하고 '횡단'과 '통합'이라는 실천성을 담보하지 못하고 있다고 볼 수 있다(강성윤, 1999: 1).

이처럼 북한연구에서 공간 이해의 부재는 연구대상으로서 북한과 갖는 물리적·인지적 거리감 때문에 발생하는 측면도 있지만, 바로 다양한 분과학문을 횡단하고 그로부터 다양한 인식과 연구주제를 모색하는 데서 미약했기 때문이기도 하다. 사실 북한연구는 타 전공분야 내지 학술 담론과의 활발한 횡단, 경계 허물기, 소통, 융합을 통해 다양한 인식론적·방법론적 자원을 흡수하고 활용하는 데서 상당히 미약한 부분이 있다. 대체로 북한연구라고 명명되는 몇몇 특정 주제나 개념어들로만 소통되는 영역에 안주해온 까닭에 타 전공분야 및 여타 학술담론의 활용이나 개입을 매우 불편해하고 배

---

3 또한 실제로 계열별로 보면 사회과학을 제외하면 다른 계열에서 북한을 전업적으로 전문화해서 다루고 있지 못한 것이 현실이다.

타적으로 대하는 경우도 연구자들 사이에 있다. 이런 측면에서 '공간연구'는 다양한 전공영역을 아우르는 수용과 통합을 기본적으로 요구한다. 북한연구에서 지금까지 공간 이해가 미약했던 것은 바로 공간연구가 갖는 횡단성, 통합성을 상대적으로 갖추고 있지 못했기 때문이라고 볼 수 있다.

2) 학제적 연구로서 북한연구와 '공간' 이해의 기반

한편 북한연구에 대한 학문적 성격을 표현하는 대부분의 설명에서 '학제적 연구'는 빼놓지 않고 등장한다. 사실 학제적 접근은 특정 연구주제에 대한 다수의 분과학문들의 기여를 통합하여 단순한 '합' 이상을 도출하는 것을 목표로 한다. 단순한 합 이상을 도출한다는 것은 적극적인 의미에서 하나의 주제에 대해 각 분과학문 연구자들이 상호 간의 지적 토론과 의사소통을 통해 일정한 공동의 인식틀 및 테제를 마련하고 이를 논증하기 위한 이론을 설계하고, 연구 방법을 설정하여 연구를 진행함으로써 개별 연구자들의 전문성을 공동의 성과로 집적하는 것을 뜻한다. 대체로 학제적 연구는 기존 개별 분과학문이 갖는 편식성, 불완전성을 극복하기 위해서거나 연구대상의 복잡성을 총체적으로 이해하기 위한 방편으로 이루어진다(홍민, 2007: 94).

그러나 기존 북한학 및 통일학, 북한연구를 표방하는 학제적 연구는 병렬적 '종합' 이상의 의미를 획득하지 못하고 있는 것이 현실이다. 최근 특정 주제의 중·대형 프로젝트에서 학제적 접근을 표방하고 있으나 대체로 분야별 연구를 단순 병렬, 나열하는 형태를 취하고 있는 것이 보통이다. 정치, 경제, 사회, 문화 등등의 식으로 분야별 연구를 병렬·취합하는 경우이거나 특정 분과학문에서 타 분과학문의 이론, 분석틀을 부분적으로 활용하는 방식이다. 엄밀한 의미에서 이런 방식은 학제적 연구라고 보기 힘들다. 연구주제에 대한 공동의 인식틀과 방법론이 마련되지 않은 상태에서 특정 주제에 대

한 개별 분과학문의 연구를 취합하는 형태를 취하는 방식이기 때문이다.[4]

그러나 연구의 질적인 차원의 도약을 위해서는 개별 분과학문의 경계를 횡단하면서 의사소통을 활성화하고, 이를 통해 상호 간 개념과 인식의 보편성을 확보하고 논쟁의 지점을 다양화할 수 있는 학제적 연구가 보다 높은 수준에서 이루어져야 한다. 따라서 북한연구에서 학제적 연구가 나름대로 의미를 발휘하기 위해서는 단순히 분과학문의 전문가를 모으는 것으로 그칠 것이 아니라 문제점을 공유할 수 있는 개념과 방법을 개발하고, 문제영역의 동형성을 설정하고, 그것을 각 연구자가 자신의 분야연구에 유기적으로 적용할 수 있는 연구모델의 개발이 필요하다. 따라서 현재 북한이나 통일연구에서는 학문 간 경계 넘기, 연결, 종합 등 구체적인 방법도 중요하지만 학제적으로 사고하는 '사고방식', '인식패러다임'의 전환이 필요하다.

사실상 이런 학제적 연구의 모델을 만든다는 것은 기존 북한연구에 대한 비판 중 하나였던 보편적 개념의 사용, 분과학문들 사이의 소통의 문제 등과도 연결된다. 단순히 타 분과학문의 이론이나 지적 담론을 활용한다는 차원을 넘어 자생적인 이론과 지적 담론을 생성한다는 차원에서 적극적으로 사고할 필요가 있다.[5] 그런 의미에서 북한연구에서 학술적 논쟁이 많지 않은

---

4 물론 엄밀한 의미의 학제적 연구가 제대로 진행되기 위해서는 공동의 인식틀과 방법론을 구축하기 위한 지난한 의사소통의 과정이 뒤따를 수밖에 없고 연구 성과가 나오기까지 중장기적인 시간을 요하는 경우가 많다. 또한 시급한 현안 이슈의 경우 이런 깊이 있는 학제적 연구가 이슈의 긴급성을 따라가지 못하는 부분이 있다. 따라서 의사소통이 수월한 동일 분과학문 전공자들 사이의 의사소통에 한정될 수밖에 없는 상황도 있다. 또한 개별 분과학문 내에서 좀 더 미시적이고 순발력 있는 연구결과를 제출할 수 있는 장점도 가지고 있다.

5 월러스틴의 경우 현존 분과학문을 "연구주제의 선택, 학문의 탐구양식, 학문공동체의 필독서 등에서 편향과 전제들을 공유한다는 단순한 의미에서 일종의 '문화'"라고 평가한다(월러스틴, 2007: 36~37).

이유는 북한의 변화를 직접적으로 피부감 있게 느낄 수 있는 현지조사의 어려움과 연구 성과를 검증할 수 있는 경로가 제한적이란 측면이 있다. 그러나 연구 내적으로도 학제적 연구의 발상을 통해 새로운 학술적 주제와 지적 담론을 적극적으로 만들어 내지 못한 부분도 있다고 할 수 있다.

그런 측면에서 지금까지 북한연구에서 공간이 부재했던 것은 지나치게 특정 학문의 경계 안에서 융합의 상상력과 단절되어 있었던 데 있는 것은 아닌지 성찰해볼 필요가 있다. 특히 학제 간 연구를 표방함에도 불구하고 학제성을 제대로 발휘하는 연구기획과 주제 발굴, 연구진행 등이 상당히 미약하고 왜곡된 측면이 있다. 이렇게 학제성이 제대로 발휘된 연구 성과가 많지 않다는 점에서 북한연구에서 공간 이해의 기반은 매우 취약하다고 할 수 있다. 공간연구는 기본적으로 학제성을 요구한다. 특히 도시사 연구는 학제성을 통해 보다 훌륭한 성과를 도출할 수 있다. 가령 공간 또는 도시 관련 여러 전공분야들이 함께 연구를 기획하고, 주제를 다양화하고, 연구소통을 하는 방식이다. 역사학(서양 도시사, 한국 도시사), 도시인류학, 도시지리학, 도시사회학, 도시계획 및 건축 등등의 전공자들이 학제적 연구를 수행하는 방식이다.

3) 기존 북한연구에서 '공간'의 이해

사실 '공간'은 난삽한 철학적 단어이지 분명하고 단일한 개념이 아니라고 치부되기도 한다(존스톤·그레고리·스미스 엮음, 1992: 30). 공간의 개념적 범주만으로도 물리적 공간과 사회적 공간, 절대적 공간, 상대적 공간, 관계적 공간 등 그 인식 차원에 따라 다양하게 구분되고 분화되고 또는 함께 혼재하고 결합된다. 공간에 대한 이론적 세계의 영역만을 잠시 보아도 지리, 도시계획, 건축설계, 정치경제, 도시생태, 문화, 역사, 지역개발 등등 쉽게 정리하기 힘들 정도로 많다. 이렇듯 공간의 다양한 개념적 범주와 이론들에도 불구하고 기존 북한연구에서 '공간'은 매우 협소하거나 부차적으로 다뤄져 왔다. 사실상 위에서 열거된 수많은 공간 개념, 인식, 이론 등이 북한연구에 적절하게 반영된 경우를 찾기는 쉽지 않다.

따라서 향후 북한연구에서 '공간' 이해를 기반으로 다양한 연구가 주제화될 수 있다. 북한이라는 지역의 물리적 공간, 남한의 응시를 통한 북한이라는 '타자'의 공간, 한반도와 분단이라는 '영토성'으로서의 공간, 사회적 관계가 펼쳐지는 사회적 공간, 중앙-지방/지역-지역/도시-도시 사이의 관계적 공간, 도시체계와 도시구조, 개인의 생애가 전개되는 생애 공간, 인구의 증감과 이동이라는 인구학적 공간, 지배와 축적의 정치경제적 공간, 물질-에너지 흐름으로서의 공간 등 다양한 문제의식 속에서 연구 주제화가 가능하다.

따라서 '공간'을 특정한 지리적·물리적 공간에 관한 문제로 제한되지 않고 다양한 '공간들'이 교차하는 세계로서 이해할 필요가 있다. 특히 도시는 이런 여러 '공간들'이 교차하는 세계라고 할 수 있다. 브로델의 표현을 빌리자면, "도시는 변압기요 모터와 같"고 그것은 "긴장을 증대시키고 교환을 가속화시켜주며 사람들의 삶을 끊임없이 섞는" 공간들의 집적체라고 할 수 있다(민유기, 2007: 24).

그러나 기존 북한연구에서 이런 공간 이해에 기반을 둔 접근은 매우 미약하다. 또한 북한 도시 관련 연구를 표방하는 연구조차 그 주제의 다양성 측면에서 매우 제한되어 있었다. 더 나아가 도시사를 표방하는 연구물은 전무한 상황이다. 그런 측면에서 기존 북한 도시 관련 연구는, 첫째, 도시사 및 도시연구 대한 본격적인 연구 개념화가 이루어져 있지 않으며, 둘째, 도시연구를 위한 자료의 축적이 체계적으로 시도된 바 없으며, 셋째, 도시를 중요한 연구대상 내지 구체적인 사회적 맥락 아래 인식하는 경우도 매우 드물며, 넷째, 도시를 생애사의 관점과 구술자료 차원에서 분석하는 시도가 미약하며, 다섯째, 도시를 사회적·문화적 변화의 구조이자 주체로 파악하기보다는 국토개발 및 도시계획의 측면에서 공학적으로 접근한 연구가 그나마 양적 다수를 이루고 있는 실정이다.

다만 최근 도시를 매개로 하여 북한의 사회변화를 설명하고, 도시 일상생활을 통해 북한주민의 의식과 행위변화를 고찰하는 연구가 등장하고는 있다. 그러나 이들 연구는 대단히 극소수일 뿐 아니라 그나마 수행된 연구조차 특정 지역에 대한 정태적이고 기능적인 분석을 하고 있다는 점에서, 역사적 동태성이나 사회동학의 총체성을 제공하고 있지는 못하다. 특히 도시사 및 도시연구를 위한 일관된 인식 및 방법론을 적용하기보다는 1990년대 전후를 단순히 비교하는 차원에서 사회변화를 분석하는 것이 대부분이다.

현재까지 제출된 북한 도시 관련 선행연구는, ① 북한의 개별 도시에 대한 역사와 정보를 제공하는 연구 및 저널(국립중앙박물관, 2010; 권승기, 1991; 김남룡, 1992; 김면, 2005.6; 김승철, 1996; 홍순직, 2008; 박선영, 2007; 박소영, 2010; 송경록, 2000; 양태진, 2005, 2006; 유경호, 2007; 이기석, 2008; 이신철, 2007; 이영희, 2006; 임동우, 2011; 정진우, 1991; 홍민, 2005), ② 국토개발의 관점에서 북한의 도시개발을 분석한 연구(건설교통부, 2005; 김기덕, 1996; 김남일, 2002; 김신원, 1996; 김원, 1990; 민유기, 2008; 최안성·안재섭, 2001.12; 안재섭 외, 2002; 염형민, 1994; 이동철, 2006; 이승일, 2009; 이재하, 2000; 이태호, 2007; 황희연, 1999), ③ 북한의 건축과 도시경관에 관한 연구(김동찬 외, 1995; 오연주, 2002; 이윤하, 2010; 이혜은, 2008; 장성수, 1998), ④ 북한의 공간변동과 도시계획에 관한 연구(고성호, 1996; 김문조·조대엽, 1992; 김철수, 2009; 김현수, 2000; 김현수, 1994; 김홍순, 2007; 이상준, 2001; 조진철, 2001; 주종원·김현수, 1993; 최재헌, 2000; 황지욱, 2001), ⑤ 북한의 도시와 사회변화를 분석한 연구(구수미·이미경, 2004, 2005; 국토연구원, 2001; 김갑식, 2003; 임형백, 2009, 2010; 장세훈, 2004, 2005; 최완규, 2007, 2006, 2004), ⑥ 북한 도시 내 일상생활에 관

한 연구(구수미·오유석, 2004; 김인구, 1990; 이우영, 2008; 이항구, 1978), ⑦ 남
북한 도시교류 및 도시비교에 관한 연구(강부구, 2003; 김두섭, 1995; 김재한,
1999; 김창석, 1993; 이상준, 2001; 이상준, 2004, 2000; 장인봉, 2004), ⑧ 여타 사
회주의 도시이론 및 도시 연구(강경원, 1990; 기계형, 2012, 2008; 김원, 1996,
1998; 박정희, 2010; 이상준, 2010; 장경섭·조흥식, 1997; 한상연, 2011), ⑨ 기타
도시사 연구에 대한 소개 논문 등으로 나누어 볼 수 있다. 이들 연구들의 경
향적 특징을 다음과 같이 정리해볼 수 있다.

첫째, 기존 연구들은 북한의 도시를 대부분 개발, 입지, 토지이용 등과 같
은 기능적인 차원에서 공학적으로 접근하는 경우가 대다수다. 통일을 전제
로 하여 국토 개발 가능성, 산업입지 타당성, 토지이용 실태 등을 파악하는
방식이다. 그러나 지리정보·위치정보에 의존한 공학적 또는 지리학적 도시
연구는 기초 연구로서 매우 필요하지만, 도시와 사회의 상호작용, 도시의 역
사적 변화 등 인문사회과학적 접근을 통해 북한사회의 이해를 높이는 데는
한계가 있을 수밖에 없다.

둘째, 기존 연구들은 북한 도시에 대한 이론적 접근에서 '사회주의 도시계
획이론'을 일반론적 차원에서 차용하고 있으며, 공간에 대한 정치적 판단,
즉 도시 공간구조의 정치적 왜곡 현상을 강조하고 있다. 따라서 이들 연구
는 북한 도시계획의 목적론적 측면만을 강조하거나 사회주의 개방특구와
같은 개방도시 형태로의 변화를 추구하는 등 도시 자체의 구조적 기능과 역
할만을 강조하고 있는 경우가 많다.

셋째, 최근 북한 도시공간과 사회변화의 역동성을 주목하며 주민 일상까
지 고찰하고자 하는 연구경향이 나타나고 있다. 그러나 이들 연구물에서는
지리 관련 북한문헌이나 다각적인 자료의 발굴이나 활용이 매우 미약한 것
이 특징이다. 또한 도시연구, 도시사 혹은 비교도시사 관점에서 일관되게
자료를 발굴하거나 생성하여 도시와 사회의 관계 및 사회변화를 다루는 연

구물은 매우 미약하다고 할 수 있다.[6]

넷째, 한편 연구 방법의 측면에서도 공학적인 차원, 지리학적 차원의 접근이 대부분이며 인문·사회과학과의 협동 연구물은 거의 없는 실정이다. 그리고 인문지리학적 또는 사회지리학적 접근, 도시사나 사회사적 접근을 통한 공간자료의 수집이나 분석이 거의 없다는 면에서 향후 연구의 활성화가 시급히 요구된다고 할 수 있다. 이에 지리학과 역사학, 사회과학 분야의 연구자가 결합하는 학제 간 협동연구가 무엇보다도 요구된다.

3. 도시사 연구 대상으로서 평성과 함흥

1) 북한의 도시체계: 위계와 네트워크

평성과 함흥에 대한 이해를 위해서는 북한 도시들에 대한 위상학(topology)적 조망이 필요하다. 이와 유사하게 도시지리학에서는 이를 보통 도시체계(urban system) 연구라고 한다. 도시체계는 한 국가 또는 지역에 입지한 다수의 도시를 대상으로 이들 간의 상호관계를 위계적(hierarch)으로 보는 방식이다. 도시체계는 도시 간 인구학적이며 공간적 관계와 계층을 형성하는 것, 하부체계의 총합, 도시 간 상호의존성과 연계, 도시화나 경제발전을 통제할 수 있는 복잡한 사회체계, 도시와 도시를 나타내는 속성들의 총합 또는 도시 간의 연계와 성장·변화를 포함하는 개념이라고 할 수 있다(안재섭, 2012.7: 2).

북한에서 제시하는 도시 분류 기준을 참조할 필요가 있다. 〈표 4-1〉 북한

---

6 이와 관련된 드문 연구로는 장세훈(2005) 참조.

표 4-1 **북한의 주민수에 의한 도시 분류**

도시등급	전망 인구수 규모	도시형태	비고
1	100만 명 이상	특대도시	수도
2	50만~100만 명		도소재지
3	20만~50만 명	큰 도시	도소재지, 시급도시
4	10만~20만 명	중도시	도소재지, 시급도시
5	5만~10만 명		시급도시 또는 군소재지
6	1만~5만 명	작은 도시	군소재지
7	1만 명 이하		로동자구

자료: 조현숙(2004: 37).

의 도시 분류 기준은, ① 도시의 기본구성 인구수와 전망 인구수, ② 도시의 정치적·행정적·경제적 및 문화 교양적 사명, ③ 도시경제의 축을 이루는 주되는 산업시설의 생산능력, ④ 도시의 자연지리적 조건과 자연부원 및 역사적 특징 등을 제시하고 있다. 여기서 "도시 분류에 가장 많은 영향을 주는 것은 해당 도시의 정치, 경제, 문화적 특성과 주민수, 산업시설의 생산능력이다"라고 밝히고 있다(조현숙, 2004: 37). 이를 바탕으로 도시의 위상을 결정하는 변수들을 정리해보면 〈표 4-2〉와 같다.

북한에서 도시의 위상에 영향을 주는 환경변수들은 크게 네 가지 차원에서 살펴볼 수 있다. 우선 가장 중요하게는 인구학적인 측면에서 도시를 구성하는 주민의 수다. 브로델의 유명한 통찰처럼 "인구가 늘어나게 되면 그 인구가 차지하는 공간과 그 인구가 누리는 부(富)와의 관계에서 변화가 일어"나기 마련이다(브로델, 1995: 25). 그런 측면에서 도시의 인구 밀도는 그 도시의 사회적 긴장 수준을 보여주는 지표이자 물질적 삶을 이해하는 기초라고 할 수 있다. 북한은 해방과 한국전쟁 이후 본격적인 계획경제의 가동과 산업화 과정 속에서 활발한 인구 이동을 통해 도시화를 전개한 바 있다. 이런 인구 이동과 도시화는 전체적으로 도시들의 위상을 보여주는 지표라

표 4-2 **도시의 위상에 영향을 주는 환경 변수들**

구분	환경 변수
인구학적 환경	· 도시 주민 수
지리적 환경	· 지대적 조건 - 산간지대·중간지대·벌방지대(평야) - 해안지대, 내륙지대 - 북부지대, 남부지대, 동부지대, 서부지대 - 인접 도시와의 접근성, 교통의 연결성
산업적 환경	· 주요 중앙 공장·기업소 입지 · 주요 에너지 발전소 입지 · 면적(토지자원 보유 수준) · 도시 내부 및 인근 자체 탄광 보유 여부
정치적 환경	· 혁명사적지, 현지지도사적지 등 혁명 역사 유적지 · 도시 내 또는 도시 부근 부대 주둔 여부 · 군수공장 입지 여부
기타	· 교육기관 입지 수준

고 할 수 있다.

둘째, 도시의 지리적 환경 또는 지대적 조건은 도시의 공간적 규모와 인구수, 경제활동 등에 직접적인 영향을 줄 뿐만 아니라 도시 간 위계에서 중요한 조건으로 작용한다. 가령 산간지대, 중간지대, 평야지대 등 도시의 물리적 고도와 경사도, 그리고 해안지대 또는 내륙지대 등과 같은 도시의 수평적 깊이, 북부-남부-동부-서부와 같은 도시의 위치 등이 도시의 경제적 삶에 지속적으로 영향을 준다. 이런 지리적 환경은 인접 도시와의 접근성과 교통의 연결성에도 영향을 미쳐 도시의 위계를 더욱 명확히 한다.[7]

셋째, 도시의 산업적 환경도 도시의 위상을 결정하는 중요한 요인이다. 도시 내부와 인근에 위치한 공장, 기업소의 입지, 주요 에너지원 공급과 발

---

7 이런 지대적 조건에 따른 산업과 경제활동의 차이는 교육도서출판 엮음(1989: 290~313) 참조.

전소 입지, 가용 토지자원의 보유 수준 등이 그런 환경에 해당한다. 이런 산업적 환경은 해방 이전부터 도시가 가졌던 전통적인 도시의 특성과 일제시기의 산업적 특성을 반영하는 동시에 사회주의 산업화 과정에서 실시된 주요 경제정책, 국토개발 계획에 의해 인위적으로 조성된 측면이 함께 공존하고 결합하면서 구성된다. 도시가 갖는 산업적 특성에 따라 도시의 위상이 설정될 뿐만 아니라 인접 도시와의 관계도 달라진다고 할 수 있다. 1990년대 이후 이런 도시의 위계는 도시시장을 통한 상품의 유통이라는 시장 동선의 흐름이 갖는 위계와 낙차를 통해 나타나고 있기도 하다(홍민, 2010: 24~25).

마지막으로 정치적 환경도 도시의 위상을 결정하는 중요한 요인이다. 정치적 환경에는 경제적 가치와는 별개로 그 도시가 정치적으로 갖는 상징성의 측면이 중요하게 작용한다. 가령 북한의 경우 김일성이 중요 혁명사적지가 발굴되거나 위치한 곳은 특별한 관리를 받기도 한다. 또한 도시 내부나 도시 인근에 주요 군사시설이 입지한 경우, 그리고 정치범수용소와 같은 특별한 폐쇄 구역이 위치한 경우, 북중 국경연선이나 휴전선 부근의 연선지역 등은 다른 도시와 달리 도시의 출입 통제와 경제적 입지에서도 여러 제약 요소가 따르게 된다.

한편 북한은 토지법 제15조 2항에 "도시의 규모는 너무 크게 하지 말며, 작은 도시 형태로 많이 건설하도록 한다"고 명기하고 있다. 이에 따라 각 지역별로 소규모의 거점도시를 육성하여 도시와 농촌의 격차를 줄이고, 대도시의 인구가 과도하게 팽창하는 것을 억제하는 데 역점이 주어졌다(김두섭, 1995: 177). 그럼에도 불구하고 북한에서도 도시의 지속적인 양적 팽창이 이루어져 왔다. 자본주의사회에서 도시의 성장과 불평등 현상은 생산과 자본의 소유에 의해 초래되는 반면, 북한에서는 주로 중앙집권적인 계획경제체제의 행정적인 분배시스템에 의해 불평등이 초래되었다고 할 수 있다. 그리고 1990년대 '고난의 행군' 이후 북한의 도시 인구 팽창에는 도시 시장의 성장이 큰 영향을 미쳤다고 할 수 있다.

북한 도시화 과정의 특징을 살펴보면 다음과 같다. 첫째, 내륙도시의 성장을 들 수 있다. 북한의 도시성장 유형을 보면 광복 이전과 이후가 그 성격을 크게 달리 한다. 광복 이전 북한의 도시들은 일제의 대륙진출을 위한 전진기지로서의 성격을 지니고 있었으며, 따라서 주로 동서해안을 끼고 성장했다. 그러나 해방과 전쟁 이후 자력갱생에 의한 경제발전을 목표로 내부지향적 발전정책을 채택했고 해안도시보다 내륙도시를 개발하는 데 주력했다. 이에 따라 평성, 구성, 희천, 만포, 강계, 혜산 등이 도시로 성장했다.[8] 이런 측면에서 '평성'은 내륙도시 개발의 거점 도시로 개발된 측면이 있고 신도시라는 측면에서 도시 형성과 발전을 압축적으로 진행한 도시라고 할 수 있다.

둘째, 새로운 도시의 육성전략에 따른 일부 도시의 급속한 성장이 두드러진다. 이는 북한에서 도시의 성장이 인구의 자연증가나 개인의 사회경제적 동기에 의한 이동보다는 정부의 전략적 또는 행정적 방침에 따라서 강력한 정부개입으로 이루어졌음을 보여주는 부분이다. 가령 단천과 순천은 1980년대 초까지 기록으로는 크게 부각되지 않았으나 2008년 이후에는 각각 7위와 11위의 도시로 급성장했다. 개천과 단천은 탄광지대에 위치하며, 정치범수용소가 있는 곳이다. 정치범수용소의 통폐합 과정에서 기존 수용소 인원이 증가하면서 정치적 이유에 의해 인구가 증가한 경우라고 할 수 있다.[9] 도

---

8 1949년과 1954년에 자강도와 양강도를 신설한 것도 이러한 맥락에서 볼 수 있다. 한편 해안지역의 도시로는 함경남도에 단천과 신포가 새롭게 건설되었다.

9 1990년 초만 해도 11호부터 25호까지 일련번호를 달고 북한 북부 등을 중심으로 12군데 정치범수용소가 설치되어 있었으나, 아시아감시위원회(Asia Watch)와 미네소타변호사 국제인권위원회 등 국제사회의 여론과 중국이 개혁, 개방됨으로 인한 외부로의 노출 우려, 그리고 전쟁 발발과 같은 유사시 정치범들을 중심으로 제2전선을 형

시의 급성장 현상은 덕천, 안주, 그리고 양강도의 혜산과 자강도의 강계, 만포, 희천의 일부 내륙도시에도 해당한다.

셋째로, 평양을 비롯하여 함흥, 청진, 남포, 신의주, 원산, 사리원 등의 전통적인 대도시에서도 도시 규모의 확대와 더불어 꾸준한 인구성장이 관찰된다. 평양, 함흥, 원산, 사리원 등 전통적인 대도시들의 인구증가율은 여타 도시들보다 비교적 높게 나타난다. 특히 1986~1987년의 기간 평양과 함흥의 연평균 인구증가율은 각각 12.9%와 7.7%로 가장 높은 수준을 나타내고 있다. 평양과 함흥의 이런 급격한 인구 증가는 국내 인구이동의 결과가 아니라, 주변의 농촌지역을 도시에 편입하는 이른바 '도시경계의 확장'에 주로 기인하는 것으로 추정된다. 이런 대도시들의 인구증가는 그 후 흉년, 기근 등의 자연재해와 경제관리의 실패로 1993~2008년의 15년 동안에는 답보상태에 있다. 일부 대도시들은 직할시에서 특급시로, 혹은 특급시에서 일반시로 지위가 변경되었고, 당초의 주변 군이 분리되면서, 인구규모가 줄어드는 등 변화를 겪었다(김두섭, 1995: 181).

넷째로, 북한의 도시들은 인구규모가 대체로 작은 경향을 보인다. 〈표 4-3〉에서 보듯 2008년 현재 27개 도시 중에서 인구 100만 명이 넘는 도시는 평양뿐이다. 함흥과 청진이 인구 50만~99만 명의 규모이고, 남포, 원산, 신의주, 단천, 개천, 개성, 사리원 등 9개 도시가 30만~49만 명, 그리고 나머지 17개의 도시는 모두 인구가 30만 명 이하의 규모로 파악되었다. 전반적으로 인구 규모가 상대적으로 남측 도시들과 비교했을 때 크지 않은 도시들이 대부분이다. 그러나 한편 이런 통계의 결과는 여러모로 재음미가 필요하다.

성할지 모른다는 우려로 국경지대에 집중되었던 일부 수용소는 모두 폐쇄하고 현재는 다섯 군데로 통폐합했다. 이 통폐합 과정에서 기존의 단천과 개천으로 수용 인원이 증가한 결과로 추측해볼 수 있다.

표 4-3 북한 도시의 순위체계: 1925-2008

순위	1925	1930	1935	1940	1967	1972	1980	1982	1987	1993	2008
1	평양	평양	평양	평양 286	평양 1,555	평양 1,847	평양 1,907	평양 1,907	평양 2,355	평양 2,741	평양 3,225
2	원산	개성	개성	청진 198	함흥 424	함흥 489	함흥 594	함흥 613	남포 715	남포 731	함흥 769
3	진남포	함흥	원산	원산 79	원산 226	청진 407	청진 509	청진 531	함흥 701	함흥 710	청진 668
4	청진	원산	함흥	개성 72	청진 226	개성 326	신의주 271	남포	청진 520	청진 582	남포 367
5	신의주	진남포	진남포	함흥 75	신의주 170	신의주 217	원산 233	신의주 276	순천 356	개성 334	원산 363
6		신의주	청진	진남포 69	강계 170	원산 272	평성 199	단천 259	개성 331	신의주 326	신의주 359
7		청진	신의주	해주 김책 62	개성 남포 141	남포 해주 강계 163	강계 194	원산 242	신의주 289	원산 300	단천 346
8				신의주 61	해주 김책 113	김책 136	해주 182	평성 212	단천 284	평성 273	개천 320
9				나진 38	사리원 혜산 송림 85	평성 구성 109	사리원 174	강계 198	원산 274	사리원 254	개성 사리원 308
10				사리원 35	나진 57	사리원 85	김책 168	사리원 187	평성 239	해주 229	순천 297
11				강계 26	평성 구성 28	신포 송림 81	개성 107	해주 184	사리원 221	강계 223	평성 284
12				혜산 16		나진 54		김책 172	강계 211	혜산 178	해주 273
13								개성 112	해주 195		강계 252

1) 성진시는 한국전쟁 때 전사한 김책을 추모한다는 의미에서, 그의 출생지인 성진을 김책시로 개명
2) 북한의 2008년 센서스에는 순위표에 기록되지 않은 도시들도 있는데, 안주(24.1만 명), 덕천(23.7만 명), 김책(20.7만 명), 라선(19.7만 명), 구성(19.7만 명), 혜산(19.3만 명), 정주(18.9만 명), 희천(16.8만 명), 신포(15.3만 명), 송림(12.9만 명), 문천(12.3만 명), 만포(11.7만 명) 등의 도시가 포괄적으로 등재되어 있음.
3) 1991년 이전 김두섭(1995) 재인용; 1993년과 2008년은 중앙통계국(1994, 2009)에서 인용
4) 최종 인용 자료: 김두섭 외(2011)와 조남훈(2013: 45)의 논문을 재구성.

그림 4-1 **북한의 시장권역과 물자 교환 네트워크**

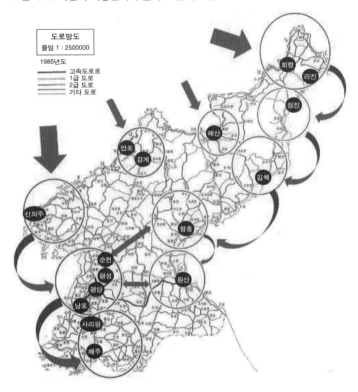

가령 해당 지역 주둔 군부대의 인구가 통계에서 누락되었을 가능성이다. 또한 조사 당시 통계에 잡히는 해당 도시 거주 인구 이외에 상당수가 도시의 비거주 인구로 유동인구로 존재하고 있다는 점이다.[10]

---

10 탈북자 인터뷰에 따르면 평성의 인구는 28만 명 정도로 조사되었지만 실제 평성시의 인민보안부 내부 자료에 의하면 단기적으로 체류하는 유동 인구 포함 50만~60만 명 정도가 평성 인구로 파악되고 있다고 한다. 당 기관과 해당 부서들에서는 늘어나는 도시 인구에 대한 대책을 강구하라는 지시가 내려 올 정도로 늘어나는 도시 인구로 고민이 많다고 한다(구술 사례).

마지막으로 평양 주변 위성도시의 급속한 성장이 두드러지고 있는 점이다. 평양 주변에 위치한 남포가 직할시에서 특급시로 지위를 변경하기도 했지만, 순천, 평성, 송림 등이 위성도시의 성격을 가지면서 주요 도시로 성장하고 있다. 소위 평양 대도시권, 수도권 인구가 증가 추세에 있는데, 평양과 인근 네 개 위성도시의 인구를 합하면 전체 도시인구의 40.6%를 차지한다. 특히 평양에 대한 출입이 자유롭지 않은 관계로 위성도시들을 통한 우회 또는 대체 접근이 이루어지고 있음을 알 수 있다. 이들 위성도시는 평양보다는 좀 더 자유롭게 유동이 가능하고 1990년대 이후 시장경제가 활성화되면서 다양한 상품 유통에서 접근성이 뛰어나고 평양과 같은 대규모 소비도시를 끼고 있다는 점에서 향후에도 지속적인 성장이 예상된다고 할 수 있다.

2) 함흥과 평성의 도시 연대기

위에서 살펴본 바와 같이 북한의 도시체계에서 함흥시와 평성시는 북한의 동서축 양쪽을 대표하는 도시 중 하나이다. 함흥은 전통적인 대도시로서 북한 사회주의 체제에서도 제2 도시의 위상을 갖는 반면, 평성은 1968년 평양을 일부분을 떼어 도소재지로서 새롭게 건설한 위성도시로서의 위상을 갖는다. 함흥은 조선 초 이후 함경도 지역의 행정 중심지로 일제시기와 한국전쟁, 산업화 시기, 1990년대 고난의 행군시기 등을 거치며 굴곡 많은 파란만장한 도시 연대기를 보여준다. 아마도 북한 현대사의 산업화의 영광과 도시기근의 비참이 가장 극적으로 교차하고 있는 도시라고 할 수 있다. 반면 평양에 인접한 평성은 늘 평양의 그늘 속에서 조용히 있는 듯했지만, 평양의 정치적·경제적 욕망을 충족시키기 위해 부단히 조용한 희생을 치러온 도시이다. 평양과 인접하고 있다는 지리적 운명으로 인해 평성의 도시사는 정돈되고 연출된 평양 이면의 욕망을 은밀하게 충족시키는 '출구'로서의 역할을 해왔다. 이 두 도시는 평양 중심의 북한 공식 역사 이면의 다양한 삶의 모습을 보여주는 공간이란 점에서 역사적으로 주목할 필요가 있다.

(1) 함경남도 함흥시: 북한 현대사의 영광과 비참이 교차하는 도시

함흥은 현재 인구 67만 명(2008년 조사)의 직할시로서 평양(약 300만 명) 다음의 북한 제2의 도시이며 북한 최대의 화화공업지구이다. 조선시대 이래 관북지역의 행정 중심지였고 일제시기 대륙 침략의 전진기지 및 병참기지로 대규모 공장들이 세워지고 인구가 급증하면서 근대 도시로서의 면모를 갖추기 시작했다. 원산-함흥-청진-나진·선봉으로 이어지는 교통의 동해안 축을 이룬다. 흥남 5대 공장이라고 하는 '비료공장', '본궁화학공장', '룡성기계제작소', '흥남제련소', '흥남제약공장' 등이 일제에 의해 건설된 바 있다. 그러나 한국전쟁 시기 모두 파괴된다. 남북한 전역에서 가장 중요한 발전소였던 부전강 발전소, 허천강 발전소를 비롯한 네 개의 중요한 발전소 역시도 흥남지역에 있었다.

한국전쟁 때 파괴된 도시는 전후 동유럽 기술자들의 지원과 설계 아래 계획도시로 탈바꿈하여 동유럽과 같은 이국적인 도시풍경을 보여준다.[11] 지금도 함흥에는 이들 동독 도시설계 기술자들이 살았던 '독일인 마을'이 남아 있고 함흥시 주민들도 지금의 흥덕구역에 있는 이 마을을 '독일인 마을'로

---

11 필자는 2004년 12월 17~21일 직접 흥남과 함흥을 방문한 적이 있다. 도시에 대한 첫 느낌은 북한의 도시와는 다른 매우 이국적인 풍경이였다. 1950년대에 함흥 및 흥남 복구와 건설 과정에는 동독이 주축이 되고 이 외에 폴란드를 비롯하여 러시아 기술자들도 파견되었던 것으로 알려져 있다. 그러나 김석형은 이 도시에 대한 러시아의 기여는 거의 없다고 봐야 할 정도로 기여도를 매우 낮게 평가했다. 그의 표현을 빌리자면 독일인들은 100년을 생각한 도시계획을 한다면 러시아인들은 그렇지 못했다고 한다.

부르고 있다.[12] 독일 파견단 중에는 독일 수상이었던 오토그레도플의 아들도 토목기사로 파견되어 있었다고 한다(김석형, 2001: 397).[13] 함흥 및 흥남

---

[12] 전후 도시 재건사업 및 도시건설 사업에 대한 동독의 지원과 관련해서는 Myun Kim (2007: 232~236); 레셀·백승종(2000) 참조. 에리히 레셀(Erich Robert Ressel)은 1956년 12월 1일 동독 공산당의 특별한 명령에 따라 북한건설단(Baustab Korea)에 소속되어 1956년 12월 중순 함흥시에 파견된다. 함흥에 가 있던 동독 기술자들 가운데서도 가장 활약이 두드러진 사람은 다름 아닌 레셀이었다. 북한에 도착한 지 서너 달 뒤 그는 탁월한 업무 능력을 인정받아 함흥과 흥남시의 도시계획 팀장에 임명되었다. 함흥파견대는 북한 건설단에 직속되어 있었으며, 이는 다시 동독 '기계생산부 (Ministerium für Maschinenbau)' 장관의 지휘·감독을 받았다. 함흥파견대는 현지에 체류한 동독공산당(SED) 간부들이 감시 통제했다. 파견대는 세 부서로 나뉘었다. 하나는 파견대의 행정 및 후생복지 및 도면 작성을 담당했는데, 그 아래에 8개 팀이 소속되었다. 도시계획팀, 주거지건설팀, 공장건설팀, 도로건설팀, 상수도팀, 다리건설팀, 지하건설팀, 배수 및 관개시설팀 등이었다. 그 가운데 가장 중요했던 것은 도시계획팀이었다. 레셀은 동독 기술자 30~40명과 수십 명의 북한 기술자를 통솔하여 함경남도 전 지역의 전쟁피해 복구사업을 주관하게 되었다. 뒷날 그의 한국인 동료 김성진은 레셀에게 이런 편지를 보냈다. "참, 선생님! 당신의 손길이 어리고 지성 어린 지금의 함흥시! 화려한 문화도시로 그 변호를 장식하고 있어요. 푸른 하늘 높이 솟은 기중기는 이 시가도 벽체(돌)를 운반하여 아담한 주택들을 건설하고 있습니다. 그나마 역사(驛舍)에서 도 인민위원회 앞까지는 당신과 당신들의 기술자들의 사심(정성)어린 방조(도움)와 원조로 하여 현대식 건축미를 가지고 우뚝 솟아 있지요." 1957년 10월 8일 조선민용항공편으로 폴란드와 헝가리 기술자들도 함흥의 복구사업에 합류한다. 레셀은 오토바이나 지프를 몰고 다니면서 북한의 여러 곳을 비교적 자유롭게 구경할 수 있었다. 함흥시와 성천강 및 동해안 일대였지만, 흥남, 서호, 신포 및 북청 일대도 여러 차례 돌았다. 동독의 북한건설단은 무려 6~7년 동안 함흥에 체류했다. 북한 사람들과 동독 기술자 사이에는 개인적인 접촉도 많았고 그 가운데 북한 여성들은 당국의 제지를 무시한 채 동독 기술자와 깊은 사랑에 빠져서 국제결혼을 하게 되는 일도 있었다. 레셀은 이 기간에 무려 3,500장의 사진을 찍어 남겼고 그의 둘째 아들 라이너는 그중 700여 장을 선별해 공개했다. 위의 책은 그중에서 250장의 사진을 추려낸 것이다.

복구와 도시설계 과정은 그리 순탄하지만은 않았다. 이 과정에서 동독 기술자들과 북측 기술자들, 지역 당 및 행정 관료들 사이의 갈등과 마찰, 자살 사건들이 있었다고 전해지고 있다.[14]

함흥은 1950~1970년대 '천리마 시대'를 상징하는 중화학공업지구로 국가의 중공업우선 노선을 통해 적극 육성되었다. 그러나 1990년대 중반 극심한 식량난 속에서 가장 심한 도시기근을 겪어 수많은 아사자가 발생하기도 했다.

우선 함흥은 도시경관의 측면에서 식민지 근대화와 동유럽식 사회주의계획도시, 북한에 의해 양식화된 민족적 형식이 공존하는 도시이다. 다양한 사진 자료를 교차해보면 개발의 연대순, 개발 주체에 따라 시내의 주요 지역의 건축 양식이나 도시설계가 차이를 보이고 있다. 한편 함흥은 1950~1970년대 '천리마 시대' 경제적 성장과 영광을 상징하는 도시로서 각종 중대형 공장들이 도시 산업화의 역사적 경관을 이루고 있다. 다른 북한 도시와는 경관에 있어 차별적인 면모를 지니고 있다. 도시의 이미지, 상징의 측면에서도 하나의 독특한 도시성을 갖고 있다고 할 수 있다.

둘째, 북한 최대의 공업지구라는 점에서 대부분의 인구가 배급을 받는 노동자들로 구성되어 있다. 농업은 주로 부식물을 생산하는 적은 면적의 농토만을 가지고 있다. 주로 성천강 건너 함주벌이 최대 농경지라고 할 수 있다. 그러나 이것으로는 대도시 인구의 식량으로 부족하기 때문에 노동자들에 대한 배급은 1990년대 이전까지 대체로 서부 지역의 곡창지대인 황해남북

---

13 김석형의 구술집에는 김석형이 함경남도 정치보위부 생활, 조선공업기술연맹 함경남도 위원장, 조선국제여행사 함흥안내소 소장 등을 지내며 경험한 함흥 복구 과정과 도시건설 과정에 대한 상세한 이야기들이 담겨 있다. 복구 및 도시건설 과정에서 독일 기술자들 및 동유럽 기술자들과의 관계, 다툼, 주요 공사 과정 등을 이야기하고 있다.

14 이와 관련해서는 위의 김석형의 구술집에서 자세하게 묘사되고 있다.

도로부터 식량을 공급받았다. 대신 함흥지역에서 생산한 공업제품을 서부지역에 공급하는 동서 '유무상통'의 공급구조로 유지되어왔다. 이런 도시 식량체계 특성이 1990년대 식량난 때 극심한 도시기근의 주요 원인이 되었다.

셋째, 이런 도시기근은 평양과의 정치적 관계와도 밀접하다. 과거부터 김일성에 의해 척결되어야 할 지방주의의 온상으로서 '함경도제일주의'가 지목되어왔다. 함흥 출신 인물이 중앙정치 무대로 진입하는 데 제약을 받았다. 이는 김일성이 권력투쟁 과정에서 함경도 출신에게 가졌던 불신에 기원을 둔 차별이었다. 이런 소외는 식량난 때 외부의 식량지원이 함경도 지역으로 들어가는 걸 북한 당국이 서해 지역으로 돌려 세우는 데서 극단적으로 표출된 바 있다.[15] 이렇게 역사적으로 경험했던 정치적 소외 감정은 관료들과 주민들 기억에 자리 잡아 특유의 지역적 심성구조를 형성해왔다.

넷째, 함흥은 1990년대 식량난을 겪으면 시장이 활성화된 대표적인 도시이다. 함흥시 각 구역별로 대규모 상설시장이 개설되어 있고, 2002년 7.1조치 이후에는 시장을 중심으로 생산, 유통, 소비가 더욱 활성화되어 북한 도시시장 유통망의 중요한 동쪽 축을 형성하고 있으며, 한편으로 서쪽 축과 연결하는 주요 교환 지점이라고 할 수 있다. 한편 함흥은 1990년대 식량난 이후 '마약도시'로도 유명해졌다. 과거부터 화학공업지구였고 국가과학원 함흥분원과 관련 대학들이 입지하고 있었는데, 식량난을 겪으며 이들 업종에 종사하는 사람들이 손쉽게 마약 제조에 나선 것이 마약도시의 배경이 되었다. 김정은 체제 등장 전후로 북한경제 개건의 주요 출발지로 선정하고 '함남의 불길' 등을 통해 생산 정상화를 꾀하고 있는 곳이기도 하다.

---

15 이와 관련해서는 Natsios(2003); 이석(2004) 등 참조.

(2) 평안남도 평성시: 평양의 정치경제적 욕망의 은밀한 출구 도시

평성시는 현재 인구 28만 5,000명(2008년 조사)으로 평안남도의 도소재지이다. 인구 규모로는 28개 북한 도시 중에 12번째에 해당하는 중간 규모의 도시이다. 평양직할시의 일부를 1968년 분할하여 평양직할시에 있던 평안남도 도급기관을 이전하여 성립한 신도시이다. 여기에 시로 성립되면서 시급기관 역시도 들어서 도시 전체 인구 중 도급, 시급 기관 종사자들과 그의 가족들이 상당 비중을 차지하고 있다.

그러나 지리적 위치로 인해 다른 어느 도시와는 다른 위상을 가져왔다. 지리적으로 서쪽과 남쪽을 평양과 접하고 있어 평양으로 들어가는 교통의 요충지이다. 평라선 철길이 남북으로는 순천시, 순안구역, 강동구역, 선천, 평원, 증산을 연결하고 있다. 평양의 위성도시로서의 위상이 크다는 점에서 평성의 도시사는 평양과의 위상학적(topological) 관계 속에서 볼 필요가 있다. 평성 출신 탈북자 인터뷰를 통해 확인되는 부분은 심리적인 차원에서도 평성시의 주민들은 평양과 인접하다는 인지적 거리감으로 인해 다른 도시와는 다른 자긍심과 구별짓기를 하는 측면을 발견할 수 있다.

한국전쟁 이후 1960년대 후반 평성시에 현대적인 과학도시를 세운다는 취지로 과학단지와 이과대학 등을 건설하여 현재 명실상부 북한의 최고 인재들이 밀집해 있다. 평성은 시가 되기 전까지는 순천시에 속한 리 단위 수준의 시골이었다. 시로 새롭게 꾸미면서 국가에 의해 과학과 위생, 문화도시의 이름으로 육성되었다. 또한 과학단지와 함께 '평양상표인쇄공장(62호공장)'이 이곳의 명물이기도 하다. 62호공장은 북한의 유일한 조폐창이다. 1977년 시작하여 1981년 완공된 이 조폐창은 북한의 인민보안부(치안경찰)에서 직접 관리되고 있으며, 1990년대 들어 달러 위조지폐가 만들어지는 곳으로 지목되고 있는 곳이다. 1994년에는 국가과학원 단지가 평양으로 다시 편입됨에 따라 과학도시로서의 위상이 다소 위축되었고 인구도 다소 감소

한 것으로 알려지고 있다. 이후로는 대학들이 밀집해 있다는 점에서 교육도
시로서의 이미지가 강하다.

한편 평성은 '시장'으로도 유명하다. 평성시장은 경제난을 겪으며 청진의
수남시장과 함께 현재 북한 최대의 도매시장으로 성장했다. 중국이나 기타
외부로부터 들어오는 상품들이 전국에서 모이는 최대 시장으로 대부분의
상품들은 중간상인들을 통해 평양의 소매상으로 흘러 들어가거나 사리원,
해주 등 황해남북도로 들어간다. 평양의 경우 출입이 엄격 통제되기 때문에
사실상 평성은 평양에 필요한 상품을 공급하는 도시로서 평양의 소비 욕구
와 필요를 충족해주는 중요한 기능을 하고 있다. 평성시장의 경우 2010년
통제로 인해 잠시 위축되긴 했지만 하루 10만여 명이 이용할 정도로 규모를
자랑한다. 평성시의 많은 주민들과 상당한 유동 인구가 시장을 통해 생활하
고 있으며 이들 사이에 생산, 유통, 판매와 관련한 분업체계도 발달되어 있
다. 사실상 북한 시장유통의 위계구조에서 가장 높은 자리에 위치하고 있으
며 평양의 소비욕망과 정치적 감시라는 팽팽한 긴장 속에서 생존해가고 있
는 도시이다.

4. 결론에 대신하여: 도시사 연구주제 발굴

1) 도시와 인구정치학

인구정치학(population politics)은 크게 두 가지로 설명할 수 있다. 하나는
'위로부터' 통치의 목적으로 인구 증감에 대한 물리적 통제나 강제를 가하는
정치적 결정이자 조치, 법, 제도, 담론 등을 포괄하는 것을 의미한다. 다른
하나는 미시적이고 일상적인 차원에서 그러한 위로부터의 기획을 실천을

통해 수행하거나 전유하는 행위들을 의미한다. 이 둘은 분리된 행위 영역, 또는 독립된 실제라기보다는 상호구성적인 것이다. 인구기술학은 그러한 통제나 강제를 가능하게 하는 기술, 사물의 사용 등을 말한다. 인구정치학과 인구기술학은 '통치'로 수렴된다. 인구정치학은 인구정책과는 구별된다. 인구정책이 출생, 사망, 그리고 인구의 이동과 배치와 관련된 위로부터의 정책이라면, 인구정치학은 이런 정책에 개입하는 정치와 실천의 총체적인 정치적 과정을 표현하는 것이다.

이런 인구정치학의 관점에서 함흥과 평성에 대한 주제 연구는 기본적으로 필요한 연구라고 할 수 있다. 특히 1970년대 들어 본격적으로 전개되었던 출산억제와 국가의 주민들에 대한 생물학적 관리들이 함흥과 평성이란 도시에서 어떻게 전개되었는지를 살펴보는 것이다. 그것은 전체 큰 흐름에서 국가의 인구학적 관리와 실제 도시에서의 인구기술학적인 움직임을 교차해보는 방식을 요구한다. 가령 김일성의 저작집에서 시계열적으로 반복적으로 언급되고 있는 인구와 식량에 관한 부분들이 정책으로 어떻게 구체화되고 또한 도시 차원에서는 어떻게 전개되었는가를 상호 비교해보는 방식이다.

이런 인구정치학적 시각에서 함흥과 평성 출신의 탈북자들에게 일차적인 면접조사를 한 결과 매우 흥미로운 내용들이 나왔다. 가령 함흥 출신 탈북자의 경우 1970년대 이후 소위 '가락지', '환'이라고 하는 피임기구를 인민반장이 동사무소를 통해 주민들에게 시술했다고 한다. 병원에서 의사가 나오고 누구 집에서 시술이 이루어진다고 하면 가서 간이막을 치고 루프를 시술했는데, 이런 시술은 1970년대부터 1980년대까지 광범위하게 이루어졌다고 한다. 이런 증언은 김일성의 언급을 통해 발견되는 인구에 대한 언급과 정책들이 실제로 도시 주민들에게 어떻게 가닿았는가를 보여주는 사례라고 할 수 있다. 향후 더욱 심층적인 면접조사를 통해 인구정치의 도시사적 해석을 할 필요가 있다고 할 수 있다.

한편 도시의 인구 구성에 대한 연구도 기본적으로 한 도시의 도시사를 이해하는 데 필요하다. 인구 구성이란 그 도시의 인구를 구성하고 있는 주민들의 세대, 계층 또는 계급, 직종 등의 구성 비중을 파악하는 것이다. 이런 인구 구성이 역사적으로 어떻게 변화되어 왔는가를 통해 도시의 인구학적 동태성과 도시의 사회적 역동성을 파악해볼 수 있을 것이다. 이것이 하나의 도시성을 보여준다고 할 수 있다.

가령 평성은 원래 시가 되기 전에 2만~3만 명 규모의 순천시 사의면이란 조그만 마을이었다고 한다. 평성이란 도시의 특성은 주민 구성에서 잘 나타난다. 과학도시 또는 교육도시라는 위상에 맞게 거주하는 주민의 상당수는 교육기관과 과학단지에 종사하는 인구들이다. 평성 역전 근처에만 의대, 사범대, 수의축산대, 석탄공업대, 이과대, 예술대학, 이과대 등이 자리하고 있다. 여기에 종사하는 교원과 학생들이 평성의 주요 인구 구성을 이룬다고 할 수 있다. 또한 평안남도의 도소재지로서 도급기관들이 대거 자리하고 있어 여기에 종사하는 사람들과 시급 기관들의 종사자들이 평성시 약 80%의 인구를 구성하고 있다. 평성 출신 탈북자 중 이런 인구 통계를 접할 수 있었던 구술자의 증언에 따르면 2005~2006년에 약 50만~60만 명 정도의 평성 인구가 도당위원회 차원에서 추계되었다고 한다. 당시 거주등록을 하지 않은 유동인구가 30만~40만 명에 이를 정도로 느는 인구문제가 평성시의 큰 고민거리였다고 한다. 도당 책임비서가 "55만을 넘기지 말라"고 도 보안국장 주민등록과에 지시할 정도였다고 한다. 이것은 2008년에 실시된 인구센서스의 통계와 다른 도시 인구가 있음을 보여주는 대목이라고 할 수 있다.

한편으로 평성의 인구학적 특성은 이 도시가 새롭게 조성된 신도시라는 점이다. 이 도시 출신 탈북자 증언에 따르면 "도시가 만들어진 지 오래되지 않아 오랜 토착 인텔리는 거의 없고 외부에서 머리 좋은 사람들이 들어앉아

사는 격"이란 것이다. 평양 출신도 별로 없고 주로 함경남북도, 강원도, 자강도, 양강도 등 외부 출신들이 대다수를 차지한다고 한다. 따라서 평성을 연고로 하는 전통적인 토착 주민들이 거의 없다고 할 수 있다. 또한 주민 구성에 있어 특징 중 하나는 주민들의 연령 및 세대가 상대적으로 다른 도시에 비해 젊다는 점이다. 주로 1960년대 출생의 젊은 사람들이 많은 인구 비중을 차지한다고 한다. 이들은 주로 국가과학원에 종사하는 사람들과 가족들, 그리고 여러 대학들의 학생과 교직원들이 평성의 인구 구성에서 많은 비중을 차지하기 때문에 나타난 현상이라고 할 수 있다.

특히 인구 구성과 관련해 특이 사항 역시 탈북자 면접조사를 통해 발견되기도 했다. 상대적으로 평성에는 큰 공장과 기업소가 많지 않다. 그것은 평성이 산업적 측면에서 공업생산이 많지 않은 도시라는 것을 뜻한다. 따라서 노동자들의 인구 구성이 상대적으로 다른 중대형 도시와는 다르다고 할 수 있다. 평성 인구 구성에서 특이점은 재일교포 출신들이 많이 모여살고 있다는 점이다. 이들 재일교포 출신들은 그 출신성분으로 인해 북한사회에서 계층 상승에서 배제되거나 소외되는 계층이라고 할 수 있다. 따라서 이들은 자녀 교육에 신경을 썼고 그래서 공부 잘하는 수재들이 많아 과학단지 내에서 근무하는 사람들이 많다고 한다. 평성에 사는 재일교포들은 1980년대 경제가 어려워지면서 일본으로부터 송금 받은 돈을 가지고 활동하다 1990년대 극심하게 경제하게 어려워지면서 표면 위로 올라와 본격적으로 시장경제를 주도하는 세력이 되었다. 이들은 주로 '돈주' 역할을 하며 지금도 환전상, 달러상으로 활동하는 주요 인구들이라고 한다.

이와 같이 작은 수이지만 표본적으로 진행한 이들 도시 출산의 탈북자 면접을 통해서도 도시의 인구정치학적 내용들을 많은 부분 알아낼 수 있었다. 도시에 대한 이해의 기초는 인구에 대한 파악으로부터 시작되어야 한다는 점에서 향후 북한 도시사 연구에서 인구학적 접근, 특히 인구정치학적 접근은 매우 중요한 연구주제라고 할 수 있다.

2) 지리적 경관 속의 역사 지층: 물리적 구조

현재 평성과 함흥이란 도시 경관은 긴 역사성의 축적을 통해 구성된 경관이라고 할 수 있다. 어떤 물리적 구조도 역사성을 갖기 마련이다. 그런데 중요한 것은 도시의 경관을 구성하는 각 물리적 구조물들의 역사는 다르다는 점이다. 하나 공간 안에 여러 역사 시기에 등장하고 조형된 구조물들이 공존하며 하나의 경관을 구성하는 것이다. 그런데 이들 각 다른 역사적 시기에 등장한 구조물들이 단순히 그 조형 시기가 다른 채 공존하고 있다는 것이 중요한 것이 아니라 이들이 서로 다른 역사성을 서로 교환하며 하나의 경관을 구성하고 인간 행위자들에게 영향을 미친다는 점이다. 이것은 도시가 여러 역사성의 집합체이며 서로 다른 역사성의 교환을 통해 그 도시만의 도시성을 발현한다는 것을 뜻한다. 이런 차원에서 북한의 도시도 분석될 필요가 있다. 과거 조선시기, 일제시기, 한국전쟁, 사회주의 체제 건설, 고난의 행군 등의 역사적 시기의 역사성이 도시에 그대로 아로새겨지고 하나의 도시성을 보여주는 집합체로 어떻게 경관화되고 있는가를 볼 필요가 있다.

그런 측면에서 평성과 함흥이란 도시의 이해를 위해 크게 두 가지 개념적 사고를 밀접하게 연동시키고자 한다. 하나는 도시를 여러 이질적인 요소들의 아상블라주를 통해 구성되는 다중체(다양체)로 보는 관점이다. 다른 하나는 도시를 하나의 한정된 물리적 공간의 컨테이너 박스에 가두어 보는 것이 아니라, 여러 공간들의 '관계' 속에서 보는 관점이다.

우선 아상블라주(*assemblage*) 또는 아장스망(*agencement*)은 새로운 연결이나 결합으로 발생한 배치나 배열을 의미한다. 결국 현상적인 모든 것들이 단일한 속성이나 실체로 환원될 수 없으며 모든 것은 이질적인 것들의 차이들의 결합으로 구성된다는 것을 의미하는 개념이다(데란다, 2009: 65). 그런 측면에서 도시는 인간-비인간의 이종적 네트워크들, 공간들, 그리고 실천들로 만들어진 아상블라주를 통해 만들어진 다양체(multiplicity)라고 할 수 있다(Farias and Bender, 2010: 8~15). 다시 말해 도시가 사회-기술적 연결망(socio-technical network), 잡종 집합체, 물리적 인공물(artefact)과 역사적 유산, 그리고 이미지와 심상들 속에서 구성된 다중체란 것이다. 연속선상에서 이런 다중체를 이해하기 위해서는 위상학적 관점이 필요하다. 다중체를 구성하는 여러 요소들의 배열과 배치에 대한 위상학적 조망이 필요하기 때문이다.

함흥과 평성은 이런 역사 시기별 레이어들의 퇴적 속에서 여러 이질적인 것들의 아상블라주를 통해 구성된 다양체로 볼 수 있다. 역사적 국면마다 제기되는 필요와 도시를 바라보는 시각에 따라 결국 다른 물리적 결과물을 낳게 된다. 이런 역사 시기별 레이어들의 퇴적은 크게 '공간-경제적 힘(spacio-economic forces)', '공간-사회적 힘(spacio-social forces)', '공간-정치적 힘(spacio-political forces)' 사이의 상호 동학 속에서 이루어진다. 이들 힘들은 각 역사적 시기별로 사회-기술적 연결망(socio-technical network), 잡종 집합체, 물리적 인공물과 역사적 유산, 그리고 이미지와 심상들을 결합시키는 아상블라주의 동력이라고 할 수 있다. 이런 힘들과 여러 이질적 요소들 사이의 복잡한 동학의 산물이라고 할 수 있다.

3) 위계와 구분: 계급과 문화의 대치선들

도시는 정치적 구획선, 문화적 경계선, 계급의 대치선들로 구성된다. 하나의 도시 내부에는 다양한 구별짓기의 단층선들이 존재한다. 그것은 정치적 구획선, 문화적 경계선, 첨예한 계급의 대치선 등으로 존재한다. 이런 '구

'별짓기'와 '경계짓기'는 자본주의 도시에서만 나타나는 것이 아니라 평성과 함흥이란 사회주의 도시에서도 나타난다. 다만 그 정도와 수준이 다를 뿐이다. 함흥과 평성에도 이런 구분선들은 명백하게 존재한다. 서로 다른 문화적 경계선으로서 그늘과 우리의 구분 — 함흥과 평성 모두 구역과 동에 따라 거주자들의 직업, 지위, 학력 등에서 일정한 구분선들이 존재하고 있음을 알 수 있다. 또한 이런 구분선은 모두에게 공통적이기도 하지만 다르게 '상상' 되기도 한다. 잘사는 사람들이 사는 곳, 힘 있는 사람들이 사는 곳의 '범위'는 하나의 심상 규모로서 경계짓기의 범위를 설정한다. 이런 범위와 경계, 구분짓기를 문화자본, 정치자본, 경제자본, 상징자본, 사회자본 등을 통해 각 공간별로 자본의 총량적 위계에 따른 분포를 연구하는 것을 통해 도시에 대한 이해를 높일 필요가 있다.

표본적인 탈북자 면접을 통해서도 이러한 도시의 계층 구분이 발견된다. 가령 평성의 경우 평성의 3대 사회문제는 '아파트 문제', '버스 문제', '시장 문제'였다고 한다. 이런 거주 지역의 문제는 계층화의 문제와 직결되어 있다. 즉, 도시 내의 공간과 구역에 따라 주거 계층이 다르다. 평성시의 경우 역전 바로 앞으로 뻗어 있는 도로 왼편의 은덕동, 중덕동 등이 가장 돈 많고 힘 있는 사람들이 사는 동네이다. 이 동네가 좋은 이유는 주요 당기관, 국가기관이 밀집해 있고 외화상점, 환전상, 등이 은덕동에 거주하고 있기 때문이다. 이들 주요 계층들은 주로 아파트에 산다. 아파트는 그 형태와 기능에 따라 계급과 계층은 구분하는 징표가 된다. 역전의 살기 어려운 사람들이 사는 외랑식 오래된 아파트는 같은 아파트지만 은덕동 위치한 아파트와 다르다. 평성시 내 송련동, 옥전동, 삼화동, 주례동, 두무동 서쪽 등은 주로 가난한 사람들이 사는 곳이다. 은덕동, 중덕동과 같은 잘살고 힘 있는 사람들의 동네 앞에 평성시장이 자리하고 있다.

함흥 역시 계층에 따른 공간적 구획이 어느 정도 선명하게 드러난다. 함홍의 경우 홍남구역, 사포구역, 성천구역, 회상구역 등 구역 자체가 큰 것도 있지만 하나의 구역을 벗어나 다른 구역으로 가는 경우도 많지 않았다고 한다. 심지어 홍남구역에 살았던 어느 탈북자의 경우는 신흥관에 가서 냉면을 먹은 것이 어렸을 때 한 번 있었을 정도로 함흥시 내에서도 이동은 매우 제한적이었다. 일 년에 나갈 일이 없다면 함흥 시내를 거의 나가지 않고 구역 내에서 생활을 했다. 또한 대우가 좋은 공장의 경우 소위 잘살고 힘 있는 자식들이 주로 배치를 받아 공장들 사이에도 계층별 구분이 가능한 경우도 있었다고 한다. 어느 면접자의 경우는 홍남구역을 벗어나지 못했고 벗어나려는 마음도 없었다고 증언한다. '위쪽'은 상점이나 집들도 다르고 잘사는 동네, 힘 있는 사람들이 사는 동네, 회사원들이 사는 동네로 인식하고, 홍남 아래쪽은 노동자들이 사는 동네로 인식을 하고 있었다. 이런 심상 차원의 도시 이해를 도시사 연구에 적극 반영하여 연구할 필요가 있다.

4) 물질적 삶과 경제

도시의 물질적 삶과 경제를 본다는 것은 평성과 함흥 사람들이 영위해왔던 물질적 삶과 생존을 위한 노동활동, 그리고 그로부터 역사적으로 형성되어 온 심성구조(mentalite)를 살펴보는 것이다. 우선 함흥과 평성의 가장 주력 산업업종들을 살펴보는데, 공업도시, 과학도시, 교육도시의 위상과 중앙으로부터의 수탈 구조가 어떻게 작동하는지를 살펴볼 수 있다. 그리고 이 속에서 주민들이 어떻게 노동의 삶을 살아가고 있는지를 구술을 통해 미시적으로 들여다볼 수 있다. 착취와 억압적인 노동조직 속에서도 그들만의 노동세계를 만들어가는 삶의 전략과 생활 기술들도 살펴보는 것이다. 마지막으로 1990년대 일명 '고난의 행군'이라는 경제난을 평성과 함흥에서는 어떻게 경험했는지를 살펴보고 그 속에서 일구어냈던 생존의 경제는 어떤 삶으로 지속되고 있는가를 살펴볼 필요가 있다.

가령 평성은 전체 시 면적 중 80%가 산이고 땅은 무척 척박한 편이다. 식량 자급률은 50%가 채 되지 못한다. 평성에는 자랑할 만한 중요한 공장·기업소들이 매우 적다. 북한 내 하나밖에 없는 외아들 공장인 모란봉시계공장, 평성고무줄공장, 평성합성가죽공장 등이 있고, 이 밖에 평성상품인쇄공장, 봉황맥주공장 등이 대표적이고 9·19공장, 3·16공장과 같은 군수품 공장 등이 있을 뿐이다. 모란봉시계공장은 1980년대 말부터 아예 가동이 되지 않기 시작해 1990년대에는 완전히 가동이 중단된 상태라고 한다. 평성가죽공장도 부분적으로 일부 가동되는 수준에 머물러 있다.

한편 평성의 경우도 물질적 삶은 이 도시의 도시성을 보여준다. 평성에 있는 국가과학원 사람들의 생존방법은 과학도시의 특성을 충분히 살리는 방식이다. 과학원 사람들은 달러(현금)를 모아서 대외경제위원회에 가서 쌀, 밀가루, 기름, 설탕 등을 살 수 있게 돈을 주고 허가를 얻은 후 남포에 가서 많은 양을 실어 와서 시장에 유통시켜 이윤을 남기는 방식으로 생존을 해왔다고 한다. 그래서 과학원 사람들은 고난의 행군 때 그리 어려움을 겪지 않았다고 한다. 이들은 시장에 물건을 유통할 때는 재일교포 등과 같은 '돈주'나 시장 활동을 하는 사람들에게 물건을 넘기는 방식으로 처리했다고 한다. 사실상 평성에서 이들 과학원 사람들은 시장 형성의 중요 세력이었다고 할 수 있다.

함흥의 경우 1970년대와 1980년대를 경험한 사람들은 태국산 사료용 곡물이 홍남항을 통해 들어와 주민들에게 배급되고 있었음을 알고 있었다고 한다. 어떤 구술자는 1971~1972년 중학교 시절 홍남항에 이삭줍기를 하러 자주 나갔으며 말사료용 통밀을 태국으로부터 수입하는 것을 알게 되었고, 이 통밀을 운송하던 외국인이 북한에는 "왜 이렇게 말이 많은가?" 해서 무척 창피했다고 증언하기도 했다. 이처럼 북한 도시에 대한 이해를 위해 그들이 영위했던 물질적 삶의 조건을 이해하고 그들이 생존해왔던 방식을 경험적으로 고찰할 필요가 있다.

5) 도시 정치

평성과 함흥이 자신의 가진 삶의 환경 속에서 어떻게 중앙(평양)의 요구와 착취로부터 자신의 생존을 위해 정치를 구사해왔는가를 살펴보는 것이다. 우선 북한 정권 수립 이후 배반의 땅, 숙청의 땅으로 호명되며 겪어야 했던 정치적 굴곡과 다시금 혁명의 도시로 탈바꿈하기 위해 바쳐야 했던 '충성의 역사'를 살펴보며, 이 땅이 어떤 방식으로 중앙과 고단한 흥정·타협의 정치를 구사해왔는가를 보여줄 필요가 있다. 다음으로 복잡한 성분으로 구성된 이 불온한 도시, 신생 도시의 주민들을 관리·통제하기 위한 일상적인 감시망들이 어떻게 작동해왔는가를 살펴보는 것도 필요하다. 그러한 촘촘한 감시망 속에서도 은밀한 자신들만의 소통의 세계는 또 어떻게 만들어져 왔는지도 살펴보는 것이다. 마지막으로 시의 권력자들인 당과 주요 권력자들이 어떻게 '힘'의 위계를 통해 도시의 정치를 구사하고 있으며, 그 속에서 발휘되는 관료들의 정치적인 복화술은 무엇인지 살펴보는 것이다.

6) 도시의 문화와 망탈리테

도시의 문화와 망탈리테(심성구조)에 대한 이해를 위해 주민들의 관점과 시각에서 그들이 어떻게 권력과 감시로부터 그들만의 생존의 기술을 터득해왔고 일상 속에서 그것을 발휘하고 있는지를 살펴볼 필요가 있다. 우선 주민들 사이의 관계문화를 그들 사이의 위계와 네트워크, 그리고 일명 '소비에트 언어'로 얘기되는 침묵 속의 언어 구사를 통해 살펴보는 것이다. 둘째,

평성과 함흥이라는 도시만의 일상적 리듬은 어떻게 구성되며 그들 삶의 통과의례가 어떻게 전통과 근대, 사회주의적 삶을 통해 변화되고 구성되어 왔는지를 살펴보는 것이다. 마지막으로 1990년대 들어오면서 평성과 함흥이 어떻게 마약도시와 같은 범죄 도시의 이미지를 갖게 되었는지를 함흥과 평성에서 펼쳐진 다양한 범죄들의 사례를 통해서 살펴보는 것이다.

제2부

사회주의 도시사 연구 방법

제5장

사회주의 도시 연구

1917~1941년 소비에트 러시아의 주택정책과 건축 실험에 대한 논의

기계형(한양대)

1. 들어가며

'사회주의 도시'는 무엇인가? '사회주의 도시'는 존재하는가? '현실사회주의 체제'로서 소련이 해체된 이후에, 이 질문은 도시사 연구자들의 '학문적' 관심일 뿐만 아니라 '현실적'인 관심이 되었다. 만약에 과거의 소련과 동유럽 사회주의가 포스트 시대에 쉽게 변경될 수 없는 그러한 도시구조를 만들었다고 전제한다면, 구체제로부터 물려받은 그런 도시들은 다음 시대에도 적어도 부분적으로 존속할 가능성이 있다고 주장할 수 있을 것이다. 이런 맥락에서 사회주의 도시는 크게 다음의 세 가지 특징으로 요약할 수 있을 것이다. 첫째, 그것은 자본주의의 이해관계에 따른 만성적 주택 부족, 인구 밀집, 난개발 등의 문제를 안고 있는 자본주의 도시와 근본적으로 달라야 한다. 둘째, 사회주의 도시는 마르크스-레닌의 이념 위에서 세워지고 조직되며, 계획경제의 환경 속에서 작동한다. 셋째, 계획경제의 궁극적인 결정은 당-국가에 있으며, 당-국가의 판단, 우선 지원 등은 사회주의 발전 전략에 의

한 것으로서, 투자의 규모, 산업 부문, 개발 공간의 대상 등 모든 것을 결정한다. 결국, 사회주의 도시는 "사회주의 의식이 완벽한 사회주의 사회를 달성하는 데 필요한 환경을 최고로 발전시킬 수 있는 장소"였다(French and Hamilton. 1979: 7).

반면에, 사회주의 이념과 현실의 괴리에 초점을 맞추면 '사회주의 도시'의 존재를 부인할 수 있다. 즉, '현실사회주의 체제'하에서 계획·건설된 도시들이 '사회주의 원칙'을 분명히 반영하지 못했다는 주장인데, 예컨대 과거의 공산권으로 구분되는 지역의 대부분의 도시에서 사회주의 이념과 원칙에 따라 공동체 생활을 강조하는 시설들이 개별 가족의 사적인 삶을 강조하는 시설보다 적다면, 그 도시는 사회주의의 이념이 아니라 현실적 필요에 맞춘 도시가 되기 때문이다. 그리고 '사회주의적 경향성'이라고 자주 서술되곤 하는 특징, 즉 국가의 도시계획에 의한 평등한 주택 조건, 쾌적한 주거 환경의 질, 서비스 시설에의 접근성 등은 소련과 동유럽에서만 특별히 강조되는 것이 아니라, 오히려 근대적 도시발전의 상징으로 간주될 수 있다는 것이다. 마지막으로 주민의 불필요한 교통 발생을 근절시키고 비용을 최소화하며 효과를 최대화하는 '기능적 배치'라는 공간구조는 자본주의 도시의 전형으로 설명될 수도 있다는 주장이다(Smith, 1996: 70~71).

그러나 이념과 그 실제를 둘러싼 여러 논란에도 불구하고 '사회주의 도시'는 존재했던 것으로 보인다. 소비에트 러시아의 모스크바와 레닌그라드에서부터 중앙아시아를 지나 블라디보스토크까지, 그리고 냉전 이후에는 동유럽, 중국, 북한, 베트남 그리고 쿠바 등에 이르기까지 매우 단일하고 공통적인 유형을 지닌 일련의 도시들의 실체가 바로 그것이다. 소비에트 러시아에서 발전된 도시계획 시스템은 1945년 이후 동유럽을 비롯한 위성국가들에 하나의 발전 모델로서 또는 강제적으로 부과되었으며,[1] 높은 수준의 산업화와 도시화는 특히 제2차 세계대전 이후 공산주의 이데올로그들에게 '사회주의적 근대성'의 표상으로 자리 잡았다. 물론 소련의 해체 직후 사회주의 도시의 주요 근간을 이루었던 과거의 중앙식 계획경제는 빠르게 붕괴되었고, 공산당은 국가적 영향력을 상실했으며, 계급구조는 급격한 변형을 겪었다. 국가 부문의 기능 철회와 함께 주택 및 공적 서비스 부문이 위기를 겪기 시작했으며(Stanislav, 2007), 그에 대해 한동안 국가사회주의의 총체적 폐기, 자유주의적 민주주의로의 대체, 국가 역할의 최소화 등을 내용으로 하는, 시장경제와 자본주의로의 '빅뱅'식 전환이라고 지칭되기도 했다(Andrusz, Harloe and Szelenyi eds., 1996: 4).

그러나 학문적으로 보면, '역사의 페레스트로이카'는 비로소 사회주의 도시공간이 지닌 고유한 특성에 대해 성찰하고(Weeks, 2009: 918), 소련과 동구권의 '사회주의' 도시들이 현실에서 구현하고자 했던 가치를 주목하도록 해주었다(Schlögel, 2005: 서론). 특히, 미간행 자료에 대한 접근이 가능해졌다는 점 이외에 마르크스-레닌주의라는 도그마에서 벗어나 '사회주의 도시'의 총체적 내용들에 대한 구체적인 연구와 함께 도시 환경에서 사회주의의 토대를 이루는 중요한 가치에 대한 재론과 성찰이 나타났다. 예컨대 사회주의 도시의 주택에서 평등 분배의 원칙이 어떻게 주민에 대한 규율과 통제를

---

1 안드루즈(Gregory D. Andrusz)와 같은 학자들은 '사회주의 도시' 연구의 유용한 출발점으로서, '국가 사회주의'를 전제하는 것이 필요하다고 강조한다. 그 특징은 첫째, 대부분의 생산 및 집단적 소비 수단의 국가독점 소유권, 그리고 소득, 재화 및 서비스, 시장 우선의 투자 배분을 중앙집중식 계획으로 대체. 둘째, 공산당의 정치적 지배(실제로 공산당은 중앙집중식 국가기구를 통해 활동)와 국가기구의 경제, 경제·사회·문화의 모든 측면에 대한 통제와 명령. 셋째, 부르주아는 제거되었으나 분명한 계급구조 또는 분명한 사회적 범주로서 사회주의적 계층 질서, 분화된 광범위한 '중간대중', 정치군사·산업·지적 엘리트, 사회의 주류에서 배제된 제한된 규모의 사회 계층 또는 '하위계급(underclass)'이 있었다고 주장한다(Andrusz, Harloe and Szelenyi eds., 1996: 4).

위한 정치적 도구로 이용되는지, 주택이 어떻게 식량, 생활필수품, 보건, 교육 등과 함께 분배 제도의 한 요소로 변형되었는지 등에 대한 새로운 연구들이 진행되고 있다.

이 논문은 이러한 성찰을 담고 있는 '사회주의 도시사' 연구에 대한 소개의 글이자 비평 논문의 성격을 지닌다. 최근 20여 년간, 이 주제와 관련해 활발하게 연구가 진행되어왔으며 단일 논문에서 파악하기 어려울 정도로 방대하기 때문에, 2절에서는 우선 사회주의 도시사를 이해하는 기초적인 작업으로서 '사회주의 도시'의 근간이 이루어졌던 1917~1941년에 집중하여 주택정책 논의를 살펴보고자 한다. 소련에서 주택은 서구 자본주의 사회의 경우와 달리 '상품'이 아니라, 우선적으로 실현해야 하는 '사회적 선'으로 인식되었기 때문이었다. 3절에서는 사회주의의 이상이 현실에서 변용되는 과정을 보여주는 가장 적절한 예로서 주택 및 도시계획을 입안하고 설계하고 건설에 참가한 건축가들의 작업을 확인할 것이다. 특히, 1920~1930년대 초의 다양한 사회주의적 이상의 실험들이 그 이후 스탈린체제에 의해 변용되었던 과정을 추적하는 것은 매우 중요하다. 왜냐하면, 건축가들이 사회주의 도시에 대한 본질적인 질문을 던지고 있기 때문이다.

요컨대, 사회주의 도시 건설의 이상과 현실, 주택정책의 시기별 내용과 강조점, 건축가들의 대대적인 실험 등에 관한 연구들은 사회주의 도시의 역사가 다시 기록되어야 한다는 것을 보여준다. 도시 연구자 슐레겔(Karl Schlögel)은 사회주의 도시의 중요한 모델로서 소련 도시들(특히, 모스크바와 레닌그라드)에서 나타나는 '거대한' 설계에 대한 집착은 그 체제가 지니는 유약성의 표시이자, 그 정책이 만들어내는 혼란들과 끊임없는 변화들을 극복하고 완화시키려는 시도였다고 지적한 바 있다. 비록 그는 소비에트 권력이 도시를 소비에트적 공간으로 변형시키는 데 실패했다고 결론짓고 있으나, 이 논문은 사회주의 도시가 실패인가 성공인가를 가르는 것은 아직 판단이 이르다는 입장이며 어떻게 연구가 진행되어 왔는지에 대해 소개하는 것을 최대의 과제로 삼고자 한다.

2. 소비에트 러시아의 주택정책

1) 신생 소비에트체제와 주택정책의 전개 과정

1917년 혁명과 함께 출현한 신생 소비에트 국가에서 주택정책의 이념적·이론적 근간은 마르크스와 엥겔스, 그리고 레닌의 저작들에 있었다. 특히, 인구 과밀화, 높은 임대료, 열악한 위생, 주택 부족 등의 주택문제는 자본주의 국가에서 노동계급이 처한 사회경제적 조건을 단적으로 보여주는데, 예컨대 레닌은 『국가와 혁명』 4장에서 엥겔스가 1872년 「주택문제」라는 글에서 쓴 다음의 내용을 인용하고 있다.

> 주택문제는 …… 여타 사회문제와 같이 자리매김한다. …… 어떻게 사회혁명이 이 문제를 해결할 것인가? 그 문제에 대한 가장 기초적인 해결책의 하나는 도시와 농촌 간의 반목을 없애는 것이다. …… 그러나 한 가지는 분명하다. 즉, 주택을 유효적절하게 사용하기만 한다면, 지금의 '주택 부족'에 따른 모든 문제를 즉각 해결할 수 있을 정도로 충분한 양의 주택이 현재의 대도시에는 이미 건설되어 있다는 사실이다. 현 소유자로부터 주택을 몰수하여, 그것을 무주택 노동자와 과밀 가구에서 살고 있는 노동자에게 분배함으로써만 주택문제는 자연스럽게 해결될 수 있다. 프롤레타리아가 정권을 쥐게 되자마자, 공공선의 실현이라는 것에 고무된 그와 같은 대책은 현재의 국가에 의해 추진되고 있는 또 다른 몰수나 숙소 할당보다도 빨리 수행될 수 있을 것이다(레닌, 1998: 76).

주택문제 해결을 위한 레닌과 볼세비키의 행보는 혁명 직후 채택된 최초의 명령들에서 가시화되었다. 특히, 토지 및 부동산 소유권에 관한 명령서, 즉 「토지에 대하여」, 「노동 민중 및 피압박 민중의 권리에 관하여」, 「주택문제를 규정하는 과업에서 도시 자치체의 권리에 대하여」, 「부동산 거래 금지에 대하여」, 「붉은 군대와 실업노동자의 부르주아 아파트 거주와 건물의 정상화에 관하여」, 「도시 부동산의 사적소유권 폐지에 관하여」 등의 명령서들은 중요한 원칙이 되어주었다.[2] 구체적으로 1918년 봄에 레닌은 '가난한 사람들의 결핍 완화를 위한 부자 주택의 몰수(О реквизиции квартир богатых для облегчения нужд бедных)' 계획안을 개략적으로 만들었는데, 레닌은 「볼세비키는 권력을 잡을 수 있을 것인가」라는 글에서 그 실현의 메커니즘을 제시했다. 그에 따르면, "어떤 집이든지 간에, 방의 숫자가 그 집에서 계속 거주한 거주자의 머리수와 같거나 초과하면 부자의 집"으로 간주되었다.[3] 이것은 엥겔스의 유명한 테제를 발전시킨 것으로서, 즉 "주택의 부족은 유한계급에게 속하는 호화 주택의 일부를 즉시 수취하여, 남은 부분을 강제 입주라는 방법에 의해 완화할 수" 있었다.[4]

---

2 "О земле", Декрет II Всероссийского Съезда Советов рабочих, солдатских и крестьянских депутатов от 26 октября 1917 г., *Решения партии и правительства по хозяйственным вопросам.* М., 1967. Т. 1. С. 15; "О правах трудящегося и эксплуатируемого народа", Декларация прав трудящегося и эксплуатируемого народа от 12 января 1918 г., *Решения партии и правительства по хозяйственным вопросам.* М., 1967. Т. 1; "О социализации земли", Декрет ВЦИК от 27 января 1918 г., *Решения партии и правительства по хозяйственным вопросам.* М., 1967. Т. 1.

3 В. И. Ленин, *Пол. собр соч.* Т. 54. с. 380.

4 *Энгельс Ф.* "К жилищному вопросу", *Маркс К., Энгельс Ф.* Сочине

146 제2부 사회주의 도시사 연구 방법

소비에트 당국은 집권 초기부터 주택의 소유, 할당, 관리의 전체 시스템을 급격하게 재조직하기 시작했다. 신축이 아니라 기존의 주택을 재조직하는 방식의 채택은 현실적인 어려움에서 기인한다. 1917년 혁명의 성공과 함께 소비에트 국가가 유산으로 받은 것은 낙후한 경제와 대다수의 농촌 주민이었다. 제1차 세계대전 직전에 러시아 제국의 인구 약 1억 6,000만 명 가운데 도시민의 비중은 15%로 증가했지만, 200만 명이 넘는 상트페테르부르크(나중에 레닌그라드), 200만 명 이하의 모스크바를 제외하고 아직까지는 인구가 100만 명을 넘는 도시는 없었다. 더구나 뒤이은 내전으로 인해 도시들이 파괴되었지만 볼셰비키는 주택과 건물을 신축할 수 있는 여유가 없었다. 따라서 도시의 비(非)프롤레타리아 계층을 희생하여 노동자들에게 주택을 보급하는 정책이 우선되었고, 이것은 앞서 지적했듯이 주택 위기를 해소하기 위해 엥겔스가 이미 제안했던 방안이기도 했다.

즉, 신경제정책 도입과 함께 사적 주택 건설의 가능성이 잠시 열렸던 시기, 그리고 1920년대의 새로운 건축 실험의 시기에 사회주의 이념을 드러내는 '사회주의적 기념비들'을 제외하면, 신생 소비에트 체제에서 주목할 만한 대대적인 '주택' 건설은 없었다고 해도 과언이 아니다. 예컨대 레닌그라드의 공공주택의 기본 형식은 콤무날카(коммуналка)로서, 그것은 정부가 부르주아지의 저택을 몰수하여 아무런 혈연관계가 없는 세대원들에게 일정 면적을 부여하고, 부엌, 욕실, 화장실 등을 공동으로 사용하는 다가구 주택이었다.[5] 1919년 인민보건부(Наркомздраво)는 주택 면적 위생 기준(санитарные нормы жилой площади)을 채택했는데, 그에 따라 1인당 18평방

ния(М., 1961). Т. 18. с. 239; А.И. Черных, "Жилишныйпередел; Политика 20-х годов в сфере жилья," *Социальная политика*(1995), с. 71에서 재인용.

5 콤무날카에 대해서는 기계형(2008: 255~282) 참조.

아르쉰(9평방미터)이 정해졌다.[6] 1918년부터 1924년까지 모스크바에서만 50만 명 이상의 노동자들과 그들의 가족이 그와 같은 방식으로 주택을 받았다. 소련 전역에서 2만 2,500개의 건물들이 노동자 클럽으로 변형되었고, 추가적으로 543개의 궁전들과 시골 별장(дача)은 노동자들을 위한 휴식 장소로 사용되었다(Bliznakov, 1993: 85). 1929년에 모든 주택은 지방 소비에트의 관할에 들어가게 되었으며, 1920년대 말과 1930년대 초에 이르러 콤무날카는 운영 규칙, 재조정, 위계적 권력 시스템을 지닌 사회제도로서 거듭났다. 이 시기에 콤무날카 총책임직(ответственный квартуполномоченный)이 설치되었는데, 그는 콤무날카를 유지하는 데 필요한 위생 규칙, 등록 규칙에 대해 책임을 총괄했다.[7] 내무인민위원부(НКВД)는 콤무날카에서의 제 관계들을 규정하는 '주택 및 콤무날카의 내부 질서 규칙'을 승인했다(Бронштейн, 1935: 20). 이처럼 새로운 사회구조의 형태를 반영하는 주택의 분배에서 새로운 특권과 이익의 시스템이 만들어졌다. 1930년대에 소수의 인민 영웅 등에게 특별히 제공되는 개별 주택 외에 스탈린시대에 소비에트 러시아에서 이와 같은 공공 주택정책의 기조는 크게 변화하지 않았다. 획기적인 조치는 흐루쇼프 시대에 가서야 비로소 단행되었는데, 그것은 개별 가족의 독립적 거주공간을 제공하는 대대적인 건축 프로젝트였다(김남섭, 2010:

---

6 인구증가가 일어나자 1931년에 레닌그라드에서 평균 생활공간은 6.7m²가 되었다. 제2차 세계대전 이후에는 그보다 3m²가 늘어났고, 1990년대에는 12m²로 증가했다. 이러한 규칙을 벗어나 예외적으로 넓은 공간에 사는 가족은 국가의 주택 대기자 명단에 등록이 금지되었다. Е. Герасимова. История коммунальной квартиры в Ленинграде. http://www.kommunalka.spb.ru/history/history4.htm

7 "О недопустимости установления специальных ограничений, непредусмотренных законодательством, в отношении лиц лишенных избирательных прав," *Циркуляр НКВД* No.248(24.04.1930) http://www.memo.ru/rehabilitate/realty/l-old.htm

215~244).

2) 주택정책에 관한 연구사

　대대적인 주택 건설을 수반한 흐루쇼프의 건설 프로젝트가 수행되기 전까지 관련 연구에서 주택정책에 대한 비판적 사고와 분석이 존재하지 않았다는 것은 그다지 이상한 일이 아니었다. 주택정책은 분배한 거주공간의 단위 면적을 줄이고 밀도를 높이는 방식(уплотнение)을 통해 유지되었기 때문이다. 따라서 사회주의 이념에 기초한 국가의 주택정책에 관한 원칙론적 설명, 예컨대 "국가가 주민에게 주택을 제공해주려고 하지만, 시간적 한계로 인해 가까운 미래에 그렇게 할 수는 없다"라든가, "개별 가족의 독립되고 안락한 아파트 — 이것은 당과 정부의 영원한 과업의 하나"라든가, "건설의 속도와 질을 개선하는 것이 주택문제를 해결하는 방법이다" 등의 표현으로 일관되었다.[8] 그러한 상황을 고려하면 1970년대에 소련의 연구자들이 그동안 부르주아적 예술사조라고 비난해왔던 '소비에트 아방가르드' 현상에 주의를 기울이기 시작했다는 점은 획기적인 변화에 해당했다. 건축사, 예술사 연구자들은 1920~1930년대의 건축가와 도시계획가의 작업을 긍정적으로 평가했는데 논문집 『소비에트 건축(Советская архитектура)』에서 그들 작업의 토대를 이루는 개념적·이론적 아이디어의 내용과 결과가 재평가되고, 세계 건축과 소련 건축의 맥락에서 그들의 작업이 의미를 부여받았다.[9]

8　Марк Меерович, Социально-культурные основы осуществления государственной жили щнойполитики в РСФСР, Иркутский государственный технический университет, Диссертация на соискание ученой степени доктора исторических наук, Иркутск, 2004, с. 51. (뒤에서 Социально-культурные основы로 약칭)

특히 '소비에트 아방가르드'가 소련의 새로운 형태의 실험적 주택(공공주택, 이행기적 건축물 등) 건설에 미친 사회적·문화적 영향뿐만 아니라, 해외의 건축 이론과 사상에 미친 영향이 연구되기 시작했다.[10]

한편, 1970~1980년대에 소련에서는 국가의 대규모 주택정책에 관한 규정과 내용 등이 연구되기 시작했으나, 구체적 세부 연구로 이어진 것은 아니었으며(Игнатенко, 1975: 5~32; Иоффе, 1975: 55~69; Могильницкий, 1972: 30~55), 역사 연구는 여전히 노동계급, 10월 혁명, 국가 건설에서 볼셰비키의 전략과 전술, 문화정책의 수행 등이 주를 이루었다. 1980년대까지만 해도 연구의 방향은 기존의 사회적·정치적·이념적 조건에 부응하지 않으면 안 되었으므로, 연구자들은 소비에트 러시아의 주택정책이 지니는 강제적 본질이나 주택 위기 등을 간과하면서 소련의 전체 주택정책의 기초에 깔려 있는 원칙들을 지적하는 수준에 그쳤다(Толстой, 1967; Толстой, 1974).

대대적인 변화는 역시 '역사의 페레스트로이카'에 있을 것이다. 『1990년 주택 프로그램: 문제와 해결』은 "주택문제 해결에 대한 새로운 접근과 그 실행의 조치들"이라는 고르바초프 대통령의 명령에 따라 수행된 프로그램으로서, 그것은 2,000가구의 가족에게 독립된 아파트 또는 사적 소유주택을 제공할 목적에서 이루어졌다. 이 결과물 안에는 ≪주택건설(Жилищное строительство)≫, ≪소련 건축(Архитектура СССР)≫, ≪건설 경제(Экономика строительства)≫, ≪주택과 코뮌경제(Жилищное и коммунальное хозяйство)≫ 등 주요 잡지들에 수록된 주택 관련 자료들이 포함되었다. 특히, 1990년대 후반 소련 주민들의 주택 상황에 대해 상당히

---

9   Марк Григорьевич Меерович, Социально-культурные основы, с. 52.
10 1980년대에 서방 쪽의 건축사 연구자들이 대대적으로 소비에트 아방가르드에 대해 연구한 것도 비슷한 맥락을 지닌다.

많은 비판이 포함되어 있는데,[11] 이는 과거의 삶에 대한 흥미로운 정보를 전해준다. 즉, 도시 인구의 40%는 'N-2', 'N-3'이라 부르는 주택의 조건에서 살았는데, 이것은 아파트에 거주하는 사람들의 숫자가 방의 숫자보다 2~3명이 더 많은 경우를 지칭했다. 또한 사람들은 1인당 방의 면적, 즉 최대 기준 5~6평방미터에 맞춰 살았으며, 많은 가족들이 과밀 조건에서 거주했을 뿐만 아니라 집을 분배받을 가능성이 없는 경우도 있었다. 물론, 이 작업은 마르크스-레닌주의의 이데올로기에 토대를 두고 이루어진 것은 분명하다. 메예로비치의 분석에 따르면, 이 시기에 소련에서 "주택문제는 기본적으로 자본주의의 산물"이며, 그와 달리 "소련 주택문제의 주요 원인은 국가가 마주한 믿을 수 없는 도전들, 도시 인구의 증가, 주택계획의 실패, 잘 이루어지지 않은 주택 분배, 낮은 방세" 때문인 것으로 파악되었다는 측면에서 그러하다.[12]

1990~2000년에 소련의 주택정책 연구에서 나타난 주요한 특징은 마르크스-레닌주의를 기초로 하는 이데올로기적 제약으로부터 벗어났다는 점에 있을 것이다. 특히, 건축사가 한-마고메도프의 연구에 집중할 필요가 있다. 그는 1980년대부터 많은 저작을 내놓은 바 있는데, 1990년대에 들어오면 한층 유연한 연구를 진행시켰다. 주택정책에 대한 그의 입장은 「새로운 사회를 만들기 위한 두 개의 유토피아와 소비에트 건축의 사회적, 유형적 실험」이라는 논문과 『소비에트 아방가르드 건축』이란 저서에서 잘 드러나 있는데, 「두 개의 유토피아」에서 저자는 소비에트 정부가 '코뮌'을 통해 노동과 소비자 집단을 결합하려는 생각이 있었으며, 그것은 일종의 노동 규율로서 시민들의 생활과 노동에 대해 중앙집권적인 통제를 제공하는 수단이었다.

11 *Жилищная программа: проблемы и решения*. М., 1990.

12 Марк Григорьевич Меерович, Социально-культурные основы, с. 56.

마고메도프의 해석에 따르면, 그러한 공동체를 만들려는 사상은 원래 노동자 자신에게서 나왔는데 일찍이 공장 관리자 집단의 관심을 끌었다고 보고 있다. 또한, 그는 노동의 조직적 관리라는 맥락에서 정부의 주택정책이 나왔다고 주장하는데, 규정들과 주택정책을 연결시켜 설명하고자 했다. 그의 주장으로는 소비에트 체제의 형성 초기에 볼세비키 정부에게 주택정책은 법과 행정 조치를 결합한 것으로서, 사회통제의 메커니즘을 수립하기 위한 것이었다. 그 과정에서 주택은 '강제적 수단', '프로모션의 수단', '사회적 차별의 수단'으로 사용되었다(Хан-Магомедов, 1996: 427~450; Хан-Магомедов, 1996 Кн.1; 2001. Кн.2).

한편, 주택정책을 일종의 사회적 규율의 하나로 보는 레비나의 연구는 매우 탁월하다. 『소비에트인의 일상생활: 1920~1930년대 규범과 파격』에서 그녀는 사회주의 도시 주민들의 일상적 행동 규칙이 어떻게 형성되었는지 분석했다. 저자의 주장에 따르면 한편으로 그것은 인간이 사회적 조건에서 존재하고 있음을 보여준다는 점에서 자연스러운 것이며, 다른 한편으로 공공의 의식에 미치는 권력의 효과와 이념적 구조 때문에 인공적인 것으로 보았다. 저자는 사회주의 도시의 주민들이 자신들에게 부과되는 규범과 기준을 거부하는 파격적 행위에 대해서도 비교 설명했는데, 사회주의 도시의 시민들은 외부에서 부과하는 보편적 가치들에 저항하기도 했다고 주장한다. 특히 콤무날카에 대한 해석에서 저자는 콤무날카가 언어, 의복, 제스처, 레저, 개인적 습관을 통해 일종의 하부 문화를 형성하는 수단이었다고 주장하며, 사회주의 도시의 개별적 가족의 삶에서 매우 강력한 영향을 주었다는 가정을 전제하고 있다(Лебина, 1999).

다른 한편으로 오소키나는 특히, 1927~1941년의 산업화시기에 배급시스템과 시장의 관계에 주목하는데, 정부가 배급정책의 도입과 철회를 반복하면서, 분배시스템을 통해 사회주의 도시를 관리했음을 잘 보여주었다. 오소

키나는 사회주의 도시에서 정부가 주택분배 외에도 식량, 물품, 복지, 명예, 혜택 등을 이용해 사회를 통제했음을 보여주는데, 분배는 사회통제의 단일한 시스템을 만들어내는 수단이었다. 배급은 사회주의 도시에서 권력의 행동 방식을 이해할 수 있도록 해주며, 소련의 주택정책은 분배시스템의 맥락을 벗어나 고려될 수 없다고 주장했다(Осокина, 2001).

사회주의 도시에서 주택이 사회통제의 수단이며 배급시스템과 밀접하게 연관되었다는 연구 결과는 구미 학계에 영향을 주었다. 1979년에 프렌치(Richard Anthony French)와 해밀턴(Frederick Edwin Ian Hamilton)이 도시지리학과 도시사회학 연구자들 18명을 주요 필진으로 한 『사회주의 도시』를 출간했을 때, 그것은 주로 1960~1970년대의 연구 성과에 기초해 도시의 기능적 측면, 도시 내의 토지 사용의 패턴, 공간구조에 집중하면서도 소련 및 동구의 도시에 대한 이해의 공백을 메운 획기적인 작업이었다(French and Hamilton, 1979).[13] '사회주의 도시'에 관한 유형적 비교연구는 주로 지리학과 사회학의 영역이었으나,[14] 페레스트로이카 이후 사회사 연구가 활성화되면서 브럼필드(William Craft Brumfield)와 같은 건축사 연구자들(Brumfield and Ruble eds., 1993), 보임(S. Boym)과 같은 문화연구자들이 사회주의 도시 연구에 참여했다. 보임은 대규모 건물들로 표현되는 '범상치 않은 시대'의 '평범한' 공간의 의미들에 의미를 부여하고, 사회주의 도시의 신화를 다루었으며(Boym, 1994), 역사가 코트킨(Stephen Kotkin)은 스탈린 시대의 전형적인 계획도시 소쯔고로드(соцгород) 마그니토고르스크에 대한 연구를 통해

---

13 특히, 라이너와 윌슨은 도시계획과 의사결정에 있어서 당-국가의 역할을 강조하며, 프렌치는 소비에트 도시민들의 행동 양식과 동선의 변화에 관심을 가졌고, 매튜는 주택 이용에 나타난 사회적 분화, 그리고 쇼는 시민의 여가활동과 다차 이용 등 문화생활의 양상에 관심을 기울였다.

14 예컨대, 안드루즈(Gregory Andrusz) 등이 편찬한 저작에 참여한 일단의 학자들.

권력의 공간에 대한 통제와 노동자들의 반응을 해명했다(Kotkin, 1995).[15] 특히, 1994년 상트페테르부르크에서 열린 '러시아의 일상성(Русская Повседневность)'에 관한 국제회의 이후, 레비나(Н. Б. Лебина), 게라시모바(Е. Герасимова), 우테힌(И. Утехин) 등 러시아의 학자들이 참여하며 사회주의 도시사에 대한 밀도 있는 연구들이 나왔다(Лебина, 1999; Gerasimova, 2002: 207~230; Меерович, 2003; Илья Утехин, 2001). 1990년대 말부터는 구미 학계와 러시아 연구자들 사이에 소통이 활발해지면서 최근에는 구미의 연구자들의 문제제기에 대해 러시아 역사가들이 세밀한 사료 연구를 통해 대답을 하는 모습이 두드러지게 나타나고 있다. 어떤 점에서 사회주의 도시는 역사가 된 셈이다.

3. 건축가들의 실험과 '소쯔고로드'의 무덤

1) 사회주의 도시 건축 실험에 관한 연구

사회주의 도시사를 해명하는 연구자들의 관심은 특히 사회주의 도시의 이상이 언제, 그리고 어떻게 변용되었는가에 집중되어 있다. 사회주의 건설의 시기에 건축가들, 도시계획가들, 도시이론가들에게는 새로운 도시공간에서 자신의 이념과 가치를 구체화할 가능성이 생겼으며, 실제로 1920년대와 1930년대 초까지 그들에 의해 방대한 규모의 설계안이 만들어지고 제안되었으며 구현되었다. 물론 건축가들의 실험은 주택정책에 부합하지 않았을 뿐만 아니라, 대부분의 실험이 도면 단계에서 그쳤으며 운이 좋아 공모전

---

15 소쯔고로드는 1930년대에 단일한 계획에 따라 소련에 건설된 거주지를 일컫는다.

에 발탁되었다 하더라도 재정적 뒷받침이 없어 건축되지 못하는 경우가 많았다. 그리고 건축가들은 권력의 의지에 따라 운신에서 상당한 부침을 겪었다. 예컨대, 긴즈부르그(Моисей Яковлевич Гинзбург, 1892~1946)의 경우처럼 자신의 실험적 건축을 구현할 기회를 가졌지만 대테러의 시기에 청산의 대상이 되어 한직으로 물러나는 수모를 겪는가 하면, 이오판(Борис Михайлович Иофан, 1891~1976)의 경우처럼 공모전에 당선되어 인민궁전과 모스크바대학 등을 설계하고 건설하여 스탈린 건축과 동의어가 될 정도로 출세가도를 걷기도 했다.

특히 1970~1980년대에 소련과 서방에서 큰 파장을 일으킨 '소비에트 아방가르드'에 대한 연구 결과, 학자들은 특히 1920~1930년대 초에 제기되었던 다양한 사회주의의 실험들이 스탈린체제 유지를 위해 변용되었던 과정을 추적하는 데 많은 노력을 기울이고 있는데, 그 이유는 이러한 실험들에서 건축가들이 사회주의 도시에 대해 본질적인 질문을 던지고 있기 때문이다. 실제로 도시공간에 대한 국가의 지배는 볼셰비키의 주택정책 관련 법령의 선포, 거대한 광장에 대규모 건축물과 공적 기념비의 건립뿐만 아니라, 특히 혁명 이후 소비에트 러시아의 공간에서 새로운 실험을 모색했던 구성주의(конструктивизм) 건축가들의 수많은 전시회, 프로젝트, 그리고 저작들에 반영되었다. 흥미로운 점은 이 시기에 신생 소비에트 사회주의 국가의 권력을 새롭게 정의하고 정통성을 부여하는 건축 어휘들, 즉 '산업적 효율', '추상적 기하학', '탈장식성'에 기초하는 새로운 건축 어휘들이 봇물을 이루었다는 것이다. 이러한 어휘들은 '산업화', '기계화', '공동생활'이라는 소비에트적 삶과 가치를 강조했을 뿐만 아니라 '일상생활(быт)'의 개조와 밀접한 관련이 있다는 점을 주목할 필요가 있다. 그러나 '일상생활' 담론을 촉발한 트로츠키의 언어로 이해하자면, 사회주의로의 전환은 단지 국가가 위로부터 새롭고 사회적으로 계몽된 사고방식을 부과함으로써 획득될 수 있는 것이 아니었고, 궁극적으로 '일상생활의 변화'를 통해 이루어져야만 했다(Tro-tsky, 1967: 특히 1~3장). 그에게 '일상생활'은 혁명을 성취하는 동시에 혁명을 옹호하고 심화시켜야 하는 지점이며 사회주의 체제의 건설이라는 새로운 조건에 의해 다시 만들어내야 하는 지점이었다. 이러한 주장을 염두에 두면, 사회주의적 공간을 둘러싸고 구성주의 건축가들이 행했던 실험들은 매우 독특한 의미를 지닌다. 건축가들은 새로운 거주공간이 '일상생활'을 개조하고 새로운 사회주의적 인간을 만들어낼 수 있다고 보았다. 긴즈부르그 등의 건축가들은 '코뮌의 집(дом коммуна)'이 새로운 시대를 위한 '사회적 응축기(социальныйконденсатор)'로서 기능할 수 있다고 보았으며, 이러한 생각에서 사회주의 도시계획에 관한 새로운 밑그림을 그렸고 다양한 설계안과 프로젝트를 고안해냈다.

놀랍게도 1920년대에 확고한 목소리를 냈던 건축가들의 구성주의운동은 스탈린체제의 확립과 함께 철저히 지워졌으며, 그 후 35년간 공식적인 소비에트 건축사에서 완전히 지워졌다. 서방에서의 상황도 이와 다르지 않아 1960년대 중반에 가서야 비로소 조명이 이루어지기 시작했다. 유럽의 여러 건축학파들 사이에서는 1920년대 소비에트 건축과 도시계획을 참조한 '구성주의적', '합리주의적' 계획안들이 유행처럼 나타났다. 아울러, 1926~1930년에 모스크바에서 출간된 구성주의 건축가들의 잡지 ≪현대건축(Cob-ременная Архитектура: CA)≫은 르코르뷔지에(Le Corbusier)나 바우하우스(Bauhaus)의 작품들을 대신해 근대적 건축양식의 원천으로서 선호되기도 했다(Zygas, 1992: 102~142; Brumfield ed., 1990; Paperny, 2002: 209~210; Compton, 1992: 155).

'역사의 페레스트로이카' 이후 더욱 학문적 토대 위에서 구성주의 건축가들에 대한 연구가 이루어졌다. 구성주의를 단순히 소비에트 건축의 한 양식으로서가 아니라 역사적 맥락 속에서 부각시켰던 코프(Anatole Kopp)의 탁월하고 독보적인 연구에 의해, 구성주의 건축은 비로소 역사성을 얻었다. 코프는 1917년 10월 혁명이 건설하려는 사회와 일치하는 생활환경을 만들었던 구성주의자들의 시도 가운데 특히 건축정책과 사회정책의 상호관계를 잘 드러내주었다. 모더니즘의 맥락에 있던 구성주의 건축가들의 긍정적 측면들을 부각시킨 코프와 달리, 카스티오(Greg Castillo)는 '스탈린체제'의 수립에서 구성주의 건축가들이 철저히 공모했던 부정적 측면을 부각시키는 입장이다. 다시 말해, 카스티오는 구성주의가 1932년 이후 스탈린체제에 의해 거세되었던 점보다는 오히려 다양한 규모의 사회주의 도시타운 건설계획이나 대규모 건축에 적극적으로 참여한, 스탈린체제 건설의 공모자였다고 주장한다. 한편, 앞서 2절에서 주택정책과 관련해 많은 저작을 남긴 한-마고메도프(C. O. Хан-Магомедов)는 구성주의 건축가들을 스탈린체제와 분리시킬 뿐만 아니라, 오히려 스탈린주의 건축의 '안티테제'였음을 강조하는 시각이다. 블리즈나코프(Milka Bliznakov)는 사회적 목표를 현실로 변형시킬 수 있는 유일한 행위자라고 자임하는 국가와 건축가들 사이의 긴장 관계에 주목하면서, 특히 이러한 환경에서 공동주택은 경제적 문제가 아니라 이념적 목적이 되었다고 주장한다. 이러한 일련의 연구들을 수용하면서, 부츨리(Victor Buchli)는 무엇보다도 일상생활을 변화시키고자 했던 구성주의 건축가들의 시도와 그 구체적 공간 안에 나타난 '근대성'에 무게를 두면서, 그러한 '공간'이 지니는 다중적·복합적 의미를 부각시키고 있다(Kopp, 1986; Buchli, 1999; Buchli, 1998: 160~181; Castillo, 2003: 135~ 149; Хан-Магомедов, 2007).

한국에서도 1990년대 이후 서양 건축 연구자들 사이에서 특히 1920년대와 1930년대 초반의 소비에트 건축이 매우 활발하게 소개되었다(봉일범, 2001).[16] 한국의 도시 및 주택문제에 대한 연구자들의 현실적 고민은 대규모

---

16 이를 포함해 봉일범의 '건축: 지어지지 않은 20세기' 연작시리즈 참조.

의 공동주택을 일상화한 소련의 건축에 대한 관심과 연결될 수 있었다고 추측할 수 있다. 한국의 젊은 연구자들은 아방가르드 예술가 타틀린(Владимир Татлин), 리시쯔키(Лазарь Лисицкий), 체르니호프(Яков Чернихов)를 비롯해 1920년대 구성주의 연구의 대가인 코프의 책을 번역했는데, 이것은 매우 중요한 성과라고 할 수 있다(Milner, 1996; Tchernykhov, 1993; 엘 리시츠키, 1993; Kopp, 1993). 그런데 건축가들의 연구에서 구성주의는 대부분 건축양식으로서 부각되며, 건축물이 당대의 역사적 상황과 맺는 상호관계의 맥락이나 역사성에 대해서는 설명이 충분하지 않다는 점이 아쉬움으로 남는다(이기호·박두용, 1992: 161~164; 전영훈·김광현, 1997: 147~156; 손봉균·이희봉, 2004; 장지연·서지은·김종하·이정호, 2005: 267~270; 정인하·이광노, 1987: 85~88).

최근에는 부츨리의 연구를 통해 긴즈부르그가 '재무인민위원부(Наркомфин)' 직원들을 위해 건설한 '돔-콤무나'에 대한 조명이 이루어졌는데, 매우 큰 성과의 하나로 지적되고 있다. 그동안 돔-콤무나 건설계획안은 스탈린체제에 의해 폐기되었기 때문에 그 전모를 알 수 없었을 뿐만 아니라, 소련 해체 이전에는 자료의 부족으로 건축물 자체를 총체적으로 이해할 가능성이 없었다. 그리하여 어떤 경우에는 단지 절묘한 구성주의적 건물로서 묘사되었으며, 어떤 경우에는 스탈린주의와의 상관관계를 언급하지 않는가 하면(Хан-Магомедов), 어떤 경우에는 유럽 모더니즘에 준 영향과 돔-콤무나의 통일적이고 완결된 모습이 부각되는 경향(Jean-Louis Cohen)이 있다(Buchli, 1998: 160~161). 가장 최근에 애트우드(Lynne Attwood)는 새로운 사회주의 공간, 공/사 영역에서 젠더적 질서가 불평등하게 재구성되었다고 주장하는데, 그에 따르면 갈등적 관계는 가장 이상적 사회주의적 공간이라 불리던 돔-콤무나에서도 예외가 아니었다(Attwood, 2009: 특히 4~5장).

2) 사회주의 도시 건축 실험과 권력의 관계에 대한 연구

분명, 건축은 브럼필드가 지적했듯이, 과거의 정치, 경제, 사회, 문화의 측면을 확인해주는 인공적 산물이며, 건축물이란 인간에 의해 구성된 개념적·물질적 세계 전체라는 점을 고려해야 한다. 이런 맥락에서 건축을 사회적·물질적 맥락으로부터 고립시키는 것은 바람직하지 않다. 이러한 점을 염두에 두면, 메예로비치, 코니셰바, 흐멜니쯔키가 최근에 발간한 소쯔고로드(사회주의 도시의 약어, соцгород)에 대한 연구서는 각별한 인상을 준다.[17] 저자들은 소비에트 러시아의 도시사에서 가장 놀라운 시대의 하나인, 급속한 산업화와 도시화의 시기를 다루고 있다. 이 시기에는 매우 많은 도시들이 소련의 지도 위에 나타났고, 소쯔고로드 또는 사회주의 이주(соцрасселение) 논쟁으로 알려진 미래의 사회주의 도시의 계획에 대한 열띤 논쟁이 부각되었던 시대이다.[18]

1929~1931년에 건축가, 공학자, 경제학자, 위생학자, 정치가 등은 사회주의 도시의 이념을 염두에 두고 사회주의적 신도시 건설과 신도시로의 이주는 어떤 것이어야 하며, 어떤 유형의 주택이 새로운 일상생활의 원칙을 더

---

17 Марк Меерович, Евгения Коньшева, Дмитрий Хмельницкаий, *Кладбище соцгородов: Градо-строительная политика в СССР 1928~1932 гг.* Москва: РОССПЭН, 2011. (뒤에서 *Кладбище соцгородов*로 약칭)

18 이 용어들은 역사 연구에서 널리 쓰인다. 즉, 하자노바는 '사회주의 도시논쟁'이라고 쓰고 있고(Khazanova, 1980 참조), 반면에 흐멜니쯔키는 '사회주의 이주논쟁'이라고 쓰고 있다(Khmelnitskii, 2007 참조). 소비에트 아방가르드 건축의 연구자 한-마고메도프는 1923~1924년에 일어난 제1차 도시계획논쟁에 뒤이어 일어났다고 해서 제2차 도시계획논쟁이라고 쓰고 있다. 이 논문에서는 1929~1931년의 사회주의하에서 미래 도시의 형태에 관해 도시주의자(urbanist)와 탈도시주의자(de-urbanist) 간의 이론 논쟁을 언급하기 위해서 '사회주의 도시논쟁'이라는 용어를 쓰겠다.

잘 구현할 수 있을 것인가에 대해 논쟁했다. 이러한 논쟁에 대해서는 그동안 다양한 건축사 연구자들이 많은 연구를 해왔는데(Kopp, 1970; Paperny, 2006; Hudson Jr, 1994; Bliznakov, 1976), 메예로비치 등 3인의 저자가 공동으로 발간한 이 책은 그동안의 연구에서는 언급되지 않은 많은 주제들을 부각시킨다. 예컨대, 사회주의 도시라는 사상이 도시정책으로 어떻게 전환되었는지, 새로운 법률을 만든 사람들은 누구인지 등은 그동안 거의 알려지지 않았다. 그동안 연구자들은 이러한 사상들의 운명이 어떻게 되었는지, 그리고 그 사상들이 정책 입안자와 실무자들에게 어떤 영향을 미쳤는지에 대해서는 피해왔다고 해도 과언은 아닐 것이다. 또한 제1차 5개년 계획의 시기에 건설된 많은 다른 도시들에 대한 사례 연구가 진행되고 있음에도 불구하고 (Samuelson, 2011; Stronski, 2010; Budantseva, 2008), 사회주의 도시의 건설 이론과 그 실천에 관한 연구는 아직 진행되지 않았다.[19]

3인의 저자가 이 공백을 완전히 메웠다고 보기는 어렵지만, 그것은 자본주의 도시와는 절대적으로 다른 새로운 형태의 도시, 즉 사회주의 도시에 관한 관념이 어떻게 생겨나 꽃을 피우고 사라졌는지를 보여주며, 엄청난 규모로 생겨난 신도시 건설의 역사를 보여준다. 그들은 사회주의 도시계획에 관한 논쟁은 1920년대 말의 도시정책 수립의 맥락 안에서 그리고 도시 건물 관행과 연관해 연구되어야 한다고 주장한다. 그들은 전에는 널리 알려지지 않았던 새로운 자료들, 즉 프로젝트와 간행물들뿐만 아니라 공식 자료와 국가위원회 회의의 주요 법령, 논쟁에 참가한 건축가와 관료들 개인의 문서고, 설계와 건물 관행의 증거들을 사용했고, 그 결과 새로운 도시로의 인구 이주

---

19 연구자들의 지적에 의하면, 1928~1954년의 소비에트 도시주의(urbanism)의 이론과 실천을 나란히 비교하려는 첫 시도는 Day(1998)에서 이루어졌다. 그런데 소비에트 도시주의에 대한 더 이른 설명은 Bater(1980)에서도 발견된다.

와 정착, 새로운 정착계획에서부터 도시건설의 입법상의 토대와 같은 내용을 제시했는데 전혀 알려지지 않은 내용이 해명되었다. 3장은 신도시 인구의 적정 규모에 관한 설계공식이 어떻게 바뀌었는지의 문제, 5장은 도시건설을 위한 지역 선정의 가이드라인, 도시계획을 위한 입법상의 토대, 6장은 신도시건설 계획, 7장은 대규모 주택의 유형화를 다룬다. 이러한 새로운 주제들은 제1차 5개년계획의 도시건설을 이해하는 데 본질적인 주제로서, 급속한 산업화 우선 정책과 그 당시 도시계획 비전과 건물 관행 사이의 격차가 실제로 도시건설에서 얼마나 많은 어려움이 있었는지를 자세히 그려내고 있다.

홍미롭게도 저자들은 다양한 건축가들의 프로젝트와 계획서는 "권력자들에게 전혀 쓸모없는 것으로 판명되었다"고 주장한다. 그들은 결론짓기를, 소비에트 권력은 주택 부족을 해결할 의도도, 당시의 슬로건이나 강령에 나오듯 새로운 일상생활의 원칙을 수행할 의도도 없었다는 것이다.[20] 저자들에 따르면, 도시정책은 강제적 산업화 계획과 밀접히 연관되었고 인구를 조작하고 인력 자원을 관리하기 위한 수단이었다.[21] 따라서 1920년대 말과 1930년대 초 긴즈부르그 등의 구성주의 건축가들 사이에서 나온 논쟁, 예컨대 도시주의자와 비도시주의자 사이의 논쟁을 비롯해 고도의 전문적이고 논리적인 건축가들의 작업에 대해 "당국은 전혀 관심도 없었을 뿐만 아니라" 그것이 "쓸모없었다는 점"에 있었다.[22] 저자들은 도시정책이 이미 상층

---

20 Марк Меерович, Евгения Коньшева, Дмитрий Хмельницкаий, *Кладбище соцгородов*, с. 35

21 Марк Меерович, Евгения Коньшева, Дмитрий Хмельницкаий, *Кладбище соцгородов*, с. 10.

22 Марк Меерович, Евгения Коньшева, Дмитрий Хмельницкаий, *Кладбище соцгородов*, с. 227.

부에서 초안이 만들어졌고 전문가들의 의견은 무시되었다고 쓰고 있다. 결국, 그것은 도시계획의 내용을 갖지 못했으며, 제1차 5개년계획 시기에 건설된 신도시들에서는 1920년대의 전문가들에 의해 토의된 어떤 사상도 실현되지 않았다. 그들의 주장에 따르면, 공동생활, 탈도시화 사상은 그저 탁상의 서류로 남았고, 결국 산업화를 목적으로 우후죽순으로 공장 근처에 건설한 신도시들은 국가의 전체주의적 의도를 대변하며 강제수용소 시스템을 연상시킨다고 주장한다.

그럼에도 그들의 연구가 흥미로운 것은 건축의 측면에서 러시아제국과 소비에트 국가에 연속성이 있다고 주장하기 때문이다. 예컨대, 저자들은 규제를 포함하는 도시계획에 관한 '내무부 명령 184조'가 새로운 것이 아니며, 이미 20세기 초 러시아에 널리 알려졌던 '전원도시' 모델에서 아이디어를 가져온 것으로서, 혁명 전에 훈련받은 건축가들에 의해 1920년대에 선전되었다고 지적한다.[23] 쿠크(Catherine Cooke)도 이와 비슷한 주장을 한 바 있는데, 그의 연구에 따르면 1920~1930년대 초에 건축가들 사이에서 적어도 세 가지 대안이 논의되었다. 도시주의, 비도시주의, 전원도시가 그것인데, 쿠크는 소련 당국이 1930년대 초에 채택한 것은 바로 마르크스-레닌주의 원칙에 의해 강화된 전원도시 계획수정안이었다고 주장했다(Cooke, 1978: 362). 데이(Elam Day) 역시 그러한 주장을 해왔다. 즉, 제정러시아 말기에 하워드(Sir Ebenezer Howard)의 '전원도시' 모델을 러시아 사회에 알린 건축가들 중 하나는 바로 블라디미르 세묘노프(Vladimir Semenov)인데, 그가 1935년의 그 유명한 '모스크바 도시계획'의 원칙을 만들어내는 데 중요한 역할을 했다는 것이다. 널리 알려져 있듯이, '모스크바 도시계획'은 1930~1950년대에 소

---

23 Марк Меерович, Евгения Коньшева, Дмитрий Хмельницкаий, *Кладбище соцгородов*, с. 108~109.

련에서 널리 복제된 도시계획 모델이었다.

어떻게 보면 건축가 세묘노프의 경우는 자신의 아이디어를 새로운 국가 정책으로 전환하는 데 성공했다고 말할 수도 있지만, 대부분의 경우에 건축 전문가와 국가 권력 사이에서는 매우 복잡한 동학이 나타났다. 특히, 3인의 연구에서, 저자들은 중앙 권력, 해당 지역의 당 관료, 그리고 공장 책임자 사이의 심각한 갈등을 언급하는데, '마그니토고르스크'를 그 중요한 근거로 제시하고 있다.[24] 이것은 다른 연구들에서도 공통으로 지적되는 문제이다. 스트론키(Paul Stronski)는 타슈켄트 건설에 관한 글에서, 1930~1950년대에 중앙과 해당 지역의 권력 당국, 중앙계획뷰로, 지역 건축가들, 도시건설 과정에 들어온 사람들 간의 갈등을 통해 그러한 예를 보여주고 있다.

이상의 연구에서 어떠한 결론을 낼 수 있을까? 최근 스탈린주의에 관한 수정주의 연구, 그리고 새로운 공간학 연구자들의 문제의식에 기대어, 다음과 같은 두 가지 비판을 할 수 있을 것이다. 첫째, 사회주의 도시 건설 과정은 위로부터(권력의 명령에 의해) 또는 아래로부터(전문가 집단) 일방적인 것이 아니라 중앙-지역 차원의 다양한 기관들과 여러 다른 전문가들 사이에 일련의 '타협 과정'이었다고 주장할 수 있다. 물론, 연구자들마다 주장의 편차가 있다. 스탈린의 도시 및 주택 계획과의 관계에서, 구성주의 건축가들을 공모자로 또는 희생자로 보는 주장도 나타난다. 메예로비치 등은 사회주의 도시 건설 과정에서 정치권력의 개입 문제를 과대평가하는 경향이 있으며, 따라서 도시계획과 도시건설에서 전문 건축가들의 책임 여부를 전혀 문제삼지 않는다. 이러한 태도는 1917년 이후 1991년까지 '현실사회주의' 프로젝트에 기초해 사회주의 도시를 건설하던 시기에 나타난 복잡한 타협의 과정

---

24 Марк Меерович, Евгения Коньшева, Дмитрий Хмельницкий, *Кладбище соцгородов*, с. 136~137.

들을 연구할 여지를 주지 않는다. 오히려 스탈린과 국가의 전체주의적 개입의 측면을 강조하기보다는, 건축가들이 자신의 아이디어를 정책으로 연결시키는 데 있어서 어떻게, 그리고 왜 실패했는지를 더욱 자세히 드러내는 것이 생산적일 수 있다. 이렇게 할 때, 1920~1930년대 구성주의 건축가들을 포함한 건축 전문가들이 사회주의 도시를 달성하기 위해 시도한 창의적 실험 전반에 대해 성찰적 연구가 이루어질 수 있을 것이다. 둘째, 사회주의 도시 건설 과정은 단일하지 않았으며, 종종 전문가들의 능동적 참여가 적중하기도 했다. 이와 달리, 메예로비치 등은 1920~1930년대의 도시정책에서 건축가들이 철저히 배제되었다고 기정사실화하는 한편, 이 시기의 도시 건설정책이 불행히도 장기적으로 전체주의적 도시 관리의 관행을 낳았을 뿐만 아니라, 오늘날 러시아의 도시건축과 도시계획에 존재하는 문제들을 미리 결정지었다고 결론짓는다.[25] 그러나 최근의 연구는 사회주의 도시사와 건축사가 단일하지 않았으며, 보리스 이오판, 블라디미르 세묘노프 등 일부의 건축가들은 1930년대의 정책 결정에 참여했을 뿐만 아니라 제2차 세계대전 이후 도시정책에서 중요한 변화들을 이끌어내도록 선전했음을 보여준다(Day, 1998; Harris, 2003). 한편, 흐루쇼프 시대의 주택 인프라 기금의 증가는 잘 알려져 있는데, 이 시기의 주택개혁은 소비에트 주택 형성의 전개 과정과 사회주의 도시 형성을 이해하는 데 중요한 의미가 있다. 더욱이, 최근의 사회주의 도시의 역사에서 1920~1930년대와 1950~1960년대는 서로 연속성이 있는지 또는 완전히 단절적인지 좀 더 자세히 분석할 필요가 제기되고 있다.[26]

---

25 Марк Меерович, Евгения Конышева, Дмитрий Хмельницкий, *Кладбище соцгородов*, с. 231.

26 최근의 한 연구는 스탈린 시대에 대한 전통적 견해에 도전하면서, 스탈린 사후의 주택정책과의 일정한 연속성을 강조한다(Smith, 2010).

4. 나가며

이 글은 서론에서 사회주의 이념과 실제의 괴리, 그리고 소련이라는 현실 사회주의 체제의 해체로 인해, 사회주의 도시의 존재 여부에 대해 매우 상반된 입장이 있었다는 점을 지적했다. 이 글의 문제의식은 사회주의 도시 공간이 당-국가 권력과 건축 엘리트 사이에서 어떻게 변형되는지를 살펴봄으로써, 사회주의 도시 공간이 지니는 독특한 가치들이 어떻게 형성되었으며, 소비에트 러시아의 경험 공간 안에서 어떻게 왜곡되었는지를 해명한 연구사를 정리해보는 데 있다. 그를 위해 2절에서는 당-국가의 주택정책을, 3절에서는 새로운 사회주의 공간을 위한 건축가들의 실험 작업을 확인했다. 아래에서는 각 절의 내용을 요약하고, 1920~1930년대에 '주거공간의 근대성'을 염두에 두고 소련 건축프로젝트 공모에 나섰던 유럽 건축가들의 행보에서 나타나는 대안으로서의 '사회주의 도시'가 지닌 함의를 언급하면서 결론을 대신하고자 한다.

사회주의 도시는 19세기 유럽의 산업화와 자본주의의 전개 과정 속에서 '자본주의 도시'가 지닌 일반적 열악상, 즉 높은 인구밀도, 주택의 부족, 더러운 위생 상태를 벗어날 수 있는 '대안 도시'로서 제기되었다. 이것은 19세기 말 20세기 초에 유럽의 건축가들 사이에서 제기된 다양한 대안 도시들, 이 시기에 건축가들에 의해 광범위하게 진행된 국제주의의 연대 속에서 사회주의 도시공간과 사회주의의 이념을 결합하려는 많은 시도들과 부분적으로 유사한 맥락이 있었다.

사회주의 도시가 성공할 수 있는 관건은, 레닌의 설명에 따르면, 사회주의 혁명의 성공, 도시-농촌의 반목 철폐, 가족의 소멸 등과 같은 더욱 원대한 문제들과 연관되었다. 레닌은『국가와 혁명』에서 "전체 인민의 소유인 주택을 개별 가족들에 임대할 때 임대차의 집단화, 어느 정도의 통제, 주택 분배에 대한 어떤 기준의 설정 등이 전제되어야 한다"고 지적하면서, "이 모든 것이 어떤 국가 형태를 필요로 하지만, 그렇다고 그것이 특권적 지위를 누리는 관료들로 이루어진 특수 군대나 관료기구를 필요로 하는 것은 아니라"고 주장했다(레닌, 1998: 77).

그런데 2절에서 살펴보았듯이 1917년 혁명의 성공과 함께 마르크스-레닌의 이념 위에서 세워지고 조직된 사회주의 도시에서 주택은 즉시 다른 대부분의 생필품과 마찬가지로 국가가 분배해주어야 하는 '공공선'의 대상이 되었고, 결국 1920년대 후반에 가면 도시에서 콤무날카를 근간으로 하는 '주택정책'은 주민에 대한 '통제-감시'의 수단이자, 하나의 '사회제도'로 확고하게 자리 잡았다. 그런데 2000년 이후에 나온 최근의 연구들은 통제와 감시의 규범과 사회적 규율에서 벗어나고자 했던 소비에트 시민들의 일탈과 파격의 행보를 보여줌으로써, 주택정책을 통한 통제 시스템에 '균열'의 여지가 있었다고 주장한다. 또한 3절에서 보았듯이, 당-국가 권력과 건축 엘리트 사이의 관계에서 1930년대로 가면 전자가 과도한 권력 행사를 함으로써 장기적으로 전체주의적 도시 관리의 관행을 낳는 등 현재의 도시 문제를 사전 규정하는 측면도 있음을 확인했다. 사회주의 도시는 확실히 자본주의 도시가 자본의 이해관계와 밀접하게 연동했던 것과 달리, 당-국가의 판단과 우선지원 등 계획경제와 사회주의 발전 전략에 의한 것으로서, 당-국가가 투자의 규모, 산업 부문, 개발 공간의 대상 등 모든 것을 결정한다. 그렇지만 소비에트 러시아라는 역사적 공간 속의 사회주의 도시는 "사회주의 의식이 완벽한 사회주의 사회를 달성하는 데 필요한 환경을 최고로 발전시킬 수 있는 장소"(French and Hamilton, 1979)였다기보다는 현실적 목적에 따라 끊임없이 수정되는 유동적인 공간이었다.

그러나 20세기 전반기에 사회주의 도시의 '공간 구조'를 통해 사회주의적 인간을 '만들어낼 수 있다'는 믿음이 소련을 벗어나 유럽의 다른 연구자들에게서도 공유되었다는 점을 강조할 필요가 있다. 그 가운데서도 사회정치적 격변의 시기에 건축의 사회적 역할을 확신하고 건축을 현대사회의 해악을 알리는 중요한 수단으로서 인식했던 르코르뷔지에, 긴즈부르그 등 건축가들의 행보는 각별한 의미를 지닌다고 판단된다. 실제로 19세기 말의 전환기에 급격한 산업화와 아울러 무질서하게 성장한 도시들의 상황, 즉 주택 부족, 위생의 위기, 건축상의 혼돈 등의 열악한 상황을 벗어나기 위해 '주거공간의 조직'이라는 주제가 중요하게 대두되었고, 그것은 도시행정을 담당하는 정부 관료들에서부터 건축가들에 이르기까지 기존의 도시 모델을 재검토하도록 자극했다. 특히 혁명 이후 소비에트 권력 당국에 있어 사회주의적 건축은 자본주의 사회와 확연히 다른 사회주의적 인간을 만들어내는 관건이 되었고, 따라서 다양한 실험적 건축이 시도될 수 있었다. 르코르뷔지에가 1930년대에 모스크바를 몇 차례 다녀오고, 이 시기에 소련의 아방가르드 구성주의 건축가들이 그의 이론에 조응하는 다양한 프로젝트를 구성할 수 있었던 것은 이런 연유에서 비롯된다고 할 것이다.

소비에트 러시아의 모스크바와 레닌그라드와 같은 사회주의 도시에서 펼쳐진 격동의 역사에 대해 객관적이 되기는 쉽지 않을 것이다. 특히 20세기 초에 혁명에 성공하고 그 세기의 끝과 함께 해체된 소련처럼 역동적 변화를 겪은 사회의 경우는 더욱 그렇다. 건축은 종종 그것이 건설되었던 체제의 장점 위에서 판단되기 마련이고, 스탈린시대의 건물과 아방가르드의 건물들을 포함해 소비에트시기의 주택정책과 건축가들의 대대적인 실험 속에 구축된 사회주의 도시의 성격에 대한 평가는 그런 점에서 논쟁적인 것도 사실이다. '현실사회주의 체제'는 종료되었지만, 아직 사회주의에 대한 향수는 남아 있다. 이 시기의 다양한 실험들은 비록 과거의 유산이 되었지만, 한때 새로운 가능성을 모색했던 인간들의 축적된 경험과 기억으로 여전히 그 역사적 함의를 담고 있다. 아울러 분리된 개별 공간, 소통하는 공간으로서 공

동의 공간, 동선을 줄이는 구성 등은 오늘날에도 여전히 중요한 근대적 의미
를 지닌다.

제6장

파리인가 모스크바인가?[*]
바르샤바(Warsaw)의 건축가들 그리고 1950년대 현대 도시의 이미지

데이비드 크롤리 | 안호균 옮김

1. 들어가며

1934년 건축가 스지몬 시르쿠스(Szymon Syrkus)와 얀 크밀렙스키(Jan Ch-mielewski)는 현대건축운동포럼의 근간이자 현대건축국제위원회(CIAM)[1]의

---

[*] 이 논문의 저자 데이비드 크롤리(D. Crowley)는 영국 런던 소재 로열 칼리지 오브 아트(Royal College of Art)의 대학교수이며, 예술과 디자인 비평가이다. 이 논문은 미국 조지타운대학이 발행하는 학술지 *Kritika: Explorations in Russian and Eurasian History*, Vol.9, No.4(2008)에 실린 글로서 북한도시사연구팀은 저자 크롤리와 *Kritika* 편집장인 캐롤린 파우시(Carolyn Pouncy)로부터 한글번역 출판 승인을 받았다. 이 논문의 원저작권(Original Copyright)은 *Kritika*에 있음을 밝혀둔다.

1 역주: CIAM(Congrès internationaux d'architecture moderne)은 1928년 스위스에서 창립해 1959년 해산할 때까지 전 세계 건축계에 엄청난 영향력을 발휘한 모더니즘 건축운동 단체이다. 당대 유명한 건축가들로 조직된 이 단체는 '사회적 예술로서의 건축'이라는 기치를 내걸고 모더니즘 건축의 원칙을 정립했을 뿐 아니라 이를 도시경관, 도시계획, 산업디자인 등 많은 분야에 확산하기 위해 노력했다. 1933년 제4차 총회는 모스크바에서 열릴 예정이었으나, 소련 측이 모더니즘 원칙을 저버렸다고 보고,

선출직 집행 기구인 현대 건축의 문제 해결을 위한 국제위원회(International Committee to Resolve Problems of Modern Architecture) 회의석상에서 바르샤바의 미래에 대한 자신들의 계획을 발표했다. '기능적 바르샤바(Warszawa Funkcjonalna)'를 기치로 내건 이들의 비전은 마치 활짝 펼쳐진 지도 마냥 폴란드 전역으로 확대되었으며, 심지어 국제적인 규모에 다다르게 된다(〈그림 6-1〉, Kolanowska, 1981: 49~63). 도시가 갖춰야 할 기능들은 광범위한 변화가 전역에 걸쳐 배치되었으며, 향후 부도심 개발 등에 활용될 수 있는 부지들도 더불어 선정되었다. 근대 커뮤니케이션의 원리에 입각해, 파리에서 출발해 모스크바를 거쳐 우랄 산맥에 이르는, 이른바 '대륙을 가로지르는 커뮤니케이션의 중심'으로서 동서유럽을 연결하는 바르샤바의 지정학적 특성이 특히 부각되었다. '기능적 바르샤바'는 고정된 요소들을 바탕으로 도시의 형태를 구성하려 하기보다는, 광범위한 도로, 철도, 그리고 수로 네트워크를 통해 도시 및 국가의 경계를 점차 허물어뜨리는 것을 그 목표로 했다. 바르샤바는 유럽 내에 위치한 여러 도시들 가운데 하나가 되려던 것이 아니었다. 바르샤바는 다름 아닌 유럽 그 자체가 되고자 했던 것이다. 이는 국제 모더니즘에 대한 믿음을 표현한 의기양양한 선언이었다(이런 이유로 이 선언은 러시아어는 아니었어도, 독일어, 영어, 그리고 프랑스어로 번역되어 팸플릿으로 출간되었다). 저자들은 "우리의 계획은 유토피아의 영역에 놓여 있다"라고 인정한 바 있다. 이들이 지닌 비전을 실현하기 위해서는 사람들 사이의 원활한 지적 교류가 필요했지만, 국가적·개인적 이해관계는 이를 가로막았다. 시르쿠스와 크밀렙스키의 원대한 계획이 실제보다 훨씬 더 유토피아적인 것으로 비쳐진 것은 제2차 세계대전 이후 새롭게 나타난 이념적 분화 때문이었다. 파리나 우랄 산맥은 서로 연결된 경로상의 두 지점이라기보다 마치 서

대신 마르세유에서 아테네로 가는 선상에서 개최한 일도 있다.

그림 6-1 스지몬 시르쿠스와 그의 현대 건축의 문제 해결을 위한 국제위원회 소속 동료
들이 제시한 '기능적 바르샤바'를 위한 일러스트레이션

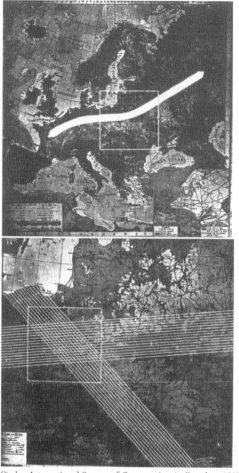

자료: Circle—International Survey of Constructive Art(London, 1937).

로 대척점에 놓인 극지방처럼 느껴지게 되었다. 이제 이들 두 건축가가 그
린 도면들은 마치 붉은 군대의 서유럽 진군이나 나토(NATO)군의 소련 침공
을 그린 비공개 비밀 계획처럼 보이게 될 지경이었다.

파리일까 모스크바일까? 이 논문을 읽어나가다 보면, 이들 두 도시 모두 전후 폴란드 건축가들에게 블랙홀과 같은 매력을 발산하고 있었음을 알게 될 것이다. 건축가들은 1950년대에 프랑스와 소련의 수도를 방문함으로써 현대 도시가 택할 수 있는 각기 다른 형태를 이해하고자 했다. 견학 목적의 이러한 방문은 분명한 역사적 맥락 속에서 이루어진 것이었다. 폴란드 지성계는 흡사 원심력에 이끌린 듯 해외로 눈을 돌렸는데, 19세기 중반 이래로 폴란드 건축가들은 러시아와 프랑스(혹은 유럽 다른 지역)를 찾아가 자신만의 경력을 쌓기 위해 힘을 쏟았다. 상트페테르부르크(St. Petersburg)에서 수학한다거나, 프랑스 건축가의 작업실에서 연수하는 것은 직업적이고 문화적인 자산을 축적하는 한편 전문지식을 습득할 수 있는 방법으로 여겨졌다. 1918년 폴란드가 독립한 뒤, 폴란드 지성계는(비록 건축 및 미술 분야의 폴란드 모더니스트들이 1920년대 내내 소비에트 아방가르드와 밀접히 연관되어 있었다는 사실을 간과할 수는 없지만) 친프랑스 반러시아 정서에 휩싸이게 된다.[2] 1945년 이후 파리는 서구 근대화의 심장부로서의 위상을 상실하게 된다(Guilbaut, 1983). 그럼에도 폴란드 건축가들에게 파리는 여전히 커다란 매력을 발산했다(Murawska, 2002: 250~261). 야망과 지적 호기심으로 가득 찬 젊은 건축가들은, 그 수가 많지는 않았지만(물론 다른 동유럽 국가 출신들을 능가하긴 했지만), 전후 기간 내내 지속적으로 파리를 방문했다. 오스카 한센(Oskar Hansen) 역시 이들 가운데 한 사람이었는데, 1948년 프랑스 정부 장학금을 수여받고 파리에 위치한 저명 모더니스트 건축가 피에르 쟈느레(Pierre Jeanneret)의 스튜디오에 초대된다. 그는 향후 2년여 동안 형성하게 될 인적 네트워크를 바탕으로 시르쿠스 및 크밀렙스키를 비롯한 일군의 전

---

2 20세기 바르샤바와 모스크바 사이의 문화적 유대관계, 특히 예술적 아방가르드에 관해서는 *Warsaw-Moscow/Moscow-Warsaw, 1900~2000* (2004)을 참조할 것.

도유망한 폴란드 건축가들을 대표하는 인물로 떠오르게 된다. 1920년대 이래로 이들 건축가들은 CIAM을 바탕으로 서유럽 건축가들과 공고한 유대 관계를 수립했다(Newman, 1961: 191). 돌이켜 보건데 한센에게 가장 강력한 인상을 남겼던 것은 그가 쟝느레의 스튜디오에 머물면서 받았던 수련이 아니라 그가 경험한 거리에서의 삶이었다. "내가 1950년대 초 파리에서 지낼 때, 나는 팡테옹(Pantheon) 뒤편의 무프타흐가(街)(Rue Mouffetard)에 살고 있었다. 그것은 진정 열린 형태의 거리였으며, 마치 보석과도 같았다. 거리가 움직이는 방식은 정말 매력적이었는데, 상인들은 자신들의 상품을 바닥위에, 다름 아닌 길거리에 그냥 늘어놓곤 했다. 사람들은 그 주변을 돌아다니기만 하면 되었다. 정말 여유가 넘치던 시절이었다"(Interview with Hans Ulrich Obrist and Philippe Parreno in Domus, December 2003: 22).

1950년대에 파리를 방문했던 다른 폴란드인들과 마찬가지로, 한센 또한 이른바 헤테로토피아(heterotopia)라 부르기에 손색없는, 기회, 감성, 그리고 역동적인 사람들로 가득 찬 인상적인 세계를 경험했던 것으로 보인다.[3] 1950년 고국으로의 귀환에 즈음하여 한센은 자신의 '열린 형상 이론(Open Form theory)'을 통해 폴란드 지성계에 중대한 영향을 미치게 되는데, 여기에 대해서는 뒤에서 다시 살펴보고자 한다. 탈스탈린화가 정점에 이르렀던 1957년 바르샤바에서 출판된, 성명서 성격의 이 저작은 파리가 가져다준 '산물'이라 할 수 있는데, 행동에 기반을 둔 사상이라는 전후 실존주의의 모토에서 그 근거를 찾을 수 있기 때문이다(Hansen, 1957: 5).

1945년 이후 모스크바 역시 무시 못 할 영향력을 행사하며, 야심만만한 폴란드인들의 관심을 불러일으키게 된다. 건축가들과 도시설계자들도 예외는 아니었다. 물론 폴란드인들이 웅장한 도로들과 사회주의 리얼리즘 기념

---

3 헤테로토피아적 도시에 대한 생각에 관해서는 Hetherington(1997)을 참조할 것.

물들로 치장된 모스크바에 '끌렸던' 데에는 상당한 정도의 압력이 작용했음은 이미 널리 알려진 사실이다. 소비에트 모델이 절대적 영향력을 행사하던 시기인 1950년대 초반 공산당 내 '예술전문가들(aesthetes)'은 모스크바를 닮은 바르샤바의 모습을 상상하고 있었다(Bierut, 1986). 그리고 그 중심에는 소비에트의 건축가들이 모스크바의 고층건물들과 똑같은 청사진을 활용해 건설한 문화과학궁전(Palace of Culture and Science)이 자리 잡고 있었다. 사회주의 리얼리즘 건축에 대해 설명한 자신의 대표적 저술을 통해 블라디미르 파페르니(Vladimir Paperny)는 바르샤바 및 리가(Riga)의 이른바 '스탈린식 건물들'은 모스크바의 '결혼식 케이크' 스타일 마천루의 확대 재생산에 불과하다고 지적한 바 있다(Paperny, 2002: 116). 스탈린이 하사한 '선물'이 중심에 놓인 새로운 바르샤바는 분명한 특징과 이에 따른 확실한 질서를 갖게 된 것이다. 이것은 건축적 결정론을 드러내는 것으로서, 여기에서 건축적 질서 및 사회적 질서는 생략되어 찾아볼 수 없게 되어버린다. 이러한 맥락 속에서 바르샤바는 다른 어떤 활동도 아닌, 오직 한 가지 활동이 벌어지기에 가장 적합한 장소로 떠오르게 되는데, 이는 다름 아닌 대중 집회였다. 실제로도 새로운 바르샤바에는 이러한 목적에 딱 들어맞는 공간이 만들어졌는데, Plac Defilad, 즉 퍼레이드 광장이 바로 그것이다(〈그림 6-2〉).

유쾌한 무정형의 군중들로 가득 찬 무프타흐가(街)와 질서정연한 가두 행진 참가자들로 메워진 퍼레이드 광장은 근대 도시에 관한 두 가지 서로 상반된 관념을 여실히 드러낸다. 하나는 유토피아적 도시의 이미지로, 흠 잡을 데 없는 투명한 공간에 대한 이상을 토대로 한다. 그리고 다른 하나는 이것의 헤테로토피아적 그림자로서, 불확실성과 불안감으로 가득 차 있다. 이들 두 관념 모두 서유럽이 지닌 지적 전통에 그 깊은 뿌리를 두고 있다. 전자의 경우 토마소 캄파넬라(Tommaso Campanella)나 에티엔-루이 부이(EtinneLouis Boullee) 같은 17~18세기 선각자들이 제시한 도시와 건물의 이상향에서 그

유래를 찾을 수 있다. 한편
후자의 경우 더 가까운 시
기 도시시학의 한 부류라
할 수 있는데, 샤를 보들레
르(Charles Baudelaire), 게
오르그 지멜(Georg Simmel),
그리고 발터 벤야민(Walter
Benjamin) 등의 저술에서
그 사례를 발견할 수 있다.
하지만 이처럼 서로 다른
두 가지 관념은 1945년 폴
란드의 재건, 특히 폐허로
변한 바르샤바의 재건이라
는 특수한 환경 속에서 현
실로 옮겨지게 된다. 이러

그림 6-2 1955년 바르샤바 Plac Defilad의 행진

자료: Palac Kultury i Nauki im. Jozefa Stalina, Warsaw 1955.

한 대규모 공공 프로젝트는 폴란드와 소비에트식 사회주의의 역동성을 생생
히 보여주기 위해 추진된 것이다.[4] 1950년대 초반에는 바르샤바의 헤테로토
피아적 이미지가 억눌려 있었지만, 그렇다고 완전히 사라진 것은 아니었다.
파리, 좀 더 정확히 말하자면 파리가 구현했던 서구 근대화의 이미지는 바르
샤바의 발전에 지속적인 영향을 주었다. 서구의 영향을 억제하려는 소비에
트의 노력에도 불구하고, 코스모폴리탄으로서의 세련미 그리고 이에 수반되
는 예술적·지적 자유의 '본향'으로서 파리는 건축가들에게는(이 점에서는 화가
및 작가들도 마찬가지였는데) 여전히 매력적인 존재였다.[5] 더구나 한센은 공간

---

4 바르샤바 재건에 대한 폭넓은 연구 자료를 원한다면 Crowley(2003)를 참조할 것.

과 운동에 대한 괄목할 만한 이론을 창조해냈는데, 이는 파리와 모스크바 사이에 존재했기에 만들어낼 수 있는 결과물이었음에 틀림없다.

1940년대 후반 폴란드인민공화국(People's Republic of Poland)의 수립과 더불어 등장한 동쪽(소비에트)을 우선시하려는 움직임 속에 폴란드 건축가들은 그들이 전통적으로 견지해왔던 서구 지향적 태도를 억누르거나 숨겨야만 했다. 물론 이때 '서구'라는 표현은 관념적 혼합물로서 폭넓은 의미를 아우를 수 있다. 이 글에서 살펴보고 있는 건축적 아이디어 및 관행의 배경이 되고 있는 냉전 상황하에서 서구에 대한 연상을 불러일으키는 모든 활동은 자동적으로 소비에트식 동유럽에 대해 언급하는 것으로 간주될 수밖에 없었다. 이러한 배경에서 서구는 공간적·지정학적 범주일 뿐만 아니라, 과거, 현재, 그리고 미래에 대한 판단의 규준이 되었다. 『옥시덴탈리즘: 서구의 이미지(Occidentalism: Images of the West)』에서 제임스 캐리어(James Carrier)가 관찰한 바와 같이 "서양은 서쪽에 있다는 점에서 공간적 개념이다. 또한 동시에 현대적이라는 점에서 시간적 개념으로 이해되곤 한다"(Carrier, 1995: 8). 1940년대 후반 폴란드가 사회주의 사회로 변모함에 따라 이러한 개념적 결합 현상은 흔들리게 되었다. 동방(소비에트 방향)으로의 이념적 재설정을 통해 폴란드는 미래를 끌어안고자 했다. 국가의 핵심 과제는 단순한 차원의 재건이 아닌, "노동자를 위한 새롭고 발전적이며 더욱 합리적인 삶의 조건을 창조하는" 것이었다(Bierut, 1951: 69). 반면 서구는 공식 발언과 문서에서 과거의 존재로 기술된다. 공산당의 이론가들은 자본주의 사회의 '반동적' 사회관계와 상업 문화에 의해 충족되는 '미개한' 취향에 대

---

5   더구나 폴란드의 건축가들은 1870년대 파리에서 진행된 이른바 오스망화(Hausman-nization)와 비에루트 집권기 동안 수립된 바르샤바의 도시 계획 사이에 존재하는 엄연한 유사성에 대해 침묵했던 것으로 보인다.

그림 6-3 **빈곤층 주거 환경과 1939년 이전 부유층 주말 별장 사이의 극명한 대비**

자료: Bolesław Bierut, *Sześcioletni plan odbudowy Warszawy* (Warsaw, 1951).

해 목소리를 높였다.[6] 폴란드의 자본주의적 과거사 역시 경멸의 대상이 되

---

6 레오폴드 티르만드(Leopold Tyrmand)는 1952년 초 동유럽 사회주의 국가들을 순회
하며 펼쳐진 '이것이 미국이다(This is America)'라는 이름의 전시회에 대해 키치적
인 것들을 보여줌으로써 '자본주의 문화'를 조롱하고자 했다고 평가한다. 사람들은

었다. 폴란드인민공화국에 등장한 사회적 정의의 신선하고 관대한 원리들을 강조해 보여주기 위해, 제2차 세계대전 발발 이전의 착취와 불의에 대한 지적이 공공연하게 이루어졌다. 공산당 지도자 비에루트(Bierut)의 '바르샤바 재건 6개년 계획(Six Year Plan for the Reconstruction of Warsaw)'은 1949년 먼저 강의로 행해진 뒤 2년 후 책으로 출간되었는데, 과거의 불의함과 미래의 보상이 보여주는 서로 상반된 이미지를 일관되게 제시했다. 식구가 많고 비좁은 노동 계급 가정의 끔찍한 모습은 1930년대 폴란드의 부유층이 생활했던 사치스럽고 우아한 주거환경과 대조를 이루었다. 으리으리한 교외 빌라와 주말 별장의 엄청난 호사스러움은 바르샤바 빈곤층이 거주했던 돼지우리 같은 주택의 불유쾌한 사진들과 비교되곤 했다(〈그림 6-3〉). 이처럼 부당한 일들이 벌어졌던 것은 전쟁 전 폴란드가 자본주의적인 서구에 속해 있었기 때문이었다. 비록 폴란드 슬럼가의 처참한 환경이(특히 전쟁 전 바르샤바의 인구 과밀을 고려했을 때) 손쉬운 공격거리가 될 수 있었음을 감안하더라도 시르쿠스와 크밀렙스키의 '기능적 바르샤바'와 같은 도시 유토피아적 미래주의마저 과거의 유물로 곡해되는 것은 선뜻 이해하기 어려운 일이다.[7] 대체 어떻게 소비에트 건축의 형식주의가 미래로 인식되어질 수 있단 말인가? 이러한 문제들에 답하기 위해 1950년 소련을 방문한 일단의 폴란드 건축가들을 따라가 보도록 하자.

미국인들이 소비하고 있다고 세간에 알려져 있던 시시한 것들, 특히 『만화 카라마조프가의 형제들』과 같은 저급한 문화를 통해 미국을 이해할 수 있었다(Tyrmand, 1972: 269 참조).

7 전쟁 발발 이전의 과밀화에 대해서는 Wynot(1983)를 참조할 것.

2. 동쪽으로

1950년 6월과 7월 10여 명의 폴란드 건축가, 도시설계자, 그리고 구조공학자들이 소비에트 건축가 연맹 중앙위원회(Main Council of the Union of Soviet Architects)의 초청을 받아 소련을 방문했다.[8] 방문단에는 보단 프니엡스키(Bohdan Pniewski)나 로몰드 구트(Romuald Gutt)와 같이 전쟁 전 모더니스트로 이름을 떨쳤던 인물들이 포함되어 있었다. 예를 들어 프니엡스키는 샤나치아(Sanacja) 체제하의 1937년에 열린 파리세계박람회(Paris World's Fair)에서 폴란드전시관을 설계한 바 있다. 나머지 사람들은 새롭게 등장한 인물들이었다. 유게니우츠 베르츠비키(Eugeniusz Wierzbicki)는 [바클라브 글리젭스키(Wacław Klyszewski) 및 예지 모크진스키(Jerzy Mokrzynski)와 함께] 1940년대 후반 바르샤바 시내 한복판에 폴란드노동연합(Polska Zjednoczona Partia Robotnicza: PZPR) 본부 건물을 설계함으로써 최전성기를 구가한 바 있다("Dyskusja na temat architektury gmachu KC PZPR," *Architektura*, no.5, 1952: 116~28; Barucki, 1987; Garliński, 1953). 상당히 고단한 일정을 소화하는 가운데 방문단은 2주가량을 모스크바에서 체류하게 되는데, 참가자들은 이곳에서 으리으리한 고층빌딩들, 아름다운 광장들, 그리고 도로들이 "서로 조화를 이루어 건축적 통일성을 자아낼 수 있는" 방법에 대한 깨달음을 얻게 되었다. 또한 "아름답고, 역사적인 동시에 영웅적인" 레닌그라드(Leningrad)에서 나흘을 보내면서 방문단은 고국으로 돌아가 바르샤바 재건의 과업을 수행해야 한다는 강렬한 '영감'을 얻게 된다(Ufnalewski, 1950: 252). 이후 이들은 스탈린그라드와 조지아(Georgia)의 여러 도시들을 차례로 방문했다. 방문

---

8 독일 건축가들의 '재교육'을 위한 해외 답사여행 활용과 관련된 논의에 대해서는 Castillo(2004: 10~18)를 보라.

에 참여했던 여러 사람들이 귀국에 즈음해 작성한 다수의 보고서가 존재함에도 불구하고, 이들 폴란드 건축가 및 도시설계자들이 소비에트 건축에 대해 실제로 어떤 느낌을 받았는지 확인하기란 결코 쉽지 않다.[9] 각각의 글들은 공허한 수사의 아첨으로 가득한데, 말하자면 이들이 둘러본 소비에트의 모든 도시들은 '영웅적이었고', 모든 건물들은 '발랄했으며', 소비에트의 모든 건축가들이 '영감을 불어넣어 주었던' 셈이다. 물론 이는 폴란드 건축계에서 한창 진행 중이던 소비에트화 과정을 감안했을 때 딱히 놀랄 만한 일은 아니었다. 이러한 역사는 이미 잘 알려져 있을 뿐만 아니라, 쉬운 말로 평이하게 설명되어질 수도 있다(Włodarczyk, 1986; Aman, 1992). 당과 연계된 건축가 단체인 전국건축가당원협의회(National Party Council of Architects)의 이른바 보여주기식 컨퍼런스가 1949년 6월 바르샤바에서 개최되었는데, 이 행사를 통해 건축계의 기본 이념으로 사회주의 리얼리즘을 채택하는 방안을 비준하고자 했다. 바야흐로 건축과 도시설계는 소련에서 만들어진 규준을 따라야만 하는 상황을 맞이하게 되었다. 이로 인해 유럽 전역에 걸쳐 모방과 경외의 대상이 되었음직한, 제2차 세계대전 종전 직후 설계된 몇몇 건물들이 사람들의 뇌리에서 사라져버렸다.[10] 새로운 미적 기준의 전면적 수용을 완수하기 위해 민간 부문의 건축 활동은 불법으로 간주되었다. 대규모 국토 기획사무

---

9 *Architektura*, No.9~11(1950), included the following reports from the delegation: Jan Minorski, "O miastach i architekturze Związku Radzieckiego"(258~267); Bohdan Pniewski, "Uwagi i spostrzeżenia z pobytu w ZSRR"(268~274); Eugeniusz Wierzbicki, "Wrażenia Moskiewskie"(275~278); Jan Knothe, "Wrażenia architektoniczne na temat pobytu w ZSRR"(279~284); Jozef Jaszuński, "Stalingrad-Tbilsi-Soczi"(285~305); and W. Żenkowski, "Technika budowlana w ZSRR"(305~314).

10 당시에는 모든 주요 건축물들에 대한 상세한 보도가 최고 권위의 건축 잡지를 통해 이루어지는 것이 관행이었음에도 불구하고, 1958년까지 이들 건물들에 대한 기술이 이루어지지 않았다(Ihnatowicz and Romański, 1958: 217~225).

소들이 만들어져 이들의 유일한 고객, 즉 국가를 위해 일하는 한편, 건축 자재 및 부지 공급을 좌지우지했다. 만약 건축가들이 새로운 건축 이념을 제대로 이해할 수 없다면, 이미 폴란드 언론을 통해 번역 출간된 ≪아키텍투라 SSSR(Arkhitecktura SSSR)≫의 여러 논문들을 참고하면 되었다. 건축에 경쟁 체제를 도입한 것 역시 규범으로서의 효과를 나타내게 되는데, 정치이론가들은 이를 바탕으로 정통성에 대해서는 보상을 수여하고, 그렇지 못한 것들에 대해선 공

그림 6-4 얀 호리치가 설계한 마라콥스키 광장의 신고전주의 스타일 공동주택

자료: 필자의 사진.

개적 비난을 퍼부을 수 있었다. 소위 '국가적 표준 형태'의 이념적 요구에 부응해야 했기 때문에 역사적 선례들 중 제한된 일부만이 건축 레퍼토리로 인정받을 수 있었다. 예를 들어 바르샤바에서는 얀 호리치(Jan Heurich)와 아투르 괴벨(Artur Goebel)의 설계로 1907년에서 1910년에 걸쳐 마라콥스키 광장에 세워진 신고전주의 스타일의 공동주택이 향후 도심에 새롭게 지어질 건물들의 모델로 여겨지게 되었다(〈그림 6-4〉).[11] 이의 후신이라 할 수 있는 마잘콥스카 택지 지구(Marszalkowska Housing District: MDM)가 1950년대 초반

그림 6-5 1954년 촬영된 바르샤바 마잘콥스카 택지 지구

자료: MDM, Marszałkowska 1730~1954(Warsaw, 1955).

바르샤바 중심가에 마련되었는데, 사회주의 도시의 전형으로서의 성격을 띠고 있었다(Jankowski ed., 1955). 있는 그대로 묘사해보자면, 5~6층짜리 아파트 건물을 신축하면서 고전적인 처마, 상인방, 그리고 미니어처 포르티코 등 1900년대 상류층 부르주아들이 선호했던 스타일을 덧입혔던 것이다. 기념비와도 같은 웅장함과 정통주의적 세부 장식에 힘입어 MDM은 소비에트 미래학의 역설적 단면을 여실히 드러내고 있다(〈그림 6-5〉).

1949년 이후 폴란드에서 외국 건축이라는 표현은 (간혹 루마니아나 불가리

---

11 이 정보를 제공해준 피터 마틴(Peter Martyn)에게 감사를 표하는 바이다. Muthesius (2000: 233~250) 참조.

아에 대한 관심도 있긴 했지만) 거의 전적으로 소비에트 건축을 의미하게 되었다. 소련에 대한 칭찬 일색의 광범위한 토론 속에서 서구는 그 대척점에 놓인 존재로 여겨지게 된다. 비록 이들 두 세계 가운데 하나만을 제대로 알고 있었음에도 불구하고, 에드문트 골드잠트(Edmund Goldzamt)는 자신이 서구와 소비에트 모두에 대해 정통한 지식을 갖고 있다고 주장했다. 그는 1939년 가을 폴란드를 떠나, 다른 폴란드 공산주의 지도자들과 마찬가지로, 전쟁 기간 동안 모스크바에 체류하면서 건축가로서의 훈련을 쌓게 된다. 1923년생으로 아직 어린 나이였음에도 불구하고 그는 전후 폴란드에서 그 권위를 인정받았다. 그러나 그의 영향력이 상대적으로 그리 오래 지속된 것은 아니었다. 그의 대표작이라 할 수 있는 550쪽 분량의 『도심지의 건축 및 전통유산의 문제점(Architecture of City Centers and the Problems of Heritage)』이 출판된 것은 1956년의 일이었는데, 이즈음은 니키타 흐루쇼프(Nikita Khru-shchev)마저 학문적 소비에트 건축의 효용과 이에 수반되는 웅장한 도시 계획에 대해 비판적 시각을 드러낸 이후였다. 그럼에도 골드잠트의 저서를 통해 우리는 이른바 '부르주아 도시성(bourgeois urbanism)'에 대한 가장 권위있는 설명을 접하게 된다. 그는 정통 마르크스주의자의 언어를 구사하면서, 19세기의 런던, 세기가 바뀌던 시기의 뉴욕, 그리고 바이마르공화국(Wei-mar)의 베를린과 같은 자본주의적 도시들은 인류의 발전 과정에서 필연적으로 등장하는 불가피한 단계라 설명한다. "자본주의는 현대적 의미에 부합하는 도시를 만들어냈다. 도시는 통신망과 위생시설과 같은 현대적 기술 및 자원을 공급, 발전시킨다"(Goldzamt, 1956: 32). 불의와 불안으로 점철된 현대 도시는 노동계급이 정치의식을 함양하는 공간이 되는데, 도시 문화 자체가 지닌 민주화 기능이 나름의 역할을 하기 때문이다. 계급적 불평등 앞에서 전쟁 중 근대화 운동이 지닌 개혁 정신은 그다지 급진적일 수 없었다. 이러한 맥락에서 골드잠트는 폴란드의 모더니즘을 지목해 비판의 주제로 삼았다.

'기능적 바르샤바'의 원작자들에 대해 그는 다음과 같이 평했다. "그들은 사회적 문제들을 노동계급의 주거 및 열악한 생활환경과 연관 지었다. 이는 도시 설계뿐만 아니라, 교외에 살고 있는 노동자 및 해당 지역의 부락 등을 포함하는 사회적 유기체 전반의 디자인 향상을 의미하는 것이다. 하지만 이러한 개념은 현대 자본주의 도시 내부의 분열을 해결하는 시늉만 할 뿐이지, 결국 반동적 사회경제 경향의 프로파간다에 불과하다"(Goldzamt, 1956: 45).

사회주의 리얼리즘은 건축계 내의 가장 뛰어난 인물들로부터 의심의 여지없는 충성 서약을 받아내고자 했으며, 특히 모더니즘이라는 과거의 신념과 가장 밀접한 관련을 맺고 있었던 사람들이 우선적으로 고려되었다. 구성주의자이자 CIAM의 저명한 회원, 그리고 스지몬 시르쿠스의 부인이자 직업적 동반자였던 헬레나 시르쿠스(Helena Syrkus)는 1949년 이탈리아 베르가모(Bergamo)에서 개최된 제7차 총회에서 새로운 질서에 대한 자신의 확고한 지지를 표명했다.[12] 호세 루이스 세르트(Jose Luis Sert), 에르네스토 로저스(Ernesto Rodgers), 르코르뷔지에, 그리고 맥스 빌(Max Bill) 등 한때 그의 동지이자 동료였던 건축계의 거성들이 다수 포진한 청중 앞에서 그는 마치 주다노프[13]의 명사수들 중 한 명인 양 맹공을 퍼부었다.[14] 그의 연설은 스스로 인정한 바와 같이 일종의 '자아비판'이기도 했다. 이를 통해 그는 자신의

---

12 Architektura는 1957년 7월호의 지면 대부분을 할애해 헬레나 시르쿠스와 스지몬 시르쿠스의 경력 전반에 대한 논의는 물론, 작품 전체에 대한 비평을 게재했다. 그녀는 또한 Społeczne cele urbanizacji: Człowiek i środowisko(Warsaw: Państwowe wydawnictwo naukowe, 1984)의 저자이기도 하다.

13 역주: 주다노프는 스탈린 시대에 소비에트 최고 평의회 의장을 지냈으며 숙청의 주역이기도 했다.

14 이 연설과 이후의 반응에 대한 논의에 관해서는, Giedion(1959: 79~90); Mumford (2000: 192~195)를 참조할 것.

과거 사상이나 행동 속에서 발견되는 '잘못들'을 드러내놓고 고백하는 행위인 소비에트식 자아비판을 청중 앞에서 공개적으로 시연했다.[15] 그는 르코르뷔지에가 1925년 파리 장식미술박람회에서 선보인 레스쁘리 누보 파빌리온(L'Esprit nouveau pavilion)이 지닌 기술적 혁신과 추상적 볼륨은 소비에트 사회주의의 선진적 환경 속에서 불필요한 요소에 불과하다고 주장했다.

CIAM의 형식주의는 과거 긍정적 측면을 갖고 있었다. 그것은 마치 혁명과도 같았다. 분석적 방법을 활용했으며, 이는 곧 사회주의적 방법론이기도 하다. 하지만 시간이 지남에 따라 그 중요성이 점차 줄어들었다. 건축은 그저 뼈대에 불과하다. 해부학자에게는 이것이 커다란 관심거리가 될지 몰라도 나머지 사람들에게는 훌륭한 근육과 사랑스런 피부로 덮여 있을 때에만 비로소 아름다움을 자아낼 수 있다. CIAM이 시작되었을 때 우리는 달리 보여줄 만한 것이 없었고, 그래서 그 뼈대를 맹목적으로 숭배하게 된 것이다. 동유럽 국가들은 과거에 대해 더 큰 경외심을 가져야 한다는 결론에 도달하게 되었다(Syrkus, 1993: 120).

달리 말하자면 소비에트의 현대성은 서구 자본주의의 현대성을 앞지르게 되었으며, 따라서 근대화 운동의 과도기적 실험이 더 이상 필요하지 않다는 것이다. 또한 사회주의 리얼리즘과 파시스트적 신고전주의를 구분하고자 시르쿠스는 소련이 지역 및 민족 문화에 지대한 관심을 기울이고 있다며 가

---

15 이후 헬레나 시르쿠스는 스탈린 정권에 대한 자신의 전폭적 지지를 후회한 바 있다. 1954년 12월 건축가들을 향한 흐루쇼프의 의견을 언급하면서, 그녀는 "1949년 채택한 방향성에 오류가 있었음을 증명하는 논지를 받아들인 이상, 더 이상 승산 없는 싸움을 계속할 필요는 없을 것"이라고 말했다(in Ogolnopolski narada architektow [Warsaw, 1956], 485).

식적인 찬사를 늘어놓았다.

소비에트연방은 러시아 문화를 국가 내의 다른 지역에 억지로 강요하지 않
는다. 그 대신 각 지역의 고유한 문화를 장려하며, 시대에 맞지 않는 것은 언제
나 거부한다. 이것이야말로 소련과 히틀러식 통치 이념의 차이점이다. 새로운
바르샤바는 과거와의 유대를 지켜나갈 것이다. 즉 도로망, 개방된 궁전, 비슬
라(Vistula) 강 및 고대문화와 관련하여 남아 있는 모든 훌륭한 것들을 보존할
것이다. 우리의 민족문화를 지키고 보존하는 과정을 통해 우리는 국제적인 문
화를 지키고 보존하게 될 것이다(Syrkus, 1993: 120~121; Castillo, 1997: 91~
119).

골드잠트 역시 정통성에 대해 이와 동일한 입장을 견지했는데, 소비에트
건축이 선진적인 것은 역사성을 지닌 도시 구조를 굳이 불필요한 것으로 간
주하지 않기 때문이라고 주장했다. 그는 파리를 위한 르코르뷔지에의 계획
들에 대해 그 인습 타파적 성격을 문제로 삼아 맹렬한 비판을 가했다. 골드
잠트가 고대 및 르네상스 건축에 '극적인 전통들'이 내재하고 있다는 소비에
트의 정통적 견해를 따른 것도 놀랄 만한 일은 아니다.[16] '진정한' 역사의 과
정은 부유층이 소유했던 건물의 소유권을 이전하고 이를 활용하는 행위를

---

16 소련에서 모더니즘 미학은 르네상스 예술과 같은 명징한 '고전주의 예술'과 비교되면
　서 이미 많은 비판을 받고 있는 상태였다. 레닌 통치기 첫 정치위원이었던 아나톨리
　루나차스키(Anatoli Lunacharskii)에 따르면, 이것은 모더니티가 자아내는 혼란스런
　결과를 경험해보지 못한 사회를 논리적으로 표현한 것이었다. 러시아의 프롤레타리
　아와 농민들은 제국주의 시대의 퇴행적 사회 여건을 탈피해 한 번의 혁명적 도약을
　통해 사회주의로 나아가고 있었으며, 미래주의나 큐비즘 같은 자본주의 시대의 예술
　적 표현 방법들에 대해 어떠한 필요성도 느끼지 않았다. Cooke(1993: 89) 참조.

통해 드러났다. "생기 없는 요소들이 옛 건물에서 정말로 죽은 것과 왕과 귀족의 저택이 제대로 활용되는 오늘날 상태를 선명하게 갈라놓는다"(Gold-zamt, 1956: 54).

냉전시대 초기의 상황을 고려해야만 골드잠트와 시르쿠스의 견해를 온전히 이해할 수 있다. 동유럽의 여러 인민공화국들에서 발견되는 서구에 대한 여러 극단적 이미지들과 마찬가지로, 이들의 이러한 시각에서 서유럽을 과거로 규정하려는 시도를 발견하게 된다. 그러나 이와 같은 이념적 각인 작업은 소비에트 건축 자체로부터 비롯되는 이론의 여지없는 증거들로 인해 방해받곤 했다. 이른바 고층빌딩에 관한 새로운 질서를 예로 들어보자. 1947년 각료회의의 결의사항에 의거 모스크바에 들어설 총 8동의 고층빌딩이 설계되었다. 이 가운데 모스크바국립대학(Moscow State University)과 외무부 본부 건물을 포함한 7개의 빌딩이 완공되었다(〈그림 6-7〉). 스탈린의 새로운 랜드마크들은 폴란드 언론의 집중 조명을 받았다. 이는 러시아 건축가 레프 루드네프(Lev Rudnev)가 설계한 문화과학궁전의 건설로 인해 바르샤바의 스카이라인 역시 한층 높이 올라갈 예정이었다는 사실을 고려했을 때, 충분히 짐작할 수 있는 일이었다(〈그림 6-2〉의 배경 참조, Tymiński, 1952: 37~48). 규모, 계단형 측면, 그리고 전통주의적 장식 면에서 이 건물들이 맨해튼의 우드워스(Woodworth) 빌딩으로 대표되는 20세기 초반 미국 마천루들과 닮아 있음은 분명한 사실이다(Landau and Condit, 1996: 381~391). 조형적 나탑이 꼭대기를 장식한 25층 높이의 우드워스 빌딩은 강철 프레임에 고딕 테라코타 몰딩을 입혀 건설되었으며, 아울러 구리 장식과 유리가 활용되었다. 스스로 '상업의 전당'임을 표방하고 있는 이 건물은 영락없는 서구 자본주의의 상징이었다. 소비에트와 폴란드의 건축 비평가들은 이런 건물이 소비에트 제국의 한복판에 나타나게 된 역사의 아이러니를 설명하는 데 애를 먹어야만 했다(Hoisington, 2007: 156~170). 골드잠트는 이 건물들이 소비

그림 6-7 1949~1953년 레브 블라디미로비치 루드네프(Lev Vladimirovich Rudnev)가 설계한 모스크바 국립대학

자료: 필자의 사진.

에트적일 수 있는 것은 공간의 배치나 건축 기술 때문이 아니라, 건물에 깃든 선명성과 질서 덕분이라고 주장했다.

미국의 마천루는 자본주의 경제의 혼란스러움과 내재적 모순들을 반영한다. 무질서 속에서 다닥다닥 붙은 채 건설되는 고층건물들은 기능이 분명하지 않다. 분명한 기능이란 도시와 도로의 구성에 관한 면밀한 검토가 이루어질 때에만 비로소 확보할 수 있다. 모스크바의 거대한 광장에 세워진 고층빌딩들은

도시의 요구와 구조에 부응할 수 있는 독창적 시스템을 만들어냈다. 그 실루엣과 이미지에 있어서 정서적 통일성을 확보하게 된 것이다(Goldzamt, 1956: 329~330).

시장 상황 역시 모더니스트 건물의 소박한 형태에 영향을 미쳤다. 다소 의아하게 여겨질지도 모르지만, 1947년부터 1953년까지 7년에 걸쳐 건설된 뉴욕의 유엔본부 사무국 건물을 골드잠트가 사례로 든 것은 이 건축물이 제2차 세계대전 이후 세워진 최초의 중요 사무용 빌딩이었으며, 건물 외부에 지붕부터 바닥까지 이르는 커튼 월(curtain wall)[17]이 사용되었기 때문이다. 이러한 형태의 건물은 소비에트 스타일의 고층건물이 갖고 있는 호화로운 재료 및 풍부한 장식 등과 훌륭한 비교 대상이 된다. 유리 커튼 월과 알루미늄으로 뒤덮인 채 높이 치솟는 슬래브(slab)는 현대성의 표출이라기보다 건축의 '퇴행'이었던 셈이다. 골드잠트는 이렇게 말했다. "뉴욕의 마천루를 세운 경제적 동력은 동시에 슬래브 형태의 퇴행적 모습을 낳게 되었다. 하늘을 향해 길게 늘인 성냥갑 모양의 건물은 건설 및 활용 면에서 실로 이상한 형태이다"(Goldzamt, 1956: 331). 이와 같은 스탈린 시대의 비평에 따르면 혼란스럽고 볼썽사나운 서구 도시는 현대적 소외 현상의 원흉이며, 그 기저에는 자본의 이기적 이해관계와 건축에 대한 기술적 맹신이 자리 잡고 있었다.

스탈린주의 도시 미학을 반대했던 사람들 역시 소외라는 용어를 받아들여 이를 자신의 견해를 표현하는 데 사용했다. 물론 이는 처음에는 작은 목소리였지만, 이후 해빙기에는 훨씬 큰 목소리로 자라났다. 예를 들어 언론인 레오폴드 티르만드(Leopolo Tyrmand)는 1954년 자신의 일기에 MDM으

---

17 역주: 커튼 월(curtain wall)이란 건물의 외면을 구조체(골조)와 다른 재료를 사용해 마치 커튼처럼 입혀져 있는 방식의 부재이다.

로 알려진 바르샤바의 새로운 도심개발계획에 대한 의견을 기록한 바 있다.

기둥, 작은 탑, 그리고 우화적 인물상 등으로 꾸며진, 단조롭고 거대하며 평평한 모습의 상자 같은 건물들이 수 킬로미터에 걸쳐 바르샤바에서 가장 큰 도로들을 메우게 될 것이다. 지금껏 그 누구도 이런 디자인을 본 적이 없었으며, 앞으로도 이처럼 단조롭고 끔찍할 만큼 지루한 공간을 상상할 수 없을 것이다. 이 건물들은 아파트, 사무실, 그리고 호텔 등으로 쓰일 테지만, 과연 네온사인, 광고판, 혹은 개별적인 특징들이 어울릴 수 있을지 의심스럽다. 전후의 절박한 적대감이 이처럼 우스꽝스럽고 흉물스런 공간을 만들어냈다. 모든 약국, 의상실, 그리고 제과점이 한결같이 똑같은 모습이라면, 우리 모두는 말도 안 되는 혼란 상황에 빠지게 될 것이다(Tyrmand, 1995: 204).[18]

오래지 않아 이와 같은 유형의 비판이 곳곳에서 공개적으로 터져 나오기 시작했다. 심지어 이념적 해빙기(Thaw) 이전에도 거대한 조형적 장식물과 고전적 콜로네이드는 MDM의 단골 비판 소재가 되었는데, 한마디로 활기를 찾아볼 수 없다는 것이 힐난의 근거였다. 1955년 건축가 예지 베르츠비키(Jerzy Wierzbicki)는 질서가 갖고 있는 소외 현상에 대해 고찰한 바 있다. "광고, 조명, 그리고 네온사인이 전무하다는 점에 주목해야 한다. 이러한 요소들은 해가 지고 난 뒤 도시에 생동감과 다양성을 불어넣어 준다. 도심에는 호텔, 레스토랑, 카페, 여행사, 그리고 매력적인 상점들이 오밀조밀 모여 있어야 한다. 훌륭한 도시에서 산다는 것은 이런 요소들과 함께 한다는 뜻이기 때문이다"(Wierzbicki, 1955: 198). 스탈린적 도시성에 대한 이러한 비판 속에는 헤테로토피아적 도시가 갖고 있는 생기와 자극에 대한 강렬한 열망

---

18 On Tyrmand's output as a novelist in the 1950s, Pasterska(2000) 참조.

이 담겨 있다.

3. 서쪽으로

　1956년 8월과 9월 베르츠비키는 해외를 방문하는 또 다른 폴란드 건축가 무리의 일원이 되었다. 업계 전반의 수준을 끌어올리려는 의도로 건축가 조합(SARP)이 기획한 방문이긴 했지만, 참가한 건축가들은 어떤 외국 기관의 초청도 받은 바 없었으며, 공식 방문단으로서 누릴 수 있는 안락함 또한 기대할 수 없는 처지였다(Barucki, 1956: 13). 폴란드를 상징하는 흰색과 빨간색을 칠한 버스를 타고 캔버스 텐트에서 캠핑을 하며 이동한 방문단은 자신들이 직접 짠 일정에 따라 체코슬로바키아, 오스트리아, 그리고 스위스를 거쳐 프랑스의 대서양 연안에 이르게 된다. 그들은 프랑스의 지중해 연안을 따라 귀국길에 오르면서, 북부 이탈리아와 남부 오스트리아를 경유했다. 베르츠비키는 다음과 같이 진술했다. "우리는 17년 만에 서유럽을 다시 찾게 되었다." 이 발언은 참관단의 일원이었던 한 인물이 참관단을 설명하기 위해 내뱉은 개인적 언사가 아니라, 폴란드 문화 속에 오랜 기간 내재되어 있던 친프랑스적인 정서를 내비친 말로 해석해야 할 것이다. 일종의 건축 관광객으로서 그들은 역사적인 건물과 새롭고 종종 논란이 되는 랜드마크들을 모두 둘러보는 일정을 준비했다. 이러한 건물들 가운데에는 르코르뷔지에의 노트르담 성당도 들어 있었는데, 참관단이 방문하기 몇 달 전에 완공된 상태였다(Wojciechowski, 1956: 35~37). 베르츠비키가 여정을 기록한 노트를 살펴보면 그가 서유럽 근대성의 일상적 양상에 매료되었음을 짐작할 수 있다. 예를 들어 그는 오스트리아의 도로에 말이 없다는 사실, 국경을 넘나드는 것이 굉장히 쉽다는 점, 그리고 취리히에서는 택시가 마치 '고급 리무진'

같다는 것 등에 대해 엄청난 놀라움을 나타내고 있다. 르코르뷔지에가 낭트(Nantes)에 새롭게 만든 주택 단지를 방문했던 것에 대해 베르츠비키는 다음과 같이 기록해놓았다.

> 도시는 길거리를 가득 메운 사람들 덕분에 활기로 충만하다. 서유럽에서는 전차가 사라진 지 오래다. 르코르뷔지에의 놀라운 주택 단지는 대서양 해안가에 놓인 닻을 연상시킨다. 햇볕이 내리쬐고 주변의 잘 자란 나무들과 조화를 이룰 때면, 밝은 색상과 자연스런 회색 콘크리트를 뿜내는 이 건물은 어마어마한 호기심을 불러일으킨다. 하지만 내부에 만들어놓은 길들은 환기가 잘 안 될 뿐만 아니라 어둠침침해서 활용에 방해가 된다. 이 건물에 자리 잡은 아파트들에 대해서는 사람에 따라 호불호가 극명하게 갈린다. 각각의 아파트에서는 입주자들로 하여금 덩치가 큰 가구들을 팔아치우도록 했는데, 이 때문에 프랑스 부르주아들 사이에 반감을 사고 있다(Wierzbicki, 1957: 38).

베르츠비키의 설명은 비판적이었다. 하지만 이러한 비판에서 이념의 흔적을 발견할 수는 없다. 방문단에 참가한 폴란드 건축가들이 여행을 통해 자유로움을 느낄 수 있었던 것은 여행을 할 수 있는 자유를 새롭게 발견해서이기도 하지만, 스스로의 힘으로 판단할 수 있는 자유를 누렸기 때문이다. 동시에 동유럽의 여러 인민공화국들이 생활수준에서 서유럽 사회에 비해 한참 뒤떨어져 있다는 사실을 분명히 확인할 수 있는 기회를 얻게 되었다.

1956년의 서유럽 방문과 이에 대한 폴란드 언론의 왜곡 없는 보도가 가능했던 것은 해빙기 동안 일련의 새로운 여건이 조성되었기 때문이다. 스탈린이 사망했으며, 뒤이어 탈스탈린화가 한창 진행 중이었다. 폴란드의 공산주의자들은 크렘린과의 관계를 재설정하고 있었고, 폴란드의 작가, 예술가, 교육자, 그리고 여타 지식인들은 국가와의 관계를 재설정하고 있었다. 사실

1956년 서유럽으로 떠났던 건축 관광객들이 돌아온 것은 폴란드 공산주의
자들이 모스크바로부터 상당한 수준의 자치권을 획득하게 되는 기념비적인
사건이 일어나기 하루 전이었다. 노동자들이 봉기를 일으키고, 지식인층이
더 큰 정치적 자유를 요구하는 가운데, 폴란드는 혁명 직전의 상황에 놓여
있는 것처럼 보였다. 10월 24일 퍼레이드 광장에 운집한 대규모 군중은 폴
란드의 외교 문제 등에 대한 당과 정부의 주권을 천명하는 한편, 소련에 대
한 지속적인 충성을 맹세하는 고물카(Gomulka)의 연설에 귀를 기울였다.
당은 모스크바와 바르샤바 거리에서 동시에 다가오는 압박을 적절히 조정
하고 있었다. 탈스탈린화를 통해 야기된 정치적 긴장과 기회 등에 대해 다
시 한 번 자세히 설명할 필요는 없을 것이다(Machcewicz, 1993; Bratkowski,
1996). 대신 나는 이러한 해빙기 동안 건축 행태 및 담론에서 서구의 이미지
가 어떻게 변화했는가 하는 질문을 던지고자 한다.

　　1954년 건축의 변화를 불러온 결정적 사건으로, 당시 소련 공산당 제1 비
서였던 흐루쇼프가 건축산업 모스크바회의(Moscow Conference for Buil-
ding Industry)에서 사회주의 리얼리즘에 대한 공격에 나선 일이 발생했다.
이 내용은 ≪프라우다(Pravda)≫ 및 ≪이즈베스티야(Izvestiia)≫에 소개된
지 며칠 만에 폴란드의 유력 당 기관지인 ≪트리뷰나 루드(Trybuna Ludu)≫
에 실리게 되며, 폴란드 건축 관련 매체에는 1955년 등장한다. 건축가들에
게는 효율적으로 건설해야 할 책임이 있으며, 표준화되고 산업화된 건축 구
성 요소를 디자인하고 불필요한 장식에 대한 관심을 배제함으로써 본연의
의무를 다해야 한다.

　　모든 건축업자들과 마찬가지로 건축가들 역시 건설업의 여러 문제들에 대
　해 면밀한 관심을 기울여야 한다. 건축가가 세상의 흐름을 놓치지 않고자 한다
　면, 단지 건축적 형태, 꾸밈, 그리고 장식적 요소들에 대한 지식을 갖추고 이를

활용하는 것만으로는 부족하다. 건축가는 새로운 혁신적 소재 및 강도를 높인 콘크리트 등에 대한 전문지식을 갖추어야 하며, 무엇보다도 건설업에 대한 탁월한 이해를 확보해야만 한다(Khrushchev, 1954: 184; *Architektura*, No.1, 1955: 30~33).

흐루쇼프는 새로운 건축 기술과 소재에 대한 연구를 바탕으로 한 건축 시행의 새로운 테크노크라트적 모델을 건축 업계에 효과적으로 제시했다. 이는, 물론 그 한계가 분명하기는 했지만, 가히 '실험적'이라 평가할 만하다. '생활수준'의 측면에서 서구를, 특히 미국을 따라잡겠다는 흐루쇼프의 여러 약속들을 통해 1954년에는 겉으로 확연히 나타나지 않았던 것들이 이후 몇 년간 그 윤곽을 분명히 드러내게 되었다.[19] 흐루쇼프의 발언들이 비록 믿기 힘들 만큼 낙관적이었음에도 불구하고 그러한 선언들이 서구를 바라보는 방식에 중대한 영향을 미쳤던 것은 분명하다. 1920년대 소비에트 정치지도자들은 소비에트 사회의 발전되고 독창적인 성격이 발전되고 독창적인 물질적 환경, 즉 '사회주의적 재화'를 만들어낼 것이라고 주장했다(Kiaer, 2005: 41~88). 그러나 괴르지 페테리(Gyorgy Peteri)가 지적한 바처럼 1930년대 이래로 국가사회주의적 근대화 프로젝트는 모순에 직면하게 된다. 소련은 애초 자본주의와 대별되는 경쟁력 있는 현대 문명을 만들고자 했으나, 동시에 "전 세

---

19 1959년 모스크바에서 개최된 미국박람회(American National Exhibition)에서 흐루쇼프와 닉슨(Nixon) 사이에 벌어진 유명한 '주방 토론(Kitchen Debate)'에서 이러한 사실을 엿볼 수 있다. Hixson(1997); Reid(2004)를 참조할 것. 흐루쇼프는 1961년의 22차 당대회에서도 비슷한 이야기를 한 바 있다. "역사상 최초로 인류가 무엇인가의 부족으로 인해 고통 받아야만 하는 상황을 완전히 종식시킬 수 있는 때가 올 것이다. 1980년이 되면 우리나라는 1인당 산업 및 농업 생산에 있어서 미국을 멀찌감치 앞서게 될 것이다"(Varga, 2005: 110).

계적으로 가장 발전된 지역, 다시 말해 근대화된 서구에서 쉽게 발견할 수 있는 성공의 경제적·기술적 조건들을 수용했다"(Peteri, 2004: 114). 페테리에 따르면 이러한 현상은, 간혹 승리주의의 수사로 꾸며지는 경우도 있었지만, 소비에트적 근대성에 반복적으로 등장하는 패턴이었다. '대조국전쟁(Great Patriotic War)' 이후 민족주의가 득세하던 시기에 지어진 모스크바의 고층빌딩들이 미국의 마천루를 모방해 건설되었다는 점 역시 페테리의 주장에 힘을 실어주고 있다. 스탈린 사후 이른바 '통합주의'의 열풍 속에서 흐루쇼프 또한 서구 근대성이, 적어도 물질적 측면에서, 더 발전했음을 인정했다. 냉전 체제로 인해 소비의 중요성이 이전보다 부각되는 와중에 흐루쇼프는 소비에트의 도시계획자, 경제학자, 그리고 건축가를 포함한 계획경제의 여러 주체들에 대해 근대화가 가져다주는 물질적 혜택의 발전적 활용과 균등한 분배에 힘써줄 것을 당부했다. 이와 같은 맥락에서 보았을 때, 1956년 폴란드 건축가들이 서유럽을 방문한 것은 한 가지 매우 중요한 측면에서 1950년의 소비에트 탐방과 비슷한데, 그 이유는 둘 다 현재진행형으로 펼쳐지고 있는 미래의 모습을 직접 경험해보고자 기획된 여정이었다는 사실이다.

건축 분야에서 미래라는 말은 순전히 기술적인 부분을 지칭했던 것으로 보인다. 흐루쇼프의 1954년 연설이 출간된 지 몇 달 지나지 않아 폴란드 언론은 서방의 건축 설계 및 건설 기술에 대한 한없이 긍정적인 일련의 기사들을 소개했다. 전문 지식이 있는 독자들과 일반 대중 모두 잘 정리된 기사들을 통해 앨리슨과 피터 스미슨 부부(Alison and Peter Smithson)의 학교 건물로 대표되는 영국의 '뉴 브루털리즘(New Brutalism)'[20]뿐만 아니라, 이스탄불의 보스포루스 해협 위로 높이 솟은 화려한 힐튼 호텔의 모습,[21] 일본 주택

---

20 A. Cz., "The New Brutalism," *Stolica* (14 July 1957): 14~15.
21 A. Cz., "Hotel in Stambule," *Stolica* (23 December 1956): 24.

에서 엿볼 수 있는 현대와 전통의 조화,[22] 밀라노 소재 올리베티(Olivetti) 본사 건물의 고급스런 모더니즘,[23] 그리고 1956년 파리에 소개된 리오넬 셰인(Lionel Schein)의 '혁명적인' 플라스틱 주택[24] 등을 만나볼 수 있게 되었다. 요지는 분명했다. 전 세계가 현대 건축이라는, 평범하고도 보편적인 하나의 언어로 재편되고 있었던 것이다.

르코르뷔지에의 유니떼(unites)가 있었음에도 불구하고 더 이상 프랑스에서 가장 놀라운 현대 건축의 이미지를 발견할 수 없게 되었다는 점도 주목해야 할 사실이다. 이 역할은 이제 미국이 떠맡게 되었다. 유력 건축 잡지인 ≪아키텍투라(Architektura)≫에 미국이 처음 등장한 것은 1956년 4월이었는데, 그것이 유리 커튼 월에 관한 글이었다는 사실은 그다지 놀랄 만한 일도 아니었다.[25] 논란의 여지가 있긴 하지만, 유리 커튼 월은 미국이 전후 모더니즘 건축 언어에 기여한 커다란 업적이라 평가할 수 있다. 커다란 판유리 여러 장을 다른 건축 요소들 사이에 끼워 넣는 공법은 그리 새로운 것이 아니었지만, 거의 눈에 띄지 않는 격자형 중간문설주를 통해 구조물에서 떨어진 채 판유리를 매달아놓음으로써 일렁거리는 모습의 평평한 유리 커튼을 통한 극적인 효과를 자아냈던 것은 가히 혁신이라 부를 만했다. 40, 50, 혹은 60층 이상의 높이까지 커지면서 커튼 월은 조직성이라는 강력한 이미지를 창출해냈다. 라인홀트 마틴(Reinhold Martin)의 분석에 따르면 이것이 유리 커튼 월의 주된 '미디어 효과(media effect)'였다(Martin, 2002: 4~6, 94~98).

---

22 A. C., "Formy nowoczesnych mieszkań japońskich," *Stolica* (29 January 1956): 14~15.

23 A. C., "Budynek biurowy 'Olivetti' w Mediolanie," *Stolica* (18 March 1956): 12~13.

24 A. C., "Eksperymentalne domki z plastiku," *Stolica* (7 October 1956): 12~13.

25 Anon., "Szkłow budownictwie i architekturze USA," *Architektura*, No.4(1956): 115~116.

이러한 빌딩이 당대 사람들의 관심을 불러일으켰던 것은 단지 건물에 내재된 상징주의 때문만은 아니었다. 이러한 건축 기법을 통해 확보할 수 있었던 표준화와 유연성의 조합이야말로 가장 큰 매력이었다. 커튼 월이 고정되는 모듈식 격자를 통해 다른 장소에서 생산해 현장에서 조립하는 방식을 채택할 수 있게 되었으며, 동시에 유연성 또한 확보할 수 있게 되었다. 기둥 사이에 창문을 끼워 넣는다는 한계에서 벗어남으로써 이른바 '오픈 플랜(open plan)' 사무실 공간을 만들 수 있게 되었다. 그러나 동유럽과 비교했을 때 미국 건설업계에서 전면적인 모듈화가 이루어진 적은 없었다. 하지만 우리는 이러한 맥락에서 폴란드의 열망에 대해 생각해봐야 할 것이다. ≪아키텍투라≫에 실린 글은 국내의 여러 비판에도 불구하고 미국의 실험을 옹호하고 나섰다. "루이스 멈포드(Louis Mumford)는 레이크 쇼어 드라이브(Lake Shore Drive)의 건물들을 '현대 건축의 난센스'라 칭한 바 있다. 건축 기술이라는 관점에서 봤을 때 이 건물들에 대해 논의하는 것은 표준화된 건설 요소의 개발이라는 측면에서 매우 흥미롭다." 두 개의 짧은 문장을 통해 저자는 흐루쇼프의 경제성과 야심찬 미국 회사의 인기 있는 건축적 스타일을 연관 짓고 있다. 아마도 더욱 중요한 사실은 상업적 이해관계가 건축 설계를 추동하고 미국 도시의 외관을 결정한다는 것에 대해 저자가 어떤 평가도 하지 않았다는 점일 것이다.

두 달 뒤 이 잡지는 미국에서 건축가와 고객의 관계를 다룬 장문의 글을 번역해 실었다. 원래 영국 저널인 ≪건축 리뷰(Architectural Review)≫에 실렸던 이 글은 직능단체가 "규제 기구이기보다는 자문단의 역할을 하며 건축업계가 잘 조직된 노동조합을 상대하며 매우 높은 임금을 지불해야 하는" 상황을 다루고 있는데, 이 부분에 대해 많은 폴란드인들이 큰 관심을 갖고 있었다(Pilch, 1956: 197~200). 격동의 시기를 겪던 폴란드에서 지식인층은 폴란드 사회주의의 미래와 그 역할에 대해 많은 고민을 하고 있었고, 이 글을 통해 폴란드에서 운영되고 있었던 거대한 중앙집중식 건축 설계 부서의 진정한 가치에 대해 돌아볼 수 있는 기회가 마련되었다. 이 글에 인터뷰가 실린 한 직원은 로스앤젤레스에 기반을 둔 '미국 현대 건축 디자인의 선구자'인 리처드 뉴트라(Richard J. Neutra)와 함께 일했던 것에 대해 다음과 같이 이야기했다. "그와 함께 일하는 소수의 직원들은 서로간의 친밀함을 바탕으로 건축물을 짓는 사람들과 이를 의뢰한 사람들 사이에 유대 관계가 형성될 수 있도록 힘쓰고 있다"(Pilch, 1956: 197~200).

해빙기가 대부분의 건축가들에게 새로운 시행 모델을 가져다준 것은 아니었다. 흐루쇼프의 1954년 연설과 마찬가지로 스탈린 이후 승인된 현대 건축의 형식들은 사회주의 국가의 권위를 신장시키는 동시에 건축가의 창의성을 더욱 쇠퇴시켰는데, 특히 핵심 부문인 주택에서 이런 현상이 더욱 두드러졌다(Bliznakov, 1993: 85~149; Buchli, 1999; Reid, 1997: 177~192). 이것은 정치적으로 매우 민감한 사안이었는데, 특히 건축은 당이 지지를 천명했던 바로 그 사람들에 의해 업적이 평가되는 경향이 가장 뚜렷했던 분야이기 때문이다. 건축의 세부 요소들의 숫자를 최소한으로 줄이는 것을 목표로 하는 산업화된 건축은 건축 설계의 예술적 측면을 제거하고 공학적 특징만을 남겨놓았다. 1950년대 말이 되자 폴란드의 도시들은 새로운 도시 구조를 낳게 되는 변화의 과정을 시작한다. 패널로 만들어진 대형 고층건물들로 대변되는 이러한 도시 구조는 동구권 전체에 산재하며 이후 악명을 떨친다. 블록형 고층빌딩은 사회주의 미래의 중요 상징물이 되었으며, 정권과 건축가 모두로부터 이념을 뛰어넘는 실용주의의 승리로 추앙받는다(Baraniewski, 1996: 129~138). 동시에 국가는 계획경제의 자원을 활용해 높은 품질의 공동주택 공급을 약속한다. 유명 건축가 볼스타브 즈미트(Boleslaw Szmidt)는 국가와 건축가 간의 관계를 새롭게 정립하는 한편 새로운 건물들을 평가할 수 있는 기준을 제시했다. 새로운 12층 및 14층 아파트 건물 설계에 대한 그의 설명을 들어보자.

　이 작품은 사전 제작 및 대량생산을 목표로 표준화된 아파트 건물의 원형을 설계, 시공하는 것을 골자로 하는 1960년 각료회의 결정에 근거한다. 만약 원형으로 지은 건물이 전문가 평가단에 의해 기술적 혁신성과 경제적 타당성을 가진 것으로 판단되면, 이 건물은 하나의 '유형(type)'으로 여겨지며 대량생산을 위한 관문을 통과한 것으로 간주한다(Szmidt, 1962: 496).

　다시 말해 기술적 역량이라는 협소한 한계 속에서 실험을 감행할 수 있는 기회가 건축업에 대해 허락되었던 것이다. 건축가들은 '저렴하고 신속하게' 지을 수 있는 건물을 설계해야 한다는, 흐루쇼프적 도전 과제에 대해 긍정적 반응을 나타냈다.[26] 테크노크라트로서 그들이 했던 일은 특정한 건물이 아닌 건물 유형을 설계하는 것이었다. 폴란드인들이 미래에 거주하게 될 고층 주택의 새로운 모델을 모색하기 위해 국제 공모전이 개최되었다. 창문을 끼울 수 있는 틀이 이미 마련되어 있는 지탱용 벽과 같이, 시공 현장 밖에서 대량생산이 가능한 건축 요소가 설계의 기본이 되었다. 이런 방식으로 건축은 더욱 공학적인 성격을 띠게 되었다. 폴란드에서도 혁신이 장려되지 않았던 것은 아니지만, 이즈음에는 경제성이 창의성을 견인하는 양상이 펼쳐졌다. 나아가 위생 규준에 관한 '지도' 원리들로 인해 건축가들은 진보적 사회의식을 표출하는 데 애를 먹을 수밖에 없었다. 하지만 이러한 일련의 정황에 대해 불만을 나타내는 사람이 거의 없었다는 점에 주목할 필요가 있다.[27]

26　T. K., "O mieszkaniach optymistycznie," *Stolica* (27 August 1961): 5.

27　발데마르 바라니예스키(Waldemar Baraniewski)는 폴란드 건축의 이념적 기능에 대한 진심어린 비판에 있어서 스타니슬라브 스타젭스키에게만 공을 돌린다("Odwil-żowe dylematy polskich architektow," 313).

산업화된 주택 건설과 더불어 해빙기 모더니티의 또 다른 특징을 꼽자면 더 상업적이고 서구적인 견해가 등장했다는 사실이다. 사회주의 리얼리즘의 도시 미학이 지닌 무미건조함을 상쇄하기 위해서는 호텔, 레스토랑, 카페, 여행사, 그리고 매력적인 상점가 등이 필요하다는 베르츠비키의 주장이 등장했던 것은 1955년이었는데, 2년이 지난 후 그의 요청이 마침내 응답을 얻게 된 것이다. 적어도 폴란드 언론에 대대적으로 보도된 특급 프로젝트들에 국한해서 바라보면 그렇다는 것이다. 1957년 국가는 부분적 시장경제 체제를 도입했는데, 양복점이나 택시 같은 소규모 서비스업뿐만 아니라 새로운 카페 및 레스토랑이 빠른 속도로 늘어났다는 사실을 통해 이를 확인할 수 있다. 당대의 추정치를 살펴보면 1957년 한 해 동안에만도 1만 개 이상의 개인 상점 및 가판대가 바르샤바에 새롭게 문을 열었다(Stehle, 1965: 171). 바르샤바의 경관이 변할 수 있었던 것은 스탈린 사망 후 나타난 비판적 여론에 직면한 당이 생활수준을 향상시키겠다는 약속을 내놨기 때문이다. 세련된 감수성이 건축적으로 가장 두드러지게 나타난 곳을 꼽으라면 1950년대 중반 이후 새롭게 문을 열거나 재단장을 마친 다수의 카페나 바들이 적절한 예가 될 것이다. 벽에 그려진 추상적 미술작품이나 유흥시설의 외벽에 설치된 네온사인이 억눌렸던 감성을 만족시키려는 새로운 사회 분위기를 확실히 드러내기는 했지만, 이러한 현대화의 대부분은 말 그대로 '표피적인' 것에 불과했다. 네온사인과 진열된 상품을 행인들에게 보여줄 수 있는 쇼윈도가 폴란드의 거리를 채워나감에 따라 서구의 이미지가 사회주의 도시에 팽배했던 것으로 보인다. 그렇다면 우리는 이러한 쇼윈도가 폴란드인들이 서구를 상상하고 대면할 수 있는 또 다른 공간이었다고 간주해야 할까? 아니면 우리는 그저 이것이, 빈번하게 인용되는 하벨(Havel)의 지적처럼, "독재와 소비사회의 역사적 만남을 통해 야기된" 현대성의 이종교배에 불과하다고 이해해야 할 것인가(Havel, 1987: 37~40). 독창적 물질세계를 만들 수 있다던 동구권의 주장이 설득력을 잃어가고 있다는 사실을 몇몇 당대인들은 똑똑히 인지하고 있었다. 1969년 프랑수와 페이토(Francois Fejto)는 다음과 같은 진단을 내놨다. "동유럽 국가들이 이윤, 수익성, 그리고 가장 고도화된 자본주의적 방법론의 적용에 골몰하게 되고, 소위 '소비 열풍'이 불어 닥치게 된 이래로 공산주의 체제는 그 개성을 잃어버리게 되었다"(Fejto, 1974: 308).

해빙기 동안 동유럽을 미래와, 서유럽을 과거와 병치시키는 관행이 뒤집어졌을 뿐만 아니라, 소비에트 대가들에 대한 폴란드 및 여타 동유럽 건축가들의 굴종적 예속 관계 역시 변화를 맞게 되었다. 폴란드는 서유럽에 좀 더 가깝게 위치한데다가 전쟁 중 파괴되지 않은 활용 가능한 풍부한 문화유산을 보유하고 있었다. 소비에트의 디자이너와 소비자들은 폴란드산 제품과 실내 디자인을 자국 내에서 볼 수 있는 제한된 형태의 디자인보다 한결 세련된 것으로 여겼다. 당대의 유행 스타일에 관한 글에서 ≪데코라티프노 이스쿠스트보(Dekorativnoe isskustvo)≫의 편집자 유리 게르추크(Iurii Gerchuk)는 1950년대 후반 폴란드 문화를 다룬 러시아 잡지가 등장한 사실에 대해 다음과 같이 기술하고 있다. "가판대 진열장 뒤로 보이는 장식적 화풍의 ≪폴샤(Pol'sha)≫, 즉 폴란드라는 제호의 잡지 겉표지를 볼 때마다 마치 새로운 예술적 가능성의 시대가 열린 것 같은 느낌을 받았다. 정통을 '고수하려는' 사람들에게는 'Pol'sha'라는 말이 조국에 침투해 들어오는 '모더니즘'을 상징하는 끔찍한 대상이 되었다"(Gerchuk, 2000: 2). 1960년 6월 개장한 모스크바 바르샤바 호텔(Warszawa Hotel)의 인테리어 디자인을 통해 폴란드가 지닌 세련된 현대성의 또 다른 단면을 엿볼 수 있다. 호텔을 설계한 소비에트 건축가들에 따르면 건물에는 반드시 바르샤바적인 특성이 스며들어 있어야 했다. 달리 말하자면 폴란드에서 나온 디자인으로 호텔의 공용 공간을 시공해야만 했던 것이다.[28] 리셉션 공간을 꾸밀 소재로는 앙리 마티스(Henri Matisse) 스타일의 추상적 무늬를 넣은 섬유가 채택되었으며, 강낭콩 모양의 낮은 테이블과 막대기 같은 철재 다리 위에 단독으로 서 있는 램프들이 배치되었다. 다른 장소에서였다면 딱히 눈에 띄지 않았을 이런 디자인들이 소비에트 제국의 심장부에 이국적 분위기를 자아내고 있었다. 지리적 의미에서 러시아의 서양이 되는 폴란드가 은유적 의미에서도 러시아의 '서구'가 되어버린 것이다.

마치 눈에 보이지 않는 축에 경첩으로 매달린 것처럼, 해빙기 동안 서구의 이미지가 부상함에 따라 소비에트 건축에 대한 보도나 관심은 쇠퇴하게 되었다. 나아가 사람들은 폴란드 건축계 소식을 접할 때, 이른바 '숨겨진 사본(hidden transcript)'을 심심찮게 발견하게 되었는데, 이는 제임스 스코트(James Scott)가 고안한 용어이다.[29] 스코트의 말을 빌리자면, 이런 내용들은 권력 앞에 약자일 수밖에 없는 사람들이 자신들의 좌절이나 주장을 위장하거나 꾸며서 표현한 것이었다(Scott, 1992: 38~39). 예를 들어 "모스크바의 실험적 건물들"이라는 제목의 1958년 ≪아키텍투라≫ 기사는 모스크바 제9구역(Ninth District)의 노브예 체레무슈키(Novye Cheremushki) 주택 건설 계획에 대해 보도하면서, 사전에 제작된 건축 요소들을 결합해 만든 5층짜리 둔중한 건물과 기울어진 지붕 등의 모습을 싣고 이것이 새롭게 허가를 얻어 시행된 '실험적인' 시공이라고 소개했다.[30] 하지만 잡지사의 아트 디렉터가 이 기사를 프랑스와 미국의 경량 지붕 구조물들의 인상적인 사진들을 소개한 지면 바로 옆에 배치해버렸다. 사이먼(Simon)과 모리소(Morriseau) 그리고

---

28 St. S., "Hotel 'Warszawa' w Moskwie," *Architektura*, No.8(1960): 316.

29 역주: 숨겨진 각본은 미국의 정치학자이자 인류학자인 제임스 스코트가 고안한 용어이다. 피지배 대중은 평소에는 지배층의 명령과 질서에 순종하는 듯 보여도, 그들끼리는 숨겨진 각본을 공유하며 일상적 저항을 통해 지배층과는 다른 세계를 형성한다는 주장이다.

30 "Budow: Eksperimentalni w Moskwie," *Architektura*, No.5(1958): 257.

로버트 타운센드(Robert Townsend)의 캔틸레버식 강철 프레임과 혁신적 나선형 구조물들은 개방적이고 방해로부터 자유로운 공간을 창출해냈다. 양옆에 나란히 놓이게 되면서 서구의 건축물들이 소비에트의 진보에 마치 유죄선고를 내리는 듯한 인상을 자아내게 되었다.[31] 거의 대부분의 독자들이 이러한 비교를 감지했을 것이다.

1950년대 후반 서구 건설 기술에 대한 전적인 열망이 이념적 진공 상태에서 등장했던 것은 아니다. 사실 1960년대 초가 되면 해빙기 동안 주어졌던 자유에 대해 통제가 가해지게 되며, 당 지도자들은 서구에 경도되는 현상에 대해 온건한 경고를 보내기 시작한다. 예를 들어 1963년 언론부의 수장이자 중앙위원회 위원인 아르투르 스테르비츠(Artur Starewicz)는 다음과 같은 의견을 표명했다. "서구 문화의 우수성을 맹목적으로 믿는 것은 동유럽이 이룩한 모든 것을 불신, 거부하며 소련 및 다른 사회주의 국가들의 업적을 무시하는 행태와 다를 바 없다."[32] 해빙기가 끝난 지 이미 오래였지만, 그렇다고 1949년의 상황으로 되돌아가기엔 너무 늦은 시점이었다. 폴란드의 건축가들과 건축비평가들이 테크노크라트로서의 자신들의 지위를 유지하는 한, 그들은 개인적·직업적 특권을 충분히 누릴 수 있었다.

---

31 시간이 지나자 노브예 체레무슈키(Novye Cheremushki)는 '투박한 엘리멘터리즘'과 이를 떠받쳤던 사전 제작 조립 시스템의 결합 등으로 인해 소련에서 조소의 대상이 되어버렸다는 사실을 밝혀둔다. Gerchuk, "The Aesthetics of Everyday Life in the Khrushchev Thaw in the USSR(1954~64)," in *Style and Socialism*, 87.

32 Starewicz speech delivered to the Central Committee in July 1963, quoted in Fejto, 1974: 307.

4. 동유럽과 서유럽 사이에서

스탈린 시대 이후 폴란드 건축계는 논란에 휩싸이기를 회피했다고 평가할 수 있지만, 몇몇 비판적 목소리를 들어보면 이른바 건축의 피상적 현대화에 대해 반대하는 사람들이 일부 존재했음을 알 수 있다. 1960년 바르샤바 미술아카데미(Academy of Fine Arts)에서 예술 및 연구 워크숍(Artistic and Research Workshop: ZAB)을 주도했던 건축가 예지 졸탄(Jerzy Soltan)은 자신의 비판적 견해를 드러낸 바 있다.[33] "지난 4~6년 동안 모더니즘 운동에 대한 접근 방법에는 상당히 많은 변화가 있었다. 이제 어딜 가나 사람들 모두가 모더니즘을 추구하고자 하는 욕망을 표출한다. 새로운 것과 오래된 것 사이에 전쟁은 더 이상 없는 것이다! 건축에 대한 학문적·준고전주의적·장식적 접근법을 추구했던 소련 내의 여러 중요 기관들 역시 입장을 바꿔버렸다. 그렇다고 '현대'라는 말이 모든 사람들에게 똑같은 의미를 가지는 것은 아니다"(Smithson ed., 1974: 45). 그는 당대를 주름잡고 있던 '피상적 부르주아 모더니즘' 역시 앞선 시절의 사회주의 리얼리즘과 마찬가지로 장식주의의 또 다른 형태에 불과하다고 주장했다. 나아가 그는 서구에서의 상업적 고객이 되었든 동구에서의 국가가 되었든, 이른바 '스폰서'에 대해 줏대 없이 알랑거리는 태도를 취하는 건축가들을 나무랐다(*Architectural Design*, special Team X issue, 1960: 28). 이는 서유럽과 동유럽 양자에 동일한 비판

---

33 실험이라는 개념에 대한 공식적 추종을 바탕으로 1954년 졸탄과 이나토비츠(Ihnato-wicz)는 ZAB를 결성했는데, 디자이너, 엔지니어, 예술가들로 구성된 이 모임에는 종종 음악가나 영화감독 등이 참여하기도 했다. 1960년대 졸탄과 함께 작업한 바 있는 한 학생에 따르면, ZAB는 모스크바의 고등예술기술워크숍(Higher Art Technical Workshops)과 바우하우스(Bauhaus)의 전통에 입각해 운영되었다고 한다. "A Conversation with Krzysztof Wodiczko," October, no.38(1986): 3~51을 참조할 것.

을 가한 괄목할 만한 진술이다.

졸탄은 또한 바르샤바 남부 노동자 구역에 위치한 작은 건물인 바 베네짜(Bar Wenecja)를 통해 자신의 비판적 견해를 드러냈다. 정부 기관의 발주를 받아 건립된 이 건물의 설계에서 ZAB가 중점을 뒀던 것은 바로 개방성이었다. 셀프서비스 레스토랑과 다수의 카페 등 다양한 시설이 입주하게 될 이 건물에서 가장 중요한 디자인 요소는 바로 선택권을 최우선으로 고려한다는 점이다.[34] 졸탄과 그의 동료들은 엄청난 노력을 기울인 끝에 독창적 공간 효과를 창출해냈다. 이들은 건물을 방문한 사람이 자신과 다른 사람들이 어떤 방식으로 건물 내부를 오가는지 인식할 수 있는, 그런 형태의 건물을 설계하고자 했다. 이를 위해 사람들이 마치 '다채로운 색상의 군중'이 되어 움직이는, 서로를 넘나드는 내부 및 외부 공간으로 구성된 3차원 형태의 디자인이 도출되었다. 캐스트 콘크리트 계단 및 발코니, 클링커 벽돌, 그리고 유리 벽 등의 활용을 통해 질감 및 소재의 품질에 많은 공을 쏟은 졸탄과 그의 ZAB 동료들은 스탈린 시절에 선호되었던 웅장한 시각적 효과 및 '고상한' 소재들에 대해 명시적 거부 의사를 밝혔다. 이는 곧 구체화된 경험을 꾀하기 위해 사회주의 리얼리즘의 표피적 질서를 포기하는 것이며, 강렬한 현상학적 감성을 드러내는 행위였다. 보편적 질감과 경험을 바탕으로 설계된 건물을 비로소 맞이하게 된 것이다. 졸탄의 절친한 동료이자 ZAB의 구성원이었던 이나토비츠(Ihnatovicz)는 바 베네짜에 적용된 소재의 솔직한 활용에 대해 "응용형식의 허울에 대한 의식적 저항"이며, 입체파적 소시지, 강낭콩 모양의 테이블, 그리고 몬드리안식 격자 만들기에 대한 저항이라고 설명했다(Ihnatowicz, 1961: 373).

졸탄은 서유럽에서 상당한 정도의 설계 경험을 쌓은 바 있다. 1950년대 후

---

34 레스토랑에 대해서는 Hołowko(1962: 11~17)를 참조할 것.

반 그는 건축가로서 르코르뷔지에의 파리 스튜디오에서 근무했으며, CIAM
과 그 뒤를 이은 단체인 TEAM X에서 1950년대 내내 활발한 활동을 펼쳤다.
앨리슨과 피터 스미슨을 비롯하여 알도 판 에이크(Aldo van Eyck) 등의 다양
한 다국적 구성원들로 이루어진 TEAM X는 현대 건축을 신념, 스타일, 혹은
기술 등의 단일한 형태로 이해하려는 시각을 지양했다. 건축가들은 그들이
맞닥뜨린 상황에 알맞게 행동해야만 한다. 그들은 설계에 대한 이런 개념이
인간으로서의 실존적 현실에 근거하고 있다고 주장했다. 스미슨 부부가 표
현했던 것처럼 "수사학에 저항하는" 입장에 서게 됨으로써 그들은 "존재가
본질에 우선한다"는 사르트르적 계율을 수용하게 된 것이다(Goldhagen,
2001: 75~95). 도그마에 대한 반감을 나타내고 건축적 형태를 통한 사교성의
창출에 관심을 쏟는 졸탄식 사고가 TEAM X를 대변하는 정통 사상이 되었
다. 그러나 졸탄의 이러한 자세가 이미 사라져버린 폴란드에서는 이를 되살
리기 위한 노력이 요구되었으며, 특히 해빙기 동안 큰 반향을 불러일으키게
된다. 스탈린주의에 대한 비판의 근거를 마련함에 있어 건축가를 포함한 폴
란드 지식인들은 비판과 학대에 시달리는 개인의 존재를 부각시켰다. 이는
스탈린주의와 그에 따른 천박한 물질주의, 그리고 공허한 프로파간다의 잔
해 속에서 사회주의의 도덕적 근거를 재발견하려는 노력의 일환이었다.
1955년에서 1957년 사이에 터져 나온 비판적 목소리의 상당 부분은 넓게 봤
을 때 마르크스주의적 관점에서 비롯된 것이었으며, '젊은 시절의' 마르크스
에 근거해 인본주의적이고 민주적인 가치를 강조하는 주장도 심심찮게 등장
했다(Machcewicz, 2001: 127). 이러한 지성의 고고학은 실존적 주제들을 부각
시키게 된다. 이오네스코(Ionesco), 사르트르(Sartre), 카프카(Kafka) 그리고
베켓(Beckett) 등의 작품이 모두 1957년 바르샤바 무대에 올랐고, 실험적 음
악과 모던 재즈가 당대 폴란드 문화생활의 중요한 부분을 차지하게 된 것도
그다지 놀라운 일은 아니다.[35] 레스체크 콜라콥스키(Leszek Kolakowski)가

1959년 출간한 정치 우화 『사제와 어릿광대(The Priest and the Jester)』가 좋은 예가 될 것이다. 이 작품에서 개혁적인 마르크스주의 철학자인 콜라콥스키는 권력을 추종하는 자들의 태도를 부각시켰다. 사제는 자신의 믿음이 올바르다는 맹목적 확신 속에 살아가는 데 반해 "광대는 서로 모순되는 사고들에 대한 여러 가지 다양한 이유들을 추론하는 데 꾸준한 노력을 기울인다. 모든 일이 이미 일어난 것처럼 느껴지는 세상 속에서 광대는 적극적 상상력을 드러내면서, 이를 통해 반대편에서 작용하는 힘을 극복해내야 한다는 사실을 보여준다"(Kołakowski, 1969: 34; Falk, 2003: 157~165). 이것은 실존주의적 우화로서 지식인과 권력의 관계에 관한 중대한 질문을 던지고 있다. 어쨌든 콜라콥스키를 비롯한 많은 사람들이 한때는 베이루트 정권의 충성스럽고 열렬한 지지자들이었기 때문이다.

콜라콥스키가 제시한 '적극적 상상력'과 유사한 형태의 개념이 해빙기 동안 폴란드 건축 이론에 등장했다. 무프타흐가(街)에 대해 무한한 애정을 갖고 있었던 건축가 오스카 한센에 관해서는 이 글 초반부에 이미 언급한 바 있다. 한센은 이미 만들어진 환경 속 개인의 위치에 관한 일련의 사상을 발전시

---

35 개혁적 중앙위원회 위원이었던 스테판 모랍스키(Stefan Morawski)는 1958년 ≪트리뷰나 루두(Trybuna Ludu)≫에 기고한 글에서 폴란드 지성계가 "예술 발전의 정상적 요구 조건인" 다양한 형태의 실험에 노출될 필요가 있다고 주장했다. 그의 말을 빌려 표현하자면. "포크너(Faulkner), 사르트르, 까뮈, 그리고 카프카의 작품이 폴란드에서 출판되고 극장에서 상연되고 있다. 물론 이런 작품들이 마르크스주의와는 비슷한 점이 거의 없는 사회적 분위기와 철학적 사조의 산물임에도 불구하고 말이다. 우리는 또한 특별한 관객들을 위해 이오네스코나 베켓의 작품이 공연되는 것을 허용하고 있다. 비록 이러한 작품들이 드러내고 있는 철학이 우리들의 그것과는 사뭇 다름에도 불구하고 말이다. 하지만 이런 작품들은 새롭고 실험적인 아이디어를 촉진시키고 있다." 이것은 스탈린주의 미학으로 인해 폴란드에서 문화적 정체가 발생하고 있었음을 에둘러 인정한 것이었다. Stehle(1965: 199)를 참조할 것.

켰으며, 이를 집대성해 1957년『열린 형상(Open Forum)』이라는 제목의 책으로 출간했다(Hansen, 1957: 5). 졸탄과 마찬가지로 한센 역시 거대 건축사무소의 유혹을 뿌리치고 바르샤바 미술아카데미라는 비교적 자유로운 환경 속에서 경력을 이어갔다. 그의 초기 활동은 주로 폴란드 국내외의 전시관을 설계하는 것이었다. 한센은 1955년 조피아 한센(Zofia Hansan) 및 레흐 토마젭스키(Lech Tomaszewski)와 함께 참여했던 터키 전시관 설계 작업으로부터 열린 형상 이론의 탄생이 비롯된 것이라고 밝힌 바 있다(Hansen, 2005: 184). 예술가 및 건축가들과의 대화에서 한센은 불완전한 공간적 형태, 즉 내재적 불완전성으로 인해 관찰자나 사용자의 창의성이나 참여를 필요로 하는 공간적 형태에 대한 논증을 전개했다. 근본적으로 이것은 공간 및 창의성에 관한 사회적이고 주변화된 개념이다. 한센에 따르면 공간은 운동의 차원에서 이해해야 하는데, 그것은 그곳을 차지하고 있는 사람들이 인지할 수 있는 동시적 잠재력일 수도 있고, 오랜 시간에 걸쳐 변화할 수 있는 통시적 역량일 수도 있다. 관객/사용자를 참여시키는 과정을 통해 열린 형상은 관객들에게 그들 자신의 체화된 존재에 대해 다시금 인식할 수 있는 기회를 제공한다. 또한 열린 형상을 통해 개인은 일상적인 것들에 대해 더 적절히 대응할 수 있게 된다. "회화에서 다다이즘이 전통적 미학의 장벽을 허물어뜨렸던 것과 마찬가지로 건축에 적용된 열린 형상 역시 우리가 '보편적인, 일상적인, 망가진, 그리고 우연적인 일들'에 더욱더 가깝게 다가갈 수 있도록 해줄 것이다"(Newman, 1961: 191). 한센의 이론은 또한 현대 건축을 개념화하는 새로운 방법을 제공해주었다. 보편적 적용 가능성을 약속했던 한센은 자신의 이론이 공공 기념물, 주거용 부동산, 그리고 예술 작품 등에 대해 다시 한 번 생각해볼 수 있는 기회를 마련해주리라 기대했다(Murawska-Muthesius, 2004: 193 ~211). 예를 들어 한센이 국제적으로 추진하려 했으나 실현하지 못 했던 설계안은 바르샤바 자케타 갤러리(Zacheta Gallery) 확장 공사에 관한 것이었는데, 1958년 이루어진 레흐 토마쳅스키 및 스타니슬라브 자메츠닉(Stanislaw Zamecznik)과의 공동설계 작업이었다.[36] 스테판 스질러(Stefan Szyller)가 1896년 설계한 네오바로크 양식의 기존 건축물을 확장하기 위해 한센이 채택한 설계안은 모퉁이에 사각형 기둥을 세워 위로 들어 올린 투명한 정육면체의 구조물을 짓는 것이었다. 유리판으로 만든 벽과 지붕을 강철 틀 안에 끼워 넣어 평평하고 투명한 표면을 제작하고자 했다. 유리 커튼 월이나 열린 공간 계획 같은 최신 유행의 건축 스타일을 따른 것이긴 했지만, 이것은 기술에 대한 완전히 새로운 개념에 근거한 것이었다. 유리 상자 안에 또 다른 상자 하나를 더 만들기 위해 가변형 패널을 활용한 내부 벽을 제작했다. 이러한 내부 벽들은 회전시킬 경우 시야에서 완전히 사라지게 할 수도 있고, 전시물이 나타날 수 있는 불투명한 벽면으로 활용할 수도 있다. 두 개의 층과 계단을 내부로 옮겨 전혀 다른 내부 공간 구성을 도모할 수도 있다. 이 갤러리의 내부 공간에는 영구적이거나 고정된 형태가 전혀 없도록 시공할 예정이었다. 이 경우 유연성이 의미하는 바는 이른바 '오픈 플랜'을 적용한 사무실이 가지는 효율적 탄력성보다 한결 더 확장된 것이다. 즉 공간을 활용할 예술가과 큐레이터의 '적극적 상상력'이 반드시 필요했던 것이다.

한센의 이론을 통해 이미 테크노크라트로서의 입지를 공고히 다진 건축가의 영향력이 마침내 종말에 다다랐음을 알 수 있게 되었다.

예술가-건축가의 역할은 [형태가 미리 정해져 있고 대개의 경우 누구를 위한 것인지도 모르는 상태에서 닫힌 형태(Closed Form)를 부여하는] 이전의 지극히 개인적이고 개념적인 역할에서 개념적-조정적 역할로 변화했다. 현재 벌어지고 있는 고도의 전문화에 직면하여 모든 것을 다 아는 건축가조차도 자신

---

36 TEAM X의 마지막 모임에서의 한센에 대해서는 Newman(1961: 191)을 참조할 것.

이 결코 모든 것을 다 알 수는 없다는 사실을 깨달아야만 한다. 따라서 최고 전문가로서의 건축가의 위상은 현대 사회에서 점차 쇠퇴하게 될 것이다(Newman, 1961).

자원 활용을 효과적으로 통제하고 조정하는 데 골몰했던 정부가 주도한 건설 프로그램에 한센의 참여가 배제되었던 것은 그가 내세운 이러한 견해 때문이었다.[37] 따라서 한센의 아이디어들에 대해 폭넓은 논의가 진행되었음에도 불구하고 건축가들은 결과적으로 별다른 영향을 받지 않았고, 이는 충분히 예상할 만한 귀결이었다.[38]

열린 형상 이론은 스탈린 시절 건축과 도시성 속에 명시적으로 드러났던 공간에 대한 2차원적이고 극도로 시각 중심적인 관념, 즉 건물과 공간을 볼거리로 간주했던 행태에 대한 솔직한 도전이었다. 한센은 1960년 출범한 브라질의 새로운 수도를 지목했다. 50만 명의 사람들이 거주하게 될 완전히 새로운 보금자리가 3년이 채 되기도 전에 미친 듯한 속도로 완성되었다. 도시계획가 루시우 코스타(Lucio Costa)의 작품인 브라질리아(Brasilia)의 형상은 비행기의 모양을 따와 만든 것인데, 15킬로미터에 이르는 완만한 반원에 주거용 건물을 배치하고, 길고 거대한 축으로 이를 둘로 나누어놓았다. 중심부에는 삼권광장(Plaza of Three Powers)이 자리 잡고 있는데, 이곳에는 두

---

37 1960년대에 한센은 '열린 형태' 이론을 '선형 연속 시스템' 이론에 접목시켜 발전시켰는데, 이를 통해 자신의 이론을 더 큰 규모의 건물 배치 및 커뮤니케이션에 적용하고자 했다. 관련 프로젝트로는 바르샤바의 프르지줄렉 그로홉스키(Przyczulek Grochowski) 주택 개발 단지 등을 꼽을 수 있다. 일반적으로 이런 프로젝트들은 사회적으로나 경제적으로나 실패작으로 간주되고 있다.
38 한센은 1960년대 폴란드에서 유행한 일종의 공간화된 예술 행위의 선구자라 할 수 있다. *Piktogram*, No.5/6(2006)에 실린 다양한 에세이를 참조할 것.

동의 마천루와 정부청사가 들어서 있는 반구형 건물이 함께 자리하고 있다. 1961년 한센이 집필한 내용에 따르면 "브라질리아는 완성되기도 전에 골동 품이 될 것으로 보이는데, 다름 아닌 닫힌 형상에 기초하고 있기 때문이다." 그의 동료 졸탄과 마찬가지로 한센 역시 스탈린주의 미학 그리고 1950년대 에 제1세계, 제2세계, 그리고 제3세계로 퍼져나가고 있었던 모더니즘의 형 태 모두에 대해 비판을 가했다. 이들 모두가 '닫힌 형태의 미학'에서 기인했 기 때문이었다.

현대 건축이 자아내는 소외 현상에 대해 비판적 시각을 가진 사람은 한센 만은 아니었다. 브라질리아는 결국 현대인의 삶에서 소외를 조장하는 상징 적 존재로 널리 거론되었다. 시몬 드 보부아르(Simone de Beauvoir)의 유명 한 표현을 빌리자면, 브라질리아는 '우아한 단조로움'의 도시였다(Beauvoir, 1963: 577). 한센의 견해에서 우리가 주목해야 할 사실은 오랜 기간 동안 대 척점에 위치했던 후기 모더니즘과 스탈린주의가 자아내는 시각적 효과를 등가의 것으로 제시했다는 점이다. 하늘로 치솟은 유리벽으로 둘러싸인 서 유럽 현대 도시의 시각적 모습은 휘황찬란하고 발랄한 경치를 품은 사회주 의 리얼리즘만큼이나 사람들을 소외시켰던 것이다.

5. 결론

1950년대 폴란드의 건축 사상의 지성사를 간략히 요약하자면, 소비에트 정치이론가들에 의해 서유럽과 동일한 것으로 취급됐던 모더니즘 건축에 대한 강요된 거부가 모더니즘의 기술적·형태적 성취에 대한 무비판적 수용 으로 바뀌어가는 형국이라 할 수 있다. 이러한 요약이 대략적으로는 맞을지 모르지만, 이 기간 동안 동유럽과 서유럽이 서로 중첩되기도 했다는 사실을 과소평가할 위험이 함께 도사리고 있는 것 또한 사실이다. 한센과 졸탄 같은 폴란드 건축가들은 1940년대 파리에서의 활동과 1950년대 TEAM X에 대한 공헌을 바탕으로, 동유럽과 서유럽 현대 건축에 많은 영향을 미치게 되는 논쟁과 활동에 참여했다. 서유럽 동료들과는 조금 다른 시각으로 서양을 바라볼 수 있긴 했지만, 그렇다고 그들이 바깥에서 '서양을 상상만 하고' 있었던 것은 결코 아니었다. 사회주의 리얼리즘의 소비에트 미학을 경험해보았기 때문에, 한센과 졸탄은 스탈린 사후인 1950년대 후반 폴란드 정권이 기꺼이 받아들였던 모더니즘의 형태에서 동일한 특징들을 좀 더 쉽게 발견해낼 수 있었다. 사용자의 역할을 강조한다는 점에서 한센의 열린 형태 이론과 도그마에 대한 졸탄의 비판을 그저 당대의 실존적 인본주의 사상의 표출로 이해할 수도 있을 것이다. 하지만 소비에트화된 환경 속에서 등장했다는 점을 감안했을 때, 이들의 사고는 두 개의 서로 다른 세계에 대한 이중적 관점을 대변하고 있었던 것이다. 이러한 관점은 아마도 이 논문의 주제이기도 한 폴란드 건축가들처럼, 서유럽과 동유럽의 중간에서 살아가는 사람들만이 누릴 수 있는 특권일지도 모른다.

제7장

사회주의 도시와 사적 영역

남영호(서울시립대)

1. 서론

1926년 모스크바에 체류했던 발터 벤야민은 『모스크바 일기』와 『모스크바』[1]에서 아직 혁명의 열기와 혼동이 가시지 않은 소련 수도의 풍경과 사람들의 삶을 묘사했다. 그는 『모스크바』에서 이렇게 적고 있다.

볼셰비즘은 사적인 삶을 폐지시켰다. 관청, 정치기관, 언론들은 그들의 관심에 부합하지 않는 것에 대해선 조금의 시간도 내지 못하게 할 만큼 강력한 권력을 행사한다. 마찬가지로 공간 역시 남아 있지 않다. 이전엔 한 가족이 살던 다섯 개에서 여덟 개의 방이 있는 집이 지금은 여덟 가족이 사는 경우도 허다하다. 복도 문을 열면 작은 도심에 들어서게 된다. 아니 물건 집하장으로 들

---

1 『모스크바』는 벤야민이 모스크바에서 돌아온 후 『모스크바 일기』의 내용을 재구성해 발표한 글이다.

어서게 되는 경우가 더 많다. …… 이러한 이유에서 '가족적인 것'은 존재하지 않는다. 그렇다고 카페가 있는 것도 아니다. 자유 상거래와 자유 지식인들이 폐지되었고, 그로 인해 사람들도 카페에 가기를 꺼린다. 심지어 이들의 사적 용무들조차 사무실과 클럽에서만 처리된다(벤야민, 2009: 279~280).

그로부터 60여 년이 지나 소련이 해체된 후, 러시아 태생의 미국인 학자 스베틀라나 보임은 발터 벤야민을 인용하면서, 그보다 한 발자국 더 나아간다. 혁명 이전에도 러시아에서 사생활과 러시아적 생활양식은 서로 맞지 않는 것이었으며, "'사생활'이란 '진실한 삶'이나 진정한 존재보다는, 종종 외래의 진정성 없는 행위와 같은 뜻으로 쓰였다"(Boym, 1994: 73). 보임은 사생활(private life)에 가장 가까운 러시아어 단어인 частная жизнь는 문자 그대로는 부분적인 삶이라는 뜻이며, "공동의 선 대신 개인적인 선을 추구하는 것은 이기주의"라는 비난을 받았다고 서술한다. 이에 대비되는 것이 19세기 중반에 등장한 '러시아의 영혼(Russian soul)'이란 개념으로, 서유럽 부르주아지의 '사생활'과는 달리, 스스로는 고통 받는 집 잃은 영혼이면서도 인류 전체의 구원을 고민하는 내면의 생활이 러시아 지식인의 관심사였다는 것이다. 1917년의 러시아 혁명 이래, 이제는 지식인이 아니라 정권이 서유럽 부르주아지의 다원주의를 배격하고, 집단주의와 일원주의의 원칙으로 삶을 조직하는 인간을 이상형으로 내세웠다. 그 결과 사생활이란 정권의 핵심적 지도층에게나 허용되는 특권이었으며, 정치 지도자들의 사생활은 대중에게 거의 노출되지 않아 오히려 신비로움과 권위를 부여받게 되었고, 간혹 드러나는 그들의 소박한 사생활의 면모는 대중에게 숭배의 원천이 되었다는 것이다(Boym, 1994: 94).

벤야민과 보임은 사회주의 체제에서 사생활의 부재를 혁명과의 관련성 속에서 또는 서유럽과는 다른 러시아의 전통과 문화라는 맥락에서 섬세하게 관찰하고 분석하고 있지만, 다른 이론가들은 이를 전체주의론과 연결시키기도 한다. 이를테면, 소련을 전체주의로 파악하는 한나 아렌트는 "[소련에서] 전체주의 지배는 단독 유폐라는 극단적 상황을 제외하고는 그를 결코 혼자 내버려 두지 않는다. 사람들 사이의 모든 공간을 파괴하고 서로를 압박하게 만들어 고립의 생산적인 잠재력조차 말살시킨다"라고 적고 있다(아렌트, 1996: 282). 여기서 전체주의는 "모든 인간이 한 사람(One Man)이 되고 모든 행동이 자연 운동과 역사 운동의 가속화를 추구하며, 모든 개별적 행동이 자연이나 역사가 이미 선고한 사형의 집행을 의미"(아렌트, 1996: 266)하기에 개인의 자유나 개별적인 차이, 사생활은 존재할 여지가 없다. 냉전 시기 후반부와 소련의 해체 이후에는 소련을 화석화된 유일체제로 파악하는 견해를 비판하는 수정주의적 입장이 대세를 이루기도 했지만, 최근에는 아렌트의 입장을 다소 수정해 개인의 활동 영역을 인정하면서도 소비에트 시대를 '신전체주의적(neo-totalitarian)'[2] 접근을 통해 이해하려는 경향도 다시 나타나고 있다.

예를 들어 역사학자 코트킨은 시베리아에 새로 지은 철강 도시 마그니토고르스크의 건설과 운영 과정을 분석한 책에서 개인의 자율적인 행동과 사고 영역이 심지어 스탈린 통치기에도 존재했음을 인정하지만, 그러한 개인의 영역은 소비에트의 공식적인 신조를 기초로 한 담론의 세계를 벗어나지 못한 것이었다고 주장한다(Kotkin, 1997: 198~237). 이와 대조적으로 개인의 자율성을 강조하는 입장의 대표적인 학자인 쉴라 피츠패트릭은 스탈린 정권은 시민을 억압하고 죽이며 생활을 파괴하기는 했으나, 개개의 시민은 공

---

2 마이클 데이비드 폭스와 쉴라 피츠패트릭은 소비에트 시대 연구자들을 신전체주의 대신 '신전통주의'라는 용어를 써서, 소비에트 체제를 서유럽이나 북미와는 다른 종류의 근대로 보는 근대성 그룹과 대비되는 입장으로 규정한다(David-Fox, 2006: 535 ~555; Fitzpatrick, 2000: 1~13).

식적 이데올로기를 충실하게 따르기보다는 그와는 다른 방식의 일상생활을 영위했으며 대중의 담론은 국가가 지도하는 영역의 바깥에 있었다고 분석한다(Fitzpatrick, 1999). 모세 르윈도 제1차 경제개발 5개년 계획 기간(1928~1932년) 노동자운동에 대한 연구에서 국가와 당의 지도가 일사불란하게 일반 노동자 대중에게 전달되어 그들을 통제하기보다는 밑에서부터의 자율적인 여러 움직임이 존재했으며, 때로는 혼란마저 낳았다고 분석하고 있다(Lewin, 1985).

현재에도 개인적 활동의 영역 또는 사적 영역이 사회주의 시대에는 존재하지 않았다는 입장에서부터 심지어 스탈린 시대에도 국가의 통제 내에서만 개개인의 활동과 의식이 존재했던 것은 아니었다는 입장까지 스펙트럼은 다양하다.[3] 그리고 이러한 입장의 차이는 소련 사회의 성격, 즉 전체주의 사회였는가 그렇지 않았는가, 또는 소련 사회는 서유럽이나 북미와 구별되는 또 다른 근대성의 표현인가 아닌가와 같은 논쟁으로 이어진다. 그런데 이런 논쟁에서 사적 영역, 개인적 영역, 공적 영역, 정치와 같은 용어들은 논자에 따라 각기 다른 용법으로 쓰이거나 다른 맥락에서 사용되는 경우가 많다. 이를테면, 위의 서술에서는 코트킨이나 모세 르윈의 '개인의 자율적 행동의 여지'를 사적 영역으로 포함시키고 있는 반면, 수전 라이드는 가정의 의미를 분석하면서 사적 영역의 의미를 "타인과 함께 있는 것이나 원치 않는 노출에서 벗어남"이라고 정의하고 있다(Reid, 2006: 147). 사실 이런 용어들은 서유럽과 북미에서도 원래 한마디로 정의하기가 힘든 여러 의미를 가지고 있는데, 이 용어를 그대로 소련에 대입할 경우 논쟁을 불러일으킬 수밖

---

3 길고 복잡한 이 논쟁에 대한 간단한 정리는 Smith(2010: 12~15)를 참고하라. 스미드는 신전체주의적 입장의 대표적 역사가로 코트킨(Kotkin)과 웨인(Wein)을, 근대성 그룹의 역사가로 피츠패트릭(Fitzpatrick)과 르윈(Lewin)을 꼽고 있다.

에 없다.

　이 논문에서는 사적 영역과 공적 영역의 의미를 비판적으로 검토하고 이 용어가 사회주의 도시생활에서, 주로 스탈린 이후 시대에 어떠한 실제적 의미를 가지고 있는가를 살펴보려 한다. 사적 영역과 공적 영역의 문제는 단순한 분류나 범주의 문제가 아니라, 한나 아렌트가 이야기하듯이 활동의 본질 그 자체에 관한 문제제기이기도 하다. 그래서 국가의 개입이 어디까지 정당화될 수 있는가 또는 개인의 자율성은 어느 정도로 보장되는가를 넘어서서 인간이 세계와 어떤 관계를 맺고 있는가를 살필 수 있는 통로가 된다. 여기서 도시를 중심으로 분석하는 것은 세계 어느 곳에서건 도시야말로 공적/사적 영역의 구별이 첨예하게 문제가 되는 공간일 뿐 아니라, 사회주의 체제가 도시를 진보적 과학기술과 문화의 집약체로 간주해 소비에트적 인간을 만들어내는 공간으로 간주했기 때문이다.

2. 가정 내부의 어두운 곳: 사적 영역

　사적 영역을 가정으로 정식화한 최초의 인물은 한나 아렌트이다. 한나 아렌트는 정치철학의 고전인 『인간의 조건』에서 공적 영역과 사적 영역의 역사적 변천 과정을 분석하며, 근대 사회의 근본적 비극을 공적 영역의 쇠퇴와 사적 영역의 과대한 진출에서 찾는다.[4] 그 결과 근대의 인간은 자신을 둘러싼 세계의 근본적 지속성이 그 근저에서부터 파괴되어 개인의 내적 주관성 안으로 들어가 거기에서야 친밀성을 발견하고 안도하는 데 그치는 것에 반

4　『인간의 조건』 한국어판은 공론 영역(public sphere)과 사적 영역(private sphere)으로 번역했지만, 여기서는 대비를 뚜렷하게 하기 위해 공적 영역과 사적 영역으로 쓴다.

해, 이와 대조되는 이상적인 모델로 제시되는 것이 고대 그리스의 세계이다. 그리스에서 폴리스(polis)의 발생은 인간이 "사적 생활 외에 일종의 두 번째 삶인 정치적 삶을 부여받았음을 의미한다. 이제 모든 시민은 두 가지 존재의 질서에 속하며, 그의 삶에서 자신의 것(idion)과 공동의 것(koinon) 사이에는 예리한 구분이 있게 된다"(아렌트, 1996: 76). 사적 영역을 구성하는, 인간의 첫 번째 삶인 가정생활은 인간의 생존, 즉 종족 보존과 생계유지에 필수적인 행위이기는 하나 다른 동물도 역시 혼자서는 생존할 수 없다는 점에서 인간적 특징과 관계되는 것은 아니다. 그러나 두 번째 삶인 공적 영역에서의 활동, 즉 정치적 삶이야말로 개인의 탁월성을 발휘함으로써 생물학적 생존을 넘어서 비사멸성을 추구하는 영역이다.[5]

고대 그리스에서도 가정생활은 물론 사적 영역으로 존중받았고 타인의 간섭 대상이 아니었으며 고귀한 것의 배후에 존재하는 어두운 동굴과도 같은 존재였다. 하지만 인간이 인간다운 점, 인간의 탁월성이 드러나는 영역은 폴리스의 활동에 적극적으로 참여하는 공적 영역, 즉 정치의 영역이었다. 이를 아리스토텔레스는 "인간은 정치적 동물"이라는 유명한 말로 정식화한 대하지만 토마스 아퀴나스는 이를 라틴어로 옮기면서 '사회적 동물'이라고 했는데, 사회적(social)이라는 단어는 로마어에 어원을 갖고 있으며 그리스어에는 없는 단어이다. 여기서 정치란 힘과 폭력이 아니라 말과 설득을 통해 모든 것을 결정하는 과정이며, 그렇기 때문에 노예와 가족을 (때로는 힘으로) 다스리는 가부장적 권력에 비할 수 없이 위대했다.

---

5 소크라테스 사후 플라톤은 정치의 타락에 실망해 정치가 세계의 덧없음을 보상하는 비사멸성의 영역이라는 생각을 버리고 철학자의 세계인 아카데미아를 창설한다. 이는 폴리스의 쇠퇴 및 정치의 쇠퇴와 궤를 같이 하는 사건이며, 이후 기독교적 전통과 결합하면서 서양 정치 철학이 정치 대신 정신의 비사멸성을 추구하는 기원이 된다(박혁, 2009 참조).

사적 영역(가정)이 인간의 필요와 욕구를 충족해야 하는 필연성에 종속되는 반면, 공적 영역(정치)은 삶의 필연성이나 타인의 명령에 예속되지 않고 또 타인에게 명령을 내리지도 않는 자유의 세계이다. 하지만 가정을 갖지 못한 남자는 세계사에 참여할 수 없기 때문에 사적 영역은 신성하며 침해되어서는 안 된다. 가정은 생계유지를 위해 노예도 있어야 하며 필요하다면 폭력도 허용되는 불평등의 세계이다. 반면 자유의 세계인 공적 영역은 이성과 언어를 가진 동물이라는 인간의 본질적 특성이 꽃을 피우는 공간이다. 폴리스의 시민은 의회와 법정에서 봉사했으며, 요청이 있으면 스스로 무장을 마련해 병역을 수행했을 뿐 아니라 예술에도 적극적으로 참여해, "1인 지배, 활동의 분리, 직업적 협량성, 더욱 나쁜 관료화 등 도시의 원천적인 악을 대부분 극복했다"(멈포드, 1990: 177). 그래서 루이스 멈포드의 평가처럼 고대 그리스의 폴리스가 이룬 성취는 "새로운 형태의 도시였던 것이 아니라 새로운 종류의 인간이었다"(멈포드, 1990: 169).

　고대 그리스에서 선명한 대비를 이루었던 사적 영역과 공적 영역은 근대에 와서는 근본적인 변화를 겪게 된다. 가장 핵심적인 변화는 사적 영역도 공적 영역도 아닌 사회적 영역의 출현이다. 고대 그리스에서는 사적 영역에 속했던 가계나 경제활동이 이제는 공적 영역으로 부상해 집단적인 관심사가 되면서 사회적 영역을 이루게 되었다. 국가가 하나의 가족으로 표상되어 국민경제가 사회의 핵심적인 관심사이며, 국민의 탄생, 결혼, 출산, 보육, 노후 생활 등을 관리하는 것이 정부의 주요한 임무가 되었다. 이 모든 것들은 "사람들이 사회적 존재가 되어 한결같이 일정한 행동유형을 따르며, 이러한 규칙을 따르지 않는 사람은 비사회적·비정상적"(아렌트, 1996: 94)이라는 전제에서 출발하고 있다. 그래서 근대의 대표적인 학문은 통계학을 기술적 도구로 삼는 경제학이며 또 더 나아가서는 사회과학이지, 철학이나 정치학이 아니다. 물론 '사회적인 것(the social)' 안에 본래적인 의미의 정치가 완전히 사라진 것은 아니지만, 사회적인 것은 예전에는 사적 영역에서 다루어졌던 것들을 흡수해 공론의 주요한 내용으로 자리 잡았다. 여기서 "사회는 모든 발전 단계에서 ― 예전에는 가정과 가계가 그랬던 것처럼 행위[6]의 가능성을 배제"(아렌트, 1996: 93)하고, 사람들은 익명성의 세계에서 살게 된다.

이때 대중사회의 이러한 익명성의 세계, 순응주의와 표준화의 세계에서 지친 사람들이 이로부터 벗어나 안식을 취하며 스스로를 확인하고 친밀성을 찾는 것이 사적 영역이다. 그래서 근대의 사생활은 정치적 영역과 대립하는 것이 아니라 사회적 영역과 대립한다. 본래 '사적인'(라틴어 privatus)이라는 용어는 '박탈된'이라는 뜻으로 완전히 사적인 생활을 한다는 것은 인간에게 필수적인 것이 박탈되었음을 뜻했다. 그래서 14~15세기 영어에서는 'private soldier'처럼 자발적 행동에 기초했으나 공적 또는 공식적 지위가 없는 경우를 가리켰다. 하지만 16세기 이래 19세기에 이르러서는 사적 소유(private property), 사적 클럽(private club) 같은 용례에서 보이듯이 '사적인'이라는 단어는 특권(privilege)과 관련된 의미도 함께 가지게 된다(Williams, 1976: 242). 한나 아렌트가 보기에, 다른 사람의 눈에 보이지 않으며 가정생활에 관련된 활동을 가리켰던 사적 영역이 친밀성과 관련되고 특권화된 것은 순전히 근대적 현상이며, 이와 쌍을 이루는 것이 주로 사회적인 것이 공론의 영역을 차지하게 된 데 따른 정치의 쇠퇴이다. 그러나 이와 동시에 사적 영역에 속했던 문제들이 흔히 통계로 처리되어 의제로 등장하며 정부 당국자의 정책 과제가 되고 일반 대중의 입에 오르내려 숨겨짐에서 발생했던 신성함을 잃어버린다.

---

6 행위는 한나 아렌트의 용어로 "사물이나 물질의 매개 없이 인간 사이에 직접적으로 수행되는 유일한 활동"(아렌트, 1996: 56)을 가리키며 노동 및 작업과 함께 인간의 세 가지 근본 활동을 구성한다.

한나 아렌트의 근대 비판을 정치의 축소, 사적 영역의 비신성화, 사회적 영역의 확장이라고 요약한다면, 여기서 사적 영역은 근대에서 친밀성의 영역으로 가치를 인정받으면서도 그 신성함은 사라지는 아이러니한 위치에 놓이게 된다. 예를 들어, 영국의 인류학자 리오 하오(Leo Howe)는 북아일랜드 벨파스트의 실업자를 대상으로 한 조사에서 사회복지가 이들 실업자에게 국가의 일상생활에 대한 간섭을 합리화하고 있으며, 또 실업자들도 이러한 국가의 간섭을 인정하고 있음을 발견했다(Leo, 1998: 531~550). 영국 정부가 1979년 이래 유포한, 장기 실업자들이 국가의 재원을 공짜로 우려먹는 이들이라는 이미지가 대중에게 널리 받아들여지자 이들은 스스로 성실한 사람임을 일상생활에서 항상 강조했으며, 또 실업 수당을 받기 위해 정기적인 구직 활동 등을 국가 기관에 정기적으로 보고해야 했다. 이렇게 중세까지 존재했던 공적 영역과 사적 영역 사이의 심연은 사라지고 이 둘이 파도처럼 끊임없이 서로 뒤섞이며, 또 사회적 영역이 새롭게 출현해 커다란 위력을 가지게 된 것이 근대의 특징이다.

그렇다면 한나 아렌트의 공적·사적 영역과 사회적 영역에 대한 논의는 소련에 대해서 어느 정도 설득력을 가지는 것일까. 여기서는 한나 아렌트가 소련이 전체주의로부터 벗어났다고 본 스탈린 이후를 중심으로 살펴보기로 한다.[7] 일반의 통념과는 달리 특히 1960년대 이후의 소련은, 공식적인 문서, 공식적인 자리, 공식적인 발언에 항상 등장하는 이데올로기적 수사를 제외한다면 일반 시민의 생활이 정치적인 이유로 직접적인 탄압과 개입의 대상이 되는 경우는 드물었다. 혁명 초기 숙청과 탄압의 기준이었던 계급적·당

---

7 한나 아렌트가 『인간의 조건』에서 분석한 근대 사회의 비극이 극단으로 치달은 것이 전체주의이며 이에 대한 분석을 펼친 것이 『전체주의의 기원』인데, 이 둘 사이의 논리적 연관 관계는 다소 불분명해 보인다(박혁, 2009 참조).

파적 세계관에서 제2차 세계대전 이후 과학적 세계관으로 강조점이 이동한 이후, 이데올로기에 대한 토론이나 논쟁은 공산당 중앙위원회나 지역 당위원회의 내부에서 은밀하게 진행될 뿐, 일반 대중에게는 차츰 사라지게 되었다. 그리고 당 지도부에서도 공식 문건의 생산은 많은 부분 다른 권위 있는 문장의 인용으로 채워지게 되고, 더 이상 '좌편향'이나 '우편향'에 대한 비판도 참신한 글귀도 등장하지 않게 된다. 정치적 논란을 불러일으킬 수 있는 글귀를 피함과 동시에 공식적인 이데올로기의 올바름에서 벗어나지 않을 수 있는 가장 좋은 방법은 이미 존재하는 권위 있는 문장을 인용하는 것이기 때문이었다.

러시아 출신 인류학자 알렉세이 유르착이 인터뷰한 당의 연설문 작성 전문가에 따르면, 1980년대 "안드로포프나 포나마료프, 또 다른 당 중앙위원회 서기장 같은 새로운 지도자의 큰 문제는 변칙적인 내용(즉 존재하는 모델에 맞지 않는 내용)을 적는 정치적 실수를 범하지 않는 것이었다"(Yurchak, 2006: 48). 마찬가지 이유로 1950년대의 흐루쇼프는 초기에는 친근감을 주기 위해 노동자 계급의 언어를 쓰면서 연설을 시작했으나 나중에는 이것이 위험한 일인 것을 깨닫고 준비한 문장을 그대로 읽었다고 한다. 또 연설문은 일반적으로 예닐곱 명이 한 팀을 이루어 함께 문장을 만들고 고쳐나가는 방식으로 준비했는데, 이 과정에서 소련의 공식 연설과 문서의 특징이라고 할 만한, 개인적 취향과 스타일이 배제된 기다란 수식어와 건조한 문체가 탄생하게 되었다. 이러한 방식은 문서나 연설의 생산에 그치지 않고 각종 시각 매체와 선전 수단, 행진, 슬로건에도 반영되어 일단 하나의 표준이 정해지면 그를 따르는 과정이 지속되었다. 이렇게 정해진 당의 지침은, 논의에 참가하지도 않았던 당의 말단 간부나 콤소몰(공산청년동맹)의 활동가를 통해 대중에게 전달되었다.

그렇다고 해서 권위 있는 형식을 반복하는 의례가 무의미하다고 볼 수만은 없다. 그보다는 "점점 그 의미가 확실하지 않게 되며 새로운 해석에 열려 있어, 일상생활의 여러 맥락에서 새롭고 예상치 못했던 의미와 관계, 생활양식이 출현하는 것을 가능하게 했다"(Yurchak, 2006: 60). 사회주의 시대 정치 행사가 가졌던 의미는 노동자들 사이에서도 각기 다른 개인적 의미를 가지고 있었다. 현지 조사 과정에서 소련 시절 노동절이 어떠했냐는 질문에, 한 노동자는 수많은 사람들과 함께 넓은 거리를 행진하면서 뿌듯함과 자부심을 느꼈으며, 또 동료들과 잡담을 하다가 함께 구호도 외치고 몰래 가져온 술도 마시는 즐거운 날이었다고 답했다. 또 다른 노동자는 자신이 공산당원임을 항상 자랑스럽게 여기며 레닌이나 스탈린의 어록은 (정치적 의미보다는) 도덕적인 지침을 준다고 말하기도 했다. 소련의 시민들은 대체로, 국가의 이데올로기 자체에 반대하거나 저항하기보다는, 이를 삶의 전제로 받아들인 상태에서, 선전, 연설, 의례, 행사를 자신의 필요에 따라 이용하거나 재해석하고 때로는 거리를 두었다. 따라서 메타 담론이나 이데올로기는 정치적인 연대와 집단적인 개입 및 참여의 기초를 제공하지 못했으며, 오히려 일반 시민에게 실제적으로 의미 있는 정치란 '객관적인 과학 법칙'이 지배하는 범주인 사회적 영역, 즉 도시 계획, 생산과 분배, 노동, 주택, 결혼, 여가 등과 관련된 정책이었다. 소련에서도 사회과학 특히 경제학이 대표적인 학문이 되었고, 영국의 사회학자 사이먼 클라크(Simon Clarke)가 말하듯이 그것도 지극히 기능적인 사회과학이었다.[8]

다른 한편, 가정은 국가와 개인 사이에서 일종의 긴장 관계에 있는 공간이면서도 각 가정이 나름의 방식대로 형편과 취향에 따라 개별성을 유지하며 친밀성을 확보하는 공간이었다. 1959년 7월 ≪이즈베스치야≫는, '가정과 가족'란을 신설하면서 가정과 가족에 대한 소비에트적 태도는, "나의 집

---

8   사이먼 클라크와의 개인적인 대화(2001년 7월).

은 나의 성"이라는 경구처럼 가족 간의 유대를 신성시하는 부르주아지적인 관념과는 근본적으로 다르다는 편집 방침을 밝혔다. 하지만 이와 동시에 당대의 이론가 스트루밀린이 주장하듯이 "일하는 사람은 외부인이 없이 자신의 가족과 함께 또는 홀로 평화로운 휴식을 취할 필요가 있음"을 인정하는 복합적 접근이 소비에트적인 가정관이었다(Strumilin, 1960: 7. Reid, 2006: 147에서 재인용). 즉, 마르크스와 엥겔스를 따라, 근대 일반의 특징처럼 사적 영역과 공적 영역의 구별을 인정하면서도, 부르주아지적 방식처럼 이 둘이 서로 단절된 것은 자본주의 사회에서 소외의 결과라는 것이다. 사회주의가 아직은 양자의 분리와 모순이 완전히 극복된 공산주의는 아니지만, 사회주의에서도 가정이란 결국 사회의 축소판이고 한 나라 사회생활의 전체구조가 담겨 있는 조직이었다(Reid, 2006: 147).[9]

흐루쇼프 이래 소련 정권은, 설령 비좁더라도 각각의 가족은 개별적인 아파트를 가지고, 또 각 개인은 자신의 방을 차지하는 것을 목표로 추구했지만, 이와 동시에 사생활을 중시하는 태도로 인민들 사이의 유대를 해치고 스스로를 소외시키는 쁘띠 부르주아지적 생활 방식도 배격해야 한다고 주장했다. 이는 당연하게도 주택 건설과 거주 생활에도 반영되었다. 무엇보다도 소련에서 현대적 생활양식의 총아로 여겨졌던 아파트는 국가가 개별 거주자의 취향과 관계없이 스스로 정한 '표준적인 개인 생활양식'에 따라 대량으로 건설되었다. 게다가 1920년대 이래 1960년대까지도 테이블 보, 냅킨, 비단 전등갓 등은 물신주의의 상징으로 비난의 대상이었으며, 국가 소유인 아파트를 차지한 세입자(즉 거주자)는 자신의 마음대로가 아니라 깨끗하고 정

---

9 그러나 보임이 지적했듯이, '사적인(частный)'이라는 단어는 러시아와 관련 없는 외래의 관념으로 여겨졌으며 부르주아지적 함의를 지니고 있기에, 이를 대체해 '개인적인(личный)'이라는 용어가 공식적·비공식적으로 널리 사용되었다.

결하게 사용할 의무가 있었고, 개개인의 행실에 대한 감시도 여러 가지 방식으로 진행되었다.

그렇다고 해서 각 가정이 국가의 통제에 철저하게 종속되었던 것만은 아니다. 소련 시대에 가정을 방문했던 사람이라면 누구나 느끼듯이, 지인의 집이란,

> 삭막한 공공장소에서 지친 뒤에는 더욱 안도감을 주는 포근하고 아늑한 인테리어와, 작은 아파트를 가득 채운 온기. 먼지와 다시 데운 카샤 죽의 냄새가 배어 있는 집안에는 구석구석이 물건들로 가득 차 있는데, 이 중에는 성상, 십자가, 고대의 나무 인형 심지어는 혁명 이전의 짝이 맞지 않는 찻잔들이 시간의 흐름과 무관하게 놓여 있었다(Reid, 2006: 150).

국가의 전문가들이 설계한 현대적 스타일의 표준과는 커다란 차이를 보이는 이러한 개별 가정의 풍경은 소련에서도 개인적인 자율성의 영역이 존재했음을 의미한다. 물론 개별 가정이 자신의 취향에 따라 집을 꾸미는 것은 계획경제 아래에서 소비재 공급의 취약성이라는 조건 때문에 결코 쉽지 않았다. 그래서 공식적인 과정과 절차가 아니라, 개인적인 친분을 통해 자신에게 필요한 물품을 얻는 블라트(блат)는 소련에서 생존하기 위해 익혀야 할 필수적인 기술이었다. 또 가정에 쓰이는 물건이라면 당장 필요하지 않더라고 항상 모으고 결코 버리지 않으며 스스로 만들고 고치는 것이 일상생활의 덕목이었다. 하지만 "스스로 만드는 일은 단순히 필요 때문이거나 품질이 나빠서거나 물건이 부족했기 때문만은 아니었다. 이는 표준화된 물건과 공간에 대해 하나의 상징적인 개별화 기능 또는 '사적으로 만드는' 기능을 의미했다"(Reid, 2006: 164).

이렇게 한나 아렌트의 개념을 통해 본 소련의 공적 영역은 정치의 쇠퇴라

는 점에서 근대 일반(또는 서양의 근대)과 비슷하다. 하지만 서양의 근대는 사회적 영역, 즉 시민사회의 성장이 정치의 영역을 어느 정도 흡수한 반면, 소련에서는 시민의 다양한 정치적 견해와 행동에 대해 국가가 한계를 정해놓고 스스로도 과학적인 법칙의 틀 내에서 움직임으로써 발생했다는 차이가 있다. 소련 정권은 사적 영역(공식적 용어로는 개인적 영역)의 필요성을 인정했지만, 기본적으로는 사회 조직의 일부이기 때문에 공적 영역의 개입에서 면제된 영역이 아니라고 보았다. 하지만 가정에 개입하기 위해서는, 브라이언 라피에리의 훌리건(악당 또는 깡패)에 대한 연구가 보여주듯이 일정한 논리를 기초로 절차와 제도가 있어야 했다. 즉, 1950년대까지 훌리건이란 거리에서 행패를 부리거나 행인을 괴롭히는 악당이었지만, 1960년대 이래 가정에서 폭력을 휘두르는 사람이나 아파트의 이웃에게 피해를 주는 사람이 더 큰 문제가 되었다. 그러자 사법 당국과 시민 모두 아파트도 공적 영역이 될 수 있으며 가정사라고 순전히 개인적인 문제만은 아니라는 논리에 귀를 기울이게 된다(LaPierre, 2006: 191~207).

원리상으로 사회주의란 계급의 적이 소멸된 사회이기에 소련에서 사회문제란 사회구조나 계급 간의 적대에서 발생하기보다는 개인의 품성과 가족의 분위기에서 비롯된다. 그렇다면 아이들을 훌리건이 행패를 부리는 가정에서 보호해야 하는 것은 국가와 사회의 의무가 된다. 하지만 알코올중독[10]이나 폭력과 같은 일탈 행위로부터 벗어난 모범적인 가정을 만드는 일에는, 국가의 무차별적 간섭보다는 일정한 논리와 절차를 기반으로 한 개입

---

10 소련에서 사회문제에 대해 공식적 통계를 발표하거나 이를 대대적으로 보도하는 일은 드물었다. 하지만 알코올중독에 대해서는 1967년 4월 1년에서 2년 사이의 수용치료 처분을 내리도록 하는 법률이 발효되었고, 그다음 해에 공산당 기관지 ≪프라우다≫는 알코올중독과 범죄와의 관계에 대한 기고를 싣기도 했다(Conner, 1971: 570~588).

이 필요했다. 아렌트의 용어를 빌리면 '사적 영역의 신성함'은 제도적으로 인정되지 않았지만, 실제의 소련의 가정이란 정권과 대중 사이에서 해석·재해석과 타협의 과정을 통해 일정한 자율성이 형성되는 공간이었다. 그래서 소련 후기인 1985년 발간된 학교 고학년 교과서인 『가족(Семья)』은 비록 마르크스와 레닌의 경구를 안표지에 실어놓았지만, 가능성이 많은 오늘날의 세계에서 자신의 힘을 인식하고 부모의 고마움과 가족의 소중함을 되새기자는 내용으로 시작된다(Афанасьева, 1985: 11~24).

3. 도시의 두 얼굴

소련 가정에 대한 온전한 이해를 위해서는 이 글의 처음에 인용한 사례, 즉 '한 집에서 심지어 여덟 가구가 함께 거주했던' 공동주택의 경우를 함께 보아야 한다. 혁명 직후에는 몰수한 대저택에 여러 가족이 함께 거주하도록 했지만,[11] 도시화가 급속하게 진행됨에 따라 날로 심각해지는 주택난을 돌파하기 위해서는 국가적인 대책이 필요했다. 그래서 국가적 차원으로 대량 보급된 코무날카(공동주택)는, 국가와 가정 사이의 긴장이 다른 가정과의 관계를 통해 극단적으로 표현되는 대표적인 사례이다. 코무날카(коммунальная квартира: коммуналка)는 흐루쇼프 시대에 최초로 한 가정이 한 세대를 차지하는 아파트(흐루쇼프카)가 대량 보급되기 전까지 대다수, 그리고 그 이후에도 상당수 가정이 거주했던 주거양식이다. 코무날카에는 2~7개의 가구가 가족 관계와는 무관하게 모여 각기 방 하나씩 차지해 거주하면서 부

---

11 이러한 저택은 1930년대 이래 점차적으로 일반 가정이 여럿 거주하기보다는 당 간부나 지도층이 단독으로 거주하는 것으로 바뀌게 된다.

엌과 화장실, 복도 및 전화 등을 공동으로 사용했다. 러시아 혁명 전 도시 인구의 대다수는 여러 가구가 한 집에 함께 사는 주거 형태를 취했으며, 대공장은 기숙사를 제공했고 다가구 주택에 칸막이를 한 쪽방에 사는 경우도 많았다. 하지만 코무날카는 국가 소유의 주택으로 주택 구조나 가정 내부의 사정과 무관하게 국가가 책정한 1인당 주택 면적의 기준에 따라 입주자를 배정한다는 점에서 이와는 다른 주거 양식이다(기계형, 2008: 266~ 267).

비록 코무날카가 도시 거주자의 의식을 공동체적으로 변화시키고 상호 감시를 쉽게 할 확고한 의도로 건설한 것이라는 확증은 없다고는 해도 (Smith, 2010: 8),[12] 그런 결과를 낳았던 것은 사실이다. 기계형은 소비에트 시대 초기 사료에 대한 세심한 검토를 바탕으로 코무날카는 국가가 부과한 규칙, 주택행정과 관리인과 집지기의 조사, 함께 거주하는 이웃의 감시를 통해 사회적 정치적 통제 아래 완전히 놓이게 되었다고 평가한다(기계형, 2008: 275). 하지만 스탈린 시대에도 적을 색출하려는 '순수한' 목적보다는 이웃을 쫓아내고 더 넓은 공간을 차지하려는 의도의 염탐과 고자질이 많았고, 그 이후에는 순전한 호기심으로 이웃의 대화를 엿보거나 엿듣는 경우가 대부분 이었다.[13] 물론 스탈린 사후에도 이웃의 행실에 대해, 경찰이나 행정기관에 고발하지는 않더라도, 이를테면 그 이웃의 직장에 보냄으로써 곤란을 야기할 수는 있었다.

---

12 물론 혁명 초기, 푸파예프가 설계한 두크스트로이 조합 건물이나 긴즈버그와 이그나티 밀리니스가 설계한 재정인민위원회 공동주택과 같이 구성주의 건축가들이 집단주의를 고양할 목적으로 혁신적 설계 양식을 도입한 건물들은 있지만, 이들 건물에 사는 사람은 전체 인구 가운데 극소수에 불과했다.

13 뒤에 언급하겠지만, 흐루쇼프 시대 정부의 통제에서 벗어나 정치와 시를 토론하던 대학생 그룹들이 즐겨 모임을 가졌던 장소 가운데 하나가 코무날카거나 대학생 기숙사였다(Fürst, 2006: 239).

소련 시대 코무날카에 관한 방대한 자료를 수집해놓은 한 사이트는 1964년 레닌그라드의 한 코무날카에 사는 거주자가 그런 가능성에 대비해 선제공격을 가한 편지를 소개하고 있다.[14] 요약하자면, "귀하의 백화점에서 근무하는 B씨는 우리와 15년 이상 함께 살았는데, 그의 행실은 겸손하고 예의바르며 모범적이어서 우리 거주자 모두는 그를 존경한다. 그에 대해 중상모략을 일삼는 R씨야말로 우리 아파트의 쓰레기 같은 존재로 그는 B씨의 어린 딸이 다니는 학교에 투서를 보내기도 했다. 앞으로 R씨가 귀하에게 어떤 편지를 보내더라도 모두 거짓말이기 때문에 믿지 말기 바란다"라는 내용이다. 이런 종류의 투서나 고자질을 통해 국가기관이나 외부의 힘을 끌어들이는 일, 또는 이웃끼리 험담하고 소문을 퍼뜨리거나 직접 간섭하는 일은, 소련에서 행동의 '표준화'가 서유럽에 비해 더 직접적이고 더 폭력적이었음을 의미한다.

그러나 코무날카에서 이웃 사이에 상호 감시나 다툼, 고자질, 좀도둑질만 있었을 리 없다. 그리고 이는 바람직하지도 않을 뿐더러 비난받아 마땅한 행위였다. '정상적인(нормальный)' 이웃 사이라면, 집을 비울 때 서로 아이를 돌봐주고, 혼자 사는 장애인이나 노인을 도우며, 장을 대신 봐주고, 음식을 나누며, 서로의 집에 놀러 다니는 관계를 맺기 마련이었다. 당연히 이웃의 직업이나 살아온 과정을 서로 알게 되고, 휴가를 같이 보내며, 러시아에서 가장 중요한 명절인 새해를 함께 맞이하는 경우도 흔했다. 그리고 심지어는 "예를 들어, 한 할머니는 친하게 지내는 이웃에게 전처에게 부탁해 자신의 아들을 운전기사로 취직시켜달라고 부탁했다. 이 할머니는 이웃이 자신의 전처와 여전히 사이좋게 지낸다는 것을 알기 때문에 다른 곳에 사는

---

14 http://kommunalka.colgate.edu/cfm/view_image.cfm?ClipID=254andClipIDList= and Language=andSearchTargetList=. 우테인·나히보비스키 외. 검색일: 2012.7.5.

자신의 아들이 이웃의 전처와 서로 만난 적도 한 번 없지만 이런 말을 꺼낼 수 있었다. 또 그러기 위해서는 이 할머니는 이웃의 전처가 직장 상사와 어느 정도 잘 지내고 있는 것도 미리 알아 봐야만 했다."[15]

스베틀라나 보임도 어렸을 적 자신의 코무날카 생활을 회상하면서, 이웃집 어른들을, 이를테면 페디아 아저씨나 베라 이모 같은 식으로 불렀으며 항상 술에 취해 집에 돌아온 페디아 아저씨의 손가락과 단추를 가지고 놀면서 아저씨에게 이야기를 해주곤 했던 일화를 정겹게 서술하고 있다(Boym, 1994: 121~122). 또 코무날카에서 이웃끼리 서로 돕는 과정에서 벌어진 에피소드나 로맨스는 소련 대중 영화에서 수없이 다루었던 소재이기도 하다. 그래서 코무날카의 생활이란 취사와 용변, 목욕과 같은 개인적인 용무조차 공동으로 사용하는 공간에서 보아야 하는 불편함이 따르면서도, 친밀함이 결부되어 있던 관계였다. 러시아 사회학자 카테리나 게라시모바는 친밀함보다는 불편함을 더 강조하며 이를 공공의 사생활(public privacy)라고 불렀다(Gerasimova, 2002: 207~230). 어느 경우든, 그것이 불편함이건 친밀함이건, 타인의 간섭이나 고자질이건, 또는 도움과 나눔이건. 이러한 '공공성'은 이미 가정에 들어와 있는 일상생활의 중요한 일부였다. 그리고 사실은 코무날카가 아닌, 단일 가구가 거주하는 아파트에서도 이웃과의 관계는, 정도의 차이는 있지만, 가정생활에서 중요한 부분을 차지했다. 소련 시절에 대한 회상에서 흔히 등장하는, 이웃과의 불화나 험담, 지인들이 블라트로 서로 도왔던 일, 공공 기관에서의 용무 처리도 지인을 통했던 일 등은, 하루하루의 일상생활에서 공적 영역과 사적 영역의 구별이 쉽지 않음을 보여준다. 그런 의미에서 어쩌면 소련 전체가 하나의 거대한 코무날카이고, 공적 영역이 항

---

15 http://kommunalka.colgate.edu/cfm/essays.cfm?ClipID=364andTourID=910. 우테인·나히보비스키 외. 검색일: 2012.7.5.

상적으로 사적 영역과 뒤섞여 있었다고 할 수도 있겠다.

그런데 여기서 공적 영역이란 공동의 문제에 스스로 참여해 결정하고 함께 행동함을 의미하지 않으며, 더욱이 아렌트가 말하는 정치적인 것으로서의 공적 영역과는 거리가 멀다. 이 맥락에서 공적 영역은, 가족이나 친구 또는 1차 집단(가깝고 개인적이며 지속적 관계를 뜻하는 시카고학파의 용어)이 아닌 타인과 맺는 관계이며, 광범위하고 계획되지 않은 만남의 영역으로, 이질적인 개인 및 집단과의 지속적인 관계에서 형성되는 다채로운 활기이며 자발성을 의미한다(Weintraub, 1997: 17). 이러한 의미의 공적 영역에서 "핵심은 연대나 의무가 아니라, 사회성(sociability)인 것이다"(Weintraub, 1997: 18). 근대 세계에서 가정을 벗어난 공적 영역이란 비인격적이며 차갑고 공식적인 관계가 지배하는 공간으로 인식되지만, 과거 서양 중세나 오늘날에도 (서양의 일부를 포함한) 세계의 많은 문화에서는 여전히 이웃과 지인, 심지어는 타인과의 친밀한 관계가 공식적이고 비인격적 관계와 동시에 혼재하는 곳이다.

많은 학자들이 근대에는 친밀성이 가족과 친구, 연애로 흡수되고 공적 영역에는 딱딱하고 형식적 인간관계만 남았다고 한탄할 때, 이 공적 영역이란 폴리스의 공적 영역(정치)과는 다른 차원의 무엇 ― 즉 사회성이다. 이를테면 고대 도시 바빌론의 공적 영역은 그리스의 폴리스 같이 정치적 자유를 기초로 한 것은 아니었지만, 거리의 생활이 살아 있었으며 다채로움과 활력이 넘쳤고 다름이 인정되고 공존하는 곳이었다.

그리스 아리스토텔레스의 시대에도 이미 자신들과는 다른 도시가 존재한다는 사실은 잘 알려져 있었다. 규모가 크고 내부 구성이 이질적이며 정치적 자유가 없는 세계 도시(world city)인 바빌론이 바로 그것이다. 사실 규모는 핵심적인 문제가 아니다. 중요한 것은 바빌론이 정치적인 공동체가 아니었고, 바빌론의 다수 사람들은 시민이 아니었으며 비정치적인 상태에서 공존했다는 점이다. 하지만 이들은 이웃들과 굳이 토론하지 않고도 자신이 하고자 하는 바를할 수 있었다. 한 마디로 이것은 도시이며, 폴리스가 아니라 코스모폴리스이다(Weintraub, 1997: 26).

공적 영역과 사적 영역의 구별이 시작된 곳은 도시이지만, 여기서 양자사이의 구별은 그리스와 동일한 하나의 기원만을 가진 것은 아니었다. 그리고 그리스에서 폴리스의 의미 자체도 하나로 고정된 것이 아니라 시대적으로 변해왔을 뿐 아니라 동시대에도 여러 뜻을 함축했다. 폴리스는 처음에는자연적인 요새를 가리켰지만, 나중에는 그곳에 거주하는 주민, 일반적인 국가, 정치 생활, 영토 등 스무 가지나 되는 의미를 가졌는데, 김창성은 이것의맥락을 잘못 해석하는 경우가 많다고 지적한다(김창성, 2010: 56~59). 그렇다면 아렌트가 그리 오래 지속되지 못했던 이상적인 폴리스의 정치 생활을 근거로 공공 영역의 준거점을 제시하는 것은, 역사적 맥락의 현실성이라기보다는 정치철학의 지향점이 되는 셈이다.

다른 한편으로 그리스의 폴리스(polis)와 함께, 서양 역사에서 도시(city)의 어원이자 그 기원으로 자리 잡은 것이 로마의 키비타스(civitas)이다. 키비타스는 시민(civis)의 집합명사로, 장소성에서 출발한 폴리스와는 달리 애초부터 "법적인 결사에 의한 인간의 모임"이라는 뜻이다(김창성, 2010: 65). 이는 인간은 폴리스적 존재라는 그리스적인 발상과 마찬가지로, 인간의 모임인 도시에서 문명(civilization)이 비롯되었음을 가리키고 있다. 하지만 로마의 시민 대다수는 정무관과 정치가를 제외한다면 통치자라기보다는 피통치자로 정부의 권력에 대항해 자신들의 권리를 지키고자 했다. 그리고 로마의 정무관은 공화정 후기로 갈수록 권력을 사유화했고, 자신의 사적 공간에서 집무를 보았으며 이를 사치스럽게 꾸몄다. 그래서 키비타스는 폴리스와는 달리 시민들과 분리된 추상적인 국가 개념으로 이는 국가의 사유화로 귀결된다는 비판이 있지만(곽노완, 2010: 140), 아렌트처럼 사적 영역을 공적 영역과 대등하게 끌어 올린 것이 로마인의 미덕이라는 주장도 있다.

이상의 논의를 요약하자면, 현대에서 공공성(publicity) 또는 공적 영역이란, 정치라는 하나의 본질로 수렴될 수 없으며, 또 그 기원에서도 폴리스뿐아니라 바빌론이나 로마 같은 복수의 원형을 가지고 있다는 것이다. 웨인트라우브는 그래서 공적 영역을 크게 두 가지의 다른 의미를 함축하는 범주로 본다. 즉, 첫째는 열려 있으며 공개되어 있고 접근 가능한 것이라는 의미로, 감추어져 있고 숨겨져 있는 사적 영역에 반대되고, 둘째는 집단적인 것이나 전체의 이익에 영향을 미치는 것이라는 의미로, 개별적이거나 개인에게만 관련된 사적 영역에 반대되는 범주이다(Weintraub, 1997: 5). 간단히 말하자면, 공적 영역이란, 맥락에 따라 '보이는 것(visibility)'과 '집단성(collectivity)'이라는 두 가지 다른 의미를 가진다. 여기서 공적 영역의 의미는 각각 그 반대되는 사적 영역과 조합으로 놓여야 한다. 이를테면 집단성이라는 의미에서 공적 영역은, 가려졌다는 의미의 사적 영역에 대립하는 것이 아니라, 개별성이라는 의미의 사적 영역에 반대된다. 폴리스에서 공적 영역은 집단성에 관련된 영역이며, 바빌론에서 공적 영역은 보이는 것이라는 의미였다. 이 두 가지 의미 모두로, 소련의 도시 생활에서 범주로서의 사적 영역은 존재했지만 그 존재 양식은 불안정했고 내부 구성도 불완전했다. 또 두 가지 의미 모두에서, 즉 사람들의 시선에서 가려졌다는 의미에서 그리고 개별적인 것이라는 의미에서 사적 영역과 공적 영역의 경계는 분명하지 못했으며, 스탈린 사후 이것들의 발전 과정은 다소 달라진다.

4. 영역을 가로지르기

이렇게 사적 영역의 의미를 '가려진 것(invisibility)'과 '개별적인 것(indi-viduality와 개인의 이익)'의 두 가지로 구분하는 것은 소련의 도시 생활을 분석하는 데 어떤 의미가 있을까. 오스월드와 보론코프는 소련과 소련 해체 이후의 공적·사적 영역에 대한 논의에서, 공적 영역을 규제하는 규칙은 공식적인 법률과 국가 권력이며, 사적 영역을 규율하는 행동 양식은 비공식적인 관습에 의존한다는 점에서 서로 구별된다고 전제한다(Oswald and Voron-kov, 2004: 105~108). 서유럽에서는 비공식적인 관습이 공식적인 법률의 기초이며 그와 병존하기는 해도 공식적인 법률 제정 과정을 훼손할 정도로 팽창하기는 것은 아니었다. 오히려 공식적인 법률이 비공식적 관습과 규칙을 제한하는 것이 역사적인 경향이었다. 하지만 소련에서는 그 반대로, 일상생활을 규율하는 규범이 점차적으로 공식적인 법률이 지배하는 영역까지 넘어 들어왔다는 점에서, 소련에서 이러한 구분이 가지는 의미는 서유럽과는 근본적으로 다르다고 주장한다. 스탈린 시대에는 국가 권력이 거의 무제한으로 행사되었기에 공식적(official) 영역 바깥에서는 어떠한 공적 영역도 형성되기 힘들었지만, 그 이후에는 국가가 모든 사회적 공간을 단속하거나, 심지어는 특정 집단에 대해 처벌하는 것조차 갈수록 힘들어졌다는 것이다.

여기서 중요한 계기가 1950년대 흐루쇼프 정권이 개별 가구에게 각각의 아파트를 공급하기 시작한 정책이다. 이를 계기로 사람들은 이웃이나 원치 않는 방문객을 피해 자신만의 공간을 가질 수 있었고, 가족이나 친구와 함께 개인적인 이야기뿐 아니라 조심스럽기는 하지만 정부의 공식 입장과는 다른 정치적인 논의도 할 수 있었다. 이제 소련 시민들은 공식적 자리에서 해야 할 말과 행동, 그리고 사적 영역에서 허용되는 말과 행동을 분명하게 구별하기 시작했다. "의사소통 기준의 이중화라고 할 수 있는 이런 현상이 호

모 소비에티쿠스(homo sovieticus)의 '사회적 정신분열증'의 원인이었다"(Os-
wald and Voronkov, 2004: 105). 1960년대 이후 소련 후기에도 정권은 여전
히 수많은 법령과 명령, 각종 규제로 사람들을 통제하고 관리하고자 했지만,
사람들의 기본적인 요구조차 충족시키지 못했기 때문에 사소한 위반이나
일탈은 눈감아주었다. 대신 소련 시민들은 공식적인 자리에서는 금기시되
는 행동과 말을 삼가고, 일상생활에서는 정치적 문제로부터 벗어나 개인적
인 자유를 누렸다. 그래서 "공식적인 기준에 따른다면 소련의 생활은 자유
롭지 못했지만, 주관적으로는 자유롭다고 생각했다"(Oswald and Voronkov,
2004: 109).

이러한 이중생활에서 발달한 문화 두 가지가 일화(анекдот)와 블라트(б
лат)이다. 하루하루의 실제 생활이 정권의 공식적인 선전에 나오는 이상적
인 생활과 모순되는 것을 비꼬는 일화는 매우 광범위하게 퍼져 나갔지만, 그
렇다고 이런 일화가 꼭 정권에 대한 저항을 의미하는 것은 아니었다(Yur-
chak, 1997: 161~188). 블라트는 중앙 집권적 계획경제가 제대로 공급해주지
못하는 물자와 서비스를 얻기 위해 공식적인 절차 대신 개인적인 연줄을 활
용하는 관행으로, 공식적 절차의 흐름을 방해하기도 하고 오히려 돕기도 하
는 양면을 갖고 있었다(Ledeneva, 1998: 11~38). 이 결과 소련은 스탈린 사후
1950년대를 기점으로 사적-공적 영역이 점차적으로 확대되는 반면, 공식적-
공적 영역은 축소되는 과정을 밟게 된다. 그래서 오스월드와 보론코프는 비
공식적인 관습이 오히려 공식적인 법과 제도의 세계를 일정 정도 무력화했
던 것이 소련의 현실이라고 분석한다.

공적 영역과 사적 영역의 구분과 변천에 대한 이들의 분석은 큰 틀에서
설득력을 가지고 있으며 전체를 개관하는 데 큰 도움을 준다. 하지만 소련
이 후기로 갈수록, 사적 영역이 공적 영역까지 침범하며 그 범위를 넓혀 나
갔다는 주장은 다소 당혹스럽게 들린다. 그래서 이들은 그 영역을 공식적-

공적 영역과 구별해, 공식적으로는 공적 영역이나 둘의 특징이 혼합되었기에 사적-공적 영역이라고 부르고 있다. 이들의 주장처럼, 개인적인 용무를 공식적인 자리에서 비공식적인 인연을 통해 처리하거나, 또 반대로 개인적인 모임에서 중요한 공식적인 결정이 내려지는 사례는 소련뿐 아니라 소련 해체 이후인 현재에도 흔한 것이 사실이다. 영역의 구분, 또는 공간의 구분이 일의 완급에 따라 그리고 맥락에 따라 상당 부분 유연하게 변하는 것은 소련 사회주의의 특징이기도 하다.[16]

그런데 사적 영역의 어떤 부분이 공적 영역으로까지 진출할 수 있었고, 어떤 부분은 그러지 못했던 것일까. 비록 소련 후기로 가면서 권력의 자의적인 개입이 차츰 축소되기는 했지만 사적 영역에서 '가려진 것'은 여전히 공적 영역에 대해 제대로 보호받지 못하고 취약한 채로 남아 있었다고 보아야 하지 않을까. 반면 개별적인 것 또는 개별적인 이익은 전체의 이익에 포함되며 이는 자신의 총체적 책임이라는 국가의 공식적인 천명에도 불구하고, 국가가 그 책임을 제대로 이행할 수 없었기 때문에, 이를 허용할 수밖에 없었다. 하지만 개별적인 이익이 공적 영역 내에서 공식적 통로를 우회하며 자신의 목적을 달성할 때에는 대중의 시선으로부터 '감추어질' 것이 필요했다. 어느 경우든, 개별성이 공적 영역으로 대거 침투하면서, '하나는 전체를 위하고, 전체는 하나를 위한다'는 사회주의의 대의는 일상생활에서부터 근거를 상실하기 시작했다.

이와는 반대로, 공적 영역의 두 가지 함의 가운데 하나인 '보이는 것' 또는 '공개된 것'은 스탈린 사후에 다소 완화되었다고는 하나 소련의 해체에 이르기까지 큰 폭의 변화를 겪지 않았다.[17] 공적 영역에서 진행되는 많은 일들은

16 공장을 중심으로 한 이에 대한 상세한 분석은 남영호(2006: 43~79) 참조.
17 러시아 사회학자 하르호르딘은 흐루쇼프 시대가 해빙기였다는 통설에 반대하며 오

공식적인 발표와 통계, 선전에도 불구하고 여전히 불투명한 채로 남아 있었고, 대중에게는 제한된 '접근 가능성'만을 지니고 있었다. 다른 하나의 함의인 '집단성'은 이미 언급한 대로 공식적 이데올로기가 변한 것은 아니었지만, 그 실제적 의의는 지속적으로 축소되는 과정을 밟았다. 오스월드와 보론코프는 1917년 혁명 이래 스탈린 시대까지 공식적-공적 영역이 계속 확장되어왔지만, 스탈린 사후 사적-공적 영역의 등장으로 차츰 축소되었고, 사적 영역은 1930년대 이래 소련 해체까지 적은 지분만을 유지하는 것으로 분석했다(Oswald and Voronkov, 2004: 107). 그러나 이들의 주장처럼 소련에서 공적 영역과 사적 영역의 관계를 어느 한쪽의 지분이 커지면 다른 한쪽의 지분이 줄어드는 대칭 관계로 보는 것은 무리가 있다. 이미 앞에서 주장했듯이, 개별성 또는 개별적 이익이라는 의미의 사적 영역이 팽창한 것은 사실이지만, 소련의 해체 시까지도, 다수의 사람이나 국가에게 노출되지 않는다는 의미의 사적 영역이 가정을 중심으로 확고하게 자리 잡은 것은 아니었다. 오히려 바로 그 점 때문에 친밀성의 세계는 가정에 한정된 것이 아니라, 이웃이나 지인들 사이에서 또는 거리와 공원에서 더 넓게 펼쳐질 수 있었다.

사람들은 국가가 규정한 공적 영역과 사적 영역을 가로지르며 생존 전략을 구사했고, 그 맥락에 맞는 말과 행동을 취하고 비공식적 담론을 생산하며 공식적 담론의 의미를 재해석했지만, 국가의 지배 자체에 저항하거나 그로부터 벗어나려고 했던 것은 아니었다. 이렇게 소비에트 시대 도시에서 사적 영역은 제한적이며 불완전했고 그 구성이 자본주의와는 달랐기 때문에, 사생활이라는 범주는 소비에트 시대를 분석하기에는 적절한 틀이 되지 못한다는 하르호르딘의 주장도 일리가 있다(Kharkhordin, 1997). 하르호르딘은

히려 이데올로기적 통제와 감시가 사적 영역에 촘촘하게 완성되었다고 주장한다
(Kharkhordin, 1997: 333~363).

국가의 통제가 개인 생활의 구석구석에 미쳤으며 통제망이 촘촘했기 때문에 소련에서 사생활은 존재하지 않았다고 본다. 하지만 그가 의존하고 있는 푸코는 감시와 규율을 통한 권력의 행사는 저항의 항상성 및 일상성과 공존하고 있음을 지적하고 있다. 소련 사회에 대한 분석에서 사적 영역이나 사생활이라는 용어를 서구 자본주의와 동일한 의미로 적용하는 것은 분명 적절하지 못하지만, 그렇다고 해서 개인적 영역이나 개별적 행동이 존재할 수 있는 여지가 없었던 것은 아니며, 여기서는 사적 영역이 소비에트에서 그러한 방식으로 존재했음을 보이고자 했다.

5. 결론

공식 문서와 실제 생활의 차이, 법률의 엄격함과 그의 선택적 적용, 비공식적 인간관계를 형성하고 유지하는 섬세한 기술들로 인해, 소련에서 공적 영역과 사적 영역의 관계는 공식적인 자료나 통계 또는 양적인 연구 방법으로는 접근하기 힘든 주제이다. 게다가 공적 영역과 사적 영역의 구별은 소련이 아닌 어느 곳에서도 각기 다른 문화적 맥락과 복합적인 의미를 담고 있기 마련이다. 이 논문은 아렌트와 웨인트라우브의 연구에 기초해 소련에서 공적 영역과 사적 영역의 구분을 다루었지만, 이러한 잣대가 완전하다고 말할 수 없다. 아마도 더 미묘하지만 중요한 여러 문제들을 미처 다 파악하지 못했을 것이다. 게다가 공적인 것과 사적인 것은 한 사회의 성격을 파악하는 데 핵심적인 영역이기는 하나, 모든 것을 다 설명해주는 것은 아니다. 다만 이 논문은 정권이 개인적 영역의 의미와 범위를 공식적으로 규정했어도, 약자인 대중이 실제 생활에서는 그러한 규정을 수동적으로 수용한 것만은 아니라는 점을 밝히고자 했다.

같은 맥락에서 사적 영역의 강조가, 마치 대중이 공적 영역으로부터 탈출해 자신만의 세계로 도피하고자 하는 자연적인 경향을 가지고 있는 것처럼 받아들여져서는 안 될 것이다. 소련 후기 시민들은 공식적인 이데올로기가 여전히 위력을 발휘하는 정치에서 가급적 거리를 유지하고자 했지만, 1950년대 흐루쇼프 집권 초기에는 대학을 중심으로 문학과 정치를 논하는 비공식적인 집단이 대거 출현했다. 콤파니아(компания)라고 불렸던 이들 모임은 시를 읽고 창작하는 활동에서 시작했지만, 일부는 공식적인 정치 담론과 구별되는 새로운 사회주의를 추구하는 데까지 나아갔다. 이들은 처음에는 집이나 학교에서 모임을 갖다가, 시내 중심가 광장으로 나아가 다른 그룹과 만나며, 노래를 만들어 함께 부르기도 하고, 공중을 대상으로 시 낭송회를 갖기도 한다. 1956년 헝가리에서 봉기가 일어나고 이를 소련군이 진압하자 흐루쇼프를 바보라고 비판하기도 하고, 소련군을 나치 독일에 비유하는 시를 지어 전파하기도 했다(Fürst, 2006: 236). 1956~1957년에는 전국적으로 콤파니아들의 연락망을 구축해 공식 매체에 등장하지 않는 국내 소식과 해외 신문기사를 소개하는 인쇄물을 발간했던 모임도 탄생했다. 이들은 짧은 해빙기 이후 당국의 탄압으로 활동을 지속하지는 못했지만, 고르바초프 시대 밑으로부터의 민주화 열기에 씨앗을 뿌린 선구자의 역할을 한 셈이다. 그래서 공적 영역이 정치만을 의미하는 것은 아니지만, 콤파니아의 사례에서 보듯이, 정치는 인간의 기본 조건 가운데 하나이며, 그것은 개인적 영역에서 시작되었더라도 결국 공적 영역에서 완성되는 것이다.

제3부

북한 도시사 연구 방법

제8장

문헌자료를 통해서 본 북한의 도시 역사

차문석(통일교육원)

1. 머리말

북한의 도시에 대한 연구는 여전히 르네상스(Renaissance)를 기다리고 있다. 여타의 지역연구 분야에서 도시 연구는 이미 활발하게 이루어져 왔을 뿐 아니라, 정점을 기록한 지역연구 분야도 적지 않게 볼 수 있다. 하지만 북한의 도시와 그 역사 – 이른바 도시 생애사라고도 할 수 있는 – 에 대한 연구는 시작된 지 오래되지 않아 그 역사가 짧으며 그래서 아직 활황을 맞이하지 못했다. 그 중요한 원인 중에는 그동안 북한연구 일반이 겪어왔던 기본적인 이유이기도 한데, 자료(특히 문헌자료)에 대한 접근 제약과 자료의 양의 객관적 부족이라는 상황이 존재해왔다. 또 하나의 원인은 도시사와 같은 북한연구 영역과 주제의 다양화를 촉발시킬 정도로 북한연구의 접근법과 방법론 분야에서 커다란 계기가 없었기 때문이었을 것이다. 그로 인해 북한연구 분야에서 특히 도시 및 도시사뿐 아니라 북한 도시들의 구체적인 공간 구조나 그 공간 구조에서 구축되어온 도시 주민들의 삶의 구조 등에 대한 연구 부문에서도 상당한 시간지체(time lag) 현상이 존재하고 있는 것 같다.

이러한 북한 도시 연구의 시간 지체 경향과 더불어 지적할 수 있는 것은 이른바 북한 도시 연구에서의 '평양적 현상'이다. 이 '평양적 현상'이라는 말은 다음의 두 가지를 언급하기 위해서 사용했다. 하나는 북한의 공식 문헌 자료에서 구성되는 평양의 이미지와 실제의 평양 사이에 존재하는 모순적인 현상을 말한다. 사실 현실에서 평양은 상당히 예외적인(좀 더 강하게 말하면 '배타적인') 도시라고 할 수 있다. 어떤 의미에서 보면 평양은 북한이 북한 사회주의 체제의 우월성을 과시하기 위해 의식적이고 계획적으로 육성한 일종의 '전시형' 도시라는 측면이 강하다. 그런 면에서 평양은 북한의 '포템킨 마을(Potemkin village)'이라고도 부를 수 있을 것이다. 사실 포템킨 마을은 제정 러시아 시기에 외국의 방문객들에게 러시아 체제의 우월성을 과시하기 위해 육성한 마을이었다. 포템킨 마을이 당시 러시아 도시들의 생애와 역사와는 현저히 다르듯이 평양 또한 여타 북한 도시들의 생애와 현저히 다르다. 따라서 평양이라는 도시의 생애는 북한의 다른 도시들이 탄생하고, 성장하고 발전해왔던 과정과 다르기 때문에 오히려 북한 도시들의 실상을 은폐하는 기능을 한다고 말할 수 있다.

다른 하나는 북한의 모든 도시들이 어느 정도는 '평양적 현상'을 갖고 있는데, 즉 북한의 도시들 대부분이 공간 문헌들에서 묘사하는 이미지와는 상당한 거리가 있다는 점이다. 결국 북한의 공간 문헌에서 묘사하는 대도시들의 이미지에서도 '평양적 현상'이 그대로 나타나는 경향이 있다. 대도시의 건설과 그 존재가 권력에 의해서 과도하게 상찬되고 정치적 이미지화되어 지역의 또 다른 '평양적 현상'이 복제되는 경향이 있다. 그리하여 북한의 도시사 연구에서 '평양적 현상'의 존재를 인식함으로써 평양적 현상을 넘어서 북한 도시의 생애를 관찰하고 정리하는 것이 매우 중요하게 된다. 따라서 북한 도시(사)에 대한 연구에서 평양적 현상에 진하게 물들어 있는 북한 문헌자료들을 어떻게 '활용'할 것인가가 대단히 중요해지는 것이다. 이 글은 북한의 문헌자료들을 도시사 연구에 활용하기 위해 일종의 '재발굴'하는 것을 목표로 삼았다.

한편, 북한의 도시들은 분단 이후 남한 지역에 위치한 도시들과는 매우 다른 환경에서 탄생(및 재탄생)과 발전을 해왔다. 한반도 남북한 지역에서 근대적인 도시의 탄생 과정은 일본 제국주의 지배 시기와 크게 관련되어 있다고 볼 수 있다. 남북한 지역의 도시들은 일본 제국주의의 한반도 지배 욕망과 대륙 침략 전략과 결부되어 상이한 배치전략 속에서 초기 도시화가 진행되었다. 이것은 이후의 도시 생애사에 불가피하게 막대한 영향을 미쳤다. 해방 공간에서의 남북한 지역에서의 상이한 정부의 수립과 한국전쟁, 전후 복구와 산업화를 거치면서 남북한 지역에서는 서로 간에 낯선 도시들이 형성되었다. 남북한 지역의 도시들은 동일한 시대에 서로 낯설게 그 생애를 겪었던 것이다. 다소간 도식화해서 말하자면 북한의 도시들의 생애는 한국의 각종 연구에서도, 그리고 심지어는 북한학 연구 분야 자체에서도 낯선 주제에 속하는 것이 되었다.

이 글은 북한 도시들에 대해서 두 가지 방식으로 서술한다. 한편으로는 북한 문헌자료 속에 들어 있는 북한의 도시들에 대한 이야기들을 채굴해내고, 이를 의식적으로 부여한 주제에 따라 거칠게나마 정리해보고자 했다. 다른 한편으로는 반대로 북한 도시들에 대한 이야기들을 하기 위해서 북한 문헌자료들을 인용하고자 했다. 양자는 이 글을 목적을 다른 방식으로 언급한 셈인데, 어쨌든 그 결과가 공히 북한의 도시들의 '역사', 즉 '도시사'를 북한 문헌자료들을 통해서, 그리고 평양적 현상을 극복하여 재발굴하는 것이 되기만 한다면 이 글이 원하는 기본적인 목적은 성취되었다고 볼 수 있을 것이다.

2012년 현재 북한에는 평양직할시, 나선특별시, 남포특별시를 비롯하여

행정구역상 모두 27개의 대도시들이 존재하고 있다. 주지하듯이 이 중에서 평양시가 인구 규모에서 가장 크며(약 326만 명 수준), 그 뒤를 이어 함흥시 (약 77만 명), 청진시(약 67만 명), 남포시(약 37만 명), 원산시(약 36만 명), 신 의주시(약 36만 명) 등이 따르고 있는데, 이들 도시 모두가 역사적으로뿐 아 니라 도시사적으로 의미 있는 메트로폴리탄(metropolitan)들이다. 이 글에서 '도시'라고 말할 때 우리가 일반적인 의미로 사용하는 그 용법에 따라 사용 한다.

2. 북한 도시 연구를 위해 북한의 문헌자료를 어떻게 볼 것인가

1) 문헌자료 연구의 근본성 인식

어느 국가, 어느 지역에 존재하는 도시든 간에 사실상 그 도시에 대한 연 구는 거의 대부분 현지조사(field work and field survey)를 통해서 이루어지 는 것이 기본이며 통례라고 할 수 있다. 그리고 너무나 당연한 말이지만 도 시 연구는 현지조사를 통해 진행하는 것이 가장 바람직하다. 하지만 북한과 관련된 모든 분야에 대한 연구가 그러하듯이 북한의 도시들에 대한 연구도 현지조사가 사실상 불가능하다. 따라서 불가피하게 특정한 방법에 기댈 수 밖에 없는데, 그것은 바로 북한의 문헌자료를 통해서 접근하고 연구하는 것 이다. 결국 적어도 북한 관련 주제에 대한 연구는 문헌자료를 통한 연구가 근본적이라는 점을 인정하지 않을 수 없는 것이다. 그렇다면 북한이 아닌 다른 지역에 대한 연구는 문헌자료를 통한 연구가 근본적이지 않다는 것인 가? 그게 아니다. 북한 도시 연구의 경우 그 근본성이 불가피하다는 점이 다 르다.

북한 도시 연구의 이러한 근본성은 두 가지 사실에 의해서 좀 더 불가피한 것으로 설명될 필요가 있다. 첫째, 사실 현지조사연구(field research)는 인류학 등에서 필수적인 조사 연구 방법으로 자리매김되어 왔지만 예외도 있었다. 가령, 마르셀 모스(Marcel Maus, 1872~1950)는 탁월한 인류학 저작인『증여론』을 저술하면서 정작 한 번도 본격적인 현지조사를 행하지 않았다(모스, 2002: 26). 그럼에도 민족지적 인류학 연구에서 가장 탁월한 저작 중의 하나를 탄생시켰다. 이는 그 이전에 축적된 인류학 문헌자료들을 그가 가진 탁월한 성찰적 능력을 통해 현지를 '상상'해나가면서 정리한 것이라고 할 수 있다. 그리하여 모스의 연구 방법은 현지조사가 불가능한 경우에는 결국 문헌자료를 통해서도 도시 지역 연구가 가능할 수 있다는 것을 보여준 사례가 되는 셈이다.

　둘째, 하지만 북한 도시 연구에서는 이전에 축적된, 그리하여 마르셀 모스가 현지조사를 대신해서 참조했던 그러한 문헌자료들이 거의 존재하지 않는다는 것이다. 즉 서론에서도 이미 언급했듯이 기존에 이루어진 북한 도시사 연구들이 거의 없다는 것이다.[1] 따라서 북한 도시 연구의 현주소를 감안한다면, 북한 도시 연구에서 북한 문헌자료를 활용하는 문제, 그리고 활용하는 방법의 문제 등은 대단히 그리고 거의 결정적으로 중요한 문제가 된다.

　양적 질적인 측면에서 절대적으로 부족한 상황이기는 하지만, 지금까지 이루어진 북한 도시 연구는 일차적으로는 북한에서 공간(公刊)된 각종 문헌자료, 그리고 그러한 문헌자료를 이용한 연구 등에 의존해서 북한의 도시들에 관한 이야기들을 추적하고 획득하고 그리고 정리해왔다. 그리고 이에 대한 보조적인 수단으로 북한이탈주민들을 대상으로 해당 도시들에 대한 정

1　물론 기존에 연구된 탁월한 북한 도시 연구들이 있다. 최완규(2007); 최완규 엮음 (2004) 등이 그것이다.

보를 취합하여 크로스-체크(cross-check)를 통해서 더욱 객관화·입체화하는 방식으로 정리해왔다. 그렇지만 이 글에서는 북한이탈주민들을 대상으로 한 정보 획득 과정을 통해서 연구 내용들을 객관화하거나 입체화하는 방법을 소개하지는 않는다. 오로지 북한 문헌자료만으로 어떻게 북한의 도시사를 연구할 것인가에 초점을 맞추고 고민하고자 했다. 따라서 북한 문헌자료의 근본성과 그 활용 방법론이 더욱 중요해진다고 볼 수 있다.

2) 북한 문헌자료의 한계 인식

주지하듯이 북한의 공식 문헌자료들은 북한 도시들의 이야기를 객관적인 관점에서 소개하지 않는 경향이 강하다. 앞에서 언급했던 평양적 현상이 존재하는 것이다. 따라서 북한의 공간 문헌자료를 통해 북한의 도시를 연구하는 것이 비록 피할 수 없고 또한 근본적인 성격을 띤다고 하더라도, 북한 당국이 목적의식하에서 출판한 자료이기 때문에 내용의 사실(fact) 여부와 그 자료들이 목표로 하는 효과(effect)를 신중하게 살펴보고, 항상 의문부호를 던지면서 참고하지 않으면 안 된다. 특히 북한 도시와 관련된 북한 공식 문헌의 담론들은 체제 홍보적인 성격이 대단히 강하기 때문이다.

북한의 공식적인 문헌자료 내에서 이루어지는 각 도시들에 대한 언급은 두 가지를 목표로 하고 있다. 첫째, 내부적으로는 북한 주민들을 설득하여 이성적 감성적인 차원 모두에서 권력에 충성심과 소속감을 고취시켜서 도시 건설 등에 대한 동원에 유리한 환경을 조성하는 것이다. 둘째, 외부적으로는 북한 외부에 존재하는 독자들(특히 한국과 같은 외부 국가들, 단체, 개인 등)을 의식함으로써 북한 도시들의 존재를 과잉 미화하고 체제 선전 수단화하는 것이다. 따라서 그 도시의 실상과 진실이 절대적으로 은폐되는 경우가 많을 수밖에 없다. 이것은 북한 문헌자료가 도시에 대한 이야기를 양적으로 압도적으로 많이 함유하고 있다고 하더라도, 그만큼 북한의 도시 연구를 근본적으로 방해하는 역할도 동시에 하는 셈이 되는 것이다.

요컨대, 북한 문헌자료를 통한 연구 방법은 북한의 문헌자료가 내외의 청자를 그들의 의도에 맞게 설득하기 위해 일종의 픽션(fiction)을 구성하고 있다는 사실을 인식할 필요가 있다는 것, 따라서 도시 연구와 같은 학술적인 연구를 위해서 그러한 담론을 인용하는 데는 신중을 기할 필요가 있으며, 일종의 '학술적 가공(filtering and screening)' 과정을 거쳐야 할 것이라는 점을 기억할 필요가 있다.

3) 비교 연구의 중요성: 북한 도시사 연구의 난점 극복

북한 도시사 연구에서 직면하게 되는 난점들을 극복하기 위해 다음과 같은 사실을 염두에 둘 필요가 있다. 무엇보다도 북한 도시들의 도시화 그 자체가 북한의 독자적인 기술과 물질적 토대에 기초해서 이루어진 것이 아니라는 것이다. 나아가 그러한 도시화 과정에서 탄생되어 발전되고 전개된 도시들에 대한 '담론'조차도 북한의 독자적인 스타일로 진행되지 않았던 것 같다. 이러한 점은 도시사 연구에 있어서 도시에 대한 '담론'의 문제라고 할 수 있다.

1917년 혁명을 통해서 현실 사회주의 체제가 북한보다 30여 년 일찍 존재하기 시작했던 소련, 북한보다 우여곡절(한국전쟁 등 남북한 간에 발생했던 비극적 사건 사고들)이 적거나 없어서 정치경제적 체제가 상대적으로 발전되었던 동유럽, 그리고 북한과 비슷한 시기에 출범했지만 광범위하고 강도 높게 사회주의 프로젝트가 진행되었던 중국 등으로부터 도시화와 그에 대한 '담론'들이 수입되었던 측면이 강했다. 따라서 소련, 동유럽, 그리고 중국 등의 국가에서 진행된 사회주의적 산업화 및 도시화와 그에 관한 '담론'의 관점에서 볼 때 과연 북한의 도시화와 도시사를 어떻게 정리할 것인가를 '비교 사회주의적인 관점'에서 고찰해볼 수 있을 것이다.

그리고 북한이 소련 및 동유럽과 중국 등과 같은 사회주의 국가들이 걸어왔던 보편적인 도시화의 경로를 걸었던 측면과 북한만이 특수하게 겪었던 역사적 경험[2]과 정치적 실체[3]로 인해 북한의 도시 공간에서 어떠한 보편성과 특수성이 관철되었는지, 양자(보편성과 특수성)가 북한에서 어떠한 조합을 이루었는지, 그리고 그것들이 구체적으로 도시에 어떠한 '흔적'을 남겼는지를 살펴보아야 할 것이다. 가령, 도시 주민의 주거공간과 관련해서는 소련의 '소생활권(microrayon)', 동독의 주거구역(Wohnbezirk), 중국의 노동단위복합체[4] 등과 비교 가능한 상동기관이라 할 수 있는 '살림집 소구역 제도'가 북한에서 도입되었다. 이는 특히 주택 소구역을 좀 더 세분해서 인구 2,000~3,000명 규모의 초급 봉사단위, 주민 6,000~9,000명 규모의 소구역 봉사단위, 그 상위의 구역 봉사단위로 구분하고 각 구성단위의 규모에 맞춰 도시 서비스 시설을 나누어 도시민에게 편의 서비스를 공급하고자 했다(김현수, 1994: 92~107).

한편, '포템킨 마을'의 기능을 하는 평양과 일반적인 지방 대도시들을 비교 검토해보는 비교도시사(comparative historical approach)를 실행해볼 수

---

2 무엇보다도 가장 중요한 경험은 일본 제국주의의 식민지 경험과 1950~1953년의 한국전쟁 경험이다. 이는 북한 도시화에 강력하고도 압도적인 영향을 미쳤다.
3 가령, '우리식'을 강조하는 주체사상과 다른 나라에서 보기 드문 강도 높은 비민주적 권위주의 체제인 '유일지도체제'와 '개인숭배 현상'이 그것이다.
4 중국의 노동단위복합체는 공장 등 일자리를 중심으로 1950년대 중반부터 1970년대 초반까지 활발하게 건설되었다. 노동단위복합체는 소련의 모델을 따른 것으로 3~5층 규모의 건물들이 중심이 된 평면적이고도 확산적인 도시개발을 가져왔다(Gaubatz, 1995: 30).

있다. 도시의 탄생과 전개 과정, 지리적 입지적 차이, 도시의 산업구조와 규모, 기능 등에서 비교가 가능할 수 있을 것이다. 이를 통해서 북한의 도시화 과정의 보편적 경로를 정리해보고, 각 도시들의 '생애'와 역사에서 나타나는 특수성을 나름대로 고찰할 수 있을 것이다.[5]

3. 도시에 관한 북한 문헌자료 개관

1) 일반 북한 자료

북한의 도시들을 연구하기 위해 일반적으로 검토할 수 있는 북한 문헌자료로는 기존의 북한연구에서 이용해왔던 자료 전반이 유용하게 사용될 수 있다. 가령, 여기에는 『조선중앙년감』, ≪노동신문≫, ≪근로자≫, 『김일성 저작집』, 『김정일 저작집』, 『김정일 선집』, ≪조선건축≫, ≪천리마≫ 등의 공간된 자료들이 있다. 이들 자료 내에는 북한의 도시들에 관한 이야기가 많이 실려 있다. 따라서 도시사의 재발굴을 위해서는 기본적으로 이러한 자료들을 분석 분류할 필요가 있다.

북한에서 '도시화 문제'와 '도시사'에 대한 김일성과 김정일의 언급은 도시화의 가장 커다란 틀이자 일종의 패러다임을 부여하는 역할을 하기 때문에 문헌자료로서 매우 유용한 측면이 있음을 부정할 수 없다. 가장 대표적인 것으로서 『김일성 저작집』과 『김정일 선집 및 저작집』을 들 수 있다.

본 연구에서는 김일성의 『김일성 저작집』, 특히 10권, 12권, 18권, 32권 등에서 도시사와 관련된 김일성의 언급을 인용했다. 가령 다음과 같은 언급

---

5   비교도시사에 관한 연구는 김백영(2005); 민유기(2007) 참조.

이 대표적이다. "큰 광장 옆이나 번화한 거리에는 국가기관을 앉히기보다는 근로자들을 위한 궁전, 극장, 영화관 같은 문화시설들을 건설하는 것이 훨씬 더 좋을 것입니다"(『김일성 저작집』제18권, 89쪽). 이는 광장과 번화가를 중심으로 도시 공간이 어떻게 구성되는지를 알 수 있게 해준다. 또한 이 연구에서는 김정일의 『김정일 선집』의 「건축예술론」(『김정일 선집』제1권)에 대해서 인용했다.

간혹 김일성은 도시 건설의 중요성을 다음과 같이 강조했는데, 이러한 김일성의 언급은 북한의 도시건설과 도시사에서 중요한 의미를 지닌다. "도시 건설은 그것이 곧 국가의 정치 경제적 면목을 나타내는 것으로 됩니다. 그러므로 이것을 잘 건설하면 국가면목이 서고 잘 못하면 면목이 없게 됩니다"(사회과학원 언어학연구소, 1973: 230).

한편 『조선중앙년감』도 또한 북한의 도시사를 연구하기 위한 매우 기본적인 자료이다. 『조선중앙년감』은 1949년부터 조선중앙통신사가 발간하기 시작한 연간물이다. 주로 김일성과 김정일의 연설문, 논문 및 이들의 행적과 국가 행사, 정치, 경제, 문화, 사회, 외교 등의 내용이 수록되어 있다. 『조선중앙년감』에는 '조선의 지리와 역사', 북한의 인구와 도시 면적, 도시의 확대와 축소와 편입 등 북한 도시사 연구를 위한 기본적인 자료들이 게재되어 있어 매우 중요한 시계열 자료를 제공하고 있다.

2) 도시계획을 하달한 테제와 교시들

또한 북한의 도시계획과 관련된 문서들이 존재한다. 이는 북한 도시사 연구에서 가장 기본적으로 정리해야 하는 문헌자료들이라고 할 수 있다. 대표적인 것이 바로 '도시 총계획'인데, 이는 도시를 계획하기 위한 기획서라고 할 수 있다. 가령, 스탈린 지배 초기의 광활한 우랄 지역에 목적의식적으로 건설하고자 했던 '마그니토고르스크(Magnitogorsk)'의 도시계획처럼 도시를 계획하기 위한 프로포잘과 같다.[6] 코트킨(Stephen Kotkin)은 자신이 저술한 *Magnetic Mountain* 이라는 탁월한 저술에서 스탈린 시대에 우랄 지역에 건설된 이 신도시를 하나의 문명화(civilization)로서 바라보기도 했다.

북한의 도시계획은 중앙정부가 하달한 이러한 '도시 총계획'에 의해 이루어져 왔다. 이 계획은 용도별 지역 구분, 편의 시설의 배치, 문화 휴식 조건의 보장, 도시의 녹화, 도시중심부의 광장계획, 도시의 교통계획, 일련의 기술시설의 배치 계획 등을 주요 내용으로 하고 있다. 이러한 '도시 총계획'이 수립되면 세부 계획, 순차 및 연차 건설 계획, 구획 설계 등의 순서로 하부계획이 수립된다.

'도시 총계획'과 이 계획의 실시 과정에 대해 지시하는 문건들은 북한 도시사의 중요한 문헌자료가 된다. 이러한 일련의 도시 건설 과정들에 대한 문헌자료들은 여러 가지 테제들과 교시의 형태를 띠고 있으며, 실제로 이러한 형태로 하달되어 도시 개발이 공식적으로 진행된다. 예를 들면, 다음과 같은 테제와 교시 형태의 문헌자료들이 존재하고 있다.

△ 「평양시 복구총계획에 대하여」(1953년 7월 1일, 내각결정 제126호)
△ 「도시복구 및 건설계획 실시를 보장할 데 관하여」(1953년 7월 30일, 내각 결정 제126호)
△ 「평양시를 더 웅장하고 아름다운 도시로 건설할 데 대하여」(1958년 7월 10 일, 내각결정 제83호)

---

6 우랄 산맥 남쪽 경사면의 마그니트나야 산록을 흐르는 우랄 강(江) 연안에 있다. 1929년 스탈린의 제1차 5개년계획의 일환으로 마그니트나야 산의 자철광과 서시베리아의 쿠즈네크크 탄전의 석탄을 이용하는 제철소가 건설됨으로써 생긴 신흥도시이다. 이에 대한 탁월한 저작으로 Kotkin(1995)이 있다.

△ 「지방도시 건설사업을 성공적으로 보장할 데 대하여」(1958년 5월 29일, 내
   각결정 제62호)

△ 「함흥시 복구건설사업을 보장할 데 대하여」(1958년 6월 17일, 내각결정 제
   69호)

△ 「흥남시를 복구 건설할 데 대하여」(1958년 6월 17일, 내각결정 제70호)

3) 도시건축(사) 연구서들

북한에서 도시의 기원, 형성, 발전 과정 전반을 연구한 문헌자료들이 존
재한다. 대표적으로 리화선이 2권으로 저술한 방대한 연구서인 『조선건축
사』(평양: 과학백과사전종합출판사, 1989)를 들 수 있을 것이다. 리화선의 『조
선건축사』 제1권은 원시 및 고대 건축, 중세 건축, 조선시대 건축 등 건축의
인류사를 다루고 있다. 하지만 제2권에서는 북한의 도시건축과 관련된 제반
사항들이 매우 꼼꼼하게 기록되어 있어 북한의 도시건축 계획과 설계, 그리
고 법령과 건설 진행상황, 당시의 도시 상황들도 엿볼 수 있는 매우 유용한
북한 공간 자료이다. 또한 리순건의 『주택소구역계획』(평양: 국립건설출판사,
1963) 등도 유용한 자료로 참고할 수 있다.

4) 도시건축에 관한 잡지들

북한에서 공간되는 잡지들도 매우 유용한 문헌자료이다. 대표적으로 ≪조
선건축≫은 북한 도시사 연구를 위한 매우 귀중하고 거의 독보적인 잡지라
고 할 수 있다. 이 글에서 ≪조선건축≫으로부터 인용하고 있는 논문들을 간
단하게 소개하면 다음과 같다.

△ 김영복, 「더욱 새롭고 웅장하게 건설된 천리마거리: 천리마거리 제2계단의
    건축형성」, ≪조선건축≫ 제10호(1990).

△ 차차영, 「천리마거리의 건축형성상 특징에 대하여」, ≪조선건축≫ 제26호
    (1994).

△ 권영태, 「우리 식 거리의 또 하나의 훌륭한 본보기: 광복거리의 건축형성상
    몇 가지 특징에 대하여」, ≪조선건축≫ 제13호(1990).

△ 리원선, 「도시광폭가로에서 수림풍치의 구성과 결합」, ≪조선건축≫ 제17
    호(1992).

△ 정명근, 「원산시에 새롭게 일떠서는 동명산거리」, ≪조선건축≫ 제11호
    (1990).

△ 리원선, 「도시공원화를 위한 거리원림형성방법」, ≪조선건축≫ 제25호
    (1993).

△ 박정남, 「거리형성에서 조각의 리용」, ≪조선건축≫ 제21호(1992).

5) 소설을 포함한 문학 작품들

한편 소설 및 문학 작품도 북한 문헌자료로서 북한 도시 연구에 커다란
기여를 한다. 다른 사회주의 국가들과 마찬가지로 북한의 문학작품도 사회
주의 리얼리즘에 입각하여 쓰였기 때문에 일종의 사실(fact)을 구성하고 있
다고 볼 수 있다. 북한에서 공간되는 소설 및 문학작품은 특히 북한의 도시
에 대한 문화 표상 및 형상화와 도시(이미지) 연구를 위해 매우 유용하다. 따
라서 소설 및 문학 자료는 북한 도시사 연구에 빼놓을 수 없는 자료이다.[7]
대표적인 소설 및 문학 작품을 소개하면 다음과 같다.

---

7 소설 및 문학 자료로 도시를 연구한 대표적인 연구로 김성수(2011)가 있다.

△ 한설야의 『대동강』(1955년)은 서울과 대비되는 평양이라는 도시의 이미지를 실체로 형상화시켰다. "그래서 그날부터 이 거리는 민주의 수도로, 삼천만의 머리 우에 자랐고 새 력사의 요람으로 되었다. 김일성 광장은 스탈린 거리에 잇대여 태양이 가는 모든 지역으로 마치 끝없는 금주지개처럼 뻗어져 가는 것 같았다. 그래서 이 거리의 사람들은 ─ 조선의 인민들은 새날을 찾았고 창조와 건설 속에 자랐다. 새 조선은 날마다 하늘을 떠받들고 일어섰다"(한설야, 1955: 19).

△ 고병삼의 「맑은 아침」(1967년)은 '해방 후 민주수도로 발전한 평양'이라는 용어를 사용하여 평양이라는 도시 이미지를 정화했다(고병삼, 1980: 18).

△ 오현제의 『우리도시』(평양: 문학예술출판사, 2004) 등도 북한 도시사 연구에 의미 있는 기여를 하고 있는 문학 작품들이다.

4. 북한 도시에 대한 '생애사'적 접근(1): 해방 전~전후 복구시기의 북한 도시들

북한에서는 자신들의 현대 건축 발전 역사를 다음과 같이 6단계로 구분하고 있다. ① 1920년대 후반기부터 1945년까지의 시기, ② 해방 후 공화국 북반부에서 민주건설 시기(1945년 8월~1950년 6월), ③ 위대한 조국해방전쟁 시기(1950년 6월~1953년 7월), ④ 전후 복구건설 및 사회주의 기초건설 시기(1953년 7월~1960년), ⑤ 사회주의의 전면적 건설 시기(1961~1970년), 그리고 ⑥ 사회주의 완전승리를 위한 투쟁 시기(1971년~1980년대)로 나누고 있다(고병삼, 1980: 18).

아래에서는 기본적으로는 북한이 구분하고 있는 6단계를 참조하되 인위적으로 해방 이전, 해방공간, 한국전쟁 시기, 전후 복구 시기, 그리고 사회주의 도시화 시기 등으로 구분하여 접근한다. 이러한 시기 구분은 정치적 사건을 중점에 두기보다는 도시사에 대한 북한의 문헌자료를 소개하는 데 중점을 두었다. 이 장에서는 전후복구 시기의 북한 도시들에 대해서 다룬다.

1) 해방 이전의 북한 도시들

해방 이전의 식민지시기에 일본의 지배 목적으로 도시들이 개발되었다. 따라서 북한의 각 도시들은 나름대로의 기능에 따라 도시가 건설되었던 도시 역사들을 가지고 있다. 식민지시기에 형성된 북한의 도시들은 주로 동해안을 끼고 성장했다.

북한에 따르면 "1920년대 후반기로부터 1945년까지는 일제의 식민지 통치가 계속되는 조건에서 민족건축의 정상적 발전이 심각하게 억제되었고, 다양한 반인민적인 건축이 성행"했던 시기로 간주하고 있다. 그럼에도 "위대한 수령님의 현명한 영도 밑에 유격근거지와 여러 밀영지들에서는 전혀 새로운 성격의 인민적이며 혁명적인 건축, 건설사업이 혁명전쟁의 요구에 맞게 널리 진행"되었다고 선전했다(리화선, 1989b: 8).

『일본군국주의의 조선침략사』(1975년)라는 북한 공간 자료는 일제시기에 북한 지역의 도시들이 어떻게 일본의 지배에 의해 왜곡되었는지에 초점을 맞추고 설명하고 있지만, 당시 북한 지역의 도시사에 대한 귀중한 문헌자료이다.

당시에 도시는 "형식주의건축이 널리 유포되었다. 각종 건축수법을 모방한 건축, 유럽식의 '고시크식'을 본 딴 교회당 건축, 기능일면만을 강조하여 무미건조하게 구성한 건축, 낡은 석조건축양식을 그대로 옮긴 고전주의건축, 우리나라의 조건에 전혀 어울리지 않는 왜풍식 건축 등 각종 형식주의 건축을 고취했다"(리화선, 1989b: 8).

청진의 경우, 미곡 수출 및 일본의 공산품 수입을 목적으로 대도시로 성장했으며, 북부 지방의 산업도시를 중점적으로 육성하는 1930년대 '식민지 공업화' 과정에서 급성장했다(國井天波, 1990; 室直二 編, 1989). 신의주의 경우, 경의선 철도 부설 과정에서 기존의 의주를 제치고 대륙과의 연결을 위해 새롭게 개발되었다. 그 후 일본의 만주 진출을 목적으로 1920년대 초반 동양척식회사가 직접 건설에 나서면서 지방 거점 도시로 발전했다(飯野正太郎, 1989). 혜산의 경우, 밀림지역으로 길주와 혜산을 잇는 철도를 놓고 동해를 통해 일본으로 통나무를 약탈해가기 위해 영림서를 설치하면서 도시화가 진행되었다.

2) 해방 공간에서의 북한의 도시화

이 시기를 북한은 "공화국 북반부에서 김일성의 영도 밑에 나라의 융성발전과 더불어 참다운 인민적 건축발전의 새 시대를 맞이하게 되었다"고 평가하고 있으며, 그리고 "진정한 인민적 건축이 전면적으로 발전할 수 있는 새로운 사회경제적 환경이 조성되었다"고 평가하고 있다(리화선, 1989b: 18).

사실 북한의 도시들은 해방 이전의 식민지시기에 도시화가 대부분 진행되었다. 이들 도시들의 형성사가 식민지적 특징을 가지고 시작된 것이다. 일제 식민지 잔재의 청산이 진행되었다고 하더라도 이들 도시의 해체로 진행되지는 않았다. 해방 직후 일제가 패망 후 쫓겨 가는 상황에서 각종 도시기반 시설이 파괴되고 제 구실을 못하는 상황이 비일비재했다. 근대 시설의 건축과 관련하여 전문기술을 보유한 일본인들이 귀국하면서 도로, 상하수도, 공공건물 등의 신설 보수나 주택 공급이 원활히 이루어지지 못해 사회적 혼란이 극심했다고 한다(리화선, 1989b). 따라서 해방 직후의 북한 지역의 도시화는 일제가 건설하고 운용하던 시설을 복구해서 재활용하는 것이 사회경제적으로 가장 시급한 과제였다. 결국 도시 공간상에 각인되어 있는 일제의 잔재를 청산하는 데로는 나아가지 않았다.

해방 직후 대다수 지방 도시는 도시기반 시설이 마비된 상태여서 식민지 도시화의 성과를 활용하는 것만으로 도시 기능을 정상화할 수 없었다. 따라서 도시 정비사업은 경중을 가려서 시급한 과제만 우선적으로 처리하는 방식으로 전개되었다. 신의주의 경우, 일제 때 지어진 신궁(神宮), 신사(神社) 등 일제의 상징물들을 헐어내거나 불태우고 그 자리에 공원 지대를 조성하는 반인민적 건축물 철폐사업이 이루어지기도 했다. 이리하여 약 6만 평방미터 규모의 해방공원을 조성하려고 했다(리화선, 1989b).

한편, 해방 공간에서는 과도기 상황에서 도시 발전이나 도시 미관에 대한 사회적 관심이 미흡했고 도시계획의 기본원칙이나 구체적인 시행 지침이 제대로 갖춰지지 못한데다가, 인적·물적 자원의 결핍으로 관련 법규가 제정되어 있더라도 제대로 지켜지기가 어려웠다(리화선, 1989b: 33). 이는 김일성의 언급에서도 나타난다. "우리는 건설에서 화려한 장식이나 최신식 장비만 추구하려는 경향과 투쟁하여야 합니다"(『김일성 저작집』 4권, 67쪽). "우리는 많은 것을 건설하기 때문에 자재와 자금, 로력이 다 부족합니다. 부족한 자재와 자금으로 더 많은 것을 건설하기 위하여서는 더욱 절약하며 낭비현상을 없애도록 강력히 투쟁하여야 합니다"(『김일성 저작집』 5권, 412쪽).

새로운 공공건물의 출현

북한은 "해방 후 민주건설 시기는 새 사회가 요구하는 인민적 공공건물의 새로운 유형들이 창조되고 주체건축예술의 시작으로 되는 기념비적 건축물들이 일떠서는 건축발전의 새 시기로 특징지어진다"고 했지만, 이는 상징적인 언급일 뿐이다.

해방 후 북한의 도시건설에서 도시 중심부에 인민대중의 정치·문화 행사 중심지로서 각종 대중 집회, 시위, 명절을 위한 장소로서의 광장을 형성하는 사업이 진행되었다(리화선, 1989b: 269~271). 해방 후 초기에는 도시에서 제일 넓은 역전 광장, 공설운동장, 학교마당 등 이미 있는 것들을 개조·이용하여 정치행사를 위한 장소로 사용했다. 그 후 도시재건계획에 따라 광장을 신설하는 사업이 진행되었으며 이렇게 건설된 광장 가운데 하나가 바로 동평양 해방호텔 앞 광장이다.

3) 한국전쟁 시기 북한 도시

북한은 전쟁이 일어나자 곧 주요 기관들과 공장, 기업소들을 미군의 공군기 공습에 대비하는 반(反)항공 시설로 전환시키는 한편, 그것들을 안전지대에 이설하는 사업, 즉 소개 작전을 진행했다. 주요 기관, 공장, 기업소들에서는 방탄벽을 설치하거나 반(半)지하 혹은 지하 구조물을 건설하여 인원들과 주요 시설들을 대피 및 보호할 수 있도록 했다. 전쟁 시기 북한 도시들은 전쟁 대비 도시들로 빠르게 전환되었다.

한국전쟁 시기 북한 도시에 관한 문헌들에서는 다음과 같이 당시 상황을 묘사하고 있다.

△ 『수도건설의 위대한 구상』(1983년)에서는, "수령님께서는 전략적 후퇴의 엄혹한 시련을 이겨낸 직후의 어느 날 해당 부문 일군들을 부르시어 지하극장을 건설할 설계를 만들 데 대한 과업을 주시었다. 경애하는 수령님께서는 그 후 설계가 끝나자 친히 설계도를 보아 주시면서 지하에 짓는 극장일수록 휴게실과 복도를 잘 형성하고 위생실도 잘 꾸리며 지하수가 나올 것을 예견하여 배수처리를 잘하고 적의 폭탄이 한곳에 겹쳐 떨어져도 견딜 수 있게 견고하게 건설하여야 한다고 교시하시었다"(리화선, 1989b에서 재인용).

△ 안동춘, 『50년의 여름』(평양: 문예출판사, 1990)은 한국전쟁 당시 북한군의 서울과 대전 진공을 다룬 작품으로 김일성 우상화 산물인 '불멸의 력사 총서' 시리즈의 한 편이다. 이 소설에서는 평양의 형상화를 시도하고 있다. 최현, 김일성, 홍명희를 주인공으로 내세워 평양의 우월함을 묘사하고 있다 (안동춘, 1990: 60).

△ 고병삼의 『평양은 노래한다』(평양: 문예출판사, 1980)에서는 전시 평양이 지하요새였다는 사실을 형상화하고 있다. 이 작품을 보면 전쟁 중 미군의 융단 폭격 치하의 암흑 속에서도 전시 예술제를 평양 지하대극장에서 성공리에 공연해서 평양주민과 인민군의 사기를 고양시켰다고 한다. 평양이 1951년 8월 새로운 건설한 지하 대극장 무대에서 예술축전이 진행되었다는 것이 형상화되어 있다(고병삼, 1980). '평양 지하대극장'의 존재는 평양시 복구건설 총계획도와 1951년 8월 평양시 모란봉지하극장의 실체를 바르샤바 세계 건축가모임에 소개했다는 서술 등에서 확인할 수 있다(리화선, 1989b: 87~89).

△ 『김일성 저작집』 제6권에 따르면, 한국전쟁이 한창이던 시기에 북한에서는 파괴된 도시들을 전후 복구건설하기 위한 준비사업이 진행되었다(김일성, 1980). "우리는 미제침략자들이 하나를 마스면 열, 백, 천을 일떠세워야 하며 파괴된 도시와 농촌, 공장과 기업소들을 그전보다 더 아름답고 웅장하게 현대적으로 건설하여야 합니다. 그리하여 전후복구건설에서도 조선 사람의 본때를 보여주어야 합니다"(『김일성 저작집』 제6권, 276~282쪽).

한편, 한국전쟁 시기에 관련한 도시사 연구에서 참고해야 할 각종 법령 자료들은 다음과 같다.

△「평양시복구건설총계획도」(1951년)

△「도시 및 부락 조사사업에 관하여」(1951년 10월 25일)

△「평양시 복구전망계획」(1952년)

4) 한국전쟁 이후 전후 복구와 북한의 도시

한국전쟁이 북한의 도시들의 생애에 미친 영향은 크다. 전쟁 기간 중에 미군의 공군기에 의한 폭격으로 지방 도시들조차도 폐허 더미로 변했다. 『조선전사』(제27권)에 따르면(사회과학원 력사연구소, 1991: 175), 한국전쟁 과정에서 미군의 폭격과 남북한 군사 교전으로 인해 북한 전역에서 총 8,700여 곳의 공장, 주택 60만여 호, 학교 5,000여 곳, 병원 1,000여 곳, 수천 개의 문화 후생시설이 파괴되었다고 한다.

한편 매우 역설적인 결과라고 볼 수 있는데, 미 공군의 폭격은 결과적으로 북한 도시에 각인되어 있던 일본 식민지 잔재를 청산시켜주는 역할을 했다. 그러한 잔재 청산 위에 북한식 사회주의적 도시화가 진행될 수 있도록 길을 터주었던 것이다. 다음은 김일성의 언급이다.

"우리는 평양시를 단순히 원상대로 복구할 것이 아니라 일제 식민지 통치의 후과로 하여 생긴 락후성과 기형성을 퇴치하고 평범한 근로인민을 위한 문화시설들과 편의봉사시설들을 충분히 갖춘 현대적인 도시로 복구건설하여야 하겠습니다"(『김일성 저작집』제6권, 280쪽). 그리고 "미제야만들의 폭격에 의하여 파괴된 도시와 읍 및 공장지대들을 복구건설하는 데 있어서 우리는 과거 일본제국주의 시대의 비문명적이며 특권계급의 리기적 목적에 부합되였던 퇴폐한 도시건설방식을 배격하고 근로인민의 생활에 편리하며 현대적 문명생활에 적합하도록 도시와 읍들을 건설하여야 하겠습니다"(『김일성 저작집』제8권, 34쪽).

한편, 전후 복구 건설을 다루고 있는 최학수의 장편소설인 『평양시간』 (1976)에는 당시의 상황을 이렇게 묘사하고 있다.

> 얼마나 황량한 폐허였던가? 어린 시절의 추억을 간직한 보통강과 대동강은 옛대로 흘렀으나 그 강을 끼고 있던 옛 도시는 없었다. 황량한 들과 벌거벗은 구릉들…… 무연한 잿더미 우에는 폐허의 묘비와도 같이 헐어빠진 굴뚝들과 불타죽은 나무들이 듬성듬성 서 있었다. 이 폐허 속에는 고향에 나타난 휴가 병사의 찬란한 군공메달들과 훈장들을 비쳐주는 성한 유리장이라군 한 장도 남아 있지 못했다. 흙 한 삼태기를 퍼담으면 그 절반이 피 묻고 녹쓴 파편이었다(최학수, 1976: 6).

전후 북한의 복구 건설의 중심은 중공업 기지화였지만 그에 못지않게 중요한 것이 전쟁으로 폐허가 된 평양 등 주요 도시를 '사회주의적 도시'로 재건하는 일이었다. 이러한 전후 복구 과정에서 소련을 비롯한 사회주의 국가들의 대북한 원조는 북한에서의 '사회주의 도시화'에 커다란 영향을 미쳤다. 동유럽 국가들은 북한의 주요 도시의 재건을 책임 맡았다. 이른바 '1국1도 (一國一都)'라는 슬로건을 내걸고 동유럽의 각 국가가 하나의 도시를 선정해서 재건을 하거나 원조했다. 이때 동유럽 국가들의 도시화 양식이 북한 도시들에 각인되었다.

예를 들면, 함흥은 동독이 맡아서 재건했다. 당시 동독이 건설했던 시내 중심 거리를 '피크 거리'라는 이름을 부여했던 것은 잘 알려진 사실이다. 당시 동독 대통령의 이름이 빌헬름 피크(Friedrich Wilhelm Reinhold Pieck)였는데 그의 이름을 함흥 거리의 이름으로 삼은 것이다. ≪노동신문≫(1954년 1월 8일; 1956년 3월 13일)에 따르면, 청진은 폴란드가 맡아서 재건했다. 폴란드는 청진과 라남을 연결시켜 하나의 도시를 형성하는 도시 계획안을 관철시키는 등 청진시 종합도시계획을 수립하고 건설했다. 신의주는 한국전쟁에 참전했다가 주둔하고 있던 중국인민지원군이 약 10만 호의 주택을 건설해주었고, 신의주의 도립병원은 불가리아가 건립해주었다.

하지만 한국전쟁과 전후 복구를 거치면서 일제 식민지적 잔재가 청산되기는 했지만 북한의 도시들이 일제 식민지의 특성을 완전히 벗어나서 새로운 사회주의적 도시로 완전히 변모한 것은 아니었다. 즉 전쟁과 전후 복구과정을 거치면서도 북한의 도시에서 일제 강점기의 물리적 경관이 완전히 사라지지는 않았던 것이다(장세훈, 2003: 104).

한국전쟁 이후 북한에서는 전쟁 시기에 작성된 도시 복구계획에 기초하여 전국의 도시, 읍, 노동자지구 건설계획을 작성하고 구체화하는 작업이 진행되었다. 이 시기에 평양시 복구를 위한 '평양시 복구재건 총계획'과 15개 지방 주요도시를 복구하기 위한 총계획도가 작성되었고, 뒤이어 전국의 150개 읍 및 노동자지구에 대한 전망계획도가 작성되었다.

한편, 전후복구 시기의 북한 도시사를 연구할 때 참고해야 할 각종 법령 자료들은 다음과 같다.

△「도시 복구 및 건설계획실시를 보장할 데 관하여」(1953년 7월 30일)
△「청진 함흥 원산 사리원 강계 및 남포시 재건을 위한 총기본계획 승인에 관한 내각결정」(1954년 3월 11일)
△「신의주 송림 및 김책시의 도시재건을 위한 총기본계획 승인에 관한 내각결정」(1954년 3월 11일)
△「1958년 지방도시 건설사업을 성과적으로 보장할 데 대하여」(1958년 5월 29일)
△「원산시를 동해안의 항구 및 문화 휴양도시로 건설할 데 대하여」(1958년 6월 17일)

△ 「함흥시 복구 건설사업을 보장할 데 대하여」(1958년 6월 17일)

△ 「흥남시를 복구 건설할 데 대하여」(1958년 6월 17일)

5. 북한 도시에 대한 '생애사'적 접근(2): 북한의 사회주의적 도시화

김일성은 북한의 사회주의 도시에 대해서 다음과 같이 언급했다. "지금은 공장을 하나 지어도 완전히 새로운 현대적인 공장을 지어야 하며 공공건물과 살림집 같은 것도 그 전보다는 규모도 훨씬 크고 모양도 보기 좋고 쓸모 있게 잘 지어야 합니다"(『김일성 저작집』 제18권, 64쪽). 이른바 사회주의적 도시의 건설에 대해 초기 지침을 하달한 것이었다.

산업화 시기와 도시화 시기에 있어서 북한의 도시계획의 이념이라고 한다면 지역 간의 격차를 해소하고, 이를 위해 균형개발을 하는 것으로 요약할 수 있다. 이에 따라 각 지역이 자족성을 갖추도록 하는 것이 도시계획과 개발의 목표로 설정되었다. 도시 차원에서는 도시 내의 도농 균형을 위해 도시 지역과 농촌 지역의 통합 개발을 원칙으로 제시했다. 자족성의 달성이라는 목표는 도시의 기본적인 구성단위가 되는 소구역(小區域) 단위에서도 추구되어 직장과 거주지를 가깝게 하기 위한 작업장과 경공업 공장의 배치가 소구역 계획의 원칙으로 제시되었다(김현수, 1994). 이렇게 되면 도시 간에 혹은 도시 내에서의 주민 이동을 억제할 수 있고 결과적으로는 도시 규모를 적정 수준으로 유지할 수 있는 수단으로 이용될 수 있었다.

북한에서 도시의 개발계획과 설계는 중앙정부가 결정하고, 이에 따라 설계의 표준화, 건설의 공업화가 일반화된 것으로 보인다. 주거 입지와 주택 건설은 중앙정부의 정책 결정에 절대적으로 의존하고 있다. 예를 들면, 평양과 같은 대도시에서는 간선 가로변에 고층 아파트를 집중적으로 건설하여 주택 건설이 도시 건설의 효과적인 수단으로 이용되었다.

사회주의 국가들의 도시와 관련된 이념은 노동하는 근로 인민을 위한 사회를 만든다는 것이었다. 이에 근거해서 '사회주의적' 도시화는 노동자 계급을 위한 도시를 건설하는 것을 일차적 목표로 삼았다. 따라서 공장, 사무실 등과 같은 일터와 주택 등의 쉼터를 근접시키는 '직주근접(職住近接)의 원칙'에 입각해서 도시 공간을 배치하는 경향을 보여주었다(장세훈, 2003: 99).

1) 북한의 본격적인 도시건설

한국전쟁 직후 전후 복구 건설 시기에 본격적인 사회주의적 도시화와 관련된 초보적인 구상들이 나타나게 된다. 다음에 소개하는 것은 그러한 노력들이다.

△ 1951년 12월 내각에 '도시 건설성'을 설치하여 전후 복구 건설을 지도하도록 했다.
△ 1953년 6월 '국가건설위원회'를 신설하여, 1954년부터 '전후 복구 3개년 계획'을 본격적으로 추진하도록 했다.
△ 1954년 '청진 함흥 원산 사리원 강계 남포시 재건을 위한 총 기본계획 승인에 관한 내각 결정' 제42호, '신의주 송림 김책의 도시 재건을 위한 총 기본계획 승인에 관한 내각 결정' 제85호, 그리고 전국 150개 읍 및 노동자지구 '전망계획도'를 발표했다.

'도시 총 기본계획'은 용도별 지역 구분을 명확히 하고, 주거지와 산업용지 사이에 보호 녹지를 설치하며, 교육·문화·보건 편의시설 등 도시 서비스시설을 균형 있게 배치하도록 했다. 도시 중심부에는 행정기관, 광장, 공원,

경기장 등을 설치해서 근로 대중이 함께 모일 수 있는 장소를 마련하는 등 도시를 단위로 한 사회주의적 공동체 건설에 대한 정책적 의지를 명확해 했다(리화선, 1989b: 87, 105).[8]

≪노동신문≫(1960년 7월 9일)에 따르면, 주택 설계를 더 단순화하고 규모를 축소시키면서 14분 만에 주택 1채를 짓는 이른바 '평양속도전'이 전개되었고, 이를 계기로 1959년부터 지방 대도시마다 조립식 주택 건립 붐이 거세게 일어났다고 한다(≪노동신문≫, 1960년 7월 9일).

1967년부터는 주민의 생활환경을 해치지 않는 경공업 공장을 살림집 소구역 내에 독립 건물이나 아파트 1층에 짓도록 해서 직장과 주거지를 근접시킴으로써, 가정주부 등의 가두 노동력이 생산활동에 참여할 수 있도록 독려했다. 각 도시들에서는 다층 살림집(아파트) 아래층에 가두 노동력이 중심이 되는 분공장들이 편의봉사 시설들과 나란히 건설되기 시작했다(리화선, 1989b: 115).

2) 북한식 사회주의적 도시화의 진행과정

북한에서 사회주의적 도시화는 상당한 진통을 겪으면서 진행되었다. 사회주의적 도시화를 어떻게 이해할 것인가를 놓고도 격렬한 노선 논쟁이 있었다. 한편으로는 북한의 사회주의적 도시화는 동유럽식 도시화 경로를 따라야 한다고 주장하던 그룹이 있었다. 이러한 경로를 주장했던 사람들은 1950년대 초반 한국전쟁이라는 전시 상황에서 동유럽 국가로 유학을 다녀왔던 건축가들이었다. 이들은 동유럽과 소련의 건축양식을 본떠 사회주의적 사실주의에 입각해서 도시계획을 수립하고 집합주택 및 대형 건축양식

---

8 ≪노동신문≫ 1954년 3월 14일과 19일, 6월 26일 자도 참조할 것.

을 건립하자고 주장했다.

반면에 북한의 현실을 바탕으로 새로운 대안을 모색할 것을 주장하는 측이 있었다. 이들에 따르면, 동유럽 도시화 경로를 주장했던 자들은 1950년대 후반 수정주의 논쟁 과정에서 "평양의 중요 거리에 외국의 촌풍경을 그대로 옮겨놓으며 외국의 건축양식, 심지어 생활양식까지 통째로 받아들이려"고 한 사대주의자, 교조주의자였다고 비판했으며 결국 이들 동유럽 도시화 경로를 주장했던 건축가들은 숙청을 당했다(리화선, 1989b: 96~99, 126).

강근조 등이 지은『평양의 어제와 오늘』에서 언급하고 있는 대표적인 것이 바로 평양의 류환선거리(일명 '스탈린거리')였는데(강근조 외, 1986), 한국전쟁 직후 종파분자의 해악을 일소한다는 의미에서 완전히 없애버리고, 1980년과 1985년에 거듭 재건되어 현재는 '창광거리'로 개명했다(≪노동신문≫ 1980년 11월 14일 등 참조). 김일성의『김일성 저작집』10권(1956)과『김일성 저작집』12권(1958)은 북한 당국이 최종적으로 확정한 사회주의 도시화의 방향을 제시하고 있다. 그것은 바로 '민족적 형식에 사회주의적 내용을 구현한다'는 교시였다[김일성, 1956(1980): 39~40; 김일성, 1958(1980): 17].

1960년대 후반부터 북한에서 이른바 '주체형' 주택 건설 방식이 확산되었고, 1970년대 이후에는 '우리 식'으로 도시 공간을 건설하겠다는 정책적 의도를 표출했다. 이른바 '대담하고 통이 큰' 창작 방식으로 도시 공간을 조성해야 한다는 입장이었다(리화선, 1989b: 215, 267). 이러한 주체형 방식은 김정일에 의해 주도되었고 '건축 발전의 대전성기'를 맞이했다고 하면서 다음과 같이 언급했다. "주체적인 건축사상을 빛나게 구현해나가시는 친애하는 지도자 김정일 동지께서는 우리식 건축창조에 관한 독창적인 방침을 내놓으시고 건축창조에서 나서는 모든 사업을 우리나라의 현실, 우리 인민의 요구에 맞게 진행함으로써 건축에서 주체사상의 요구가 전면적으로 구현되도록 하시었다"(리화선, 1989b: 267).

당시 북한의 도시 건설의 목표를 "도시 형성상 가장 중심적인 위치에 김일성 동상을 정중히 모시는 사업, 불멸의 기념비와 혁명사적관을 건설하는 사업, 도시 중심 광장을 가일층 완성하여 그 주변에 인민들이 널리 이용하는 공공건물을 배치하는 사업, 녹화를 하고 공원을 꾸리는 등 도시를 더욱 새롭게 꾸리고 건설하는 사업" 등이었다(리화선, 1989b: 297).

북한 이탈 주민인 김영성 씨가 쓴 수기인 『오 수령님, 해도 너무 합니다』에 따르면, 1970년대 말에 이르면 남북한의 체제 대결에서 북한 사회를 안팎으로 봉쇄하면서 주민의 충성을 유도하기 위한 대형 건축물들을 도시에 더 많이 지었다고 한다(김영성, 1995: 71). 나아가, 북한에서 도시는 '사상교양의 장'으로서의 역할이 강조되고 있기 때문에 도심에 대규모 혁명사적지를 배치시키는 등 사회주의적 도시경관이 형성되도록 했다. 그리하여 수도 평양뿐 아니라 지방도시의 거의 모든 곳에서 혁명사적지와 광장이 위치해 있다.

김정일은 "경애하는 수령님께서 쌓아 올리신 불멸의 업적을 후손만대에 길이 전하는 것을 시대와 역사 앞에, 조국과 인민 앞에 지닌 가장 책임적이고도 영예로운 임무로 내세우시고 수령님의 혁명역사의 거룩한 자욱이 깃들어 있는 영광스러운 성지들에 지금까지 그 누구도 생각하지 못했던 규모와 폭을 가지는 대기념비들의 건설을 발기하고 그 실현을 위하여" 정력적으로 지도했다고 한다(리화선, 198b: 271).

3) 지방 대도시와 신도시 건설

1959년부터 지방 대도시마다 조립식 주택 건립 붐이 거세게 일어났는데, 이 과정을 그린 소설이 바로 최학수의 『평양시간』이다(최학수, 1976: 244). 1960년대 북한에서는 지방 도시에도 현대적인 거리들을 새로이 건설했다. 예를 들면, 함흥 '5호 도로'와 '1호 도로', 사리원의 '강건 거리'를 비롯하여 주요 도시들에서 기본 간선 가로들이 조성되었다.

　김일성은 1964년에 "우리는 도시의 규모를 절대로 크게 하지 말고 소도시 형태로 여러 곳에 건설하여야 합니다. 그래야 도시를 운영하는 데도 편리하고 도시와 농촌을 골고루 발전시켜 나가는 데도 좋습니다"라고 언급했다[김일성, 1964(1980): 173]. 이러한 김일성의 노선에 따라 중소 규모의 신도시들이 대대적으로 건설되었다. 대표적으로는 당시까지 개발이 지체되었던 내륙 지역에 위치해 있던 단천, 평성, 희천, 안주, 온성, 맹산 등이 신도시로서 건설되었다(리화선, 1989b: 116, 301).

　한편, 지방 대도시들의 규모가 커지면서 1980년을 전후하여 그 주변에 신도시 혹은 신시가지를 조성하려는 움직임이 활발하게 일어났다(장세훈, 2003: 18). 이러한 움직임은 대도시의 집중을 완화하고 주택난 등 도시 문제를 해소하려는 목적에서 이루어졌지만, 신도시 혹은 신시가지들은 목표로 삼았던 자족성을 상실한 채 모도시에 의존하는 소비 도시, 기생 도시로 변모했을 뿐 아니라 생활 여건이 제대로 갖춰지지 못해 주민들이 신시가지를 떠나는 양상이 빚어졌다.

　2000년대 들어서면서, 새로이 발간된 소설들에서 1950년대와 1960년대에 이른바 '평양속도'라 자랑하며 많이 지었던 조립식 주택의 문제점이 1980~1990년대에 발생했다는 사실을 비판적으로 다루고 있다. 대표적인 소설이 박룡운의 『번영의 길』(2001)이다. 특히 저자 박룡운은 외형적 성장과 목표치 달성이라는 속도에만 취해서 주민들의 실제 삶의 질을 문제 삼지 않은 전후 복구 건설과 도시화 정책의 문제점을 지적하고 있다(박룡운, 2001: 542).

　한편, 도시화 과정에서 필연적으로 발생하는 도시와 농촌 간의 문제도 각 시기에 다루고 있다. 특히 도시를 동경하는 북한의 젊은이들이 전국적인 범위에서 문제가 되고 있다는 사실이 지적되고 있다. 김정일은 "지금 농촌청년들 가운데 농촌을 떠나 도시로 갈 생각을 하는 사람이 적지 않습니다. 최근

몇 해 동안에만도 전국적으로 농장원수가 몇 만 명 줄어들었는데 그것은 협동농장에서 일하던 청년들이 이러저러한 구실로 도시로 많이 빠져 나갔기 때문입니다. 일부 농촌처녀들은 농촌총각에게 시집갈 생각을 하지 않고 어떻게 하든 도시총각에게 시집을 가서 농촌에서 빠져나가려 하고 있습니다. 그들은 농사철에 도시에서 지원노력이 나오면 그 기회에 지원 나온 총각과 약속했다가 후에 결혼하고 도시로 간다고 합니다"[9]라고 비판적으로 말했다.

반면에 어떤 소설을 보면 농촌 청년이 도시 이주에 대해서 가지는 죄책감도 소개되어 있다. 다음은 장편소설 『씨앗』(1992)에서 인용한 말이다. 주인공 강초애는 도(道)의 고위 관리인 고모부의 주선으로 도시에 올라온 사례였다. "처음에 그는 자기만이 도시에 와서 화려한 생활을 영위하는 것에 양심의 가책을 느꼈다. 그러나 차차 그 생활에 익숙됨에 따라 그런 가책은 가뭇없이 사라지고 나보다 별로 낫지 못한 많은 사람들이 그런 생활을 누리는데 나라구 뭐가 모자라 그렇게 못한다 말인가 하는 생각이 들면서 당연하다는 느낌으로 굳어졌다"(한윤, 1992: 142)라며 도시로의 이주에 대해 문제 삼는 분위기를 생산해내려고 했다는 것을 알 수 있다.

6. 맺음말

이 연구는 어느 정도 다양하게 존재하고 있는 북한의 문헌자료들을 북한의 도시(사)라는 관점에서 다시 발굴하고 정리하는 것을 목적으로 삼았다. 특히 이러한 정리를 위해서 북한 도시들의 '생애'에 초점을 맞추었다. 예를 들면, 일제시기로부터 도시의 기원과 형성, 발전과 전개, 한국전쟁과 같은

---

9 김정일, 「농촌에서 농사를 자체로 짓는 운동을 벌릴 데 대하여」, 1986년 11월 25일.

파괴의 경험, 그 직후의 전후 복구, 그리고 정치체제의 목적에 복무하도록 도시화가 진행되는 이른바 사회주의 도시화 과정들로 나누어서 도시사를 살펴보았다. 그에 병행해서 각 시기를 집중적으로 다루고 있는 다양한 종류와 형식의 북한 문헌자료들을 소개하고 정리하고자 했다.

이 연구의 기본적인 목적이라 할 수 있는 북한 문헌의 도시사적 재발굴 작업은 그 작업 자체가 북한 문헌에 종속되어 있기 때문에 정리 및 연구 자체가 새로운 테제를 발견하거나 새로운 주장을 만들지는 않았다. 하지만 기존에 이해되고 있는 북한 지역의 도시들의 역사가, 그 도시들이 거쳐 왔던 역사적 생애들을 검토하는 작업들을 통해서 새로이 부각되고 또한 새로운 의미로 정리될 수는 있었다. 아마도 이 연구에서 자주 사용한 '(재)발굴'이라는 단어가 의미하는 바가 그러한 것이다.

또한 북한 도시사를 북한의 다양한 문헌자료를 통해서 발굴하면서 염두에 두고 있었던 것은, 주인공이 '북한'의 도시들(즉, 조선민주주의인민공화국 수립 이후의 북한 도시들)이 아니라 사실은 '현재 북한 지역에 있는' 도시들(즉, 일제 식민지시기로부터 공화국 수립을 거쳐 현재에 이르는 도시들)로 삼음으로써 북한 도시사를 '북한 시기'에 한정하지 않고 일제시기와 해방공간, 한국전쟁 시기, 전후복구 시기, 사회주의 고조기(사회주의적 도시화) 등을 거쳐 온 이 '도시'라는 주인공의 역사들을 다루고자 했다는 점이다.

이 글의 서두에서 이 연구의 목적으로 제시한 바와 같이, 한편으로는 북한 문헌자료를 통해서 북한 도시들의 역사를 정리하고, 다른 한편으로는 북한 도시들에 대한 많은 이야기를 담고 있는 북한 문헌자료들을 탐색하고 발굴하는 작업은 향후에도 지속적으로 이루어져야 할 작업일 수밖에 없다. 이 점에서 이 연구에서 실행한 작업은 북한 도시사 연구에 있어서 대단히 초보적인 작업에 해당한다고 볼 수 있다.

제9장

구술자료를 활용한 북한 도시 연구
이론적 차원과 방법

조정아(통일연구원)

1. 들어가며

이 글은 탈북이주민[1]들의 구술자료, 특히 생애사 구술자료를 활용하여 어떻게 북한 도시를 연구할 것인가에 대해 논한다. 이 글은 평성에서 태어나 자라고 순천, 혜산 등지에서도 생활했던 한 탈북이주민[2]을 면담한 후 필자에게 일었던 일련의 의문에서부터 출발했다. 두 시간 동안 생애사 서술 방식으로 진행된 인터뷰 내내 필자는 구술자가 나고 자란 평성이라는 도시의 구체적인 장소에 관한 추억과 생각과 이미지들을 끌어내려 노력했지만, 이

---

1 북한의 공민으로 태어나 북한 지역에서 생활하다가 북한 땅을 떠나 남한사회에 정착하거나 중국 등 제3국에서 생활하고 있는 사람들은 '탈북자', '북한이탈주민', '북한이주민', '탈북이주민' 등 여러 가지 명칭으로 명명된다. 이 글에서는 '탈북이주민'이라는 용어를 사용한다. 이 용어는 이들이 북한을 떠나온 북한 주민이었다는 점과 남한을 비롯한 다른 사회로 이주해 살고 있는 이주민이라는 점을 모두 고려한 것이다.

2 김경숙(가명): 40대 여성, 평안남도 평성, 순천 등지 거주, 장사. 2009년 탈북, 2012년 8월 14일 인터뷰.

야기는 번번이 필자의 의도에서 빗나갔다. 인터뷰의 말미에 물은 필자의 직접적인 질문에 대해서도 구술자는 다음과 같이 평성이라는 도시 대신에 아버지에 관한 추억을 얘기했다.

> **연구자:** 그런데 선생님은 고향생각하시면, (평성) ○○동이 고향이신데, 내 고향이 이랬지 하고 떠오르거나 그런 장면들이 있을 거 같은데.
>
> **구술자:** 그게 철없는 어렸을 때 아버지가 배전부에서 일을 하셨거든요. 배전부에 철없을 때 따라가서 아버지가 스위치 이렇게 …… 그 계기들 하얀 거, 바늘 막 떨리는 거, 큰 배전반 있잖아요. 그걸 앉아서 조종실에서 조종하고 지휘하던 생각이 나요. 그리고 여름에 막 덥잖아요. 그러면 그 이만한 둥그런 바께쯔에, 어디서 그 얼음이 났던지는 몰라요. 얼음 덩어리 하나가 이만큼씩 해요. 빙산 깬 것처럼. 그런 거 하나씩 있는데 그걸 이런 망치, 쇳대망치로 딱딱 깨서 한덩어리씩 입에 옇던 생각나는데, 입에 넣으면 역한 냄새가 나던 생각이 나요. (김경숙 녹취록, 36쪽)

또한 구술자는 평성이라는 도시의 특성을 묻는 질문에 대해서도 평양의 위성 도시, 상업 도시, 교육 도시 등 일반적으로 일컬어지는 평성의 정체성에 초점을 맞추는 대신에, 평성 인근에서 일어난 유명한 살인사건들을 구체적으로 언급한 후, 결론적으로 범죄의 도시, "노랭이, 깍쟁이"의 도시라는 부정적인 특성을 평성이라는 도시의 정체성으로 규정했다.

> 사람이 많이 죽어나가는 데도 평성, 살인미수사건 많은 데도 평성, 장사유통이 잘되는 데도 평성, 학교가 많고 병원이 많고 뭐 이러니까, 도소재지니까. 옛날부터 유명해요, 평성이. 살인사건 많이 나고 노랭이고 깍쟁이. (김경숙 녹

취록, 32쪽)

구술자는 평성에서 태어나서 삶의 대부분을 평성 또는 평성 인근에서 생활했음에도 불구하고 왜 도시의 상징적인 장소나 건축물이 아닌 아버지가 일하던 공장과 아버지 일터에서 먹던 얼음조각과 그 냄새로 평성을 기억하는 것일까? 왜 구술자는 우리가 일반적으로 얘기하는 평성의 도시적 특성 대신에 구체적인 서사를 동반한 부정적인 면을 평성의 이미지로 꼽는 것일까? 필자는 인터뷰를 마친 후 자료를 해석하는 과정에서 이러한 의문을 해결할 실마리를 찾을 수 있었다. 필자는 녹취록을 반복해 읽다가 다음과 같은 부분에 주목하게 되었던 것이다.

네, 계속 이 주변에서 맴돌았어요. 그래가지고 학교도 몇 참을 옮겼어요, 제가. 다시 왔다 또 갔다, 다시 왔다 또 갔다 하면서. 그러던 찰나에 제가 열네 살에 아버지가 ……. 난 녹음 안 했으면 좋겠다. (김경숙 녹취록, 5쪽)

구술자는 인터뷰 초입 부분에서 자신의 어린 시절에 대해 이야기하다가 얘기가 열네 살 무렵에 이르자 돌연 녹음에 대한 거부 의사를 밝힌다. 잠깐의 망설임 뒤에 구술자는 청소년기 궁핍의 경험, 14세에 아버지가 정치범으로 체포되어 정치범수용소로 끌려간 후 고향으로부터의 추방, 극심한 가난, 생계연명을 위한 결혼, 힘들었던 장삿길 등 평탄치 않았던 삶의 과정을 구술했다. 구술자의 삶은 아버지가 생존해계셨던, 가난했지만 단란했던 유년기와, 아버지가 체포된 이후 생계 위협 속에서 평성 부근을 여기저기 떠돌았던 삶으로 이분된다. 이와 같은 생애사를 겪어왔기에, 구술자에게 있어 아버지와 행복했던 한때의 추억이 평성이라는 도시에 대한 기억을 대치(代置)한 것이고, 구술자는 평성이라는 도시의 정체성에 대해 부정적 관점으로 일관된

이야기를 할 수밖에 없었던 것이다

　이와 같은 인터뷰 경험은 필자로 하여금 특정한 도시에서의 삶을 경험한 다양한 행위자들의 구술자료를 활용하여 북한 도시를 연구한다는 것이 어떤 의미를 가지는 작업인지를 고민하도록 만들었다. 선행 북한 도시 연구자들의 문제의식은 계획과 시장이라는, 작동방식을 달리하는 정치경제적 지배질서가 다양한 방식으로 착종된 과도기적 특성이 한정된 공간 안에서 어떻게 발현되어 가는지에 대한 분석을 통해 북한사회의 체제전환에 관한 현실 적합적 전망을 도출하고자 하는 것이었다(최봉대, 2012).[3] 이러한 연구에서 중요한 과제는 특정 사례의 경험적 일반화이다.[4] 그러나 위의 구술 사례는 북한 도시 연구에 있어 일반화로 수렴될 수 없는 개별 사례의 특수성이 존재한다는 점을 보여준다. 탈북이주민의 구술을 일종의 '증언'으로 활용해 온 기존의 북한 도시 연구에서 구술자의 개별 경험은 증언의 신빙성이나 일반화 가능성에 비추어 선택 또는 폐기되어야 할 자료일 뿐, 그 낱낱의 경험이 가지는 의미가 분석의 대상이 되지는 못했다. 이에 이 연구에서는 '증언'이 아닌 '내러티브'로서의 탈북이주민 구술자료의 중요성에 주목하고, 탈북이주민 구술자료를 활용한 새로운 관점과 주제의 북한 도시 연구가 필요함을 제기하고자 한다. 이하에서는 북한 도시의 정체성 탐구를 위한 기초 작업으로서, 도시 공간과 개인 행위자의 삶과의 관계의 복합적 성격을 이해하는 데 도움이 되는 공간의 개념, 공간과 결부된 정체성의 개념에 대해 살펴본다. 이어, 북한 도시 연구의 이론적 자원으로서 사회학 분야의 도시 연구 이론들을 살펴봄으로써 북한 도시 연구의 관점과 주제 영역들을 탐색하고,

---

3　북한 도시 연구의 대표적인 연구 성과로 최완규 외(2006, 2007) 등이 있다.
4　이는 특정 도시에 관한 분석에서 수집·활용한 개별 사례를 통해 그 도시의 일반적 특성을 유추해내는 문제와 특정 도시의 사례로부터 도출된 연구의 결론을 북한 전 지역에 해당하는 것으로 일반화하는 문제를 모두 포함한다.

도시 연구방법론으로서 생애사 자료를 활용한 질적 연구 방법의 적용 가능성과 의미를 타진해볼 것이다.

2. 공간, 장소, 지역정체성

우리의 인생은 시간과 공간을 씨실과 날실로 삼아 짜이는 천 위에 아로새겨진다. 우리가 삶의 모든 과정에서 행하는 구체적인 행위들은 시간과 공간 속에 자리 잡고 있으며, 공간을 가로지르며 행하는 낱낱의 행위들에 의해 우리 인생 속의 시간은 구체적이고 현실적인 것이 된다. 인간의 기본적 존재양식이라고도 볼 수 있는 공간은 철학과 자연과학, 사회과학의 사유 대상이 되어왔다. 사회과학 영역에서는 오랫동안 시간은 역사학의 기본 개념으로, 공간은 지리학의 기본 개념으로 간주되어왔으며, 사회학 이론에서도 공간은 시간에 비해 부차적인 의미를 지니는 것으로 간주되어왔다. 그러나 최근 들어 사회학에서는 공간의 재발견이, 지리학에서는 공간의 상대화가 함께 일어나고 있다.[5]

사회학적 관점에서 보면, 사회공간은 텅 빈 물리적 실체가 아니라 사회적

5　슈뢰르(M. Schroer)는 사회학에서 공간이라는 주제가 부재했던 원인을 공간이 나치 국가사회주의에서 차지했던 역할에 관한 부담스러운 전력과 함께, 학문으로서의 사회학의 탄생 시기가 민족국가 확립시기였다는 점, 전통적으로 서양에서 시간 개념이 이동성, 역동성, 진보성, 변화, 변동, 역사의 의미를 내포하고 있는 데 비해, 공간 개념은 비이동성, 정체, 반동성, 정지와 고정, 견고함의 의미를 내포해왔다는 점, 사회적인 것은 사회학의 영역으로, 공간적인 것은 인문지리학의 영역으로 보는 학제의 구분, 사회적인 것을 구체적인 장소에 결부시키고 근공간 관계 속에 들어 있는 것으로 추측하는 근공간과 공간 개념의 동일시 등에서 찾고 있다(슈뢰르, 2010: 18~28).

과정의 산물이며, 다양하고 중층적인 사회관계들이 교차하는 사회적 네트워크이다. 동시에 사회공간은 사회적 과정에 영향을 미치고 그것을 구조화시키는 요인으로 작용한다.[6] 부르디외(P. Bourdieu)에 따르면 사회적 공간과 물리적 공간은 동일한 구성 조건을 따르며 같은 법칙에 의해 지배를 받는다. 두 공간의 결합은 너무나 밀접해서 "한 행위자에 의해 점거된 장소와, 획득된 물리적 공간 속에서의 그의 자리는 사회적 공간 속에서의 그 행위자의 위치에 대한 훌륭한 지표가 된다"(Bourdieu, 1991: 25, 르페브르, 2011: 100에서 재인용).

슈뢰르는 사회과학의 공간 이해에 있어 물리적 공간 개념과 사회적 공간 개념 간의 대립과 용기로서의 공간 이해와 상대적 공간 이해 간의 대립이 나타난다고 분석하고 있다. 용기로서의 공간 개념은 공간적인 배치가 행위자에게 미치는 영향과 권력현상을 분석하는 데 있어 유리한 반면, 상대적 공간 개념을 취하면 공간의 유지나 구성에서 행위자의 창조적인 가능성과 기회, 공간을 생산하는 행위자들의 의미가 강조된다. 슈뢰르는 사회적 공간의 분석에 있어 공간이 어떻게 사회적으로 생산되는지를 보는 것과 함께, 공간 스스로 무슨 일을 하는지도 같이 고려하는 것이 중요하다는 점을 지적한다(르페브르, 2011: 195~204).

지리학자 하비(D. Harvey)는 공간을 그 성격에 따라 절대적 공간, 상대적

---

6 일례로 르페브르(H. Refebvre)는 사회적 공간을 사회적 생산물이자 생산자이고, 경제적 관계, 사회적 관계의 토대로 본다. 르페브르에 의하면 각각의 사회는 저마다의 공간을 생산한다. 사회적 공간은 가족관계, 성별, 나이에 따른 생물학적·생리적 관계와 생산관계, 즉 위계질서에 따른 사회적 기능을 포함하며 각각의 활동에 적합한 장소를 할애한다. 자본주의에서는 생물학적 재생산과 노동력의 재생산, 생산의 사회적 관계라는 세 개의 층위가 뒤엉킨다. 공간은 상징적인 재현을 통해서 공존 상태를 유지하며 응집력을 강화한다(르페브르, 2011: 25~79).

공간, 관련적 공간의 세 유형으로 구분하는 시도를 했다. 절대적 공간이란 사물과 분리된 공간 그 자체, 상대적 공간이란 사물의 개체들이 위치 지어져 있는 공간, 관련적 공간이란 사물들이 단순한 개체가 아니라 이들 간의 관련성으로 존재하며 이러한 관련성으로 인해 형성된 공간을 의미한다. 하비에 의하면 공간을 적절하게 개념화하는 문제는 공간에 투영되는 인간 실천을 통해 해결된다(Harvey, 1983: v, 최병두, 1996: 210에서 재인용).

포스트모더니즘 이론에서는 가치를 내포하지 않는 객관적이고 추상적 개념인 '공간(space)'과 가치를 내재한 주관적이고 구체적인 개념인 '장소(place)'를 구분하기도 한다. 예를 들어 투안(Yi-Fu Tuan)은 '공간'을 자유, 움직임, 개방성, 추상성을, '장소'는 안전과 정지, 애착, 구체성을 의미한다고 본다. 무차별적인 공간에서 출발하여 우리가 공간을 더 잘 알게 되고 공간에 가치를 부여하게 됨에 따라 공간은 장소가 된다는 것이다(투안, 1995: 15~19). 즉, 공간은 그것을 체험하는 주체의 의미 형성 과정을 통해 장소로 전환된다는 것이다.

'공간'과 '장소'라는 두 개념의 차이는 인간 경험의 매개 여부에 있다. 즉, 인간은 경험을 통해 '공간'을 자신에게 의미 있는 '장소'로 만든다. 장소는 단순한 지리적 위치가 아니라 인간의 삶의 흔적이 묻어 있는 자리, 추억이 깃들어 있는 곳인 것이다. 앞의 인터뷰 사례에서 구술자에게 의미 있는 것은 지도상에서 특정한 지리적 위치를 점하는 평성이라는 물리적 '도시 공간'이 아니라 구술자가 어린 시절 아버지와 함께 했던 아버지의 직장이라는 구체적이고 경험적인 '장소'와 그곳에 결부된 기억이었던 것이다.

개별적인 인간의 경험을 매개하는 개념인 장소 개념을 물리적·영토적 준거가 중요시되는 공간 개념과 구분함으로써 공간을 경험하는 개별 주체 간의 차이와 타자성의 문제가 명료해진다. 그럼에도 장소의 특수성과 공간의 일반성을 결합시키는 문제, 정체성과 장소의 재현 및 상상에 관해 담론적으로 구성된 공간과 구체적인 사회적 실천을 통해 물질적으로 구축된 공간을 개념적으로 결합시키는 문제는 공간 이론의 중요한 과제로 남게 된다(최병두, 1996: 214).

한편, 경험을 내재한 공간이라는 의미에서의 장소는 정체성 형성과 밀접하게 연결되어 있다. 하비는 1970년대 이래 세계자본의 급격한 재구조화로 인해 시공간압축이 가속화되고 공간장벽이 붕괴되어감에 따라, 과거의 물적·영토적 조건에 비추어 장소를 정의하던 방식이 사라지고, 은유적·심리적 의미의 탐구에 새롭게 관심을 기울이게 됨을 지적한다. 하비에 의하면 영토 위주의 장소에 바탕을 두고 형성된 정체성이 민족, 인종, 사회적 성, 종교, 계급 등의 차별화와 서로 겹치면서, 장소정체성은 다중적으로 형성된다(이무용, 2005: 52). 또한 카터(Carter) 등도 정체성의 형성과 장소가 어떻게 결부되어 있는지를 다양한 방식으로 논의하고 있다. 그들은 공간에 이름을 붙이고 의미를 부여함으로써 공간이 장소가 된다고 지적하면서, 장소들 그 자체가 더 이상 우리의 정체성을 분명하게 보장해주는 것은 아니지만, 여전히 상징적·심리적인 차원에서 정체성 형성에 커다란 영향을 끼치고 있다고 주장한다. 그들은 정체성과 공동체, 소속 간의 문제에 중점을 두면서 상징공간과 공동체적 정체성의 집합적 환상이 이루어지고 규제되는 방식을 폭로하고 있다. 이들은 또한 정체성이 특정한 장소와 시간에 뿌리를 두면서 그 속에서 구현된 내러티브에 의해 형성됨을 지적한다(이무용, 2005: 52~53).

장소를 매개로 하여 형성되는 정체성에 대해 좀 더 알아보자. 프로산스키 (H. M. Proshansky)에 의하면, 인간은 정주공간에 대해 정체성을 부여할 뿐 아니라 그 장소에서 인간의 정체성을 끌어내는데, 그것을 그는 '장소정체성 (place identity)'이라고 했다(Proshansky et al., 1983: 57~83, 박소영, 2012: 36에서 재인용). 즉, 특정한 장소 혹은 지역을 공동으로 점유하면서 그곳을 생활무대로 삼고 살아가고 있는 사람들이 그 특정 장소 혹은 지역을 매개로 하여 다른 지역사회 집단과 구분되는 공동의 정체성을 갖게 형성하게 될 때, 그것을 장소정체성 혹은 지역정체성이라 할 수 있을 것이다. 지역정체성은 '상상의 정체성'이라고 일컬어지는 추상적인 민족정체성(national identity)과 달리 일상의 삶이 이루어지는 장소와 구체적으로 연관된다. 홀(S. Hall)은 전 지구적인 상호의존성이 심화되고 중첩됨에 따라 민족정체성은 축소되고, 이전에는 민족국가라 불리는 전체 안에서 같이 취급되던 사람들과 집단들이 면대면 지역사회의 성원으로서의 지역정체성을 재발견하기 시작했다는 점을 지적한다(Hall, 1996: 343).

지역정체성 형성의 기반이 되는 장소는 단순한 물리적 공간이 아니라 일상의 삶이 이루어지는 곳인 만큼, 정체성의 형성과 변화를 둘러싼 이른바 정체성의 정치가 작동하는 방식 또한 매우 구체적이고 현실적이다. 또한 국가정체성이 국민 또는 민족성이라는 폐쇄적인 특질을 기반으로 형성되는데 비해, 지역정체성 형성의 기반이 되는 주민 또는 주거성은 개방적이고 유동적이다. 그만큼 지역정체성 또한 유동적일 수 있다(문재원·이상봉, 2010: 60). 일례로, 윤택림은 신도시민의 지역정체성에 대한 연구를 통해, 신도시민들은 "어디 사람이죠?"라는 질문에 확실하게 하나의 지명으로 대답하는 것과 같은 확고한 개념으로서의 지역정체성 대신에 일상생활에 기초한 유동적 지역정체성을 만들어간다는 사실을 밝히고 있다(윤택림, 2008). 주로 지역민들이 부분적으로 공유하는 경제적 요소와 환경적 요소에 기반을 두는 이와 같은 지역정체성은 과거에 만들어져 있는 지역과 지역 이미지에 기초하기보다는, 지역의 전망과 지역 주민들의 바람, 욕구, 이해관계와 접합되어 상황에 따라 응집되고, 분산되는 역동적인 개념이라는 것이다.

공간과 장소, 지역정체성의 개념과 성격에 관한 이상의 논의를 종합해보면, 필자가 탐구하고자 하는 북한 도시의 지역정체성의 특성에 대해 다음과 같은 이론적 가정을 할 수 있다. 첫째, '평성의 정체성', '함흥의 정체성' 등으로 이름 붙일 수 있는 북한 도시의 정체성은 그곳에 뿌리내리고 살아온 거주민들이 그 공간에서 경험한 것, 그들이 그 공간을 무대로 행한 행동, 그곳에 대한 생각과 감정과 기억들을 반영한다.

둘째, 같은 공간에서 살고 있는 사람들이 겪는 공간경험은 결코 동질적이지 않다. 따라서 거주민의 경험에 뿌리를 둔 지역정체성이란 단일하고 동질적인 결을 가지는 것이기보다는 특정한 의미들로 가득 찬 이질적이고 불균등한 복수의 정체성이다. 또한 도시공간은 인간의 삶을 담아내는 불변의 용기가 아니라 시공간을 통해 이루어지는 인간의 행위와 상호작용에 의해 형성되고 변화되는 역동적인 공간이다. 따라서 지역정체성 역시 고정된 것이 아니라 그 지역에서 살고 있는 사람들 간의 끊임없는 상호작용과정을 통해 지속적으로 생성되고, 유동하고, 분열하는 것이다. 또한 이질적인 역사적 시간의 축적물인 공간은 언제나 중첩된 장소성을 띠고 있기 마련이다. 특정 공간의 지배적 장소성은 언제나 복수적 담론 간의 경합의 소산이자 동시대 지역사회의 정치적·사회적 선택의 산물이라고 할 수 있다(김백영, 2009: 527). 중요한 것은 장소는 여러 상이한 집단들의 상호작용, 경험, 이야기, 이미지와 표현을 통해서 적극적으로 생산되고 또 변화되는 과정이지 유일한 단 하나의 변경 불가한 정체성을 가지고 있지 않다는 것이다(Fratherstone, 1999: 182, 슈뢰르, 2010: 284에서 재인용).

3. 도시 공간에 대한 사회학적 탐구

여기서는 도시적 생활양식과 도시성을 탐색했던 지멜(G. Simmel), 워스(L. Wirth) 등의 초기 도시사회학 이론에서부터 시간지리학의 영향하에 사회분석을 위한 시공간 개념을 제시한 기든스(A. Giddens), 일상생활연구와 공간에 대한 정치경제학적 관점에서 공간 문제를 접근한 르페브르와 하비 등의 논의를 검토하고, 이들의 논의가 북한 도시공간 연구에 주는 시사점을 살펴본다.[7]

지멜은 사회적 작용이 어떻게 공간으로 투영되는가를 분석하고, 이것들이 다시 사회 집단의 삶이나 형식에 영향을 주는 방식을 분석하고 있다. 지멜에 따르면 상호작용과 공간은 하나의 상호적인 조건 관계 속에 있다. 상호작용 자체가 공간이 없으면 형식적 조건으로 존재할 수 없는 반면, 이 상호작용이 공간의 사회적 중요성을 만들어낸다. 인간 활동을 통한 공간의 생산, 그리고 공간적 배치가 인간 활동에 미치는 영향, 이 둘을 다 분석하려는 두 개의 철로 방식의 공간이론에 따라 지멜은 공간 성질과 공간 구성물을 구분한다. 공간의 독점성이 존재하는 공간 성질이 상호작용의 양태와 방법에 영향을 미친다면, 공간 구성물은 도시나 집처럼 상호작용의 과정을 통해서 비로소 탄생한 공간구조를 말한다(슈뢰르, 2010: 72~74).

지멜은 저서 『대도시와 정신적 삶』을 통해 대도시라는 공간이 도시인들에게 새로운 정체성을 형성하는 장소임을 분석한다. 지멜에 의하면 복잡한 현대적 삶이 등장함으로써 전통의 해체가 일어나는 현장 속에 살고 있는 도시인은 전근대적 인간과는 달리 새로운 인성과 정체성을 가진 주체로 등장한다. 도시 속에서 개인은 전통과 친족구조, 전통적 종교로부터 해방되지만, 다른 한편으로 도시는 익명성과 소외로 내몰리는 장소이다. 개인은 군중 속에서 고독과 우울, 불안을 경험한다. 지멜은 대도시를 특징짓는 요소로 도시인의 반응의 지성화, 화폐경제, 노동분업을 제시한다. 교환의 보편적 수

---

7 이 절에서 사용하는 '공간' 개념은 앞 절에서 검토한 바와 같은 인간 경험의 내재성을 강조하는 장소와 대비되는 개념이라기보다는 시간과 짝을 이루는 만물의 존재 조건이자 행위자들의 상호작용의 장을 의미하는 더 포괄적인 개념으로, 좁은 의미의 '공간'과 '장소'를 모두 내포하는 개념이다.

단으로 기능하는 화폐경제의 발달과 함께 대도시인은 감성보다는 타산적 지성을 가지고 사물과 인간을 대한다. "화폐경제의 본거지로서의 대도시"에 거주하는 사람들은 "모든 성질과 특성을 단지 수량적인 문제로 평준화시키는 교환가치만을 문제 삼고자" 한다. 화폐경제의 본거지인 대도시에서 사람들은 삶의 복잡성이 증가함에 따라 자신의 역할에 충실하기 위해 자신의 "비합리적 본능과 지배적 기질과 충동들을 배제"시키지 않을 수 없다. 지멜은 대도시에서의 정신의 소외라는 특징을 "주관적 정신에 대한 …… 객관적 정신의 우위"라는 용어로 요약한다(홍준기, 2011: 72~74).

하지만 대도시는 이와 같이 부정적인 측면만 가지는 것이 아니다. 촌락이나 소도시와 달리 대도시 거주자 집단의 규모가 커지면 커질수록 '인격의 내적·외적 자유'가 증가한다. 대도시 속에서 각 개인은 근본적으로 독립된 삶을 살아간다. 대도시의 규모는 그것의 물리적 경계를 넘어서는 것이므로 대도시 속에서 획득된 자유는 그것 자체의 지리적 한계를 넘어 더욱 증대된다. 지멜에 따르면 대도시에서의 자유를 비단 이동의 자유라든가 편견이나 고루함의 제거와 같은 소극적 의미뿐만 아니라, 더 적극적으로 대도시에서는 각 개인이 자신의 본성을 표출할 수 있다는 것으로 이해해야 한다(홍준기, 2011: 75~76).

지멜의 이론을 토대로 삼아 도시사회학 분야를 정립하는 데 핵심적인 역할을 했던 루이스 워스는 도시사회학이 독자적인 학문으로 성립하기 위해서는 도시라는 정주공간을 고유하게 분석할 수 있는 특정한 변수들을 발견해야 한다고 보았다. 워스는 도시화와 근대화가 낳은 사회화 과정과 문화변동 양식을 도시의 생활양식을 통해 규명하고자 했다. 그는 도시의 생활양식이 농촌의 생활양식과 어떤 차이를 가지는지를 분석했다. 워스에게 도시는 사회적으로 이질적인 개체들이 대규모로 밀집하여 거주하는 공간이며, 따라서 도시사회의 여러 현상들은 "도시의 규모, 밀도, 기능적 유형의 차이에 따라 변화"한다(Wirth, 1938: 1~24, 민유기, 2007: 77에서 재인용).

도시에서 개인들은 공동체가 주는 밀도 효과를 통해 사회구조의 복잡성을 증가시킨다. "동질적인 사회적 지위와 요구를 가진 사람들은 의식적이건 무의식적이건 상황에 따라 같은 지역으로 몰려 동질적인 주거를 형성한다. 도시 내의 각 지역은 특화된 기능을 갖게 되고 사회적으로 그 도시는 지역 간의 전이가 단절된 모자이크 형태의 사회가 된다." 개인이 "도시의 사회적·정치적·경제적 생활에 참여하려면 자신의 개성의 일부를 공동체의 요구에 종속시켜야 한다." 워스는 이와 같은 "도시의 독특한 생활양식을 구성하는 집합적인 속성들"을 도시성(urbanism)으로 규정한다(민유기, 2007: 78~79).

지멜과 워스의 논의에서 주목할 점은 도시공간의 구조적 특성뿐만 아니라 도시에 거주하는 사람들의 상호작용과 행위양식의 특성에 의해 도시의 특성이 만들어지며, 도시의 특정한 양상들이 도시에 거주하는 사람들의 사회관계, 행태, 인성에 영향을 미친다는 점이다.

기든스는 시간과 공간을 인간 행위의 단순한 주변조건이 아니라 사회 행위의 실행에서 기본적인 것으로 간주한다. 기든스에 의하면 사회적 만남에서 시공간 관계의 중요성은 대면적 상호행위에서 가장 잘 나타난다. 대면적 만남은 항상 이에 참여하는 행위자들의 상호출현을 전제로 하며, 한 행위자에 있어 타자의 출현은 상호행위의 재생산과 의사소통의 주요 근원이 된다(한국공간환경학회 엮음, 2000: 97~99).

기든스는 시간지리학의 방법론을 활용하여 개인의 시간-공간 경로를 통시적인 관점에서 추적하거나, 다양한 사람들 내지 집단의 서로 다른 시간-공간 경로를 공시적인 관점에서 서로 비교할 수 있다고 보았다. 스웨덴의 지리학자 해거스트란트(T. Hägerstrand)의 시간지리학에서는 시·공간 속에 펼쳐지는 일상적 행위들의 경로와 시·공간의 제약관계를 논의함으로써 시·공간을 더 구체적인 사회행위 차원에 결부시켰다(김왕배, 2000: 21). 해거스트란트는 사람이 사회 안에서 활동할 때에 받는 다양한 제약을 '능력의 제약', '결합의 제약', '권위의 제약'의 세 가지로 분류하고 있다. '능력의 제약'은 인간으로서의 생물학적 특징과 사람이 사용할 수 있는 도구나 기술과 관련하는 문제이다. '결합의 제약'이란 개인이 특정한 기간 내에 특정한 장소에 있는 개인을 만나든지, 어떤 시설이나 설비를 이용하지 않으면 안 될 때 필요한 시간적·공간적 조건이다. '권위의 제약'이란 개인이 관리영역이라고 하는 곳에서 어느 정도 자유롭게 들어갈 수 있는가 하는 조건을 나타낸다(황정랑웅 외, 2000: 15~16). 도시의 하루 리듬은 사람들이 나타내는 무수한 회로가 공통의 제약 시스템에 의해 규제되고, 공통의 형상을 가지고 있는 것이다. 해거스트란트의 도식은 개인의 일상생활이 공간과 시간 속에서 어떻게 표출되는지를 설명해주는 유용한 서술단위이다. 그러나 이는 어떤 사회적 기획들과 그 특징인 '결합의 제약'들이 어떻게, 그리고 왜 헤게모니를 장악하게 되는가와 같은 질문들을 다루지 않는다. 또한 장소나 공간, 역사, 시간들에 어떻게 의미가 부여되는지에 관심을 두지는 않는다(하비, 1994: 253).

기든스는 해거스트란트의 개념에 기초하면서도 몇 가지 측면에서 그의 이론을 비판하고 있다. 우선 해거스트란트의 시간지리학에서는 '개인들'을 매일 생활에서 직면하는 사회적 무대와는 무관하게 구성되는 존재로 다루는 경향이 있으며, 행위자는 그들의 활동이 그들이 추구하는 계획에 의해 인도된다는 의미에서 목적 지향적 존재로 간주되나, 계획의 성격과 기원은 설명되지 않는다는 것이다. 또한, 행위와 구조의 이원론을 되풀이하는 경향이 있다. 게다가, 시공간을 통한 신체의 제약적 성격에만 집중하는 경향이 있고, 권력이론 측면에서의 고찰이 취약하다는 것이다(기든스, 1998: 182~183). 기든스는 해거스트란트의 시간지리학은 사회이론에 시간성을 통합하는 데 치우쳐 공간 개념에 대한 엄밀한 개념 정의가 이루어지지 못했다고 비판하면서, 상호행위에 의해 사회체계의 재생산이 이루어지는 집단들의 장소인

'현장(locale)'이라는 개념을 사용하여 시·공간에서 이루어지는 행위자들의 상호작용을 분석한다. 이 용어는 상호행위의 시·공간적 배경이 주어진 물리적 환경이 아니라 그 상호행위 참여자들에 의해 능동적으로 지적된다는 점을 내포한다.

또한 기든스에 따르면 공간과 시간은 개인적인 행위 가능성을 지배하는 주변조건을 만든다. 시간-공간 경로를 거쳐 갈 때 어떤 개인이건 그들의 행동, 행위 그리고 그들의 결정의 가능들을 제한하는 이 견제와 강제, 그리고 제약에 예속된다. 시간지리학에서 매일의 시간-공간 경로를 파악하는 것과 마찬가지로 공간과 시간을 통해 이루어지는 완결된 인생이력, 즉 '전기(life biographies)'를 파악하는 것도 중요하다. 공간체험은 각각의 이력이 가지고 있는 개인적 조건에 따라 차별화되며, 그래서 그러한 이력을 기술하고자 하는 사람은 이력과 결부되어 있는 공간도 기술해야 한다. 전기는 그러한 한에서는 언제나 지형학이기도 하다(슈뢰르, 2010: 124~127).

일상의 해부를 통해 자본주의의 특성과 작동 방식을 분석하고자 한 르페브르는 노동, 가정생활, 여가생활을 포함하는 일상생활에서 이루어지는 생산과 재생산의 동질성에 주목했다. 그에 따르면 경제적 토대와 사회구조, 그리고 국가와 이데올로기를 포함하는 상부구조만으로 삶의 조건을 분석하는 것은 일상생활의 역동성을 상쇄하는 도식이 된다(르페브르, 2005: 66). 르페브르는 공간에 대한 지배가 일상생활에서, 그리고 일상생활을 넘어서 근본적이면서 널리 퍼져 있는 사회적 권력의 원천이라고 보았다. 르페브르에게 있어 일상생활의 공간인 도시는 자본주의 시스템의 원인이자 결과이며 사회적 상호작용의 공간이다. 즉, 도시 공간은 생산과 재생산을 둘러싼 중층적 사회관계들이 상호교차하고 중첩되는 사회적 네트워크이다.

르페브르에 따르면 공간 생산 방식은 다음과 같은 세 가지 요소로 구성된다. 첫째, 생산과 재생산, 특화된 장소, 상대적인 응집력을 유지시켜주는 데 필요한 사회적 훈련 각각이 필요로 하는 고유한 공간의 총체를 모두 아우르는 공간적 실천이다. 둘째, 생산관계, 그 관계가 부여하는 질서, 지식과 기호, 코드, 정면적인 관계 등과 연결되는 공간의 재현이다. 이는 인지된 공간, 즉 학자, 도시계획가, 기술관료들의 공간을 의미한다. 셋째, 사회생활의 이면, 예술과 관련되어 있는 상징을 포함하는 재현공간으로, 이미지와 상징을 통해서 체험된 공간, 즉 주민, 사용자들, 예술가들, 작가와 철학가들의 공간이다(르페브르, 2011: 80~87). 공간적 실천, 공간 재현, 재현 공간은 각기 다른 방식으로 공간의 생산에 개입하며, 각각이 지닌 고유한 성격에 따라, 어떤 사회냐에 따라, 혹은 시대에 따라 그 방식은 달라진다. 르페브르는 이와 같은 분석틀을 통해 지각되고 인지되고 체험된 곳으로서의 도시공간과, 그 세 가지 층위 사이에 존재하는 변증법적 관계를 종합적으로 분석하는 길을 제시한다. 그는 또한 도시공간이 단순히 지배의 공간이거나 권력에 의해 전면적으로 통제될 수 있는 곳이 아니며, 연대와 소통, 차이와 횡단의 가능성이 구현되는 장소이기도 하다는 점을 밝혔다. 즉, 그의 공간 이론은 도시공간이 사회적 상호작용에 의한 생산물임과 동시에 과정 자체임을 파악함으로써 공간이 지닌 중층성과 복합성, 역동성을 보는 안목을 제공한다.

하비는 르페브르의 삼차원의 공간개념을 세로축으로 두면서, 여기에 '접근성과 거리화', '공간의 전유와 활용', '공간의 지배와 통제', '공간의 생산'이라는 공간적 실천의 네 가지 측면을 가로축으로 삼아 공간 개념을 재구성한다. 접근성과 거리화는 인간의 일상사에서 '거리의 마찰'이 가지는 역할을 말해준다. 공간의 전유는 대상, 활동, 사회집단들이 공간을 점유하는 방식과 관련된다. 공간의 지배는 개인이나 강력한 집단이 거리의 마찰이나 타인들이 공간을 전유하는 방식을 통제하기 위해 법적·초법적 수단을 사용하여 공간의 조직과 생산을 어떻게 지배하는지를 나타낸다. 공간의 생산은 토지 이용, 교통·통신, 영역적 조직 등의 새로운 체계가 어떻게 생산되고, 새로운 표현양식들이 어떻게 발생하는지와 관련된다. 이와 같은 공간 개념에 근거하여, 하비는 공간에 대한 지배가 실질적인 사회적 권력 관계를 형성한다고 주장한다(하비, 1994: 261~266). 하비의 이론틀 역시 공간의 생산, 지배, 통제만을 분석하는 데 그치지 않고, 공간에 작용하는 권력 관계를 고려하는 가운데, 행위자에 의한 공간의 소비와 전유, 활용 등의 측면을 분석할 가능성을 제공한다.

이상에서 살펴본 사회학적 접근 이외에 인류학적 도시 연구나 지리학의 경관연구 등이 제시하는 이론과 방법론도 북한 도시의 정체성 탐구에 있어 연구 관점과 시사점을 제공한다. 예를 들어 도시의 범죄 구역, 매춘, 밤 놀이 문화 등에 대한 분석을 통해 19세기 전반기 파리 부르주아의 집단심성을 연구했던 루이 슈발리에(L. Chevalier)의 연구나, 파리 중심지역 거주자들의 대중적 사교생활이 1850~1960년대 전개된 도시재개발 전후로 어떤 변화를 야기했는지를 분석한 부리옹(F. Bourillon)의 연구가 이에 해당한다. 이와 같은 인류학적 도시 연구에서 도시 공간의 구조는 도시민의 주체적 행위를 통해 만들어지는 주체의 결과물이자 역으로 그 구조 속에서 살아가는 도시민의 삶의 방식에 영향을 미치는 동인이다(하비, 1994: 261~266).

20세기 초 지리학계에서 대두된 경관 연구의 한 조류로서, 최근에는 물리적 환경의 생산에 대한 분석뿐만 아니라, 일상생활 주체들에 의해 경관이 소비되고 재현되는 방식에 초점을 두는 흐름이 대두되었다. 도시경관은 도시 내의 다양한 주체들의 정체성 표출과 형성의 기제로 작용하는데, 도시경관 체험에 대한 연구는 가시적인 시각 대상이자 비가시적인 의미 매체로서 도시경관의 양 측면에 대한 즉각적이고 일시적인 경험뿐만 아니라, 그 장소에서의 오랜 생활 체험을 통해 느끼는 전체적인 분위기에도 관심을 가진다. 따라서 주관적인 경관의 그림인 '이미지', 인간에 의해 일정기간 체험됨으로써 특정 공간에 가치와 의미가 붙은 '장소성', 대상의 외관과 그 의미의 일치 속에서 형성되는 '정체성' 등이 경관체험론의 중요한 연구 개념으로 설정된다(이무용, 2005: 69~71).

개인의 일상적 경험과 도시경관에 관한 고전으로, 벤야민(W. Benjamin)은『베를린 연대기』,『아케이드 프로젝트』등의 저서를 통해 도시의 근대적 삶을 논의하고 있다. 그는 근대의 발전 신화를 낳은 상품물신성이 도시 풍경의 변화 속에서, 도시민의 일상생활 패턴의 변화 속에서 자연스럽게 수용되는 과정을, 문화와 예술이 상품의 논리에 의식적으로 혹은 무의식적으로 순응해가는 과정을 밝히고자 했다. 벤야민의 도시 연구에서 핵심적인 문제는 도시의 물리적·사회적·문화적 경관이 어떻게 형성되고 어떻게 개인의 일상적인 경험 속에 각인되며, 어떻게 해석되는가이다(민유기, 2007: 61~65). 벤야민에 의하면, 도시는 과거 기억들의 창고, 즉 문화적 전통과 가치의 저장소다. 이러한 기억들은 지성적 행위로 포착할 수 없고 '어떤 신비한 꿈의 해석' 과정을 통해 감지되는 것이다. 벤야민에 의하면, 도시는 신화의 장소이며 건축물과 여러 행위 속에는 상품과 소비 욕망이 관통되어 있다(김왕배, 2000: 50).

이상에서 살펴본 도시공간에 관한 다양한 사회학적 접근들은 북한의 도시공간을 연구하는 데 있어서 몇 가지 시사점을 제공한다. 첫째, 도시라는 공간은 특정 위치를 점하고 있는 물리적 공간일 뿐만 아니라, 그 공간 내 인간의 행위와 상호작용을 통해 생산되는 사회적 공간이다. 따라서 공간은 그 안에 내포된 사회적 관계를 드러내는 방식으로 분석되어야 한다(르페브르, 2011: 157). 북한의 도시공간을 탐구한다는 것 역시 북한의 도시공간 내의 행위자들의 행위와 상호작용에 의해 어떻게 특정한 사회적 공간이 생산되는가를 밝히는 작업이어야 한다.

둘째, 행위자들의 사회적 상호작용에 의한 도시공간의 생산 혹은 재현에 있어 사회적 공간 생산의 방식과 양태를 결정짓는 권력 관계가 존재한다.

따라서 다양한 행위자들과 사회 세력들 간에 일어나는 공간의 생산을 둘러싼 경합과 갈등, 권력 관계에 착목할 필요가 있다.

셋째, 주체들의 상호작용 속에서 공간이 생산될 뿐만 아니라 공간이 인간 행위를 규제하고 물질들의 공간적 배치가 인간의 활동에 영향을 미치는 측면이 존재한다. 행위자들에 의한 공간의 소비와 체험, 공간에 대한 행위자들의 해석과 의미부여를 밝히는 작업이 필요하다.

넷째, 앞서 제시된 논의와 관련하여 공간을 통해 이루어지는 권력의 지배에 초점을 둘 것인가, 공간을 점유하는 다양한 행위자들의 저항과 갈등, 공간의 전유에 초점을 둘 것인가 하는 쟁점이 존재한다.[8] 예를 들어 푸코(M. Foucault)는 감옥, 학교, 병원과 같은 공간 속에서 이루어지는 권력에 의한 통제와 규율화를 분석의 초점으로 삼는다. 반면 미셸 드 세르토(Michel de Certeau)는 거리에서의 도보를 '발화 공간'으로 정의하고, 행위자들이 도보 행위를 통해 도시의 특정한 공간을 창조하는 측면에 관심을 둔다. 드 세르토의 목적은 "폭력적 질서가 어떻게 규율적 기술로 변질되는가 하는 것을 명확히 하는 것이 아니라, 오히려 이미 규율의 올가미에 걸려든 집단 혹은 개인들의 분산적이고 전술적이며 임기응변적인 창조성이 보여주는 은밀한 형식들을 밝히는 것이다"(하비, 1994: 254에서 재인용). 북한 도시 연구에 있

---

8 이와 관련하여 미셸 드 세르토(Michel de Certeau)가 구분한 도시의 두 가지 개념을 참조할 수 있다. 그에 의하면, 도시 개념은 하나의 총체적 이미지로서의 도시, 즉 '개념도시(city as concept)'와, 다양한 주체들의 행위를 담아내는 공간으로서의 도시, 즉 '보행도시(city as pedestrian)'로 구분할 수 있다. 전자가 원경(遠景)의 파노라마적 시각에서 조망된 도시, 도시 계획자들에 의해 기획되고 관리되는 판옵티콘적 도시를 의미한다면, 후자는 실제로 도시 공간 속을 걸어 다니는 인간의 신체에 오감으로 감지되는 도시를 뜻한다고 볼 수 있다(Certeau, 1984, 김백영, 2009: 542에서 재인용).

어서도 도시공간이 가지는 이러한 두 가지 측면을 모두 고려한 접근이 필요하다.

4. 북한 도시 연구에서 구술자료의 활용

동시대의 도시를 연구하는 데 있어 그 도시에 직접 가서 도시의 경관을 눈으로 확인하고 거리를 걷고 그 도시에 살고 있는 사람들을 만나볼 수 없다는 것은 크나큰 제약이 아닐 수 없다. 직접 보고 듣고 만질 수 없는 북한의 도시를 연구하는 것은 문헌 속에만 그 흔적을 찾을 수 있는 고대도시를 연구하는 것만큼이나 어려운 일일지도 모르겠다. 이와 같은 연구의 근본적인 제한점을 극복하기 위해 위성촬영사진 분석과 같은 첨단기술의 도움을 받을 수도 있고, 각지에 흩어져 있는 북한 도시 관련 문헌자료나 지도 등을 활용하기도 한다. 최근에는 북한 사회분야의 연구에 탈북이주민들의 구술자료가 널리 활용되고 있는데, 이 역시 북한의 도시를 연구하는 데 있어서도 활용될 수 있는 자료이다. 이 글에서는 북한에서 생활했던 탈북이주민들의 구술자료, 특히 내러티브 형식의 생애사 구술자료가 북한 도시 연구, 특히 전술한 사회학적 도시탐구의 관점에서 북한 도시를 연구하는 데 있어 중요한 자료로 활용될 수 있음에 주목하고, 그 의의와 활용가능성을 살펴보려 한다.

탈북이주민으로부터 채록한 구술자료는 문헌자료를 통해 확보하기 어려운 특정 도시에 관한 구체적이고 사실적인 정보를 제공한다. 또한 북한의 문헌자료가 지니는 현실은폐성과 관점의 일방성을 극복하고 다양한 시각을 확보하게 함으로써 연구의 폭과 관점을 넓히는 데 도움이 될 수 있다.[9] 그러

---

9 '현실은폐성'이란 사회주의 사회의 공식 문헌에 지도부의 희망, 현실, 현존 체제의 속

나 북한 도시 연구에서 탈북이주민의 구술자료가 가지는 의의는 단순히 현장에 직접 가거나 문서자료를 통해 확인하기 어려운 사실적 정보를 증언을 통해 확인할 수 있다는 실증적 자료로서의 활용가능성이 크다는 점만이 아닙니다. 북한 도시 연구에서 탈북이주민 구술자료의 의의와 중요성은 역설적이게도 구술자료가 가지는 '주관성'과 관련이 있다. 구술자료는 구술자의 기억을 경유하여 '생산'되는 자료이다. 개인의 기억은 사실이나 정보의 요소와 함께 구술자가 자신의 경험에 부여한 의미와 감정, 무의식과 욕망을 담고 있다. 또한 기억의 재구성은 인간의 정체성의 재구성과도 긴밀하게 연결되어 있다.[10] 탈북이주민의 구술자료는 도시에 관한 객관적인 정보와 함께 구술자의 주관적인 경험과 생각, 신념, 자신의 경험에 부여하는 의미와 스스로 그것을 해석하는 방식, 정체성 등의 주관적인 요소들을 담고 있다. 그렇기 때문에, 위에서 살펴본 도시에 관한 사회학적 질문인 북한의 도시 공간에 대한 행위자의 해석과 의미부여, 또는 공간을 생산하거나 공간 속에서 이루어지는 행위와 상호작용, 저항과 갈등, 공간의 전유와 활용, 공간을 통한 정체성의 문제에 우리가 관심을 가진다면, 우리는 탈북이주민들의 구술자료를 통해 해답의 실마리를 찾게 될 것을 기대해도 좋을 것이다.

도시에 거주하는 사람들이 삶을 통해 경험하는 도시의 장소들은 그들의 삶의 무대이고 정체성이 형성되는 공간이다. 인간은 자신이 태어나고 살아

성과 가공의 사회주의 체제의 기대가 혼합되어 있음을 의미한다(김연철, 1996). '관점의 일방성'이란 북한의 공식 문헌이 당 지도부의 공식적인 관점으로 서술되어 있어 이와 반대되는 견해나 일반 민중의 관점을 읽기 어려운 점을 말한다(이종석, 2000: 44).

10 볼테르는 『철학사전』의 '정체성' 항목에서 정체성이 '동일성'을 의미하는 것이라는 점과 함께, "인격의 동일성, 정체성을 확립하는 것은 오로지 기억이다"라고 서술한 바 있다(그로세르, 2002: 77).

가는 구체적인 장소에서 자신의 정체성을 형성해나간다. 고향의 산과 들, 소꿉동무들과 뛰어놀았던 골목길과 놀이터, 친구들과 함께 공부했던 교실과 운동장, 삶의 수단이자 동력인 일터의 공간, 시장과 상점, 거리들 속에 우리의 삶이 있다. 우리 삶의 모든 사건들은 우리가 체험한 구체적인 장소에서 일어난다. 그곳에서 우리는 다른 사람들과 상호작용하며, 그 과정을 통해 자신의 정체성을 형성한다.[11] 우리가 살면서 체험하는 장소와 공간경험은 우리의 생애사의 모든 장면 속에 깃들어 있다.

그렇기 때문에 도시에 관한 구체적 정보의 확인보다는 도시공간 속에서 행위자의 반응과 경험에 초점을 맞춘 질적인 자료의 확보가 연구자의 목적이라면, 구조화된 면접보다 비구조화된 면접이나 생애사 이야기(life history narrative) 형식의 자료를 수집하는 것이 더욱 적절할 것이다. 생애사 이야기 속에서 우리는 구술자의 공간경험과 그를 통해 형성되는 지역정체성을 발견할 수 있다. 생애사 관점에서 도시 연구란 개개인이 자신의 생애를 통해 도시의 공간을 어떻게 체험하여 자신에게 의미 있는 공간으로 만들어내는가, 그것을 어떻게 기억하는가, 그러한 과정이 개개인의 정체성의 형성, 더 나아가 도시 거주민의 집단적 정체성 형성과 도시의 정체성 형성에 어떻게 관련되는가를 밝히는 것이다.

생애사 구술을 통해 재현되는 구술자의 생애 경험이 다양한 구체적 삶의 공간을 배경으로 만들어지고 기억되는 것임에도 불구하고 대부분의 생애사 연구에서 주요한 분석 기준과 단위가 되어왔던 것은 공간이기보다는 시간이었다. 그것은 생애사가 재현되는 형식이 내러티브,[12] 즉 시간을 주요한 축

---

11 홀(S. Hall)에 따르면, 정체성은 타자와 자신과의 관계이다. 정체성은 자신의 내부 깊숙이 있는 본질적인 무엇이 아니라 과정이다. 시간에 걸쳐 일어나는 것이고, 결코 완전히 정적(靜的)일 수 없고, 역사와 차이가 작용하는 것이다(Hall, 1996: 144~146).

12 내러티브의 형식은 특정 사건, 인물에 관한 짧은 주제가 있는 이야기, 한 사람의 생

으로 하여 진행되는 이야기라는 점과 관련된다. 그러나 시간 내 운동은 언제나 공간 내 운동이기도 하다. 구술자의 생애사 이야기 속에서 생애 사건이 펼쳐지는 도시의 구체적 장소와 그 장소성의 인식, 특정 장소와 결부되어 형성되는 정체성의 측면에 더 주목한다면, 우리는 생애사 연구에서 시간경험과 공간경험의 관련성을 회복하고 도시와 관련된 인간의 경험을 총체적·입체적으로 분석하는 데 한 걸음 다가갈 수 있을 것이다.

생애사 자료가 특히 도시와 도시거주자들의 정체성을 탐구하기 위한 자료로 유용한 것은 구술자들이 자신의 생애를 회고하고 이야기하는 행위 자체가 자신의 정체성을 재구성해나가는 과정이라는 구술 작업의 특성 때문이다. 기든스는 일관된 현상으로서의 자아정체성은 내러티브를 전제하고 있다고 본다. 개인이 생산한 해석적 자기역사는 현대 사회에서 자아정체성의 중심에 위치해 있다는 것이다(기든스, 2010: 145). 마찬가지로 홀은 "정체성은 담론과 재현 속에 있다. 그것은 부분적으로 재현에 의해 구성된다. 정체성은 자신에 관한 이야기이다. 그것은 우리가 스스로가 누구인지 알기 위해 자신에 관해 말하는 이야기이다"라고 했다(Hall, 1996: 364). 구술자가 구술의 과정에서 이전에 자신이 경험한 것을 기억해낼 때, 또한 자기의 경험을 다른 사람에게 이야기할 때, 의미는 다시 만들어진다(유인철, 2010: 215). 개인이 자신의 생애 이야기를 서술하는 과정은 곧 자신의 생애 경험에 대한 성찰의 과정이자 현재 자신의 삶의 맥락 속에서 자신의 과거 경험을 재구성하는 과정이며, 이는 곧 자신의 정체성을 스스로 구성해나가는 과정이다. 리쾨르(P. Ricoeur)에 의하면 인간은 과거를 정돈하고, 있었던 일을 반복 혹은

애에서 중요한 확장된 이야기, 전체 생애사 등으로 구분할 수 있으며, 이중 생애사는 개인 삶의 특정 중요 국면이나 전체 생애에 관한 확장된 자전적 이야기로서, 개인의 생애를 보여주는 사회과학 텍스트를 의미한다(Chase, 2005: 652).

새롭게 이야기함으로써 정체성을 획득한다. 리쾨르는 자기 이름으로 지칭된 행동의 주체를, 출생에서 죽음에 이르기까지 연장되어 있는 삶 전체에 걸쳐 동일한 사람이라고 간주할 수 있는 근거는 무엇인가를 질문한다. 그에 의하면 "누가?"라는 물음에 답한다는 것은 삶의 스토리를 이야기하는 것이며, 따라서 '누구'의 정체성은 '서술적 정체성'이다. 서술 행위의 도움 없이는 인격적 정체성의 문제는 사실상 해결책 없는 이율배반에 빠지고 만다. 삶의 이야기는 주체가 자기 자신에 대해 이야기하는 진실하거나 꾸며낸 모든 이야기들로 끊임없이 다시 형상화된다. 내러티브를 통한 재형상화로, 삶은 이야기된 이야기들로 짜인 직물이 된다.[13]

그런데 개인의 구술생애사를 통해 도시의 정체성을 탐구할 수 있다고 주장하기 위해서는 몇 가지 중요한 질문에 답해야만 한다. 우선 특정한 장소와 관련된 개인의 정체성과 그것의 형성과정을 밝히는 작업과 한 도시의 정체성을 밝히는 작업은 동일한 작업이 될 수 있는가? 이 질문은 곧 지구화와 탈근대가 진행되는 현 시기에 도시정체성의 특성은 무엇인가 하는 질문에 다름 아니다. 우리는 앞서 지역정체성이 그 지역을 특징짓는 몇 가지 추상적인 요소로 환원될 수 없는, 개개인의 일상적 삶이 이루어지는 장소와 구체적으로 연관되는 정체성임을 살펴보았다. 또한 도시에 관한 사회학적 탐구들 속에서 오늘날 특정 공간의 지배적 정체성은 복수적 담론 간의 경합의 소산이고 그때그때의 정치사회적 역동에 따라 중첩되고 변화하는 것이라는 점, 그

---

13 리쾨르는 정체성 개념을 '동일성' 대신 '자기성'으로 이해할 것을 주장한다. 동일성과 자기성의 차이는 바로 실체적 혹은 형식적인 정체성과 서술적 정체성의 차이이다. 자기성은 역동적 정체성 모델에 부합하는 시간 구조에 토대를 둔 정체성이라는 점에서 동일자와 타자의 딜레마를 벗어날 수 있다. 동일자의 추상적인 정체성과는 달리 자기성을 이루고 있는 서술적 정체성은 변화와 변화 가능성을 삶의 일관성 속에 포함한다(리쾨르, 2004: 471~472).

지역에서 살고 있는 사람들 간의 끊임없는 상호작용과정을 통해 지속적으로 생성되고, 유동하고, 분열하는 것임을 알게 되었다. 그것은 팀 에덴서의 말을 빌리자면 "상이하고 빈번히 교차되고 상반되기도 하는 담론, 실천, 위치를 가로지며 다층적으로 구성"되는 것이다(에덴서, 2008: 74). 특정한 도시나 지역과 관련된 단일하고 고정된 정체성을 찾을 수 없다면, 도시정체성이 다중적이고 중첩되고 때로는 상반된 정체성의 경합을 통해 현재 진행형으로 구성되어나가는 것이라면, 우리가 가장 먼저 해야 하는 작업은 우선 특정한 도시의 정체성을 구성하는 다양한 층위와 색깔들을 드러내는 것이다.

북한이라는 연구 대상의 물리적 접근 불가능성과 공식 문서자료가 가지는 제한성을 생각하면, 이와 같은 작업을 수행하는 데 있어 활용성이 가장 큰 자료는 탈북이주민들로부터 채록한 구술자료라고 할 수 있다. 다양한 행위자들의 구술자료는 특정 도시공간에서 수행되는 그들의 행동과 상호작용을 보여줄 뿐 아니라, 그들이 다양한 공간체험과 공간에 대해 부여하는 의미, 일상생활을 통해 공간을 전유하는 방식들을 보여준다는 점에서 북한의 도시공간 속에서 다층적으로 형성되는 정체성과 그러한 정체성의 '집합들'로서의 특정 도시의 정체성에 접근할 수 있게 만드는 유일한 자료이다.

여기서, 탈북이주민의 구술자료를 활용한 북한 도시 연구에 있어서 구술사례의 대표성과 전형성을 어떻게 확보할 것인가 하는 질문을 제기할 수 있다. 자료원의 대표성 문제는 구술자료를 활용한 모든 질적 연구에서 비판의 초점이 되는 문제인데, 특히 북한연구의 경우에는 국내에 입국한 탈북이주민의 출신성분이 편중되어 있어 이들이 '표준적인' 북한 주민을 '대표'할 수 없다는 지적이 이에 더하여 제기된다(최봉대, 2003: 332). 그런데 이러한 점은 탈북이주민의 구술자료를 과거 사건에 대한 정보수집과 통계처리를 목적으로 수집하거나 북한의 객관적 실태를 진단하고 평가하기 위한 자료로 활용하는 경우에는 중요한 문제가 될 수 있겠지만, 질적 연구의 경우에는 적용하기 어려운 비판이라고 볼 수 있다. 왜냐하면 질적 연구에서 중요한 것은 사례의 '대표성'이나 '전형성'은 아니기 때문이다.

일반적으로 질적 연구의 사례 표집에서는 양적연구의 확률적 표집과는 성격이 다른 준거적 선택을 통해 사례를 선정한다. 괴츠와 르꽁뜨(Goetz and Le Compte)는 질적 연구의 사례 표집 방법으로 연구 목적과 현장의 특성에 따라 선택 가능한 할당 선택, 모든 사례 선택, 네트워크 선택, 극단적 사례 선택, 전형적 사례 선택, 유일한 사례 선택, 유명한 사례 선택, 이상적 사례 선택, 대조적 사례 선택, 연계적 사례 선택 등의 열 가지 준거적 선택 방법을 제시하고 있다. 이들은 모집단의 특성과 분포가 확인되지 않았을 때, 연구자가 각 표집 범주에 고루 접근할 수 없을 때, 표집 내부에 예외가 많을 때, 하나 또는 일부 사례만 연구목적에 부합할 때, 일반화가 연구의 중요한 목적이 아닐 때 등의 상황에서는 확률적 표집보다는 준거적 선택이 더 적절하다고 본다.[14] 특히 생애사 자료를 활용하는 연구에서는 삶을 살았던 전기적 특정인에 대한 관심을 중심으로 비교적 소규모의 사례를 수집하는 경향이 있다(Chase, 2005: 652).

질적 연구에서 사례의 대표성, 전형성이 사례 선택의 주요 준거가 되는 것이 아니라면, 무엇이 중요한가? 질적 연구에서는 예외적인 사례라고 할지라도 그 사례가 전체 연구 대상, 이 경우에는 특정한 북한의 도시공간과의 관계에서 무엇을 말해줄 수 있는가가 중요하다. 즉, 질적 연구에서 다루는 개별 사례는 그것이 보편적이기 때문이 아니라 그것을 통해 그 사회에 관한 모종의 징후를 읽어낼 수 있기 때문에 의미가 있는 것이다(조정아, 2008). 특히 대표성과는 거리가 멀 수도 있는 개인의 개별 생애사 사례를 통한 사회적 징후 읽기가 가능한 것은 사회 속에서 살아가는 모든 사람들의 생애사는 개

---

14 각각의 사례 표집 방법의 특성에 관해서는 조용환(1999: 27~29) 참조.

인적인 동시에 사회적 성격을 띠기 때문이다. 개인의 과거에 대한 구술 내용은 구술자 개인의 직·간접적인 체험에 대한 서술이라는 점에서 모두 '사적'인 동시에 개인의 생애사가 개인이 처한 사회역사적인 행위공간 속에서 타자와의 상호작용에 의해 구성된다는 점에서 '공적'이라고 할 수 있다. 생애사를 매개로 드러나는 경험의 특별한 유형들은 그 자체로 개인과 사회의 상호작용의 특정 조건에서 포착되는 생활세계의 '구체적 일반성'을 재현하고 있다. 개인에게 주어진 사회적 규범과 질서는 그 자체로 개인사를 규정하거나 개인사 속에서 재생산되는 것이 아니라, 각 개인의 '생애사적 작업'을 거쳐 특정한 방식으로 형상화된다. 따라서 특정한 사회의 개인과 해당 사회적 질서가 만들어낸 창발적 구성물인 생애사는 개인과 사회, 혹은 내부와 외부를 통합하는 매개물이며, 생의 과정에서 특정 개인의 변화하는 사회적 경험, 역할, 지위, 신분 등은 개인화의 표현이자 동시에 사회구조적인 사회화의 내용들을 보여준다(이희영, 2005: 124~133).

정리하자면, 구술자료에서 중요한 것은 정보의 정확성보다 의미의 충실성이다(Abrams, 2010: 46~47). 문제의 초점은 대표적이고 표준적인 사례를 선택하는 것이 아니라 연구 대상이 되는 도시에서 행위자들의 공간 경험의 다양한 결을 보여줄 수 있는 사례들 속에서 어떻게 이야기를 이끌어내고 설득력 있는 해석을 할까 하는 것이다.

설득력 있는 해석을 위해서, 사례를 기술하고 해석하는 과정에서는 구술자의 경험을 맥락, 의도, 의미와 함께 서술하는 기어츠(C. Geertz)의 '두터운 기술(thick description)'이나, 다양한 방법론적 실천과 경험적 자료와 관점, 관찰자의 조합을 시도하는 삼각검증(triangulation) 등의 방법을 활용할 수 있다. 생애사 구술자료를 활용한 연구의 경우에는 개인의 제도적·조직적 환경의 범위를 조명함으로써 개인 경험을 '탈개인화(deprivatizaion)'하는 전략을 활용하거나, 개별 사례를 재구성하고 유사성과 차이점을 비교분석하는

방법을 활용할 수 있다.[15]

질적 구술자료의 해석에 있어 중요한 점은 구술증언의 '맥락성'을 고려하는 것이다. 구술자료는 다층적 의미를 내포하는 복합적인 사료이며, 이야기된 내용과 관련된 구술자의 경험이 생성되고, 기억되고, 재현되는 사회적 맥락을 고려하여 해석되어야 한다. 평정이론(Composure Theory)에 의하면, 구술자들은 그 사회 내에서 문화적으로 인정된 가치에 기초하여 자신의 이야기를 구성한다. 사회적으로 통용되는 담론은 구술자의 이야기에서 무엇이 중요하고 무엇을 숨겨야 하는지에 대한 정보를 준다. 인터뷰를 통해 연구자에게 이야기되는 것은 발화 가능한 이야기의 수많은 판본 중 하나로, 연구자와의 조우와 사회에 현존하는 담론과의 조우에 의해 만들어지는 것이다 (Abrams, 2010: 65~70). 또한 구술자들의 이야기는 구술이 이루어지는 상황 및 연구자와 구술자 간의 권력 관계와도 밀접하게 관련된다. 연구자의 연구 목적과 태도, 인터뷰가 이루어지는 구체적인 상황, 연구자와 구술자 간의 신뢰관계(rapport) 형성 정도 등은 구술자가 무엇을 말하고 말하지 않을 것인가, 어떠한 태도로 말할 것인가에 영향을 준다. 구술자의 이야기는 때로는 비밀, 거짓, 은폐를 내포한다. 구술자 이야기 속의 거짓과 비밀은 연구자를 포함한 특정 청중과의 협상의 결과로서 만들어지는 과거에 대한 설명이다 (White, 2000: 11~15). 따라서 구술자의 경험은 단순히 정보나 사실로서 취급되어서는 안 되고 맥락적으로 이해되고 의미화되어야 하며, 그 해석은 반드시 구술자뿐만 아니라 연구자가 처해 있는 상황 맥락과 특정한 사회 내에서 이들의 위치성을 드러내는 것이 되어야 한다.

특히 지리적 공간 이동, 즉 이주의 경험을 한 탈북이주민의 구술자료를 활용하는 북한 도시 연구인 경우에는 구술자의 경험이 이루어지고 기억되고

---

15 이에 관한 방법론적 고찰은 이희영(2005, 2011) 참조.

변형되고 재현되는 사회정치적 맥락과 시공간적 변화에 관한 각별한 감수성이 필요하다. 북한의 정치사회적 환경 자체가 입 밖으로 꺼내는 이야기에 대한 감시와 통제가 일상화되어 있기 때문에, 탈북이주민들에게서는 특정한 기억의 생성이 억압되거나 활성화될 수 있다. 또한 자신의 정체성을 숨겨야만 생명의 안전을 도모할 수 있는 탈북 과정과 남한 사회에서의 이질적인 공간 경험에 의해, 북한에서 체험하고 형성된 도시 공간 경험과 지역정체성의 변형과 재해석이 이루어진다. 그러나 질적 해석에서 이와 같은 문제는 기억의 부정확성으로 인한 왜곡으로, 제거되어야 할 기억의 오류로 다루어져서는 안 된다. 오히려 기억의 변동성 자체에 주목하고, 구술자가 현재의 프리즘을 통해 과거의 주관적 경험을 어떻게 굴절시키고 자신의 삶에 접합시키는지를 밝히는 것은 구술자료의 해석에 있어 핵심적인 문제이다. 기억은 수동적인 사실의 보관소가 아니라 의미를 창조해내는 적극적인 과정이며, 따라서 구술자료의 고유한 활용성은 과거를 보존하는 능력이라기보다는 바로 기억의 변화에 있다는 점을 상기할 필요가 있다(Portelli, 1991: 52).

요약하자면, 시공간적으로 테두리 지어진 특정 사회 속에서 살아가는 사람들의 개별적인 생애사는 전체 사회의 구조와 특성을 보여주는 창이다. 따라서 탈북이주민들의 구술자료를 활용한 질적 연구에서 문제가 되는 것은 사례의 대표성이 아니라 사례들의 고유성을 심층적으로 이해하고, 이를 통해 구체적 일반성을 해석할 수 있는 연구자의 능력이다. 그럼에도 경험의 구성적 특성[16]과 구술자의 기억과 재현 과정, 구술 작업 자체의 사회적 맥락을 고려하면서, 각 사례가 보여주는 개별성과 고유성을 관통하는 집합적 속성을 어떻게 이론적으로 재구성해야 하는가 하는 문제는 여전히 해결해야

---

16 이는 경험의 주체가 어떻게 다르게 구성되었고, 사람의 시각이 어떻게 구조화되었는가에 대한 질문을 의미한다(윤택림, 1994: 282).

할 과제로 남아 있다.

5. 마치며: 북한 도시 연구의 주제 영역

이상에서 사회학 분야의 도시 연구 이론과 그것이 북한 도시 연구에 주는
시사점을 개괄하고, 도시 연구에서 구술자료 활용의 의의와 몇 가지 방법론
적 쟁점을 살펴보았다. 결론을 대신하여, 향후 북한 도시를 연구함에 있어
이와 같은 이론적 관점과 자료를 활용하여 어떠한 주제의 연구를 진행해야
할 것인지를 제시하고자 한다.

첫째, 북한 도시의 일상적 공간을 통한 주체의 형성과, 이에 대한 행위자
들의 반응과 대응에 관한 탐구가 필요하다. 북한 도시의 공간이 어떻게 주
체를 형성하는가 하는 측면에 초점을 맞추어, 푸코가 '규율공간'이라고 명명
한, 또는 기든스가 '권력용기'라는 개념으로 분석한 학교, 군대, 공장, 감옥,
각종 상징공간, 광장 등의 공간에서 북한 인민이라는 주체를 형성하기 위해
어떠한 공간적·물질적 장치가 배치되고 그것들이 행위주체들에게 어떻게
부과되고 작동하는지를 탐구할 수 있다.

둘째, 북한 도시공간의 전유와 활용에 대한 연구도 시도해볼 수 있을 것
이다. 이는 공간의 생산 작용에 반응하고 상호작용하는 행위자들을 주어로
삼는 연구이다. 즉, 탈북이주민들의 구술자료를 활용하여, 북한 도시의 거
주자들이 주체 형성의 공간적 기제에 어떻게 반응하며, 무엇을 경험하며, 자
신에게 부과된 규율권력을 어떻게 수용 또는 대응하는지, 규율권력의 의도
와는 다르게 도시공간을 어떻게 활용하고 전유하는지, 그 결과로 어떠한 내
면세계와 정체성을 형성해가는지를 분석할 수 있다. 특히 최근의 사회적 변
화와 더불어 북한 사회에 등장한 시장과 같은 새로운 공적 공간을 북한 주민

들이 어떻게 활용하고 전유하는지를 살펴볼 필요가 있다. 북한의 시장은 상품이 유통되는 공간일 뿐만 아니라 상인들을 통해 전국 각지에서, 또는 해외에서 흘러들어오는 각종 정보가 모이고 유통되는 공간이다. 북한 주민들에게 있어서 시장의 중요성은 무엇보다 국가권력에 대항하여 자기 공간의 형성을 상징적으로 체험하는 데 있다는 점이다. 시장이라는 공적 공간에서 주민들은 일상에서는 접할 수 없는 정보의 유통에 참여하게 되고 세속적인 권력과 규칙의 강제성에 대한 저항과 도전을 시도한다. 장터와 장터 바깥의 공간은 공권에 의한 질서와 규범을 두고 판이한 경계선으로 나뉜다. 즉, 장터 안에서는 일상세계를 지배하는 국가권력과 법규와 규범문화가 무시된다. 일상을 지배하던 규범과 비일상적 세계의 엄격한 경계선은 모호해진다 (김광억, 2002: 39~40). 시장이라는 공간은 권력의 지배와 통제가 상존하는 곳이지만 그 힘에 맞서는 다양한 행위주체들의 공간의 전유와 힘겨루기가 일어나는 곳이다. 아파트 등의 집단 주거공간과 학교 역시 북한의 주요 '규율공간'의 하나이지만, 때로는 이와 같은 규율공간이 일상적인 작은 불법행위들을 도모하는 연대의 장이 되기도 한다. 예를 들어 이러한 공간에서는 법적으로 시청이 금지되어 있는 남한 영상물에 대한 검열과 단속이 이루어지지만, 이와 동시에 감시의 시선을 피해 남한영상물이 활발하게 유통되고 교환·확산된다.

셋째, 최근 시장화로 인해 급속하게 진행되고 있는 일상 공간 및 지역정체성의 특성과 변화 양상에 대한 탐구가 필요하다. 1990년대 경제난과 뒤이은 자생적 시장화의 진행이라는 사회경제적 변화 속에서 대부분의 북한 도시에서 주민들이 일상생활을 영위하는 삶의 공간은 파괴되고 변형되고 재구성되는 과정을 겪었다.[17] 기존에는 자신이 나고 자란 작은 마을이나 도시

17 1990년대 이후 청진, 신의주, 혜산을 중심으로 한 북한 도시의 변화에 관한 선행연구

에 국한되어 있었던 북한 주민들의 공간경험은 생존을 위해 떠나는 장삿길을 따라 다른 도시로, 전국으로, 때로는 국경을 넘어 확장되었다. 전국적인 시장 네트워크의 연결과 시장의 진화는 전에 없던 새로운 특성의 공간을 창출했을 뿐만 아니라 도시 공간 간의 연계를 만들어냈다. 지역 간 이동성이 증가함에 따라 주민들의 지역정체성은 지리적 귀속성만이 아닌 다른 요인에 의해 결정되기도 한다.[18] 한 도시 내에서도 공간의 재분화가 일어나고 있다.[19] 르페브르에 따르면 각각의 생산양식은 전유된 고유한 공간을 갖고 있으며, 하나의 방식에서 다른 방식으로 넘어가는 이행기에는 새로운 공간이 생산된다(르페브르, 2011: 98). 사회주의 체제의 전환기에 접어들었다고 볼 수 있는 북한 도시에서도 '사회주의적 공간'이라 명명할 수 있는 공간은 또 다른 특성을 가지는 공간과 공존하며, 서로 간섭하고 침투한다. 국지적인 지역정체성은 더 넓은 지역을 포괄하는 광역의 지역정체성이나 국가정체성과 중첩되는 동시에 충돌한다. 르페브르의 말처럼 "분석을 위해 채취된 공간의 각 파편은 단 하나의 사회적 관계만을 드러내는 것이 아니라 무수히 다양한 관계를 보여준다"(르페브르, 2011: 155).

이 글은 도시 연구와 관련된 공간과 정체성의 개념 및 사회학 분야의 도시 연구 이론에 대한 검토에 기초하여, 북한 도시 연구의 관점과 주제 영역

로 최완규 외(2006, 2007)가 있다.

18 예를 들어, 1장에서 인용한 구술자의 경우, 순천이었다가 행정구역 개편으로 인해 평성으로 편입된 농촌지역에서 태어난 구술자는 순천, 평성, 맹산, 혜산 등지로 잦은 이주를 했다. 그는 자신의 내러티브 전체를 통해 '촌' 사람과 '시내' 사람을 구분하면서, 공간적으로는 '촌'에 위치한 자신을 스스로 '시내' 사람으로 규정하고 있다.

19 예를 들어, 청진, 신의주, 혜산의 경우, 경제난 이후 사회계층구조 변동에 따라 주거지의 차등화, 위계화, 중층적 분화가 진행되면서 균질적 주거 공간 건설이라는 사회주의적 도시화의 대원칙이 전면적으로 무너지고 있다(장세훈, 2007: 340~345).

들을 탐색하고, 북한 도시 연구에서 구술자료 활용의 가능성과 방법론적 쟁점을 살펴본 시론적 성격의 글이다. 탈북이주민들의 구술자료를 비롯한 다양한 자료들을 분석의 시료로 삼아 위에서 제시한 세부 주제들에 대한 구체적인 연구가 축적될 때 북한 도시공간의 역동성에 대한 풍부한 해석이 가능해질 것이다.

제10장

북한 도시를 보면서 읽는 방법
도시사 연구와 시각영상자료의 활용

박희진(동국대)

1. 도시사 연구와 자료 활용

도시사 연구는 역사학의 하위범주로서 도시를 대상으로 하고 있는 제반 학문 분과와의 연계가 가능하다는 점에서 매우 창의적 연구 영역이지만, 자첫 '진정 도시사란 무엇인가'라는 연구의 정체성을 의심하게 되는 순간이 있다. 시각영상자료로 도시사를 연구한다는 이 주제 자체가 이러한 의심의 순간을 만든다. 시각영상자료는 모든 연구에 활용될 수 있는 자료의 일부분이다. 도시사 연구와 시각영상자료가 필연적 인과관계를 형성하고 있다거나, 필수불가결한 연관관계를 형성하고 있지 않다. 또한 도시사 연구는 도시를 대상으로 한 물리적 구조와 배열에 치우는 것이 아니라, 도시공간을 둘러싼 내외적 환경 요인과 사회적 행위를 중심으로 의미작용을 탐색하는 데 치중하기 때문에 '보는 행위'와 '보이는 재현체'만으로는 도시사 연구의 주요 자료가 될 수 없다. 그럼에도 도시사 연구는 도시의 위치와 주요 구성물에 대한 파악이 선행되어야 하며, 시각영상자료는 이를 잘 나타내 보여주는 자료이다. 현재의 도시 모습이 아닌 역사 속의 도시모습을 재현하고 사회과학적 상상력을 불어 넣을 수 있는 것도 시각영상자료이다. 따라서 시각영상자료들은 도시 역사의 한 단면을 증거하고, 사회적 행위의 배경이 되며, 도시변화와 재구성의 무대로 작용할 수 있다는 측면에서 도시사 연구의 주요자료가 될 수 있다.

이 글은 '도시사' 연구 영역에서 주요하게 활용되는 시각영상자료들을 탐색하고, 이의 활용과 분석 방법을 고찰한다. 나아가 북한 도시사 연구에서 시각영상자료의 활용 방법도 모색해본다. 시각영상자료의 질적·양적 제한성에도 불구하고, 서양 도시사 연구에 활용된 시각영상자료들의 활용과 쓰임새는 새롭게 시도하는 북한 도시사 연구에 혜안을 가져다줄 것이기 때문이다.

먼저 도시사 연구가 어디에 중점을 두며, 어떤 자료들을 주요하게 활용하고 있는지 도시사 연구의 계보적 흐름 속에서 살펴보면 다음과 같다.

도시사 연구는 도시의 역사 발전 속에서 포착하지 못한 공간성 개념 위에 시간성과 인간 행위라는 세 가지 요소들을 함께 연결하여 도시 공간 내 미시 수준과 거시 수준의 문제를 동시에 연구한다. 이의 핵심은 도시를 물리적 구조이자 배경물이며, 근대 이후 자본 집적에 따라 성장과 쇠퇴의 변모를 보이는 수동적 외형물로 보는 것이 아니라, 행위 주체성, 능동성, 재구성 및 의미작용, 사회적 변화의 역동성을 내재한 도시로 정의하고 연구한다는 점이다. 도시사 연구는 도시가 평면적 구조물로 구성되어 역사적 변화 추이에 따라 변모해온 것이 아니라, 도시는 지형·지물을 넘어선 공간성을 가지며 이 공간성에 의해 자신의 도시성을 획득하고, 또 하나의 능동적 주체가 될 수 있다는 점을 강조하게 된다.

따라서 공간과 사회에 대한 논의는 사회과학에서 여러 갈래의 흐름[1]을 이루어왔지만, 이 모든 이론은 공간이 단순히 물리적 장치나 지리적 배열이 아닌 그 이상의 사회적 함의를 갖고 있다는 전제에서 출발한다(김찬호, 2004: 21). 대표적으로 데이비드 하비는 도시를 적절하게 이해하기 위해서 사회학적 상상력과 지리학적 상상력 둘 다를 함께 포섭하여 그것들을 기초로 만들어진 개념틀에 입각해야만 한다고 한다(하비, 1983: 10). 이것은 '공간성(spatiality)'(Soja, 1989: 7)이라는 개념으로 정식화되어, 공간은 단지 대상의 객관적 질서나 인간의 주관적 인지 체계가 아니라, 사회적으로 구성되면서 동시에 사회를 구성하는 실천의 형식으로 해석된다. 즉, 공간은 인간의 상호작용 속에서 의미가 생성되고 공유되는 장으로 이해되기 시작한다.[2]

'시간성'에 대한 사회학적 논의들도 끊임없이 구체적인 사회적 실천과의 연결점을 찾으려 노력해왔다. 시간지리학(Zeit Geographie, time-geopraphy)이 대표적이다. 시간지리학은 스웨덴의 지리학자 토스튼 해거스트란트(Torsten Hagerstrand)가 기초한 연구 프로그램이다(남상희, 2011: 120). 그에 따르면, 시간과 공간은 국지적으로 분리할 수 있으며 시간과 공간은 현실의 요소와 과정을 이해하기 위한 유용한 차원들이다. 이런 구상을 가지고 해거스트란트는 개인의 생애 경로를 설계한다. 개인의 삶이란 시간과 공간을 따라

---

1   도시 거주자들이 환경에 적응하는 방법과 집단의 공간적 조직화 및 도시 성장의 역동성에 대해 연구한 인간 생태학과 그에 대한 비판들, 취락 등의 공간 형태가 주민들의 집합적 표상으로 고유하는 인지 모델과 결합되어 있음을 밝힌 구조주의 인류학, 그 이론을 발전시켜 도시를 일종의 발화되는 텍스트로 이해하면서 그 안에서 이루어지는 사람들의 모든 행위를 언어활동으로 파악하는 기호론, 그리고 공간을 사회구조의 표현, 즉 경제적·정치적·이데올로기적 시스템에 의해 생산되는 객체로 파악하는 신도시사회학 등이다.

2   앙리 르페브르, 마누엘 카스텔(Manuel Castells), 데이비드 하비, 엘리자베스 블랙머(Elizabeth Blackmar), 존 앰즈던(Jon Amsden), 존 메이먼(John Merriman) 등 근대 도시공간의 변형 양상과 과정에 대해 '공간'의 개념을 도입하여 탐구한 학자들의 저서와 견해는 배영수(2007: 190~201)를 참조.

그어지는 길로서 출생에서 시작해서 사망으로 끝난다. 생애사 연구가 시간, 공간, 환경 안에서 개인 생애사의 내용을 더 잘 이해할 수 있다고 보는 것과 마찬가지로, 도시사 연구도 도시 공간 내 개인과 환경의 관계를 연구함으로써 그 상호인과성으로 도시 내 미시 수준과 거시 수준의 제 문제들을 연구할 수 있게 된다. 이처럼 시간과 공간에 대한 사회학적 논의는 획일적이고 균질화된 근대적인 사고에 문제를 제기하면서 사회 실천적 수준에서 해석을 내리려는 시도이다.

다른 한편, 공간연구는 관례적으로 지리학의 영역에 속한다. 지리학은 행위 관련성보다는 지역지리학이라든가 건축양식과 같은 공간적인 조건에 더 관심이 많다. 이 지리학적 관심을 사회적 행위와 연결시키는 학문 분과는 사회지리학이다. 사회지리학은 시간성과 공간성을 인간 상호관계의 맥락에 적용하고 행위에 내재되어 있는 일련의 복잡한 의미구조를 사회적 행위로 간주하고 해석한다.[3]

도시사 연구는 이처럼 하나의 도시를 사회적 실천 개념에 입각해서 공간성과 시간성, 그리고 행위의 상호작용을 통해 재구성되는 것으로 파악하고, 1960년대를 넘어서며 활발해졌다. 이후 도시사 연구는 제도사, 정치사, 경제사, 사회사, 계량사, 문화사 등등 역사학의 다양한 방법론들을 유기적으로 결합시키며, 도시지리, 도시계획을 넘어 정신분석학에서 역사인류학까지 학제 간 연구를 심화시키고 있다.[4]

---

3 예를 들어 현상학자인 알프레드 슛츠(Alfred Schutz)와 오토 프리드리히 볼나우(Otto Friedrich Bollnow)는 세계가 시간적인 요소와 공간적인 요소로 구성되어 있다는 데 동의한다. 다만 슛츠는 시간적인 경과를 더 강조하고 볼나우는 공간적인 이동을 더 중요시한다. 이들 모두는 "현재를 살고 있는 인간들에게 공간은 결코 동질적이지 않다. 그가 머무는 모든 장소는 각각 특수한 의미로 가득 차 있다"는 것을 강조하며, 그 내면에 존재하는 권력 관계의 아비투스를 말하고 있다(Gunzel, 2010).

자료 활용 측면에서 보면, 초기 도시의 역사를 중심으로 도시지리, 도시계획, 도시건축 등에 활용되었던 주요 자료는 문헌자료와 함께 지도, 도시계획도, 건축설계도, 도시의 외형과 구조를 대상으로 한 시각적 자료들이다. 도시의 역사 발전, 융성 쇠퇴와 관련한 역사적 고증의 차원에서 다루어진 지도 및 사진자료들이다. 산업화 시기에 들어서 도시사 연구는 자본 집적을 토대로 변화하는 도시의 거리와 건물, 건축 등 외형적 구조물을 연구 소재로 등장시키며 시각적 자료들을 활용했다. 그리고 자본주의의 심화발전에 따라 도시사 연구는 도시의 외형만이 아닌 인구 이동, 도시 내 권력과 불평등 등 경제사·사회사의 영역으로 넘어가면서 공간적 구조와 계급의 형성 및 해체 과정 사이의 관계를 탐구하기 시작했다. 이 시기 도시사 연구는 문헌자료 외에도 사회조사 방법을 적극 도입했고, 같은 시각적 자료라 하더라도 해석과 의미작용, 심리적 요인을 다양하게 결부시켜 활용했다. 그리고 최근 10년간 도시사 연구는 문화사 영역에서 도시이미지, 표상, 상징 등 도시의 정체성과 사회적 행위를 규명하고자 한다. 이는 도시화가 낳은 도시적 심성과 문화적 가치체계의 변화 속에 숨어 있는 사회적 긴장 관계를 분석하는 등 도시공간에서 전개된 일상생활과 다양한 문화현상의 여러 테마들에 대한 연구 자료로서 도시 이미지를 나타내는 상징, 경관 및 문학작품(시, 소설 등), 영화, 민속 풍습 등을 활용한다.

도시사 연구의 발전 과정에 따라 시각영상자료를 활용하는 범주와 영역도 날로 확대되고 있다. 도시사 연구는 도시공간의 물리적 형성과 성장만을 다루는 것이 아니라 도시적 모든 현상, 즉 도시 공간구조가 영향을 미친 역사적 행위까지를 다루기 때문에 문헌자료를 넘어서는 새로운 자료의 발굴과 활용을 요구한다. 더불어 다양한 시각영상자료를 활용하게 된다. 주요

---

4   도시사 연구의 흐름과 궤적은 도시사연구회 엮음(2007)을 참조.

건축물 및 도시계획 설계도면, 지적도, 사진, 지도, 삽화, 축제나 행사 안내서, 도시문화를 다룬 화가들의 그림, 오늘날의 모습을 담은 현장 사진 등에서부터 도시 축제와 기념비, 시립 박물관 등 도시의 표상에 주목하고, 예술적 세계를 생산하는 새로운 방법으로서의 도시의 몽타주(Montage)를 만들어내기도 한다(최용찬, 2007: 172~173; 동국대학교 문화학술원 엮음, 2011). 또 자연(nature)과 풍경(Scenery), 환경(Environment)이 제공하는 시각영상자료들도 도시 생태 및 자연환경의 역사성을 연구하는 데 적극 도입되어 사용되고 있다.

2. 시각영상자료의 범주와 유형

도시사 연구는 도시를 분석대상으로 하여 그 연구들이 다루고 있는 연구영역과 소재 내용이 매우 다양하다. 그러나 도시사 연구는 도시를 구획하는 평면적 구성에 주목하기보다 도시적 특성을 규명하는 데 주목한다. 도시 내·외부의 모든 역사적 행위들을 종합적으로 고찰하고자 했기 때문에 '보는 행위' 그 자체보다는 '보면서 읽는(해석) 행위'에 더 주목한다. 특히 도시사 연구가 1970년대 이후 문화사, 예술사 영역에서 진행되고 도시지리가 공간지리와 결합하면서 도시 이미지, 표상, 상징(기호) 등의 도시성, 도시의 정체성 연구 주제로 확대되면서 시각영상자료는 자료 자체의 실체보다는 자료가 가지는 사회적 의미와 그 해석을 더 중요시한다. 따라서 시각영상자료 유형이 많다 하여도 주요하게 사용되는 자료는 한정적이다.

이 글에서는 도시사 연구에 주요하게 활용되는 시각영상자료를 매체학의 '시각매체'와 '시청각매체'와 영상커뮤니케이션의 '동적인 시각영상'(능동적·주체적·사회적 개념으로서)을 포함한 개념으로 정의한다.[5] 광의의 시각적 자료들을 '시각영상자료'로 유연하게 개념 정의하고, 하위 범주로 시각자료와 영상자료를 분류한다. 이때 시각자료는 지도, 표(통계), 사진, 화보, 그림 등을 포함하며, 영상자료는 TV 방송물, 영화, 동영상, 다큐멘터리 등 화면과 음악, 인터뷰의 종합적 형상을 보여주는 것을 의미한다. 도시사 연구에서 주요하게 활용되는 시각영상자료의 범주와 유형을 구분하면 다음과 같다.

1) 시각자료 유형

① 지도(map)

이미 고대로부터 지도는 문자보다 앞선 '소통 수단'으로서, 사람들 사이에서 정보를 공유할 수 있는 가장 직접적인 수단으로 기능했다. 지도는 정확한 정보 전달을 목적으로 한다는 점에서 과학이다. 아름다운 지도는 보는 이로 하여금 시각적인 정보를 쉽게 얻도록 도와준다는 측면에서 점, 선, 면으로 그려진 실제를 반영한 예술 작품으로 분류되기도 한다. 무엇보다 지도

5　본다는 행위는 인간의 망막에서 사물을 인식하고 파악하는 데까지 연결 매체를 필요로 한다. 이때 매체(media)란 사람들 사이에서 의사전달을 할 때의 중계물을 말하며, 메시지를 담아서 수용자들에게 보내는 용기(message vehicle) 혹은 용기의 운반체(vehicle)를 의미한다. 운반체를 구분의 기준으로 삼아 매체학에서는 시각영상자료들은 시각매체(신문, 잡지 등), 청각매체(라디오 등), 시청각매체(TV, 영화 등)로 구분한다(메르쉬, 2009). 영상커뮤니케이션 분야에서는 시각영상(visual image)은 정적인 시각영상(fixed image)과 동적인 시각영상(moving image)으로 구분하고, 시각 상 혹은 시각 이미지라는 용어는 주로 전자를, 영상이라는 용어는 주로 후자를 지칭한다(신항식, 2004: 8~9). 이때 시각이라는 단어가 붙은 용어는 구성적 대상이 아닌 지각의 수동적 양태로만 이해되고, 영상은 구성된 문화적 의미로 이해되는 구분법이다. 이처럼 시각영상자료에 대한 개념과 범주 구분은 이들 자료를 활용하는 학문 분과에 따라 조금씩 다르다.

는 현실에 대한 선택적 표현이다. 축척, 투영법, 방향, 상징, 기호, 색상, 제목, 그림 중에서 특정한 주제를 선택해 그릴 뿐이다. 그러므로 세상에는 완벽한 지도가 있을 수 없으며, 어쩌면 3차원의 입체인 지구를 2차원의 평면에 표현하는 것 자체가 왜곡일 수 있다. 결과적으로 지도 제작 과정은 무엇을 보여줄 것인가와 그것을 어떻게 보여줄 것인가, 그리고 한 걸음 더 나아가 무엇을 보여주지 않을 것인가를 선택하는 과정이라고도 해도 무방하다. 따라서 지도를 수 세기를 거치며 변화해온 인류의 가치와 관심사를 반영한 결과물로 보면 족할 것이다. 초기 지도가 생존에 필요한 지리 정보를 담았다면 대항해시대에는 상업의 도구로 기능했고 지도는 곧 돈을 버는 수단으로 인식되었던 시대가 있었다. 반면 제국주의 시대에는 식민주의를 실현하는 또 하나의 도구로 활용되었고 지도학은 탁월한 제국주의의 과학으로까지 칭해졌다. 반면 현재 지도는 세계를 분석하는 틀로 기능하면서 정보통신기술이라는 날개를 달고 있다. 컴퓨터의 발전으로 지리정보기술이 등장하면서 자료를 디지털화되었고 이를 응용하는 분야가 새롭게 개척되면서 지리정보시스템(GIS), 인공위성, 모바일, 스마트폰 등과 결합하여 지도가 대중적으로 확산되고 있는 추세이다.

도시사 연구에서도 가장 기초를 이루고 가장 많이 쓰이는 시각자료는 지도이다. 도시사 연구는 첫째, 일반적으로 백과전서에 기록되어 있는 행정구역 편재, 지형지물 및 자연지리정보를 담고 있는 일반 지도를 기본으로 활용한다. 도시의 외형과 형태를 보여주고, 규모와 범위, 입지 조건 및 타 도시와의 관계 등을 나타내는 지도는 과거와 현대의 도시 변모를 가장 극명하게 보여주는 시각정보로서 도시사 연구에 가장 많이 활용된다. 둘째, 최근 인공위성(google earth)에서 조망한 사진으로 찍힌 도시 지도도 적극 활용되고 있다. 과학기술의 발전으로 사진지도는 컴퓨터 프로그램에 의해 다양한 형태의 그래픽으로 재구성되어 실체와 가까운 형태의 정보를 제공한다. 도시계획 및 건축구조에서부터 도시 내 입지 분포, 주거지 분화 등의 세밀한 정보를 통해 임의의(가상의) 도시를 형성할 수 있게 한다. 셋째, 도시 거주 경험자로부터 직접 생성한 심상지도(mental map)도 도시사 연구의 중요한 시각자료이다. 일반 도시지도는 도시공간의 지형지물 및 물리적 구조에 관한 정보를 제공하며, 위성사진 지도는 공간의 형성과 변형 혹은 정확한 실측에 기초한 규모와 거리에 대한 정보를 제공한다. 그러나 심상지도는 말 그대로 도시공간에 거주하는 개인이 어떻게 도시공간을 이해하고 파악하는지를 통해 그의 주관적 도시성을 파악할 수 있도록 도와준다.

② 사진(Photograph)

재현 매체로서의 사진은 현실을 담은 시간의 예술이자 빛의 예술이고 역사의 현장과 과거를 보여주는 기억의 창고이다. 사진은 라틴어로 'imago lucis oper a expressa', 다시 말해 빛의 작용이 드러내고 꺼내고 조립하고 (레몬의 과즙처럼) 눌러 짜낸 이미지라고 표현할 수 있다(바르트, 2006: 103). 이는 사진이 과거의 어느 순간에 틀림없이 존재했던 사실임과 동시에 선택과 배제 그리고 재구성이 가능한 매체임을 암시하고 있다. 그럼에도 사진이 객관적인 매체인 이유는 '지금, 여기'의 존재를 나타내는 시각적 기호로 작용하기 때문이다. 사진은 사진작가가 결정적 순간과 순간의 영원성을 포착하여 기록한 장면이다. 따라서 사진은 "성찰을 드로잉 하는 순간적인 행위"라고도 한다(브레송, 2006: 41). 회화와 텍스트는 무의식적으로도 혹은 의식적으로도 선택과 배제를 통한 의도적인 해석이 가능하지만, 사진은 완벽한 선택이 불가능하기 때문이다. 실제 "사진은 포착된 경험이자 카메라는 포착하려는 심리를 가장 이상적으로 이뤄주는 의식 도구"(손택, 2009: 18)이기도 하고, 또 과거를 증명해주는 기록과 거울의 역할을 하기도 한다.

사진을 주요 자료로 삼아 연구 분석하는 사람들은 사진으로 전달되는 순간적 이미지가 움직이는 이미지보다 훨씬 강력한 메시지를 전달할 수 있으며, 스토리가 배제된 순수한 이미지는 의미의 영역에서 다양한 이미지를 제공할 수 있다고 본다. 영상물에 담겨진 현실의 모습은 어떤 특수한 처리 과정의 결과, 즉 특별히 설치한 카메라 장치를 통해 촬영한 결과 그리고 그렇게 촬영된 것을 동일한 종류의 다른 촬영 장면과 함께 조립한 결과이기 때문이다(벤야민, 2007: 139). 따라서 영상자료에서 제작자가 전달하려는 메시지는 명확하게 드러나지만, 뒤이어 등장하는 이미지가 앞서 흘러가버린 이미지를 희석시켜버림으로써 다양한 이미지를 전달하지 못한다는 한계를 보인다. 반면 사진은 지극히 짧은 한 순간을 특권화함으로써 그 순간의 이미지를 몇 번이고 반복해서 음미할 수 있는 시간을 제공해준다. 따라서 사진은 그를 접하는 사람들의 입장이나 성향에 따라 다양한 메시지로 읽힐 수 있는 재현 매체라 할 수 있다.

특히 사진은 사진기의 발명과 그 기술의 발전으로 동일한 사진가에게 이동의 자유를 확보해주었고 순간을 기록할 수 있게 해주었다. 군용 카메라로 지급된 라이카(leica) 카메라와 항공 촬영 기술 등의 활용이 바로 그것이다. 이것은 사진가가 특별한 의도 없이 제작한 사진이 어떠한 사회적 용도로 쓰일 수 있음을 의미한다. 또한 사진가는 대상을 시각화하는 주체이고 사진을 재구성하는 모든 매체는 사진이미지를 해석하는 행위를 통해 시각적 교육을 행한다. 이것을 손택은 "사진을 찍는 행위 자체가 내재된 뭔가를 가르치려는 태도로 줄어들지 않는다. 사진으로 기록을 남기는 행위의 수동성(그리고 편재성), 바로 이것이야 말로 사진이 우리에게 건네주는 '메시지'이자 사진이 드러내놓는 공격성"이라 했다(손택, 2009: 23). 게다가 사진의 생산주체가 누구인가의 문제도 배제할 수 없다. 재현 매체인 사진의 경우 사진가와 피사체는 모두 다양한 방식으로 이미지화될 수 있는 가능성이 있다. 예를 들어 사진가의 시점, 의식, 행동의 변화가 실제적으로 관람자에게 영향을 미칠 수 있는데, 특히 사진이 반복적으로 노출되었을 경우, 단 한 장의 사진이 판단의 기준이 될 수 있다. 이는 일종의 '토템'으로 기능한다(손택, 2008: 130 ~131).

이처럼 사실을 기록하며 지금 이곳을 재현하는 사진은 그 기능과 의미에 따라 보도사진, 기록사진, 다큐멘터리 사진 등으로 세분화한다. 보통 한국에서는 미국의 다큐멘터리 포토그래피(Documentary Photography)와 유럽의 르포르타주 포토그래피(Reportage Photography)라는 용어에서 영향을 받아 포토저널리즘이라는 독립적 영역을 구성하고 있기도 하다. 그러나 포토저널리즘에는 영상자료도 포함되기 때문에 이 글에서는 포토저널리즘보다는 기능과 의미에 따른 보도사진, 기록사진으로 구분한다.

도시사 연구에서 지도 다음으로 많이 사용되는 시각자료가 사진이다. 주요하게 다루어지는 사진자료로 연구자 개인 및 사진가의 사진 작품이 훨씬 많이 쓰이지만, 기록을 목적으로 하는 보도사진, 기록사진이 주요 대상으로 활용된다.

▌보도사진(photo reportage)   보도사진은 신문이나 시사 잡지 등에 게재되는 뉴스사진을 의미한다. 넓은 의미로는 피처사진(feature photography), 기록사진(documentary photography), 상징사진 등 모든 사진을 포함한다. 보도사진은 크게 두 가지, 즉 뉴스사진과 상징사진으로 구분할 수 있다. 뉴스사진이란 사건·행사·스포츠 등의 뉴스기사에 직접 관련된 것을 말한다. 한편 상징사진이란 기사 내용 자체와 직접 관련은 없으나, 그 기사의 내용을 나타내 주는 것으로 주로 지면의 미화나 장식에 사용하는 사진을 말한다. 보도사진도 뉴스사진과 마찬가지로 그 가치를 판단하여 취사선택하며, 또한 그 크기도 결정해야 한다. 사진은 그 관련 기사와 되도록 가까운 위치에 게재해야 한다. 그리고 사진에는 반드시 사진설명(caption)을 붙여야 한다.[6]

▌기록사진(documentary photography) 사회의 생활상이나 현실, 사건을 충실하게 재현하는 사진. 허구적 요소를 배제하고 현실에 충실한 태도가 전제되는 사진 분야이다. 다큐멘터리 사진은 사실의 기록과 전달이라는 측면에서 보도사진(photo journalism)과 그 근본은 같지만, 전개양상에서 약간의 차이가 있다. 즉 보도사진은 신문이나 잡지 같은 저널을 통해 어떤 사실이나 현상을 알리는 구체적인 목적과 기능적인 측면이 강조되는 반면, 기록사진은 보도 사진의 영역과 더불어 사진가의 예술관과 세계관을 표현하는 예술적 표현 매체를 일컫는 더 넓은 영역을 포괄한다.

③ 사진 외의 자료

사진 이외에도 사진과 시각이미지의 결합, 사진과 문자와의 조화 등 사진을 둘러싼 언어들이 개입하거나 회화 등의 시각이미지가 결합한 시각자료들이 존재한다. 조형물, 조각물, 건축설계도, 입간판, 문화유적 등의 화보집이 여기에 속한다. 사진 이외의 자료들은 보도사진, 기록사진과 달리 언어와 그림을 통해 사진을 더욱 신화화·역사화하는 데 공헌하게 된다. 건축설계도를 통해 사회주의 문화주택의 우월성을 강조하거나, 김일성 동상 및 조각 등의 조형물을 통해 도시의 상징을 형성하고, 구역을 신성화하는 방식이다. 이처럼 다양한 형식의 사진 이외 시각자료들은 도시이미지를 내재화하고 도시 담론을 형성하며, 도시와 사회와의 관계를 설정하는 데 중요한 포인트를 제공하게 된다.

---

6 한국언론진흥재단 홈페이지 참조(www.kpf.or.kr).

2) 영상자료 유형

영상자료는 넓은 범주로는 시각적 자료에 속하며 매체학적 분류체계에서는 시청각매체에 속한다. 관련한 구체 자료들은 영화, 마이크로필름, 텔레비전, 비디오 등이 이에 속한다. 우리는 일반적으로 대중들에게 지역공동체를 넘어선 이슈들을 전달하기 위해 시각적(visual) 혹은 언어적(verbal) 정보를 끊임없이 전달할 수밖에 없다. 물론 그 속에서 영상 이미지를 통한 성공적이고 합리적이며 신뢰할 만한 커뮤니케이션은 충분히 가능하다. 그렇지만 단지 객관적 진실(objective truth)만을 전달하기보다는 이미지 제작에 적당한 프레임을 만든 후 리얼리티 이미지를 중재된 커뮤니케이션(mediated communication)으로 활용할 수 있어야 한다. 백문이 불여일견(seeing is believing)이라는 현상은 시각적으로 읽고 쓸 줄 아는 능력과 함께 행해질 때 가능한 것이기 때문이다. 이런 이유로 시각적 진실의 미래는 사진기자, 피사체, 편집자, 관찰자 등을 포함해 영상 르포르타주를 만들고 소비하는 과정에 참여하는 모든 이들에게 달려 있다고 할 수 있다.

현재 가장 효과적인 영상이미지 보도매체는 TV이다. TV를 통한 이미지의 잦은 노출은 전쟁을 무감각하게 만들기도 할 정도이다. 반면 도시사 연구에서 자주 활용되는 영상자료는 영화이다. 영화기호학 분야에서는 영화를 하나의 텍스트로 상정하고, 영화 속 도시를 분석하거나, 영화 속 도시무대의 인간 의식과 행위를 해석하는 작업을 진행하기도 한다. 그러나 영상자료는 생산주체, 제작환경, 기술적인 문제들로 인해 사료로서의 가치가 변화할 수 있다. 영상자료의 매체적 특징과 관련하여 기계의 도입과 기술의 전파는 일종의 정보력이며 국가의 권력과 힘을 상징하는 것으로 실체와 일정한 거리감을 갖기 때문이다.

이처럼 시각영상자료는 역사적 실제를 증거한다(evidentiality)는 점에서 중요한 사료이지만, 도시사 연구에서 활용되어지는 시각영상자료는 다소 제한적이다. 또한 시각영상자료는 보이는 현상보다 내재하는 의미구조에 주목하기 때문에 시각영상자료의 분석과 활용이 더 깊이 있게 탐구되어야 한다.

3. 시각영상자료의 분석과 활용

바라봄은 대상을 인식하는 가장 게으른 방법이기도 하며 가장 위험한 앎이기도 하다. 우리가 어떤 대상을 볼 때 우리는 그 대상의 역사성, 그 대상의 전체를 보는 것이 아니라 그 순간의 대상을 볼 뿐이기 때문이다. 플라톤은 우리가 대상을 볼 때 그 대상의 이데아를 보는 것이라고 말하기도 했다. 보는 행위에 대한 고민의 연원에는 이 같은 시각작용의 불완전성에 대한 의구심이 담겨 있다(임정택, 2010: 30~31).

인간의 오감 가운데 시각은 비접촉(non-contact)의 속성을 지니는 감각으로서 다른 감각보다 원거리의 광범위한 지각 대상을 포착할 수 있고, 의지적인 회피나 주의 집중, 관심의 환기 등 더 적극적으로 자극에 반응하는 능력을 지니고 있다. 명도, 채도, 형태, 움직임 등 삼차원적 정보를 획득할 수 있는 섬세함과 고도의 정확성도 가지고 있다. 이와 같은 시각적 지각과정을 거친 개체에 대한 개념은 시간, 공간, 역학적 관점에서 다른 개념과 결합하여 하나의 통합된 정체를 이루므로 필연적으로 지각 대상과 그것을 둘러싼 배경이 하나의 상으로 구축되는 이미지화 과정을 거치게 된다. 이러한 시각적 정보의 이미지화 결과로, 시각은 단순한 감각적 작용으로부터 대상의 분류, 동일시, 해석, 인과관계, 더 나아가 평가적 해석이나 추론, 추정 등 복잡한 인식 작용으로 이행된다(이남경, 2007: 37).

이행의 과정에서 인간의 시각과 의식의 수동적 운동성에 기대는 아날로그적 성격을 가진 연구자라면 철학적으로는 본질주의(Essentialism)적이다. 사물의 기능을 중시하며 전통을 소중히 한다. 많은 부분 무의식과 인지과정, 그리고 기술(description)과 재현의 연구에 의해 지지받을 수 있다. 반면 시지각과 의식의 능동적 운동성에 기대를 거는 디지털적 성격을 사진 연구자라면 철학적으로 구성주의(Constructivism)적이다. 기호의 기능을 중시하며 미래를 소중히 한다. 많은 부분 상상과 창작 및 해석의 연구로 지지 받는다. 이와 같은 흐름을 〈그림 10-1〉로 정리한 신항식은 경험과학에 의존하는가 아니면 인문과학에 의존하는가에 따라 시각영상자료를 활용 분석하는 연구방법론이 차이를 보인다고 했다.

〈그림 10-1〉에서 보이듯, 시각영상자료를 '대상이며 도구'로 인식하는 부류는 경험과학에 근거하여 질료와 기술을 부호화하여 제도와 사회로 해석해나가는 방법론을 사용한다. 반면 시각영상자료 자체를 '능동적 주체이며 의미작용'으로 인식하는 부류는 인문과학에 근거하여 기억, 지식의 관점에서 의미를 해석하여 그 시각영상자료가 가지는 욕구와 예술적 상상력을 부호화하는 방법론을 사용한다. 이 흐름에 의하면 시각영상자료는 본다는 지각행위가 인지하는 과정, 인식론에 기초해 존재론적으로 사물을 재현하는 과정, 이를 매체를 통해 기호화하며 표현하는 과정, 또 표현물에 대한 해석과 의미작용을 펼쳐나가는 과정으로 구분할 수 있다. 과정마다 강조점의 차이는 곧 인식론에서부터 현상학, 도상학, 기호학, 문화인류학 등 시각영상자료들이 각 연구방법론으로 어떻게 활용되는지 보여준다.

앞서 도시사 연구에서 주요하게 다루어지는 시각영상자료는 지도, 사진, 사진 이외 자료 및 영상으로 구분했다. 이들 시각영상자료 중 시각자료는 시각적 작용에 의해 사물을 인지하고 재현해내는 인식론, 존재론, 현상학, 해석학의 방법론을 많이 사용한다. 일례로 사진은 재현(representation)물로

그림 10-1 **시각영상자료의 연구방법론**

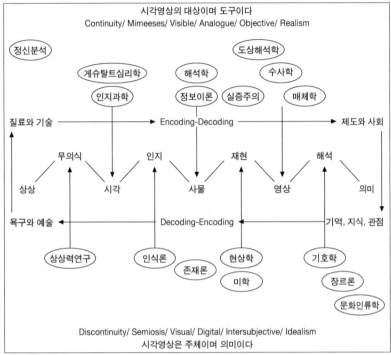

자료: 신항식(2004: 85).

서 재현이라는 용어의 개념을 다양하게 정의하고, 사진을 통해 지표적 특성을 강조할 것인가 아니면 정신적 인지능력을 강조할 것인가를 논의한다. 반면 시각영상자료 중 영상자료는 시청각매체에 의해 영상물로 제작되어 이를 도상학적으로 실증하거나 혹은 기호학적으로 해석하는 방법론을 많이 사용한다. 이 글에서는 〈그림 10-1〉처럼 시각영상자료를 활용한 다양한 연구 방법이 존재하지만, 도시사 연구에서 주요하게 활용되는 대표적 방법 두 가지를 소개해본다.

1) 도상(해석)학(Iconology)

도상학은 이미지를 뜻하는 '에이콘(eicon)'과 기록하기를 뜻하는 '그라페 (graphe)'에서 유래했다. 이는 "미술가가 이미지를 기록하는 방법이며 또한 이미지 자체를 기록하는 것, 곧 이미지가 전하는 이야기"이다(Adams, 1996: 53). 따라서 작품을 도상학으로 분석할 때에는 대체로 형식적(장르적) 특징이 무시될 수 있다. 도상학적 연구는 형식보다는 내용에 초점을 맞추기 때문이다. 회화와 같은 예술작품을 도상학적으로 연구하던 학자들은 제2차 세계대전 이후 미국으로 이주하면서 도상학을 도상해석학으로 발전시켰다. 에르빈 파노프스키(Erwin Panofsky)에 의한 도상해석학은 미술의 심층에 존재하는 내재적 의미(intrinsic meaning)를 규명하는 데 초점이 맞춰졌다.[7] 즉, 도상해석학은 도상학이 발전하여 예술작품의 내재성에 더 주목하는 연구 방법이다.

구체적으로 도상(해석)학은 지도를 볼 때, 지도가 지리적 공간의 축소된 그림으로 해석하고 지도에 표현된 제 현상, 지도의 내용과 표현을 사회적 텍스트로 보고 해석하는 것이다. 사진자료로 본다면 증명사진 속의 인물에 대한 정보를 탐구한다. 그 인물의 사회적 배경이 사진 속에 어떻게 표현되었는가, 왜 그렇게 사진에 표현되었는가를 해석하는 방식이다. 영상자료로 본다면 영상 그 자체의 의미와 미(美)보다는 장르와 사조의 문맥 속에서 전문가들이 구성하는 의미와 미를 얻어내고자 한다. 다시 말해 도상(해석)학은 기호를 생산해낸 사회와 시대적 배경을 시대의 이념과 연관 지어 기호가 선택되는 텍스트적 구조를 장르 텍스트적 관계에 묶어둔다. 즉, 장르를 극복

---

7 파노프스키의 도상학과 도상해석학의 차이, 그리고 도상해석학의 3단계 구분에 대해서는 박상수(2009: 84~96) 참조.

하는 기호의 생산성을 무시함으로써 당대 권력의 이념이 제시하는 정보적 사실만을 기호로 취급한다. 도상(해석)학은 결국 지도, 사진, 영상이 아니라 사물의 존재에 일차적 우선권으로 주며, 사물을 통해 지도, 사진, 영상을 이해하는 고전적 존재론의 양상을 보인다. 때문에 도상(해석)학은 문화인류학이나 기호학보다는 고지도 및 미술사와 영상 커뮤니케이션의 실증적 연구와 접목된다.

쉬운 사례로 한국 영화를 통해 서울을 연구한 변재란의 글이 있다(변재란, 2011: 229~253). 이 글은 이미지로 재현된 영화 속 서울의 역사를 탐구하고 있다. 해당 시기 영화 몇 편을 텍스트로 삼아 특정한 시기 일상의 순간들은 서울의 어떤 것들에 의해 만들어지며, 역으로 개인들의 사소한 일상은 서울에 어떤 흔적을 남기는지를 고찰했다. 특히 시대적 배경을 해방 후 산업화, 근대화 과정에서 이룩된 이념적 지층을 당대 영화들을 통해서 확인하고 재구성하는 방식으로 영화 제목, 영화 속 배경, 대사 등을 추렴하여 당대의 근대화 이데올로기와 상호 접목시키는 방식으로 서울 도시의 근대화 과정을 서술한다.

그러나 도상(해석)학도 보이는 세계로서의 지도, 사진, 영화 등 시각영상 자료가 어떻게 해서 의미를 지니는 특정한 기호가 될 수 있는가. 시각영상자료 이미지의 기호성을 결정짓고 나아가 그것의 의미까지를 규정하고 있는 이 코드화의 법칙은 과연 어디에서 작용하는가 등의 문제의식을 보인다. '해석에서의 유효성'에 대한 고민을 담고 있는 것이다. 회화 등 예술작품들의 특성이 '애매모호함, 개방성'이라 할 때 무엇이 의도된 의미인지를 해석하는 것은 매우 한계성을 갖기 때문에 도상(해석)학의 편협함을 고려하여 연구의 보조 수단으로 사용할 것을 주장하기도 한다(Liebmann, 1997: 252~253).

2) 기호학과 영상기호학(Semiotics and Visual Semiotics)

시각영상자료를 분석할 때 가장 각광받는 방법론은 '기호학'이다.[8] 기호학은 기호 또는 기호체계를 연구하는 학문이며, 기호체계는 언어, 약호(code), 신호(signal) 등을 포함한다. 언어는 기호의 한 유형으로 볼 수 있으나 독자적인 고유 영역이 확립되어 있으므로, 기호학이라고 할 때는 비언어적 기호체계(non-linguistic sign system)를 연구하는 학문으로 정의하는 것이 일반적이다(Guiraud, 1975: 1). 기호학은 소쉬르와 퍼스의 개념 정의를 따른다. 소쉬르는 기호를 '기호(sign, 사물에 대한 표상)', '시니피앙(sibnifier, 단어나 이미지, 음, 제스처)', '시니피에(signified, 내용, 개념 등의 관념적 아이디어)'로 분류한다(소쉬르, 1990: 27). 예를 들어 ☎은 기호(sign)이며, 기호가 지칭하는 시니피앙(image)은 전화이며, 이것을 보는 사람은 공중전화박스가 있다는 시니피에(전달된 의미, 내용)를 파악할 수 있다. 소쉬르의 기호관계에서 시니피앙과 시니피에 간의 관계(사물과 개념 내용과의 관계)는 자의적으로 부여된 의미를 학습하는 것이다. 따라서 소쉬르의 기호학은 상징적 기호 분석 방법에 적합하다.

반면 퍼스는 '도상(icon)', '지표(index)', '상징(symbol)'의 구성으로 기호체

---

8   기호학은 소쉬르(F. de Saussure)와 퍼스(C. S. Peirce)의 창시로부터 후대 연구자들이 다양한 접근법에서 연구를 진행했다. 바르트(Barthes)는 신문사진과 광고 이미지에서, 크리스티앙 메츠(Christian Metz)는 이미지와 영화에서, 장 보드리야르(Jean Baudrillard)는 사회학적 시각에서, 미셸 푸코(Michel Foucault)와 자크 데리다(Jacques Derrida), 질 들뢰즈(Gilles Deleuze) 같은 이들은 역사적 혹은 철학적 시각에서, 자크 라캉(Jacques-Marie-Emile Lacan)과 줄리아 크리스테바(Julia Kristeva)는 정신분석학적 방법으로 기호를 연구했다. 이들의 연구를 통해 기호학 연구는 여러 분야로 나뉘게 되는데 기호학 연구를 발전시킨 이는 움베르토 에코(Umberto Eco)이다(Joly, 1994: 224~225).

계를 분류했다(테렌스·호옥스, 1982: 178). 기호와 기호가 지칭하는 사항이 기하학적으로 유사하거나 같을 때 이를 도상이라고 하며, 그 예로 용의 그림 또는 예수나 부처의 그림 등을 들 수 있다. 지표는 기호가 지칭하는 사항의 흔적 또는 지칭하는 사항의 물리적 표본을 나타내는 경우이다. 연기로 불을 나타내고 발자국으로 사람의 존재를 나타내는 것으로 예로 들 수 있다. 반면 기호가 지칭하고자 하는 것과 유사성이나 물리적 관련성이 없을 때 이것은 상징이다. 국기가 국가를 상징하며, 비둘기가 평화를, 적색이 혁명을 상징함으로 들 수 있다. 이는 앞서 소쉬르의 시니피앙과 시니피에 간의 관계와 같이 자의적으로 비둘기와 평화를 연관시켜 계속 사용함으로써 상징관계를 형성시킨 학습의 결과물이다.

이 같은 기호관계는 단독으로 작용하는 배타적 관계가 아니라, 하나의 기호는 위의 세 가지 요소를 다 가질 수 있다. 예를 들어 불을 나타내고자 할 경우 불꽃 모양을 실제와 같이 그렸다면 이는 도상이고, 연기로 불을 나타내고자 했다면 이는 지표이고, 적색으로 불을 나타내고자 했다면 이는 상징이라는 이야기이다. 퍼스의 기호관계는 의미의 층화(Layering)이다. 첫 번째 층화는 외연(denotation)으로, '여기서 무엇을, 누가 묘사하고 있는가'에 대한 것이다. 두 번째 층화는 내포(connotation)로 '묘사된 것을 통해서 어떤 사상이나 가치가 표현되는가 혹은 어떻게 묘사되는가'를 찾아내는 것이다(박상수, 2009). 따라서 퍼스의 기호학은 영상기호 분석 방법에 더 적합한 편이다.

더 쉽게 설명하면 기호학은 증명사진 속에 보이는 인물에 대한 정보와는 다른 종류의 정보를 증명사진으로부터 추구한다. 영상기호학에서 중요한 것은 영상을 분절하고 다시 재결합함으로써 보이는 영상을 뚫고 들어가 구조적 의미를 찾는 것이다. 이때 재현이든, 구성이든 모든 시각영상은 사물에 비해 독자적 의미를 지닌다. 이를 움베르토 에코(U. Eco)는 영화가 실체의 재현이 아니기 때문에 기호학적 접근이 반드시 필요하다고 했다.

영화적 현상 안에서 기호학적인 법칙을 인식하기를 거부하는 것은 매우 위험하다. 그렇게 되면 영화가 현실의 자동적인 재현(reproduction)으로 믿어지게 되고 일종의 지시적/지표적 오류(fallacy)에 의해 오염되어, 자연의 가정된 자동성 아래서 작용하고 있는 문화의 플롯을 발견해낼 수 없게끔 된다. 기호학적 의식이 없다면 영화는 마법처럼 간주될 것이다. 사람들은 사물이 영화를 만든다고 믿게 된다. 하지만 종종 그 반대이다. 영화가 사물을 만든다. 기호학적 접근은 현실성의 환영에 대한 비판일 뿐만 아니라 세미오시스의 과정 중에 나타나는 이데올로기적인 현실 조형(shaping)에 대한 비판이기도 하다(Eco, 1985: 208~209).

또한 기호학은 사물과 지각, 주체와 객체, 존재와 현상의 이분법적 관계에 주목하지 않는다. 보이는 것과 보려고 하는 의식 사이의 논리적 관계를 논한다. 의식은 무엇인가. 그것은 보인 것의 조합 방식을 이해하는 연산관계다. 영상물을 눈앞에 두고 고개를 돌려 이를 더 이상 바라보지 않고 생각할 때 이 연산이 벌어진다. 따라서 고개를 돌려 떠올린 상상은 의식적인 것이라고 말할 수 있다. 의식적 상상은 유기적이며 구조적이다. 연산이 주관적인 것일 수 없기 때문이다. 연산의 가장 주요한 도구는 언어와 유추이며 이를 통해 사회와 접목한다. 이러한 방식으로 기호학은 보이는 영상으로부터 읽혀지는 영상 사이에 존재하는 경험과 유추의 논리를 끄집어낸다(신항식, 2004: 87~88).

일례로 러시아 영화를 영화기호학으로 분석한 김수환의 연구는 기호학뿐만 아니라 영화기호학을 쉽게 이해할 수 있게 해준다(김수환, 2006). 영화를 일종의 언어로 간주하고 그것의 문법을 파악하고자 하는 의식적이고 체계적인 이론적 노력을 잘 담고 있다. 특히 움직이는 사진기계에서 출발한 영화가 무엇인가를 전달하는 형식적 체계, 즉 언어의 위상을 얻기까지 논쟁과 갈등지점을 나타내고 있다.

국내 연구로는 영화 〈올드보이〉를 영상기호학적으로 분석한 연구가 있다(백선기·손성우, 2006: 99~138). 이 연구는 영화 전개에 따라 모두 132개의 장면(scene)들을 사건의 전개와 전환점들을 중심으로 7개 단락으로 구분하고, '그레마스의 기호학적 사각형'[9]이라는 분석틀로 인물의 관계, 변화추이, 서사의 흐름, 그리고 공간관계, 시간관계를 구조화시켜 분석하는 기법을 사용하고 있다. 즉, 〈올드보이〉는 보는 영화가 아니라, 〈올드보이〉에 내재된 유기적 구조를 분석하여 영화를 읽는 것이다.

그러나 기호학적 분석 방법을 사용하고 있는 다양한 연구들은 시니피에가 다양한 해석의 여지를 갖고 있다는 점. 그리고 '기호의 자의성'에 대한 우려를 포함하고 있다. 기호학적 방법론에 대한 모든 설명은 (보이는 것 이상의 그 무엇을 향한) 기호학적 요청과 (눈앞에 현전하는 가시적 세계를 향한) 현상학적 요청 사이에는 거리가 있으며, 그 거리가 만들어낸 피치 못할 긴장감이 오늘날 기호학(영상기호학)의 딜레마를 파생시키고 있다고 본다.

4. 북한 도시사 연구에서 시각영상자료의 활용

북한 도시에 관한 기존 연구의 성과가 매우 빈약한 가운데 북한 도시를 직접 가서 볼 수도 없는 현실적 제약은 북한 도시사 연구의 어려움으로 작용한다.[10] 또한 기존 북한연구가 문헌자료에 의존해왔기 때문에 도시 관련 시

---

9   그레마스의 기호학 이론은 김성도(2002)를 참조.

각 영상자료의 수집 및 활용도 진행되고 있지 않다. 현재 북한 도시사 연구에서 중요한 것은 연구 대상 도시 관련 시각영상자료를 수집하는 것이며, 이 중 사료로서 가치 있는 시각영상자료를 선별하고, 이를 통해 북한 도시를 역사적으로 읽어내는 것이다.

1) 시각영상자료의 수집과 그 특징

북한도시사연구팀은 2011년 11월부터 2012년 10월까지 1년간 연구 대상 도시인 함흥시과 평성시를 시각적으로 보여주는 시각영상자료를 총 700여 건 수집 발굴했다. 이들 자료는 다양한 북한 문헌자료 및 신문, 잡지 안에 실린 지도, 사진, 그림, 화보, 조형물이며, 통일부 북한자료센터를 통해 조선중앙 TV 녹화물, 방송언론기관이 자체 취재를 통해 영상으로 제작한 다큐멘터리 필름 등을 영상자료로 수집했다. 앞서 시각영상자료의 범주와 유형구분에서 보았듯, 북한 도시 관련 시각영상자료들은 지도, 사진, 그리고 사진 이외의 시각자료와 영상자료로 구분하여 북한 도시사 연구를 위한 시각영상자료의 종류와 출처를 정리하면 〈표 10-1〉과 같다.

수집된 시각영상자료들은 매체별·유형별 양적 균형성을 갖고 있지 않다. 각 자료들의 발행시점, 발행주기, 보관기간이 모두 다르기 때문이다. ≪로동신문≫의 경우 1954년 이후부터 현재까지 제공이 가능하지만, 영상자료

---

10 북한 도시를 대상으로 연구가 시작된 것은 1990년대 말부터이며 북한 지리, 북한 도시개발, 북한 도시계획, 북한 도시화를 주요 연구 주제로 삼아 공공기관에서 정책 연구를 진행해왔다. 북한의 개별 도시 연구는 평양에 집중되어 있으며, 2000년대 중반 이후 탈북자 인터뷰 방법을 통해 접경 도시인 회령, 신의주, 혜산 등이 연구된 바 있다. 2013년 현재 RISS 검색으로 북한 도시 관련 연구는 총 40여 건 정도이다. 이 중 도시사 연구의 시각과 방법론을 사용하고 있는 연구물은 전무하다.

표 10-1 **북한 도시사 관련 시각영상자료의 수집 유형과 출처**

매체별	유형별	종류	북한자료 출처
시각 자료	지도	일반 지도	• 북한 고등중학교 『지리교과서』 • 『광명백사사전』 / 『조선백과사전』
		인공위성 지도	구글어스 / 수치지형도
		심상 지도	탈북자 인터뷰
	사진	보도사진	≪로동신문≫
		기록사진	≪로동신문≫, 근로단체 기관지
	사진 이외	건축, 설계도	≪조선건축≫ 외 관련 잡지
		조형물	≪금수강산≫ 외 관련 잡지
		입간판	≪천리마≫ 외 대중잡지
		문화유적 화보	『조선향토대백과사전』
영상 자료	북한 매체자료	TV	조선중앙TV, 주요방송 편집영상물
		Video	통일부 북한동향 , 방송·언론기관 방영물
		영화	목란비데오 및 해외 수입물
	남한 매체자료	방송언론기관	방송언론기관이 제작한 다큐멘터리
		민간단체	방북 취재 동영상
		개인	개별 소장 동영상

의 경우 '특수자료 취급규정'에 따라 3년의 자료 보관 기간이 설정되어 있다. 즉, 통일부 북한자료센터 및 방송언론기관이 보유하고 있는 방송영상물들은 2008년 이전 시기 자료들을 취급, 공개하고 있지 않다. 따라서 수집된 시각영상자료 중 ≪로동신문≫의 보도사진자료가 가장 높은 비중을 차지하게 된다.

북한 도시 관련 시각영상자료의 생산 주체는 당과 국가기관이며, 이들의 지도 아래 공식적인 출판, 언론기관을 통해 각종 시각영상자료들이 생산된다. 따라서 모든 시각자료 이미지는 북한 당국의 정치사상적 의도를 시대별로 반영하고 있으며, 선전적 수단으로 도구화되어 있다. 예를 들어 북한의 대표적 언론은 ≪로동신문≫과 같은 신문매체와 조선중앙방송과 같은 방송

매체, 조선중앙통신사와 같은 통신사 및 각종 출판사로 구성되는데 이들 매체는 모두 '사회주의적 선전수단' 이라는 정치사회적 위상을 가지고 있다. 이 중에서도 가장 많은 시각자료를 생산하고 있는 ≪로동신문≫은 북한의 모든 언론매체를 사상적으로 통제 선도하는 역할과 위상을 갖고 있다. 기능적 측면에서 보면 북한의 신문은 보도적 기능, 사상문화적 기능, 조직동원자적 기능, 대외선전과 대내적 언론전의 기능을 수행한다(백과사전출판사, 2011: 578). 이때 신문이 가지는 보도적 기능은 보도사진과 기록사진을 가장 많이 생산하게 한다.

≪로동신문≫ 외에 시각자료 생산비중이 높은 잡지의 경우 북한은 잡지를 특정한 고정표제 밑에 여러 가지 주제와 내용의 글과 사진, 그림 등을 담아 일정한 기간을 주기로 하여 발간·보급하는 정기간행물로 정의한다. 잡지가 가지는 기능적 의미에 대해 북한은 신문, 통신, 방송, 도서와 함께 사상문화교양 및 과학기술지식, 일반상식 보급의 수단으로 기능과 역할을 한다고 정의한다. 잡지는 주민들의 높은 문화정서 소양을 갖추게 하고 북한 사회가 원하는 인간의 원형을 형상화하는 방향에서 도시공간을 구성하는 주택시설, 공장·기업소 생활과 위락시설, 편의시설 및 다양한 문화시설에 관한 시각자료를 생산해내고 있다.

유용한 활용이 기대되는 조선중앙TV는 북한 주민들에게 일상적 전달기능을 수행하고 있는 친근한 매체이다. 조선중앙TV 역시 핵심적 기능은 최고권력자에 대한 선전과 체제선전이다. 따라서 지도자에 대한 선전과 더불어 당 정책과 노선을 선전하고 경제건설을 위한 선동에 초점을 두고 있다. 이와 같은 영상자료는 해당 시기 국가가 정책적으로 도시 및 주요 기관기업소에 어떠한 방침을 내리고, 또 해당 단위들은 정책방침의 실현을 위해 어떻게 일하고 생활하는지를 엿볼 수 있게 한다. 주목되는 부분은 TV방영물이 부가적으로 북한 주민들의 문화 오락적 욕구를 충족시키는 기능을 한다는 점이다. 소개편집물이라든가 방문기 형식의 주민생활 영상은 직접 가볼 수 없는 조건에서 도시공간 내 일상생활에 관한 상상력을 제공한다.

북한 도시사 연구에 있어 시각영상자료는 생산 주체의 특성으로 인해 강한 선전성을 보인다. '드러냄'과 '내보임'을 통해 선전도구로 기능하는 시각자료들은 북한 당국의 시대별 요구와 목적성을 강하게 드러내고 있어 지배 이데올로기에 갇힌 이들 시각영상자료의 활용에 혜안을 필요로 한다.

2) 유형별 내용 분석과 활용 범주

① 지도

비교적 당국의 선전성 제약을 벗어난 시각자료는 지도이다. 지도는 백과사전에 수록되어 있는 일반 지도(행정구역, 지형지물), 구글어스를 통한 위성지도, 그리고 탈북자인터뷰를 통해 발굴한 심상지도로 구성된다. 지도가 주는 일차적인 연구소재는 위치정보이며, 도시공간의 물리적 구조에 대한 파악이다. 지도는 도시를 구성하고 있는 자연지리적 조건과 산업입지 및 주민생활 환경에 대한 기초정보를 제공하고, 행정구역별 편재를 통해 중심부과 주변부 구성을 한 눈에 파악할 수 있게 한다. 지리교과서에 반영되어 있는 도시지도는 북한 전역에서 차지하는 해당 도시의 성격과 기능을 설명한다. 인구의 분포와 밀도, 농업, 공업, 산림 등 자연자원의 부존도, 항만, 철도의 연계와 기능 등 북한 전역에서 차지하는 위상과 타 도·시·군과의 관계 속에서 정의되는 도시의 기능과 역할 등을 파악할 수 있게 한다. 백과사전에 반영된 도시 지도는 행정구역의 편재와 주요 기관 및 교육시설, 문화시설의 공간 배치와 위치를 보여준다. 특히 여기에 시간성을 더한다면 인구 유입과 확대로 인해 발생하는 도시규모 변화, 그리고 이에 따른 행정구역 재편 과정, 지명 변화 등이 지도상에 반영되기도 한다. 위상학적으로 바라보는 위

그림 10-2 함흥 출신 구술자의 심상지도

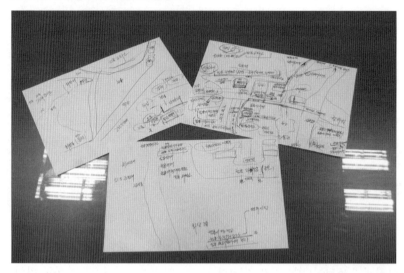

성사진 지도는 도시의 전모를 생동감 있게 보여준다. 각 해당 시설의 분포 및 거리, 규모 등을 측정 가능하도록 자세한 위치정보를 반영하고 있다.

　여러 형태의 지도는 해당 도시의 거주 경험이 있는 탈북자 인터뷰를 통해 도시공간에 존재하는 기관, 시설 및 생애사적 경험에 의한 공간 기억을 엮어 물리적 구조에 대한 사실관계를 파악하면서 지도 해석의 완성도를 높일 수 있다. 특히 '지도'라는 시각자료는 탈북자들의 기억을 재생하고 그들이 도시 공간에서 일하고 생활하며 겪었던 다양한 생애체험을 끄집어내는 데 결정적 역할을 수행한다. 이들은 마치 다시 그 도시 공간 속으로 들어가 있는 것처럼 이 거리에서 무엇을 했으며, 경기장에서, 영화관에서, 공장에서 어떻게 생활하고 지냈는가를 재생시켜낸다. 흥미로운 사실은 연령대별, 직업별, 성별 기억과 경험의 차이가 지도 해석을 달리한다는 점이다. 유난히 혁명사적지에서의 여가생활을 강조하는 사람이 있는가 하면, 자신이 살았던 동네 이외의 장소에 대한 정보는 전혀 갖고 있지 못한 경우도 있다. 시각자료의 비중으로 볼 때 자주 등장하는 장소와 상징물에 대한 경험과 기억은 전혀 없는 구술자도 있고, 오히려 지도상의 특정한 '장소성'을 갖고 있지 못한 '곳'에 대해 유달리 개인적 '장소 특성'을 부여하는 이도 있다. 이것은 심상지도로 표현된다.

이것은 평면적 위치정보를 제공하는 지도가 생애사적 공간 경험을 표현하고 있는 심상지도와 결합하여 도시공간에 대한 정치사회적 속성과 권력관계를 보여주게 된다. 즉 시간성과 공간성 그리고 행위가 겹겹이 누적층을 형성하면서 자연스럽게 도시공간의 사회적 변화 과정을 반영하게 되는 것이다. 따라서 연도별로 다양한 지도를 누적시키고, 시대별로 거주 경험을 삽입하면서 가보지 못한 도시를 영상처럼 재현하게 된다.

② 사진

북한 공공간행물에서 수집할 수 있는 사진의 주요 생산처는 신문이다. 실제 함흥시를 모델로 했을 때 총 700여 건의 시각자료 중 ≪로동신문≫에서 취득한 사진자료는 그 비중이 70%에 달한다. 이것은 함흥시의 특성과도 관련된다. 함흥은 평양 다음가는 제2의 도시이자, 해방 이후부터 북한의 중화학공업기지로 주목받아왔고, 도시의 정치행정 및 산업 관련 보도사진이 매년 꾸준히 일정량을 할당받아 게재되어왔기 때문이다. 산업 관련 보도사진은 중요 5대 공장·기업소(흥남비료, 2.8비날론, 룡성기계, 함흥모방직, 19호 군수공장) 사진이 많다. 도시의 정치행정 관련 기록사진은 지도자의 현지지도 및 외국 시찰단의 방문, 함흥시 군중대회, 궐기모임 등의 주요행사를 기록한 사진이 많은 비중을 차지하고 있다.

1954년부터 수집된 ≪로동신문≫의 산업 관련 보도사진은 '포스터'와 같은 기능을 하고 있다. 포스터라 함은 보도사진이 하나의 선전물의 내용과 형식을 그대로 차용하고 있음을 의미한다. 보도사진은 크게 세 가지 형식으로 구성된다. 첫째, 공장·기업소의 전경(panorama) 보도사진이다. 이는 규모의 웅장함과 산업발전의 위상을 과시함으로써 전체 산업에서 이 공장·기업소가 차지하는 위상을 보여준다. 둘째, 공장·기업소의 해당 시기별 생산 전투현장 보도사진이다. 사진 프레임 안의 구성 요소는 '현대화된 기계설비, 기계설비 앞에서 노동하고 있는 근로자, 실내 공간 위에 붙어 있는 해당 시기 구호'로 이루어진다. 이는 매년 동일한 형태로 반복되어 나타나지만 시기별로 해당 구호의 변화를 통해 시대적 요구를 보여준다. 셋째, 공장·기업소의 보도사진은 동일 사진이 반복되어 게재되거나 유사 형식을 벗어나고 있지 못하다. 이는 보도사진이 기본적으로 기사 내용과 직접적 관련이 없다 해도 그 기사 내용을 상징적으로 나타내 보여주거나 신문 지면의 미화나 장식에 사용되는 사진이라는 특성 때문이다. 따라서 신문 매체에서 수집한 북한 보도사진은 해당 시기 공장·기업소의 생산 목표 달성을 위한 선전 구호의 전달 기능과 그 상징성만을 획득하게 한다.

반면 기록사진은 도시공간 안에서 행해지는 다양한 정치경제, 군사·외교적 행위를 가늠할 수 있게 해준다. 함흥시의 경우 1970년부터 1988년까지 총 112건의 외국시찰단의 방문을 기록사진으로 보도하고 있다. 해당 연월일에 어느 나라의 어느 소속 대표단이 함흥시에 다녀갔는지를 총체적으로 기록하여 보여주고 있다. 외국시찰단은 원수급, 당급, 국가급, 사회단체급별로 나뉘며 급에 따라 함흥시의 환영 인파의 규모, 환영행사의 규모, 주요 시찰 공장·기업소가 나뉜다. 외국시찰단은 방문 목적도 각이하다. 북한 공장·기업소에 물질적 지원을 하기 위해 방문하는 경우도 존재하고(소련, 중국), 북한식 사회주의의 우월성을 과시하기 위한 목적도 존재하며(동유럽 국가), 북한이 갖고 있는 산업기술의 전수(아프리카 국가)를 목적으로 하기도 한다. 기록사진이 전달하고 있는 구체적이며 자세한 행위정보는 문헌자료 속에서는 찾아낼 수 없다는 점에서 매우 의미가 있다.

③ 사진 외의 자료

잡지에서 수집된 자료들은 대체로 단일한 스틸 사진 이외에 사진과 그림, 사진과 글, 사진과 이미지가 혼용되어 표현되는 시각자료들이다. 예를 들어 ≪조선건축≫에 등장하는 함흥시 살림집 설계도 같은 경우 단층 살림집, 연립 살림집 등의 설계도면을 통해 주민들의 주거편의를 어떻게 도모하고 있는지를 보여준다. 또한 ≪천리마≫에 등장하는 함흥대극장의 경우 함흥대극장의 문화예술적 가치와 풍모, 내부 구성 및 층별 공간구성, 현대식 음향설비 등을 사진과 글로 엮어 설명한다. ≪금수강산≫에 소개되는 마전유원지와 같은 경우 현대식 휴양시설과 유원지 내부 안내도, 유원지 입간판 등의 화보를 통해 문화시설을 소개한다. 이는 대체로 주거 및 문화시설에 대한 사회주의적 건축미를 보여주며, 도시주변의 문화유적 등을 소개할 때 사용되는 자료들이다. 시각자료에서 사진 이외의 자료 비중은 매우 낮다. 그것도 1950년대 말 살림집 건설 관련 자료가 몇 건 있을 뿐 대부분은 1990년대 중반 이후의 최근 자료들이 대부분이다. 더욱더 발굴해야 하는 영역이라 할 수 있다.

그럼에도 사진 이외의 시각자료를 통해 도시사 연구는 사회주의적 도시계획과 공간 배치, 도시문화의 상징과 이미지 등의 주제 연구를 시도할 수 있다. 각각의 시각자료를 통해 얻은 시설 및 건축물들에 대해 지도상에 '곳'으로 표현하고, 인터뷰를 통해 '장소성'을 부여하며, 이 시설들이 사회적 공간으로서 어떠한 표상과 이미지를 부여하는가를 분석할 수 있게 한다.

④ 영상자료

시각자료가 신문매체에서 압도적 수집 건수를 보이며 도시 산업시설에 관한 보도사진으로 주를 이루었다면, 영상자료는 도시 주요시설 소개를 영상으로 보여주고 있다는 점에서 흥미롭다. 특히 문헌자료나 구술자료를 통해 수집할 수 없는 구체적 대상의 이야기(story)를 담고 있다는 점에서 도시사 연구의 보완자료 역할을 충실히 한다.

영상자료는 영상제작의 주체가 주관적 목적을 갖고 이미지 제작에 적당한 프레임을 구성한 후 프레임 안에서 구현되는 리얼리티 이미지이지만, 현재하는 리얼리티는 이야기의 힘을 갖고 있다. 북한 영상자료에서 스토리의 힘을 보여주는 영상물은 영화적 구성을 담고 있는 실황보도 형식의 일반편집물이다. 소개편집물, 방문기, 현지방송 등이 그것이다.

예를 들어 '방문기' 형식으로 방영된 '청년염소목장'의 경우 문헌자료를 통해서는 존재여부밖에 확인할 수 없는 대상이다. 그러나 영상을 통해서는 청년염소목장의 전모가 보도된다. 먹는 문제 해결을 위해 1992년부터 조성된 풀판(목초지)을 바탕으로 108여 신혼가구들을 이주시킴으로써 염소목장촌을 형성한다. 이들은 염소목장 내에 농업기지, 목축기지, 약초생산기지 및 편의봉사시설을 갖춰 새로운 이상촌을 건설했다. 이들이 생산한 부식물은 함흥시 구역별 편의봉사시설을 통해 공급되며, 약물 및 부업생산품은 함흥 제2백화점 내 내일구상점에 판매된다.

회상 구역과 홍남 구역 편의봉사시설 방송 보도 역시 같은 맥락이다. 문헌자료에서는 생동함을 얻을 수 없고, 구술자료를 통해서는 이미지 상상이 되지 않던 기관시설이다. 그러나 영상자료를 통해서는 도시 내 구역별 편의봉사시설의 식료품 상점과 이동 봉사, 목욕탕, 식당, 이발소 등의 운영실태 등을 나타내 보여줌으로써 도시공간 내 주민생활을 파악할 수 있게 해준다.

영상자료는 이처럼 물리적 공간 내 '있고 없음'의 존재 여부를 단순히 보여주는 지도 및 사진자료와 달리 움직이는 화면과 인물 인터뷰를 통해 줄거리를 구성하며, 줄거리를 통해 또 다른 정보 제공과 공간 체험을 하게 한다.

빈약하기는 하지만 시각영상자료는 도시공간에 대한 정보성, 기록성, 상징성, 예술성 등 다양한 측면에서 도시사 연구의 중요 자료로 기능할 수 있음을 가늠해볼 수 있다. 북한 도시에 대한 직접적 접근이 어려운 경우에는 더욱 절실하다. 가보지 못하고 체감하지 못하며 눈으로 확인할 수 없는 상태에서 시각영상자료를 통한 도시에 대한 가상 체험은 연구자에게 지리적 상상력과 공간적 상상력을 부여한다. 반복되고 중첩되는 보도사진조차도 어떻게 도시와 해당 시설들이 도시거주자들에게 이미지화되고 사회주의 혁명도시로 믿게끔 만드는가를 파악할 수 있으며, 도시공간의 사회적 행위 변화도 추론가능하게 한다. 여전히 다양한 시각영상자료들의 확보는 과제로 나서지만, 도시사 연구에서 시각영상자료 활용은 문헌자료와 구술자료와 병행하여 도시사 연구를 풍성하게 할 것이다.

5. 맺음말: 시각영상자료와 도시사 연구

북한 도시사 연구에서 시각자료와 영상자료는 필요조건이나 충분조건이 되지는 못한다. 도시사 연구는 북한의 도시를 대상으로 무엇을 연구할 것인가라는 소재와 주제연구 영역을 설정하는 것이 핵심이다. 현상학적 관점에서 도시 공간의 물리적 구조와 경험적 의미를 파악하는 것이 기초를 이룬다면 위치정보를 제공하는 시각자료와 영상자료를 활용하게 될 것이며, 사실관계를 나타내는 정보성과 기록성을 중심에 놓게 될 것이다. 반면 해석학적 관점에서 도시공간 내 사회적 행위를 분석하고자 한다면 시각자료와 영상자료가 제공하는 이미지와 이미지의 가공을 통한 선택, 배제, 재구성의 의미체계를 중심에 놓게 될 것이다. 하나의 스틸 사진이 단순한 기록성을 제공하게 될 것인지, 사진 속 '재현된 이미지'의 재해석을 통한 스토리로 기능하게 될 것인지는 연구자의 연구목적과 의도에 의해 '선택적 표현'과 '구성자료'로 기능하게 됨을 의미한다. 따라서 도시사 연구에서 시각영상자료의 활용은 여전히 보는 것으로 출발해 대상을 인식하는 가장 쉬운 방법이자, 가장 위험한 앎이라는 '시각작용의 불완전성'에 대한 충분한 고려를 전제해야만 한다.

이 글은 북한 도시사 연구에 활용되는 북한 당국이 생산하는 시각영상자료의 목적과 의도 그리고 기능과 역할 및 한계성을 먼저 지적한다. 이것은 비단 시각영상자료에만 해당하는 것이 아니라 북한 당국이 생산 주체로 작동하는 출판보도물 전체에 해당하기 때문에 한계를 전제하면서도 몇 가지 유의미성을 중심으로 결론지으면 다음과 같다.

첫째, 도시공간을 인간의 상호작용 속에서 의미가 생성되고 공유되는 장으로 이해한다면, 시각자료는 도시공간에 대한 물리적 구조와 배치를 통해 공간 내 정치·경제·행정의 측면에서 공간의 배열, 사회적 위계, 행위의 네트워크를 구성하게 한다. 마치 평면의 지도 위에 권력 관계가 작동하는 도시계획에 입각한 교통통신 및 건축물, 편의문화시설들을 세우고, 그 위에 인간의 사회적 행위라는 살아 있는 숨을 불어넣는 방식이다. 이때 시각자료와 영상자료는 각기 서로 다른 측면에서 도시공간을 이해하고 해석할 수 있는 자료로 기능하게 된다.

둘째, 이때 시각자료와 영상자료는 가장 기본에 충실한 기능으로서 위치정보를 제공한다. 함흥시를 대상으로 했던 총 700여 건의 시각·영상자료는 문헌자료 속에서 찾아낼 수 없었던 공간을 구성하는 위치정보를 제공한다. 도시 내 행정구역별 기관·기업소와 학교, 시장, 편의시설, 문화시설, 유물유적 등의 존재이다. 특히 지방 단위의 공장·기업소 그리고 협동농장 및 축산, 과수농장 등 중심 단위가 아닌 곳들이 잡지를 통한 시각자료, TV편집물을 통한 영상자료를 통해 존재 여부를 인식하게 한다.

셋째, 시각자료 중 세 가지 지도의 누적 분석은 도시공간의 배열과 위계를 명확히 보여준다. 위성사진 지도를 통해 도시의 중심부와 주변부를 인식할 수 있으며, 역을 중심으로 하는 상업지구와 철도를 중심으로 한 주택지구, 대학을 중심으로 한 교육지구, 도급, 시급 행정기관을 중심으로 한 행정지구, 문화시설 및 사적유적지를 중심으로 한 문화지구 등의 배열과 위계를 파악할 수 있다. 여기에 직업별, 연령별, 성별 구술자의 심상지도는 도시공간의 배열과 위계가 이들의 행위를 규정하고 제약하며, 역으로 사회적 행위에 의해 도시공간의 배열과 위계가 변모하는 현상을 분석할 수 있게 한다.

넷째, 시각자료 중 보도사진, 기록사진은 당국이 부여하는 도시 정체성과 행위자가 인식하는 도시 정체성의 관계를 규명할 수 있게 한다. 주요 공장 기업소에 대한 반복적인 보도사진은 도시공간에 대한 가상의 긍지와 자부심을 형성하게 한다. 사진이 하나의 토템으로 기능할 수 있음을 적시했듯이, 해당 도시를 대상으로 진행한 인터뷰 구술자 모두는 함흥시의 5대 공장 존재를 상징적 이미지로 형상화했다. 그러나 실제 그들의 도시적 삶은 5대 공장과 긴밀한 관계를 형성하고 있지는 않았다. 그럼에도 보도사진을 통해 가공된 도시 이미지와 표상들이 의식세계를 구성하고 있으며, 사회적 행위로 표현되어왔음을 보여준다. 권력 관계를 반영하는 사회적 행위의 대표성은 기록사진에 나타나 있다. 함흥시에서 연일 치러지는 120여 건의 정치행사는 도시의 외관을 변모시킬 뿐 아니라, 도시에 대한 소속감과 정체성을 형성하는 데 주요했음을 보여준다.

다섯째, 영상자료는 매우 제한적이지만 스토리를 갖고 있다는 점에서 공간과 행위를 연결하는 '해석의 여지'가 많은 자료이다. 영상소재로 등장하는 각 기관·기업소 및 시설의 존재여부와 내부 공간구성에 대한 정보도 제공하지만, 입체화된 장소 화면을 통해 공간상상력을 확대하고, 영화적 스토리 구성과 인물 인터뷰를 통해 문헌의 행간읽기를 통해 파악해야만 했던 사실관계를 인식할 수 있고 해석할 수 있게 해준다.

여섯째, 이상의 모든 시각·영상자료가 다 유의미한 것은 아니기 때문에 매체별, 유형별, 주제별 자료의 선택과 활용이 매우 중요하다. 시각·영상자료는 도시사 연구에 기초가 되는 문헌자료와 구술자료와의 관계 속에서 선택적으로 활용되어야 한다. 또한 시각·영상자료는 도시공간과 사회적 행위의 상호작용을 잘 밝혀낼 수 있는 사료로서의 검증을 필요로 한다.

참고문헌

제1장 역사적 다양체로서 사회주의 도시의 이해 _ 홍민

김영나. 2004. 「유토피아의 신기루: 정치적 공간으로서의 사회주의 도시와 모뉴먼트」. ≪서양미술사학회논문집≫, 제21집.

김원. 2004. 『사회주의 도시계획』. 서울: 보성각.

김흥순. 2007. 「사회주의 도시는 어떻게 만들어졌는가?」. ≪국토계획≫, 제42권 제6호.

남영호. 2006. 「러시아 공장 작업장에서의 시간과 공간, 신체」. ≪비교문화연구≫, 제12집 1호.

_____. 2011/2012. 「사회주의 도시의 상투성」. ≪중소연구≫, 제35권 제4호 겨울.

노경덕. 2012. 「냉전사와 소련 연구」. ≪역사비평≫, 제101호.

다이아몬드, 재레드. 1998. 『총, 균, 쇠: 무기·병균·금속은 인류의 운명을 어떻게 바꿨는가』. 김진준 옮김. 서울: 문학사상사.

데란다, 마누엘. 2009. 『강도의 과학과 잠재성의 철학: 잠재성에서 현실성으로』. 이정우·김영범 옮김. 서울: 그린비.

들뢰즈, 질. 2007. 「장치란 무엇인가?」. 박정태 옮김. 『들뢰즈가 만든 철학사』. 서울: 이학사.

_____·펠릭스 가타리. 2001. 『천개의 고원』. 김재인 옮김. 서울: 새물결.

렘케, 미카엘. 2006. 「동서갈등과 동독 소련점령지구의 소비에트화: 성과와 문제점, 그리고 새로운 문제제기들」. 최용찬 옮김. ≪역사문제연구≫, 제16호.

백남운. 2005. 『쏘련인상』. 서울: 선인.

버틀러, 주디스. 2008. 『젠더 트러블』. 조현준 옮김. 서울: 문학동네.

벤야민, 발터. 2005. 『발터 벤야민의 모스크바 일기』. 김남시 옮김. 서울: 그린비.

송준서. 2010. 「포스트소비에트 시기 러시아 지역 정체성 변화: 우랄 지역 모노고로드를 중심으로」. ≪슬라브학보≫, 제25권 4호.

스콧, 제임스 C. 2010. 『국가처럼 보기: 왜 국가는 계획에 실패하는가』. 전상인 옮김.
　　서울: 에코리브르.

스타이츠, 리처드. 2008. 『러시아의 민중문화: 20세기 러시아의 연예와 사회』. 김남섭
　　옮김. 서울: 한울아카데미.

실리, 사라. 2007. 『주디스 버틀러의 철학과 우울』. 김정경 옮김. 서울: 앨피.

와다 하루끼. 1994. 『역사로서의 사회주의』. 고세현 옮김. 서울: 창작과비평사.

이지연. 2010. 「기념비와 스탈린 신화: 권력의 재현적 공간으로서의 소비에트 예술과
　　삶」. 『유토피아의 환영: 소비에트 문화의 이론과 실제』. 서울: 한울아카데미.

임동우. 2011. 『평양 그리고 평양 이후』. 서울: 효형출판.

장세룡. 2012. 「신문화사와 공간적 전환: 로컬리티 연구와 연관시켜」. ≪역사와 문화≫,
　　제23호.

차문석. 2001. 『반노동의 유토피아: 산업주의에 굴복한 20세기 사회주의』. 서울: 박종
　　철출판사.

체신성, 2002. 『(비밀) 전화번호부』. 평양: 체신성.

최완규. 2001. 「북한 국가성격의 이론과 쟁점: 비교사회주의적 관점」. 최완규 엮음. 『북
　　한의 국가성격 변용에 관한 연구: ‘예외국가’의 공고화』. 서울: 한울아카데미.

코스토프, 스피로. 2009. 『역사로 본 도시의 모습』. 양윤재 옮김. 서울: 공간사.

_____. 2011. 『역사로 본 도시의 형태』. 양윤재 옮김. 서울: 공간사.

콥, 아나톨. 1993. 『소비에트 건축: 1923-1937』. 건축운동연구회 옮김. 서울: 발언.

클락, 토비. 2000. 『20세기 정치선전 예술』. 이순령 옮김. 서울: 예경.

클리프, 토니. 2011. 『소련은 과연 사회주의였는가: 국가자본주의론의 분석』. 정성진
　　옮김. 서울: 책갈피.

푸코, 미셸. 1991. 『권력과 지식: 미셸 푸코와의 대담』. 홍성민 옮김. 서울: 나남.

홍민. 2006. 「북한의 사회주의 도덕경제와 마을체제」. 동국대학교 대학원 박사학위논문.

_____. 2013. 「행위자-네트워크 이론과 북한연구: 방법론적 성찰과 가능성」. ≪현대북
　　한연구≫, 제16권 1호.

Allen, John and Allen Cochrane. 2010. "Assemblages of State Power: Topological

Shifts in the Organization of Government and Politics." *Antipode* Vol. 42 No. 5.

Austin, J. L. 1962. *How to do Things with Words*. Cambridge, Mass: Harvard University Press.

Bettleheim, C. 1975. *Economic Calculation and Forms of Property*. London: MRP.

Callon, Michel and Bruno Latour. 1981. "Unscrewing the big Leviathan: How actors macro-structure reality and how sociologists help them do so." in K. Knorr Cerina and A. V. Cicourel(eds). *Advances in Social Theory and Methodology*. Boston, MA: Routledge.

Callon, Michel. 1995. "Four models of the dynamics of science." in S. Jasanoff, G. E. Markle, J. C. Peterson and R. J. Pinch(eds). *Handbook of Science and Technology Studies*. Thousand Oaks, CA: Sage.

Carroll, Patrick. 2006. *Science, Culture, and Modern State Formation*. Berkeley, CA: University of California Press.

Certeau, Michel de. 1984. *The Practice of Everyday Life*. Los Angeles: University of California.

Derrida, Jacques. 1991. "Signature Event Context." trans. A. Bass in Peggy Kamuf (ed.). *A Derrida Reader: Between the Blinds*. New York: Columbia University Press.

Fisher, Jack. 1962. "Planning the City of Socialist man." *Journal of the American Institute of Planners*, Vol. 28 Issue 4 November.

French A. and F. E. Ian Hamilton. 1979. "Is There a Socialist City?" R. A. French and F. E. Ian Hamilton(ed.). *The Socialist City: Spatial Structure and Urban Policy*. Chichester·New York·Brisbane·Toronto: John Wiley & Son.

Gorsuch, Anne E. and Diane Koenker(eds.). *Turizm: The Russian and East European Tourist under Capitalism and Socialism*. Ithaca, NY: Cornell Univ Press.

Jessop, Bob. 2001. "Bringing the state back in (yet again): Reviews, revisions, rejections, and Redirections." *International Review of Sociology* 11.

Kaghan, William N. and Geoffrey C. Bowker. 2001. "Out of machine age?: Complexity, sociotechnical system and actor network theory." *Journal of Engineering and Technology Management* 18.

Mandel, Ernest. 1992. "A Theory which has not withstood the test of facts." *International Socialism*, vol.49 Winter.

Mayer, J. W. 1999. "The changing cultural content of the nation-state: A world society perspective." in G. Steinmetz(ed.). *State/Culture: State Formation after th Culture turn*. Ithaca, NY: Cornell University Press.

Smith, David M. 1996. "The Socialist City." Gregory Andrusz, Michael Harloe and Ivan Szelenyi(ed.). *Cities After Socialism: Urban and Regional Change and Conflict in Post-Socialism Societies*. Oxford·Cambridge: Blackwell.

Sweezy, P. 1980. *Post-Revolutionary Society*. London: MRP.

Yurchak, Alexel. 2005. *Everything Was Forever, Until It Was No More: The Last Soviet Generation*. Princeton and Oxford: Princeton University Press.

제2장 서양 도시사 연구 흐름과 북한 도시사 연구를 위한 제언 _ 민유기

도시사연구회 엮음. 2007. 『공간 속의 시간』. 서울: 심산.

도시사학회 기획. 2011. 『도시화와 사회갈등의 역사』. 서울: 심산.

로시, 알도(Aldo Rossi). 2003. 『도시의 건축』. 오경근 옮김. 서울: 동녘.

민유기. 2007a. 「한국 도시사 연구에 대한 비평과 전망」. ≪사총≫, 64호.

_____. 2007b. 「프랑스 근현대 도시사연구의 발전과정과 특성」. ≪사총≫, 65호.

_____. 2010. 「파리도시학연구소의 인문학 전통과 사회적 기능」. ≪인천학연구≫, 12호.

_____. 2011. 「프랑스의 민속학 전통과 현대민족학의 특성」. ≪역사민속학≫, 35호.

박진빈. 2007. 「미국 도시사 연구의 특성과 논점」. ≪사총≫, 64호.

브로델, 페르낭(Fernand Braudel). 1995. 『물질문명과 자본주의』. 주경철 옮김. 서울: 까치.

이무용. 2005. 『공간의 문화정치학: 공간, 그곳에서 생각하고, 놀고, 싸우고, 만들기』. 서울: 논형.

피렌, 앙리(Henri Pirenne). 1997. 『중세 유럽의 도시』. 강일휴 옮김. 서울: 신서원

하비, 데이비드(David Harvey). 1982. 『사회정의와 도시』. 최병두 옮김. 서울: 종로서적.

Agulhon, M. 1970. *Une ville ouvrière au temps du socialisme utopique: Toulon de 1815 à 1851*. Paris: Mouton.

Althabe, Gérard. 1984. "L'ethnologie urbaine: ses tendances actuelles." *Terrain*, No. 3(Octobre).

Archibald, Robert R. 1999. *A Place to Remember: Using History to Build Community*. Walnut Creek: Altamira Press.

Backouche, Isabelle(éd.). 1998. *L'histoire urbaine en France Moyen Age-XXe siècle: guide bibliographique 195-1996*. Paris: L'Harmattan.

Baudoui, Rémi et al. 1990. "Ecrire une histoire contemporaine de l'urbain." *Vingtième siècle, revue d'histoire*, No. 27(juillet-septembre).

Bromberger, Christian. 1997. "L'ethnologie de la France et ses nouveaux objets: crise, tâtonnements et jouvence d'une discipline dérangeante." *Ethnologie française*, Vol. 27, No. 3.

Burguière, André. 1986. "Anthropologique historique." André Burguière(dir.). *Dictionnaire des sciences historiques*. Paris: PUF.

Castells, Manuel. 1977. La question urbaine, Paris, F. Maspero, 1972; *The Urban Question: A Marxist Approach*. London: Edward Arnold.

Cosgrove, D. and Daniels, S(eds.). 1988. *The Iconography of Landscape: Essays on the Symbolic Representation, Design and Use of Past Environments*. Cambridge: Cambridge University Press.

Dollinger, Philippe and Philippe Wolff. 1967. *Bibliographie d'histoire des villes de France*. Paris: Klincksieck.

Eleb, Monique and Anne Debarre. 1989. *Architectures de la vie privée: maisons et mentalités XVIIe-XIXe siècles.* Bruxelles: Archives d'Architecture Moderne.

_____. 1995. *L'Invention de l'habitation moderne: Paris 1880-1914.* Paris: Hazan. Bruxelles: Archives d'Architecture moderne.

Fourcaut, Annie(dir.). 1996. *La ville divisée: les ségrégations urbaines en question France XVIIIe-XXe siècles.* Grâne: Creaphis.

Fraser, Derek and Anthony Sutcliffe(eds.). 1983. *The Pursuit of Urban History.* London: Edward Arnold.

Gay, G. C. 1994. *New York: Gender, Urban Culture, and the Making of the Gay Male World, 1890-1940.* NY: Basic Books.

Goubert, Pierre. 1971. "Local History." *Daedalus, Journal of the American Academy of Arts and Sciences*, Winter.

Lefebvre, Henri. 1974. *La production de l'espace.* Paris: Anthropos.

Lepetit, Bernard and Jean-Luc Pinol. 1993. "France." in Richard Rodger. *European Urban History: Prospect and Retrospect.* London: Leicester University Press.

Lequin, Yves. 1977. *Les ouvriers de la région lyonnaise 1848-1914.* Lyon: PUL.

Mandelbaum, Seymour J. 1985. "H. J. Dyos and British Urban History." *The Economic History Review*, New Series, Vol.38, No.3(August).

Matusitza, Jonathan. 2010. "Glurbanization theory: an analysis of global cities." *International Review of Sociology: Revue Internationale de Sociologie*, Vol. 20, No.1.

Merlin, Pierre and Françoise Choay. 1988. *Dictionnaire de l'Urbanisme et de l'aménagement.* Paris: PUF.

Mitchell, D. 1994. "Landscape and Surplus value: The Making of the Ordinary in Brentwood, CA." *Environment and Planning D: Society and Space*, Vol.12, No.1.

Murard, Lion and Patrick Zylberman. 1976. *Le petit travailleur infatigable ou le prolétaire régénéré: villes-usines, habitat et intimités au XIXe siècle.* Fontenay-sous-Bois.

Pahl, R. E. 1977. "Managers, technical experts and the state." in Michael Harloe (ed.). *Captive Cities*. London: John Wiley.

Palliser, D. M., Clark, P. and Daunton, M(eds.). 2001. *The Cambridge Urban History of Britain*, Vol.3. NY: Cambridge University Press.

Park, R. E. 1915. "The City: Suggestions for the Investigation of Human Behavior in the Urban Environment." *American Journal of sociology*, Vol.20, No.5(mars).

Park, R. E and W. S. Burgess(eds.). 1921. *Introduction to the science of society*. Chicago: University of Chicago Press.

Perrot, Jean-Claude. 1968. "Rapports sociaux et villes au XVIIIe siècle." *Annales Economies, Société, Civilisations*, No.1.

Pinol, Jean-Luc. 1995. "L'histoire urbaine contemporaine en France." in Jean-Louis Biget et Jean-Claude Hervé(éd.). *Panoramas urbains: situation de l'histoire des villes*. Fontenay Saint-Cloud E.N.S. Editions.

Pinol, Jean-Luc(dir.). 2003. *Histoire de l'Europe urbaine. t. I, De l'Antiquité au XVIIIe siècle, t. II, De l'Ancien Régime à nos jours*. Paris: Seuil.

Saldern, Adelheid von(ed.). 2005. *Inszenierter Stolz. Stadtrepräsentationen in drei deutschen Gesellschaften*. Stuttgart: Franz Steiner Verlag.

Schlesinger, A. M. "City in America History." *Mississippi Valley Historical Review*, Vol.27.

Thernstrom, Stephan. 1964. *Poverty and Progress: Social Mobility in a Nineteenth-Century City*. Cambridge, MA: Harvard University Press.

Warner, Sam B. Jr. 1962. *Streetcar Suburbs: The Process of Growth in Boston, 1870-1900*. Cambridge, MA: Harvard University Press.

Wirth, L. 1969. "Urbanism as a Way of Life." in Richard Sennett(ed.). *Classic Essays on the Culture of Cities*. NY: Appleton Century Crofts.

제3장 도시지리학의 주요 연구 방법과 북한 도시 _안재섭

기로워드, 마크(Mark Girouard). 2009. 『도시와 인간: 중세부터 현대까지 서양도시문화사』. 민유기 옮김. 서울: 책과함께.

김인. 1991. 『도시지리학원론』, 서울: 법문사.

김종범. 1999. 「중국의 도시체계 특징에 대한 소고」. ≪국토연구≫, 28.

남상희. 2011. 『공간과 시간을 통해 본 도시와 생애사 연구』. 서울: 한울아카데미.

남영우. 2007. 『도시공간구조론』. 서울: 법문사.

녹스·핀치(Paul Knox and Steven Pinch). 2012. 『도시사회지리학의 이해』. 박경환 외 옮김. 서울: 시그마프레스.

마이어(Maier, J) 외. 1998. 『사회지리학: 사회공간이론과 지역계획의 기초』. 박영한·안영진 옮김. 서울: 법문사.

멈포드, 루이스(Lewis Mumford). 1990. 『역사속의 도시』. 김영기 옮김. 서울: 명보문화사.

성준용. 1990. 『한국의 도시시스템』. 서울: 교학연구사.

오규식·정승현. 2011. 『GIS와 도시분석』. 서울: 한울아카데미.

이기석 외. 2002. 「나진-선봉 경제무역지대의 입지특성과 지역구조」. ≪대한지리학회지≫, 제37권 제4호.

이옥희. 2011. 『북·중 접경지역: 전환기 북·중 접경지역의 도시네트워크』. 서울: 푸른길.

조명래. 2002. 『현대사회의 도시론』. 서울: 한울아카데미.

최재헌. 1987. 「한국의 도시체계에 관한 연구」. ≪지리교육논집≫, 18.

_____. 2002. 「1990년대 한국도시체계의 차원적 특성에 관한 연구」. ≪한국도시지리학회≫, 제5권 2호.

황정랑웅(荒井良雄) 외. 2000. 『도시의 공간과 시간』. 김송미·오병태 옮김. 서울: 대우출판사.

顧朝林. 1992. 『中國城鎭體系』. 上海: 商務印書館.

Berry, B. J. L. 1961. "City size distribution and economic development." *Economic Development and Cultural Change*, Vol.9.

_____. 1964. "Cities as Systems within Systems of Cities." *Papers of the Regional Science Association*, Vol.13.

Burgess, E. W. 1925a. "The Growth of the City." in R. E. Park, E. W. Burgess and R. D. Mekenzie(eds.). *The City*. Chicago: University of Chicago Press.

_____. 1925b. "The Urban Community as a Spatial Pattern and a Moral Order." in Burgess, E. W(eds.). *The Urban Community*. Chicago: The University of Chicago Press.

Coffey, W. J. 1981. *Geography: Towards a General Spatial Systems Approach*. New York: Methuen.

Dickinson, R. E. 1964. *City and Region: A Geographical Interpretation*. London: Routledge.

Hägerstrand, T. 1968. *Innovation Diffusion as a Spatial Process*. Chicago: University of Chicago Press.

Hall, T. 2006. *Urban Geography*(3rd ed.). NY: Routledge.

Hartshorne, T. A. 1991. *Interpreting the City: An Urban Geography*. NY: John Wiley and Sons.

Hoyt, H. 1939. *The Structure and Growth of Residential Neighborhoods in American Cities*. Washington D.C: U.S. Government Printing Office.

Pacione, M. 2005. *Urban Geography: Global Perspective*. NY: Routledge.

Pred, A. R. 1977. *City Systems in Advanced Economies: Past Growth Present Process, and Future Development Options*. NY: Wiley.

Quinn, J. A. 1940. "The Burgess Zonal Hypothesis and Its Cities." *American Sociological Review*, Vol.5.

Scott, A. and Soja, E. W(eds.). 1998. *The City: Los Angeles and Urban Theory at the End of the Twentieth Century*. LA: UCLA Press.

Short, R. 1984. *An Introduction to Urban Geography*. London: Routledge and

Kagan Paul.

Vance, J. E. 1964. *Geography and Urban Evolution in the San Francisco Bay Area*. Institute of Government Studies. Berkely: University of California Press.

_____. 1977. *This Scene of Man: The Role and Structure of the City in the Geography of Western Civilization*. NY: Harper and Row.

_____.1990. *Capturing the Horizon: The Historical Geography of Transportation Since the Sixteenth Century*. Baltimore: The Johns Hopkins University Press.

Whitehand, J. W. R. and P. J. Larkham. 1992. *Urban Landscapes: International Perspectives*. London: Routledge.

Williamson, J. G. 1965. "Regional Inequality and the process of national development: a description of pattern." *Economic Development and Cultural Change*, Vol.13.

Wirth, L. 1969. "Urbanism as a Way of Life." in Richard Sennett, R(ed.). *Classic Essays on the Culture of Cities*. NY: Appleton Century Crofts

Xu, X. Q., Zhang, W. and Kong, A. L. 1996. "Economic Globalization and Its Impacts on Urban System." *The Journal of Chines Geography*, Vol.6, No.1.

제4장 북한연구에서 '공간' 이해와 도시사의 가능성 _ 홍민

강경원. 1990. 「사회주의식 도시계획이 소련의 도시형태와 구조에 미친 영향」. ≪지리학≫, 제41집.

강부구. 2003. 「남북한 도시 관련 법규의 비교연구」. 서울시립대학교 석사학위 논문.

강성윤. 1999. 「'북한학' 연구의 현황과 과제」. 북한연구학회 엮음. 『분단 반세기 북한 연구사』. 서울: 한울아카데미.

건설교통부. 2005. 『북한의 국토개발 및 관리실태에 관한 조사 연구』. 서울: 건설교통부.

고성호. 1996. 「북한의 도시화 과정과 특징」. ≪통일문제연구≫, 제8권 제1호.

구수미·오유석. 2004. 「북한 도시 여성의 삶과 의식」. ≪사회와 역사≫, 통권 제65호.

구수미·이미경. 2004. 「경제위기 이후 북한도시 여성의 삶과 의식: 청진. 신의주. 혜산 지역을 중심으로」. ≪북한연구학회보≫, 제8권 제2호.

_____. 2005. 「체제변화시기 북한도시여성의 지위변화: 중국 도시여성과의 비교」. ≪북한연구학회보≫, 제9권 제2호.

국립중앙박물관, 2010. 『(북한의 역사 도시를 찾아서) 조선을 일으킨 땅, 함흥: 용산 이전 개관 5주년 기념』.

국토연구원. 2001. 『체제전환국의 도시발전과 북한에 대한 시사점』. 서울: 국토연구원.

권승기. 1991. 「미리 가보는 북한관광 2: 열리는 도시. 평양」. ≪통일한국≫, 통권 제92호.

교육도서출판 편. 1989. 『조선지리전서: 공업지리』. 평양: 교육도서출판사.

기계형. 2012. 「중앙아시아 지역: 우즈베키스탄」. e-Eurasia, 38호.

_____. 2008. 「소비에트 시대 초기의 일상생활과 콤무날카 공간의 성격」. ≪서양사론≫, 제98호.

김기덕. 1996. 「북한 도시개발에 관한 연구」. 건국대학교 행정대학원 석사학위 논문.

김남룡. 1992. 「평양의 관문도시 남포」. ≪북한≫, 통권 제243호.

김남일. 2002. 「북한의 개혁·개방정책에 따른 북한지역 도시개발의 정책방향에 관한 연구」. 한양대학교 도시대학원 석사학위 논문.

김두섭. 1995. 「북한의 도시화와 인구분포: 남한과의 비교」. ≪한국인구학≫, 제18권 제2호.

김두섭 외. 2011. 『북한 인구와 인구센서스』. 서울: 통계청.

김동찬 외. 1995. 「북한의 도시광장 및 거리 형성에 관한 연구」. ≪국토계획≫, 제30권 제6호

김문조·조대엽. 1992. 「북한의 도시화와 도시문제」. ≪아세아연구≫, 제35권 제1호.

김면. 2005. 「전후 사회주의 도시 건설의 새로운 모델: 비밀문서로 본 구 동독의 함흥시 건설프로젝트」. ≪민족21≫, 2005.6.

김석형. 2001. 『나는 조선노동당원이오!』. 서울: 선인.

김승철. 1996. 「두고 온 내 고향 ― 함경남도 함흥편: 함흥냉면의 향수가 깃든 공업도시」. ≪北韓≫, 통권 제293호.

김신원. 1996. 「북한의 국토 및 지역개발에 의한 조경공간 형성에 관한 연구」. ≪국토

계획≫, 제31호 제3호.

김원. 1990. 「북한의 도시개발정책에 관한 연구」. ≪지방행정연구≫, 제5권 제4호.

＿＿＿. 1996. 「사회주의 소련의 도시계획평가에 관한 연구」. ≪국토계획≫, 제31권 제 5호.

＿＿＿. 1998. 『사회주의 도시계획』. 서울: 보성각.

김창석. 1993. 「남북한 도시정주체계의 비교연구」. ≪국토계획≫, 제28권 제2호.

김철수. 2009. 『도시공간계획사』. 서울: 기문당.

김현수. 1994. 「북한의 도시계획에 관한 연구」. ≪국토계획≫, 제29권 제2호.

＿＿＿. 2000. 「개방·개혁에 따른 북한도시의 공간구조변화전망」. ≪국토계획≫, 제35 권 4호.

김흥순. 2007. 「사회주의 도시는 어떻게 만들어졌는가」. ≪국토계획≫, 제42권 6호.

나초스, 앤드류(Andrew S. Natsios). 2003. 『북한의 기아: 기아 정치 그리고 외교정책』. 황재옥 옮김. 서울: 다할미디어.

데란다, 마누엘(Manuel Delanda). 2009. 『강도의 과학과 잠재성의 철학』. 이정우 외 옮김. 서울: 그린비.

민유기. 2007. 『도시이론과 프랑스 도시사 연구』. 서울: 심산.

＿＿＿. 2008. 「도시공학·교통공학·지역개발학 관련 연구자료 논문선집」. 『행정·정책 23』. 현대문화사.

박선영. 2007. 「사진으로 보는 함흥시와 흥남구역: 세계적 화학도시 명성은 사라지고 조화롭지 못한 김父子 우상물들 자리해」. ≪북한≫, 통권 제424호.

박소영. 2010. 「북한의 신해방지구 개성에 관한 연구: 지방통제와 지방정체성을 중심 으로」. 동국대학교 대학원 박사학위 논문.

박정희. 2010. 「사회주의 시기 베이징의 기억·공간·일상」, ≪서강인문논총≫, 제27집.

백승종. 2000. 『동독 도편수 레셀의 북한의 추억: 50년대의 북녘. 북녘 사람들』. 서울: 효형출판.

브로델, 페르낭(Fernand Braudel). 1995. 『물질문명과 자본주의 I-1: 일상생활의 구조 上』. 주경철 옮김. 서울: 까치.

송경록. 2000. 『(북한 향토사학자가 쓴) 개성 이야기』. 서울: 푸른숲.

스톤·그레고리·스미스 엮음. 1992. 『현대인문지리학사전』, 한국지리연구회 옮김. 서울: 한울아카데미.

안재섭. 2012. 「도시지리학의 주요 연구 방법과 도시사」. 동국대 북한도시사연구팀 북한도시사세미나 발표문(2012.7.25).

안재섭 외. 2002. 「나진-선봉 경제 무역지대의 입지 특성과 지역구조」, ≪대한지리학회지≫, 37(4).

양태진. 2005. 「자산군(慈山郡)이었던 평성시」. ≪북한≫, 통권 제401호.

_____. 2006. 「해주시(海州市)」. ≪북한≫, 통권 제416호.

염형민. 1994. 『북한의 국토개발: 도시와 교통을 중심으로』. 서울: 공보처.

오연주. 2002. 「북한의 건축이론: 사회적 배경에 기반 한 북한 공동주거계획에 대한 연구」 이화여자대학교 대학원 석사학위 논문.

월러스틴, 이매뉴엘(Immanuel Wallerstein). 2007. 『지식의 불확실성』. 유희석 옮김. 서울: 창비.

유경호. 2007. 「평양의 도시발달과 지역구조의 변화」. 고려대학교 석사학위 논문.

이기석. 2008. 『북한 평양-남포 대도시권의 지역구조 연구』. 서울: 서울대학교 통일평화연구소.

이동철. 2006. 「북한 주요도시의 산업인프라 연구」. 한양대학교 석사학위 논문.

이상준. 2000. 「북한 도시의 이해와 남북 도시 간 동질성 회복」. ≪도시문제≫, 제35권 383호.

_____. 2001. 「경제체제 개혁에 따른 북한의 도시성장 전망에 관한 연구」. ≪국토계획≫, 제36권 제4호.

_____. 2004. 『남북경제통합에 대비한 북한 주요 도시의 산업발전 방향과 남북협력 방안. 서울: 국토연구원.

_____. 2010. 「통일 이후 구동독 공업도시들의 도시특성과 도시성장에 관한 연구」. ≪통일정책연구≫, 제19권 제2호.

이석. 2004. 『1994~2000년 북한기근: 발생. 충격 그리고 특징』. 서울: 통일연구원.

이승일. 2009. 『북한의 도시 및 지역개발』. 서울: 보성각.

이신철. 2007. 「사회주의 '조선의 심장' 평양의 동아시아 도시로의 변화 가능성」. ≪한

국사연구≫, 제137집.

이우영 엮음. 2008. 『북한 도시주민의 사적 영역 연구』. 서울: 한울아카데미.

이윤하. 2010. 「김정일 후계체제 구축기 북한건축의 특성 연구」. 북한대학원대학교 석
　　사학위 논문.

이영희. 2006. 「북한 개성특급시 역사·문화지명의 유래와 특성」. ≪한국학연구≫, 제
　　24집.

이재하. 2000. 「북한의 지역격차와 균형개발전략」. ≪대한지리학회지≫, 제35권 제1호.

이태호. 2007. 『통일 후 북한지역 농업·농촌의 재정비 및 발전방안에 대한 연구 1-3』.
　　서울: 서울대학교 통일평화연구소.

임동우. 2011. 『평양 그리고 평양 이후: 평양 도시 공간에 대한 또 다른 시각　1953~
　　2011』. 파주: 효형.

임형백. 2009. 「북한공간구조의 형성과 변화 전망」. ≪GRI 연구논총≫, 제11권 제3호.

_____. 2010. 「사회주의 북한 공간구조의 자본주의 공간구조로의 변화 전망」. ≪한국
　　정책연구≫, 제10권 제1호.

장성수. 1998. 「북한의 건축과 도시. 그리고 통일」. ≪건축≫, 제42권 제1호.

장세훈. 2004. 「북한 대도시의 도시화 과정」. ≪사회와 역사≫, 통권 제65호.

_____. 2005. 「북한 도시 주민의 사회적 관계망 변화」. ≪한국사회학≫, 제39권 제2호.

장인봉. 2004. 「남북한 경제교류협력을 위한 도시정부의 대응방안」. ≪한국정책연구≫,
　　제4권 제1호.

정진우. 1991. 「미리가보는 북한관광4: 항구문화도시 남포」. ≪통일한국≫, 통권 제95호.

주종원·김현수. 1993. 「북한의 주거지계획에 관한 연구」. ≪국토계획≫, 제28권 제3호.

조남훈. 2013. 「북한의 도시화 추이와 특징」. ≪KDI 북한경제리뷰≫, 5월호.

조진철. 2001. 「북한의 도시 및 지역계획: 1945~1998」. ≪국토계획≫, 제36권 제4호.

조현숙. 2004. 「중소도시의 계획적 형성은 도시에로 인구집중을 막기 위한 합리적인
　　도시형성방식」. ≪경제연구≫, 2004년 제1호.

최안성·안재섭. 2001. 「두만강 하구 녹둔도의 자연과 토지 이용: 현지답사를 중심으로.」.
　　『대한지리학회 학술대회논문집』(2001.12).

최완규 엮음. 2004. 『북한 도시의 형성과 발전』. 서울: 한울아카데미.

_____. 2006. 『북한도시의 위기와 변화』. 서울: 한울아카데미.

_____. 2007. 『북한 '도시정치'의 발전과 체제 변화: 2000년대 청진·신의주·혜산』. 서울: 한울아카데미.

최재헌. 2000. 「한반도 도시체계의 발달과 전망」. ≪한국도시지리학회지≫, 제3권 제1호.

한상연. 2011. 「사회주의 체제 붕괴 이후 동독과 동유럽 지역 도시의 공간변화 탐색: 통일한국을 위한 시사점」. ≪도시 행정 학보≫, 제24권 제1호.

홍민. 2005. 「흥남 방문을 통해 본 북한의 변화」. ≪북한≫, 통권 제405호.

_____. 2007. 「급변하는 한반도와 통일학(북한학)의 발전방향」. 2007년 이화여대 통일학연구원 가을학술회의 발표집.

_____. 2010. 『화폐개혁 전후 북한의 국가: 시장 관계의 변화 동학』. 2010년 통일부 연구용역 보고서.

홍순직. 2008. 「남포 령남배수리공장 주변, 항만도시로 변모」. ≪통일한국≫, No.294.

황지욱. 2001. 「통일전후 베를린 도시구조의 변화에 관한 연구: 통일 이후 북한도시의 변화에 대한 시사점」. ≪한독사회과학논총≫, 제11권 제2호.

황희연. 1999. 「통일 대비 통합국토정비 정책방향에 대한 일고」. ≪한국도시지리학회지≫, 제2권 제2호.

Farias, Ignacio and Thomas Bender. 2010. *Urban Assemblage*. London and NY: Routledge.

Myun, Kim. 2007. "The History of Interchange between Rormer E. Germany and N. Korea Through the Research on Oral Statements." ≪국제정치연구≫, 제10집 제2호.

제5장 사회주의 도시 연구 _ 기계형

김남섭. 2010. 「흐루시초프의 주택 정책과 소련사회의 일상」. ≪러시아연구≫, Vol.20, No.1.

남영호. 2012. 「사회주의와 도시의 상투성」. ≪중소연구≫, 제35권 제4호.

레닌, V. I. 1988.『국가와 혁명』. 김영철 옮김. 서울: 논장.

리시츠키, 엘(El Lissitzky). 1993.『러시아: 세계혁명을 위한 건축』. 김원갑 옮김. 서울: 세진사.

밀너, 존(John Milner). 1996.『문화정치가의 초상화: 타틀린』. 조권섭 옮김. 현실비평 연구소.

장지연 외. 2005.「1920년대 러시아 아방가르드 건축의 형태특성에 관한 연구: ASNOVA와 OSA 작품 비교를 중심으로」,『대한건축학회 창립60주년기념 학술발표 대회논문집』, 제25권 제1호.

전영훈·김광현. 1997.「러시아 아방가르드 건축가들의 '과학적 방법'에 관한 연구」. ≪대 한건축학회 논문집≫, 제13권 제 4호.

콥, 아나톨리(Anatole Kopp). 1993.『소비에트 건축』. 건축운동연구회 옮김. 서울: 발 언출판사.

Лебина, Н. Б. 1999. *Повседневная жизнь советского города: нормы и аномалии, 1920-1930 годы,* СПб.

Меерович, М., Коньшева, Е., Хмельницкий, Д. 2011. *Кладбище соцго-родов: Градо-строительная политика в СССР 1928 ‑ 1932,* М.

Меерович, М. 2003. *Очерки истории жилищной политики в СССР и её ре ализации в архитектурном проектировании(1917-1941 гг.),* Иркуцк.

_____. 2004. Социально-культурные основы осуществления государс твенной жи лищной политики в РСФСР, Иркутский государствен ный технический у ниверситет, Диссертация на соискание учено й степени доктора историчес ких наук, Иркутск.

_____. 2010. Типология массового жилища соцгородов-новостроек 1920-1930-х гг. 2010. http://archvuz.ru/2010_3/6(검색일: 2013년 1월 20일)

Осокина, Е. 2001. *За фасадом 'Сталинского изобилия': Распределение и рынок в снабжении н аселения в годы индустриализации, 1927-1941,* Росспен; 1999. trans. Elena Osokina, *Our Daily Bread: Socialist*

Distribution and the Art of Survival in Stalin's Russia, 1927-1941, M. E. Sharpe.

Черных, А. И. 1995. "Жилишный передел; Политика 20-х годов в сфере жилья." *Социальная политика*. No.10.

Утехин, Илья. 2001. *Очерки коммунального быта,* М.

Хазанова В.Э. 1980. *Советская архитектура первой пятилетки. Проблемы города будущего.* М.: Наука.

Хан-Магомедов С.О. 2001. *Архитектура советского авангарда.* М.: Стройиздат.

Хейфец А. Н. 1988. *Советский город: социальная структура*, М.: Мысль.

Argenbright R. 1999. "Remaking Moscow: New places, new selves." *The Geographical Review*, 89.

Bater, J. H. 1980. *The Soviet City.* London: Edward Arnold.

Brumfield, William. C(ed.). 1990. *Reshaping Russian Architecture: Western Technology, Utopian Dream.* Cambridge: Cambridge University Press.

Brumfield, William C and Blair A. Ruble(eds.). 1993. *Russian Housing in Modern Age: Design and Social History.* NY: Cambridge University Press.

Buchli, Victor. 1998. "Moisei Ginzburg's Narkomfin Communal House in Moscow: Contesting the Social and Material World." *The Journal of the Society of Architectural Historians*, Vol.57, No.2(June).

_____. 1999. *An Archaeology of Socialism.* NY: New York University.

Castillo, Greg. 2003. "Stalinist Modern: Constructivism and the Soviet Company Town." in James Cracraft and Daniel Rowland(eds.). *Architecture of Russian Identity 1500 to the Present.* NY: Cornell University Press

Crowley, David and Susan E. Reid. 2002. *Socialist Spaces: Sites of Everyday Life in the Eastern Bloc.* NY: Berg Publishers.

DiMaio, Alfred John. 1974. *Soviet urban housing: problems and policies*. NY: Praeger.

French R.A. and Hamilton F.E.I(eds.). 1979. *The Socialist City: Spatial Structure and Urban Policy*. Chichester: Wiley.

Gerasimova, Katerina. 2002. "Privacy in the Soviet Communal Apartment." in David Crowley and Susan Reid(eds.). *Socialist Spaces: Sites of Everyday Life in the Eastern Bloc*. Oxford: Berg.

Roman, Gail H. and Virginia Hagelstein Marquardt(eds.). 1992. *Avant-Garde Frontier: Russia Meets the West, 1910-1930*. Gainesville: University Press of Florida.

Smith, B. Mark. 2010. *Property of Communists: The Urban Housing Program from Stalin to Khrushchev*. DeKalb: Northern Illinois University Press.

제6장 파리인가 모스크바인가? _ 데이비드 크롤리

Aman, A. 1992. *Architecture and Ideology in Eastern Europe during the Stalin Era*. Cambridge, MA: MIT Press.

Baraniewski, Waldemar. 1996. "Odwilżowe dylematy polskich architektow." in *Odwilż*. Poznań: National Museum of Poznań, exhibition catalogue.

Barucki, Tadeusz. 1956. "Autokarem przez Europę." *Stolica* (25, November)

_____. 1987. *Wadaw Kłyszewski, Jerzy Mokrzyński, Eugeniusz Wierzbicki*. Warsaw: Arkady.

Beauvoir, Simone de. 1963. *La force des choses*. Paris: Gallimard.

Bierut, Bolesław. 1951. *Sześcioletni plan odbudowy Warszawy*. Warsaw: Książka i Wiedza.

Bliznakov, Milka. 1993. "Soviet Housing during the Experimental Years, 1918 to 1933." in William Craft Brumfield and Blair A. Ruble(ed.). *Russian Housing in the Modern Age: Design and Social History*. Cambridge: Cambridge University Press.

Bratkowski, Stefan. 1996. *Październik 1956: Pierwszy wyłom w systemie*. Warsaw: Prószyński.

Buchli, Victor. 1999. *An Archaeology of Socialism*. Oxford: Berg.

Carrier, James. 1995. *Occidentalism: Images of the West*. Oxford: Oxford University Press.

Castillo, Greg. 1997. "Peoples at an Exhibition: Soviet Architecture and the National Question." in Thomas Lahusen and Evgeny Dobrenko(eds.). *Socialist Realism without Shores*. Durham, NC: Duke University Press.

_____. 2004. "Design Pedagogy Enters the Cold War: The Reeducation of Eleven West German Architects." *Journal of Architectural Education*, May.

Cooke, Catherine. 1993. "Socialist-Realist Architecture." in Matthew Cullerne Bown and Brandon Taylor(eds.). *Art of the Soviets*. Manchester: Manchester University Press.

Crowley, David. 2003. *Warsaw*. London: Reaktion.

Czerner, Olgierd and Hieronim Listowski(eds.). 1981. *Avant-garde Polonaise 1918-1939*. Paris: Éditions du Moniteur.

Falk, Barbara. 2003. *The Dilemmas of Dissidence: Citizen Intellectuals and Philosopher Kings*. Budapest: CEU Press.

Fejto, Francois. 1974. *A History of the People's Democracies*. translated by Daniel Weissbort. Harmondsworth, UK: Penguin.

Garliński, Bogdan. 1953. *Architektura polska, 1950-1951*. Warsaw: PWT.

Giedion, S. 1959. *Architecture, You and Me*. Cambridge, MA: Harvard University Press.

Goldhagen, Sarah Williams. 2001. "Freedom's Domiciles." in Sarah Williams Goldhagen and Rejean Legault(eds.). *Anxious Modernisms: Experimentation in Postwar Architectural Culture*. Cambridge, MA: MIT Press.

Goldzamt, Edmund. 1956. *Architektura zespołow śródmiejskich i problemy dziedzictwa*. Warsaw: Państwowe wydawnictwo naukowe.

Guilbaut, Serge. 1983. *How New York Stole the Idea of Modern Art: Abstract Expressionism, Freedom and the Cold War.* Chicago: University of Chicago Press.

Hansen, Oskar. 1957. "Otwarta Form." *Przegląd Kulturalny*, No.5.

_____. 2005. *Towards Open Form/Ku Formie Otwartej.* Warsaw: Foksal Foundation.

Havel, Vaclav. 1987. *The Power of the Powerless*(1978). translated by Paul Wilson. London: Faber and Faber.

Hetherington, Kevin. 1997. *The Badlands of Modernity.* London: Routledge.

Hixson, Walter L. 1997. *Parting the Curtain: Propaganda, Culture, and the Cold War, 1945 - 1961.* Basingstoke, UK: Macmillan.

Hoisington, Sona. 2007. "Soviet Schizophrenia and the American Skyscraper." in Rosalind P. Blakesley and Susan E. Reid(eds.). *Russian Art and the West: A Century of Dialogue in Painting, Architecture, and the Decorative Arts.* DeKalb: Northern Illinois University Press.

Hołowko, S. 1962. "Alga, Wenecja, Supersam." *Projekt*, No.5.

Ihnatowicz, Zbigniew. 1961. "Kombinat Gastonomiczny 'Wenecja' na Woli w Warsawie." *Architekt*, October.

Jankowski, Stanisław(ed.). 1955. *MDM: Marszałkowska, 1730-1954.* Warsaw: Czytelnik.

Khrushchev, Nikita. 1954. "Remove Shortcomings in Design, Improve the Work of Architects." *Pravda and Izvestiia*, 28 December.

Kiaer, Christina. 2005. *Imagine No Possessions: The Socialist Objects of Russian Constructivism.* Cambridge, MA: MIT Press.

Kolanowska, Helena. 1981. "Varsovie functionnelle. Participation de la Pologne aux CIAM" in Olgierd Czerner and Hieronim Listowski(eds.). *Avant-garde Polonaise*

1918-1939. Paris: Éditions du Moniteur.

Kołakowski, Leszek. 1969. "The Priest and the Jester." in *Twórczość*(1959), reproduced in *Toward a Marxist Humanism*. translated by Jane Zielonko Peel. New York: Grove Press.

Landau, Sarah Bradford and Condit, Carl W. 1996. *Rise of the New York Skyscraper*. New Haven: Yale University Press.

Machcewicz, Paweł. 1993. *Polski rok 1956*. Warsaw: Mówią wieki.

_____. 2001. "Intellectuals and Mass Movements, Ideologies and Political Programs in Poland in 1956." in Gyorgy Peteri(ed.). *Intellectual Life and the First Crisis of State Socialism in East Central Europe, 1953-1956*. Trondheim: Programme on East European Cultures and Societies.

Martin, Reinhold. 2002. *The Organizational Complex*. Cambridge, MA: MIT Press.

Mumford, Eric. 2000. *The CIAM Discourse on Urbanism, 1928-1960*. Cambridge, MA: MIT Press.

Murawska, Katarzyna. 2002. "Paris from behind the Iron Curtain." in Sarah Wilson et al. *Paris: Capital of the Arts 1900 - 1968*. London: Royal Academy of Arts.

_____. 2004. "Oskar Hansen, Henry Moore, and the Auschwitz Memorial Debates in Poland, 1958-59." in Charlotte Benton(ed.). *Figuration/Abstraction: Strategies for Public Sculpture in Europe, 1945-1968*. London: Ashgate.

Muthesius, Stefan. 2000. "International Modernism or National Style: Warsaw Architecture of the Early 20th Century." in Louise Campbell(ed.). *Twentieth-Century Architecture and Its Histories*. London: Society of Architectural Historians of Great Britain.

Newman, Oscar. 1961. *Ciam '59 in Otterlo: Documents of Modern Architecture*. Hilversum: Tiranti.

Paperny, Vladimir. 2002. *Architecture in the Age of Stalin: Culture Two*. translated by John Hill and Roann Barris in collaboration with the author. Cambridge: Cambridge University Press.

Pasterska, Jolanta. 2000. *Świat Według Tyrmanda*. Rzeszow: Fosze.

Peteri, Gyorgy. 2004. "Nylon Curtain - Transnational and Trans-systemic Tendencies in the Cultural Life of State-Socialist Russia and East-Central Europe." *Slavonica*, Vol.10, No.2.

Reid, Susan E. 1997. "Destalinization and Taste, 1953~1963." *Journal of Design History*, Vol.10, No.2.

_____. 2004. "Peaceful Competition in the Kitchen: The Soviet Encounter with the American Dream." paper presented at the SHOT annual conference, University of Amsterdam.

Reid, Susan E. and David Crowley(eds.). 2000. *Style and Socialism: Modernity and Material Culture in Post-War Eastern Europe*. Oxford: Berg.

Scott, James C. 1992. *Domination and the Arts of Resistance: Hidden Transcripts*. New Haven: Yale University Press.

Smithson, Alison(ed.). 1974. *Team 10 Primer*. Cambridge, MA: MIT Press.

Stehle, Hansjakob. 1965. *Independent Satellite*. London: Pall Mall Press.

Syrkus, Helena. 1993. "Art Belongs to the People." in Joan Ockman(ed.). *Architecture Culture, 1943-1968*. NY: Rizzoli.

Szmidt, Bolesław. 1962. "Modern Architecture in Poland." *Architectural Design*, October.

Tyrmand, Leopold. 1972. *The Rosa Luxemburg Contraceptives Cooperative*. NY: Macmillan.

_____. 1995. *Dziennik*. Warsaw: TenTen.

Ufnalewski, Jozef. 1950. "O pobycie delegacji architektow polskich w ZSRR." *Architektura*, No.7-8.

Varga, Zsuzsanna. 2005. "Questioning the Soviet Economic Model in the 1960s." in Janos M. Rainer and Gyorgy Peteri(eds.). *Muddling through in the Long 1960s: Ideas and Everyday Life in High Politics and the Lower Classes of Communist Hungary*. Trondheim: Programme on East European Cultures and Societies.

Włodarczyk, Wojciech. 1986. *Socrealizm.* Paris: Libella.

Wojciechowski, Aleksander. 1956. "Przeciwko Stojącej Wodzie." *Przegląd Arty-styczny*, No.4.

Wynot, Edward D. 1983. *Warsaw between the World Wars: Profile of the Capital City in a Developing Land, 1918~1939.* Boulder, CO: East European Monographs.

"Architectural Design." special Team X issue.

Warsaw－Moscow/Moscow－Warsaw, 1900-2000. 2004. exhibition catalogue. Warsaw: Zachęta Gallery.

제7장 사회주의 도시와 사적 영역 _ 남영호

곽노완. 2010. 「글로벌 아고라의 도시철학」. 서울시립대학교 도시인문학 연구소 편. 『글로벌폴리스의 양가성과 도시인문학의 모색』. 서울: 메이데이.

기계형. 2008. 「소비에트 시대 초기의 일상생활과 콤무날카(коммуналка) 공간의 성격」. ≪서양사론≫, 제98호.

김창성. 2010. 『로마 공화국과 이탈리아 도시』. 서울: 메이데이.

남영호. 2006. 「러시아 공장 작업장에서 시간과 공간, 신체」. ≪비교문화연구≫, 제12권 제1호.

멈포드, 루이스(Lewis Mumford). 1990. 『역사 속의 도시』. 김영기 옮김. 서울: 명보문화사.

박혁. 2009. 「플라톤과 서구 정치철학 전통의 성립」. ≪철학사상≫, 제33호.

벤야민, 발터(Walter Benjamin). 2009. 『발터 벤야민의 모스크바 일기』. 김남시 옮김. 서울: 그린비.

아렌트, 한나(Hannah Arendt). 1996. 『인간의 조건』. 이진우·태정호 옮김. 서울: 한길사.

_____. 2006. 『전체주의의 기원 1, 2』. 이진우·박미애 옮김. 서울: 한길사.

Boym, Svetlana. 1994. *Common Places: Mythologies of Everyday Life in Russia.* Cambridge: Harvard University Press.

Conner, Walter. 1971. "Alcohol and Soviet Society." *Slavic Review,* Vol.30, No.3.

David-Fox, Michael. 2006. "Multiple Modernities vs. Neo-Traditionalism: On Recent Debates in Russian and Soviet History." *Jahrbücher für Geschichte Osteuropas,* Vol.55, No.4.

Fitzpatrick, Sheila. 1999. *Everyday Stalinism: Ordinary Life in Extraordinary Times: Soviet Russia in the 1930s.* Oxford: Oxford University Press.

_____. 2000. "Introduction." in S. Fitzpatrick(ed.). *Stalinism: New Directions.* London: Routledge.

Fürst, Juliane. 2006. "Friends in Private, Friends in Public: The Phenomenon of the Kompania Among Soviet Youth in the 1950s and 1960s." in Lewis Siegelbaum (ed.). *Borders of Socialism: Private Sphere of Soviet Russia.* NY: Palgrave MacMillan.

Gerasimova, Katerina. 2002. "Privacy in the Soviet Communal Apartment." in David Crowley and Susan Reid(eds.). *Socialist Spaces: Sites of Everyday Life in the Eastern Bloc.* Oxford: Berg.

Howe, Leo. 1998. "Scrounger, Worker, Beggarman, Cheat: The Dynamics of Unemployment and the Politcs of Resistance in Belfast." *The Journal of the Royal Anthropological Institute,* Vol.4, No.3.

Kharkhordin. 1997. "Reveal and Dissimulate: A Genealogy of Private Life in Russia." in Jeff Weintraub and Krishan Kumar(eds.). *Public and Private in Thought and Practice.* Chicago: The University of Chicago Press.

Kotkin, Stephen. 1997. *Magnetic Mountain: Stalinism as a Civilization.* Berkeley: University of California Press.

LaPierre, Brian. 2006. "Private Matters or Public Crimes: The Emergence of Domestic Hooliganism in the Soviet Union, 1939-1966." in Lewis Siegelbaum (ed.). *Borders of Socialism: Private Sphere of Soviet Russia.* NY: Palgrave

MacMillan.

Ledeneva, Alena. 1998. *Russia's Economy of Favours: Blat, Networking and Informal Exchange*. Cambridge: Cambridge University Press.

Lewin, Moshe. 1985. *The Making of the Soviet System: Essays in the Social History of Interwar Russia*. NY: Pantheon.

Oswald, Ingrid and Viktor Voronkov. 2004. "The 'Public-Private' Sphere in Soviet and Post-Soviet Society." *European Societies*, Vol.6, No.1.

Reid, Susan. 2006. "The Meaning of Home: 'The Only Bit of the World You Can Have to Yourself'." in Lewis Siegelbaum(ed.). *Borders of Socialism: Private Sphere of Soviet Russia*. NY: Palgrave MacMillan.

Smith, B. Mark. 2010. *Property of Communists: The Urban Housing Program from Stalin to Khrushchev*. DeKalb: Northern Illinois University Press.

Weintraub, Jeff. 1997. "The Theory and Politics of the Public/Private Distinction." in Jeff Weintraub and Krishan Kumar(eds.). *Public and Private in Thought and Practice*. Chicago: The University of Chicago Press.

Williams, Raymond. 1976. *Keywords: A Vocabulary of Culture and Society*. Oxford: Oxford University Press.

Yurchak, Alexei. 1997. "The Cynical Reason of Late Socialism: Power, Pretense, and the Anekdot." *Public Culture*, Vol.9, No.2, pp.161-188.

_____. 2006. *Everything was forever, until it was no more*. Princeton: Princeton University Press.

Афанасьева, Т. М. 1985. *Семья, Издательство Просвещение*.
일리야 우테힌·알리사 나히보비스키·슬라바 파페르노·낸시 리스. "러시아의 공동주택: 소련의 일상생활 가상 박물관." 검색일: 2012.7.5. http://kommunalka.colgate.edu/

제8장 문헌자료를 통해서 본 북한의 도시 역사 _ 차문석

강근조 외. 1986. 『평양의 어제와 오늘』. 평양: 사회과학출판사.

고병삼. 1980. 「맑은 아침(1967)」. 『평양은 노래한다』. 평양: 문예출판사.

김백영. 2005. 「러일전쟁 직후 서울의 식민도시화 과정: 비교식민지도시사적 고찰」.
    ≪지방사와 지방문화≫, 제8권 제2호.

김성수. 2011. 「북한 소설에 나타난 6.25전쟁 전후 서울과 평양의 도시 이미지」. ≪북
    한연구학회보≫, 제15권 제2호.

김영성. 1995. 『오 수령님, 해도 너무 합니다: 북한 탈출 김영성의 고백』. 서울: 조선일
    보출판부.

김일성. 1980. 『김일성저작집 4, 5, 6, 8, 10, 12, 18권』. 평양: 조선로동당출판사.

김현수. 1994. 「북한의 도시계획에 관한 연구」. 서울대학교 박사학위 논문.

리화선. 1989a. 『조선건축사 1』. 평양: 과학백과사전종합출판사.

_____. 1989b. 『조선건축사 2』. 평양: 과학백과사전종합출판사.

모스, 마르셀(Marcel Mauss). 2002. 『증여론』. 이상률 옮김. 서울: 한길사.

민유기. 2007. 「프랑스 도시사 연구의 새 경향: 비교도시사와 유럽 정체성의 확인」. ≪서양
    사론≫, 제92권.

박룡운. 2001. 『번영의 길』. 평양: 문예종합출판사.

사회과학원 력사연구소. 1991. 『조선전사: 제27권』. 평양: 과학백과사전종합출판사.

사회과학원 언어학연구소. 1973. 『조선문화어사전』. 평양: 사회과학출판사.

장세훈. 2003. 「지방대도시의 공간 구조 변화를 통해 본 북한의 도시화 과정: 청진, 신
    의주, 혜산을 중심으로」. 2003년 한국사회학회 전기사회학대회 발표문.

최완규 엮음. 2004. 『북한 도시의 형성과 발전: 청진·신의주·혜산』. 서울: 한울아카데미.

_____. 2007. 『북한 '도시정치'의 발전과 체제 변화: 2000년대 청진, 신의주, 혜산』. 서
    울: 한울아카데미.

최학수. 1976. 『평양시간』. 평양: 문예출판사.

한설야. 1955. 『대동강』. 평양: 조선작가동맹출판사.

한윤. 1992. 『씨앗』. 평양: 문예출판사.

≪노동신문≫. 1954.3.14, 19; 1954.6.26; 1960.7.9; 1980.11.14.

國井天波. 1916. 『大淸津港』. 東京: 京城印刷所. (편집부 저. 1990. 『한국지리풍속지
　　총서(291)』. 서울: 경인문화사.)

飯野正太郎. 1940. 『昭和15年度版 新義州案內』. 新義州: 新義州商工會議所. (편집부
　　저. 1989. 『한국지리풍속지총서(77)』. 서울: 경인문화사.)

室直二(編). 1932. 『淸津』. 淸津: 淸津商工會議所. (편집부 저. 1989. 『한국지리풍속지
　　총서(85)』. 서울: 경인문화사.)

Gaubatz, Piper Rae. 1995. "Urban Transformation in Post-Mao China." Deborah S.
　　Davis. *Urban Spaces in Contemporary China*. NY: Cambridge University Press.

Kotkin, Stephen. 1995. *Magnetic Mountain: Stalinism as a Civilization*. Berkeley:
　　University of California Press.

제9장 구술자료를 활용한 북한 도시 연구: 이론적 자원과 방법 _ 조정아

그로세르, 알프레드(Alfred Grosser). 2002. 『현대인의 정체성』. 심재중 옮김. 서울: 한
　　울아카데미.

기든스, 앤서니(Anthony Giddens). 1998. 『사회구성론』. 황명주 외 옮김. 서울: 자작
　　아카데미.

_____. 2010. 『현대성과 자아정체성』. 권기돈 옮김. 서울: 새물결.

김백영. 2009. 『지배와 공간』. 서울: 문학과지성사.

김연철. 1996. 「북한의 산업화 과정과 공장관리의 정치(1953-70): '수령제' 정치체제의
　　사회경제적 기원」. 성균관대학교 대학원 박사학위 논문.

김왕배. 2000. 『도시, 공간, 생활세계』. 서울: 한울아카데미.

르페브르, 앙리(Henri Lefebre). 2005. 『현대세계의 일상성』. 박정자 옮김. 서울: 기파랑.

_____. 2011. 『공간의 생산』. 양영란 옮김. 서울: 에코리브르.

리쾨르, 폴(Paul Ricoeur). 2004. 『시간과 이야기 3: 이야기된 시간』. 김한식 옮김. 서울: 문학과 지성사.

문재원·이상봉. 2010. 「마산의 지역성을 둘러싼 정체성의 정치: '가고파' 이미지의 전유와 기획을 중심으로」. ≪石堂論叢≫, 제47권.

민유기. 2007. 『도시이론과 프랑스 도시사 연구』. 서울: 심산.

박소영. 2012. 『개성 각쟁이의 사회주의 적응사: 북한 신해방지구 개성의 변화』. 서울: 선인.

슈뢰르, 마르쿠스(Marcus Scheroer). 2010. 『공간, 장소, 경계』. 정인모·배정희 옮김. 서울: 에코리브르.

에덴서, 팀(Tim Edensor). 2008. 『대중문화와 일상, 그리고 민족 정체성』. 박성일 옮김. 서울: 도서출판 이후.

유인철. 2010. 「구술된 경험읽기」. 이재경 외. 『여성주의 역사쓰기』. 서울: 아르케.

윤택림. 1994. 「기억에서 역사로: 구술사의 이론적, 방법론적 쟁점들에 대한 고찰」. ≪한국문화인류학≫, 제25집.

_____. 2008. 「과천 신도시의 주민 되기: 구술생애사를 통한 지역정체성의 형성 분석」. ≪지방사와 지방문화≫, 제11권 제2호.

이무용. 2005. 『공간의 문화정치학: 공간, 그곳에서 생각하고, 놀고, 싸우고, 만들기』. 서울: 논형.

이종석. 2000. 『새로 쓴 현대 북한의 이해』. 서울: 역사비평사.

이희영. 2005. 「사회학 방법론으로서의 생애사 재구성」. 『한국사회학』, 제39집 3호.

_____. 2011. 「텍스트의 '세계' 해석과 비판사회학적 함의: 구술자료의 채록에서 텍스트의 해석으로」. ≪경제와 사회≫, 제91집.

장세훈. 2007. 「체제전환기 북한의 도시화 추이와 전망」. 최완규 외. 『북한 '도시정치'의 발전과 체제 변화』. 서울: 한울아카데미.

조용환. 1999. 『질적 연구』. 서울: 교육과학사.

조정아. 2008. 「북한의 교육 일상 연구: 과제와 접근 방법」. ≪현대북한연구≫, 제11권 제3호.

최병두. 1996. 「데이비드 하비의 역사·지리유물론」. ≪경제와 사회≫, 제31호.

최봉대. 2003. 「탈북자 면접조사 방법」. 경남대학교 북한대학원 엮음. 『북한연구 방법론』. 서울: 한울아카데미.

_____. 2012. 「북한의 도시 연구: 미시적 비교의 문제들과 방법적 보완의 모색」. 『북한 연구의 새로운 패러다임 모색과 북한의 미래』. 북한대학원대학교 북한미시연구소 개소 기념 학술회의 자료집(2012.11.6.).

최완규 외. 2006. 『북한 도시의 위기와 변화』. 서울: 한울아카데미.

_____. 2007. 『북한 '도시정치'의 발전과 체제 변화』. 서울: 한울아카데미.

투안, 이-푸(Yi-Fu Tuan). 1995. 『공간과 장소』. 구동회·심승희 옮김. 서울: 도서출판 대윤

하비, 데이비드(David Harvey). 1994. 『포스트모더니티의 조건』. 박영민·구동회 옮김. 서울: 한울아카데미.

한국공간환경학회 엮음. 2000. 『공간의 정치경제학』. 서울: 아카넷.

홍준기. 2011. 「글로벌 시대의 대도시인의 정체성에 관한 연구: 도시인문학 방법론 논의의 맥락에서- 조나단 프리드먼과 지멜의 이론을 중심으로」. ≪철학탐구≫, 제29권.

황정랑웅(荒井良雄) 외. 2000. 『도시의 공간과 시간』. 김송미·오병태 옮김. 서울: 대우출판사.

Abrams, L. 2010. *Oral History Theory*. NY: Routledge.

Chase, S. E. 2005. "Narrative Inquiry: Multiple Lenses, Approaches, Voices." N. in K. Denzin and Y. S. Lincoln(eds.). *The Sage Handbook of Qualitative Research*. CA: Sage Publications, Inc.

Hall, S. 1996. "Ethnicity: Identity and Difference." in G. Eley and R. G. Suny(eds.). *Becoming National*. NY: Oxford University Press.

Portelli, A. 1991. *The Death of Luigi Trastulli and Other Stories: Form and Meaning in Oral History*. Albany: SUNY Press.

Thompson, P. 1978. *The Voice of the Past: Oral History*. London: Oxford University Press.

White, L. 2000. "Telling More: Lies, Secrets, and History." *History and Theory*,

제10장 북한 도시를 보면서 읽는 방법 _ 박희진

고유환·이주철·홍민. 2012. 『북한언론현황과 기능에 관한 연구』. 서울: 한국언론진흥재단.

귄첼, 스테판(Stephan Gunzel). 2010. 『토폴로지』. 이기흥 옮김. 서울: 에코리브르.

김성도. 2002. 『구조에서 감성으로: 그레마스의 기호학 및 일반의론의 연구』. 서울: 고려대학교출판부.

김수환. 2006. 「러시아 형식주의 영화이론 다시 읽기: 영화기호학의 기원과 한계에 관하여」. ≪슬라브학보≫, 제21권 제4호.

김찬호. 2004. 『도시는 미디어다』. 서울: 책세상.

남상희. 2011. 『공간과 시간을 통해 본 도시와 생애사 연구』. 서울: 한울아카데미.

도시사연구회 엮음. 2007. 『공간 속의 시간』. 서울: 심산.

동국대학교 문화학술원 엮음. 2011. 『문화지리와 도시공간의 표상』. 서울: 동국대학교판부.

바르트, 롤랑(Roland Barthes). 2006. 『밝은 방: 사진에 관한 노트』. 김웅권 옮김. 서울: 동문선.

박상수. 2009. 『영상 저널리즘 분석방법』. 서울: 이채.

배영수. 2007. 「미국의 도시사 연구와 역사의 공간적 차원」. 도시사연구회 엮음. 『공간 속의 시간』. 서울: 심산.

백과사전출판사. 2011. 『광명백과사전 7: 교육, 언어, 출판보도』. 평양: 백과사전출판사.

백선기·손성우. 2006. 「영화 속의 욕망, 증상, 기억 및 상흔: 영화 〈올드보이〉에 대한 서사구조, 공간구조 및 시간구조 분석을 중심으로」. 한국기호학회 엮음. 『기억, 흔적, 그리고 기호』. 서울: 한국기호학회.

변재란. 2011. 「근대화 시기 한국영화를 통해 본 영화 안의 서울」. 동국대학교 문화학술원 엮음. 『문화지리와 도시공간의 표상』. 서울: 동국대학교출판부.

벤야민, 발터(Walter Benjamin). 2007. 『기술복제 시대의 예술작품』. 최성만 옮김. 서

울: 도서출판 길.

브레송, 앙리 카르티에(Henri C. Bresson). 2006.『앙리 카르티에 브레송: 사진 에세이』. 권오룡 옮김. 서울: 열화당.

소쉬르, 페르디낭 드(Ferdinand de Saussure). 1990.『일반언어학 강의』. 최승언 옮김. 서울: 민음사.

손택, 수전(Susan Sontag). 2008.『타인의 고통』. 이재원 옮김. 서울: 도서출판 이후.

_____. 2009.『사진에 대해』. 이재원 옮김. 서울: 도서출판 이후.

신항식. 2004.『시각영상커뮤니케이션』. 서울: 나남출판.

아담스, 로리스 슈나이더(Laurie Schneider Adams). 1996.『미술사방법론』. 박은영 옮김. 서울: 조형교육.

임정택 외. 2010.『시각기계의 문명사』. 서울: 연세대학교 출판부.

졸리, 마르틴(Martine Joly). 1994.『이미지와 기호』. 이선형 옮김. 서울: 동문선.

최용찬. 2007.「도시의 사회사에서 도시의 문화사로?: 독일 도시사 연구의 최신 동향」. 도시사연구회 엮음.『공간 속의 시간』. 서울: 심산.

캐멀링, 에케하르트(Ekkehard Kaemmerling). 1997.『도상학과 도상해석학』. 이한순 외 옮김. 서울: 사계절.

하비, 데이비드(David Harvey). 1983.『사회정의와 도시』. 최병두 옮김. 서울: 종로서적.

테렌스·호옥스. 1982.『구조주의와 기호학』. 오원교 옮김. 서울: 신아사.

Eco, U. 1985. "On the Contribution of Film to Semiotics." in Marshall Cohen(ed.). *Film Theory and Criticism: Introductory Readings.* Oxford: Oxford University Press.

Guiraud, P. 1975. *Semiology.* London: Routledge and Kegan Paul.

Soja, E. W. 1989. *Postmodern Geographies: The Reassertion of Space in Critical Social Theory.* London: Verso.

지은이 소개(수록 순)

고유환

동국대학교 정치학 박사. 동국대 북한학과 교수. 대표 저서 및 논문으로는『한반도 평화체제의 모색』(경남대 극동문제연구소, 1997),『김정일 연구』(통일부, 1999),『북한정치의 이해』(을유문화사, 2001),『북한학 입문』(들녘, 2001),『북한 핵문제의 해법과 한반도 평화체제 구축』(국회정보위원회, 2003),『노동신문을 통해 본 북한변화』(선인, 2006),『북한 언론 현황과 기능에 관한 연구』(한국언론진흥재단, 2012),「북한연구 방법론의 현황과 과제」(2009),「김정은 후계구축 논리와 징후」(2010) 등이 있다.

홍민

동국대학교 정치학 박사. 동국대 북한학연구소 연구교수, 동국대 SSK 분단/탈분단 연구팀 연구교수. 대표 저서 및 논문으로는『북한의 일상생활세계: 외침과 속삭임』(한울, 2010),『북한 주민의 의식과 정체성: 자아의 독립, 국가의 그늘, 욕망의 부상』(통일연구원, 2010),『북한부패와 인권의 상관성』(통일연구원, 2012),「행위자-네트워크 이론과 북한연구: 방법론적 성찰과 가능성」(2013),「북한의 국가와 시장관계: 위상학적 이해의 가능성」(2012),「행위자-연결망 이론과 분단연구: 분단 번역의 정치와 '일상으로의 전화'」(2011) 등이 있다.

민유기

파리 사회과학고등연구원 박사. 경희대 사학과 부교수. 대표 저서 및 논문으로는『도시 이론과 프랑스 도시사연구』(심산, 2007),『도시와 인간: 중세부터 현대까지 서양도시문화사』(책과 함께, 2009),「파리 도시학연구소의 인문학 전통과 사회적 기능」(2010),「파리 문화예술인 동상건립과 도시정체성 만들기, 1880~1914」(2004) 등이 있다.

안재섭

서울대학교 지리교육학 박사. 동국대학교 사범대학 지리교육과 교수. 대표 저서 및 논문으로는 『현대인문지리』(시그마프레스, 2000), 『세계지리』(시그마프레스, 2012), 「중국 경제기술개발구의 신도시적 성장에 관한 연구」(2002), 「서울 도심부 주변의 도심재활성화 논의-중구 인현동을 사례로」(2011) 등이 있다.

기계형

서울대학교 역사학 박사. 한양대 아태지역연구센터 HK연구교수. 대표 저서 및 논문으로는 『러시아의 생활양식과 정체성』(2010, 민속원), 『유라시아의 생활양식과 정체성 』 1권(2011, 민속원) , 2권(2012, 민속원), 「19세기 후반 타슈켄트 도시공간의 구조와 러시아 제국 권력의 재현」(2012), 「소비에트 시대 초기의 일상생활과 콤무날카(коммунaлка) 공간의 성격」(2008) 등이 있다.

남영호

케임브리지대 사회인류학 박사. 서울시립대 도시인문학연구소 HK연구교수. 대표 저서 및 논문으로는 『초국적 도시이론』(한울, 2010), 『달라이라마, 과학과 만나다』(알음, 2007), 「사회주의 도시와 상투성」(2012), 「사적인 것, 개인적인 것, 사회적인 것: 사회주의 도시의 경험」(2012), 「알타이는 존재하는가」(2010) 등이 있다.

데이비드 크롤리(David Crowley)

Critical Writing in Art and Design Programme. 영국왕립예술학교(Royal College of Art) 인문학과(Dept. of Humanities) 교수. 대표 저서로는 *Warsaw* (Reaktion, 2003), *Style and Socialism: Modernity and Material Culture in Post-War Eastern Europe* (공편, Berg, 2000), *Socialist Spaces: Sites of Everyday Life in the Eastern Bloc* (공편, Berg, 2002), *Pleasures in Socialism: Leisure and Luxury in Eastern Bloc* (Northwestern University Press, 2010) 등이 있다.

차문석

성균관대학교 정치학 박사. 통일교육원 교수. 대표 저서 및 논문으로는 『반노동의 유토피아』(박종철출판사, 2001), 『북한의 공장 및 노동실태분석』(한국노총 중앙연구원,

2008), 「신의주공장연구」(2006), 「20세기 사회주의에서 화폐와 수령: '수령화폐'의 등장을 중심으로」(2008), 「북한 경제의 동학과 잉여의 동선」(2009) 등이 있다.

조정아

서울대학교 교육학 박사. 통일연구원 북한연구센터 연구위원. 대표 저서 및 논문으로는 『북한의 일상생활세계: 외침과 속삭임』(한울, 2010), 『북한 주민의 의식과 정체성: 자아의 독립, 국가의 그늘, 욕망의 부상』(통일연구원, 2010), 『북한 주민의 일상생활』(통일연구원, 2008), 「북한 주민의 '일상의 저항': 저항유형과 체제와의 상호작용」(2011), 「탈북이주민의 학습경험과 정체성 재구성」(2010), 「북한의 고등교육개혁과 이공계 대학 교육과정」(2008) 등이 있다.

박희진

이화여자대학교 북한학 박사. 동국대 북한학연구소 연구교수, 동국대 북한도시사연구팀 연구교수. 대표 저서 및 논문으로는 『북한과 중국: 개혁개방의 정치경제학』(선인, 2009), 『김정일의 북한, 어디로 가는가?』(한울, 2010), 『선군시대 북한여성의 삶』(이화여자대학교출판부, 2010), 「북한경제의 개방화구상과 반개혁의 이중주」(2012), 「동독과 중국의 인적자본 개발방식 비교」(2010) 등이 있다.

옮긴이 소개

안호균

연세대학교 영어영문학 학사. 프리랜서 전문번역가. 월간 ≪환경과 조경≫, 주간 ≪씨네21≫ 등에 기고문이 있다.

한울아카데미 1594
동국대학교 북한연구소 토대기초연구과제 연구서 1

사회주의 도시와 북한
도시사연구방법

ⓒ 북한도시사연구팀, 2013

엮은이 | 북한도시사연구팀
지은이 | 고유환 · 홍민 · 민유기 · 안재섭 · 기계형
　　　　남영호 · 데이비드 크롤리 · 차문석 · 조정아 · 박희진
펴낸이 | 김종수
펴낸곳 | 도서출판 한울
편집책임 | 김현대

초판 1쇄 인쇄 | 2013년 8월 20일
초판 1쇄 발행 | 2013년 8월 30일

주소 | 413-756 경기도 파주시 파주출판도시 광인사길 153 한울시소빌딩 3층
전화 | 031-955-0655
팩스 | 031-955-0656
홈페이지 | www.hanulbooks.co.kr
등록번호 | 제406-2003-000051호

Printed in Korea.
ISBN 978-89-460-5594-0 93330